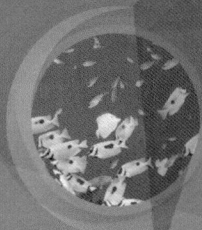

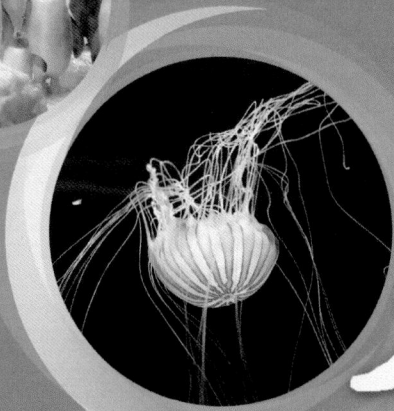

新理念
中学生物学教学论

XIN LINIAN ZHONGXUE
SHENGWUXUE JIAOXUE LUN

刁俊明　廖富林◎主编

暨南大学出版社
JINAN UNIVERSITY PRESS

中国·广州

图书在版编目（CIP）数据

新理念中学生物学教学论/刁俊明，廖富林主编．—广州：暨南大学出版社，2014.3
（2022.1 重印）
ISBN 978 - 7 - 5668 - 0920 - 9

Ⅰ.①新⋯　Ⅱ.①刁⋯②廖⋯　Ⅲ.①生物课—教学研究—中学　Ⅳ.①G633.912

中国版本图书馆 CIP 数据核字（2014）第 022504 号

新理念中学生物学教学论
XINLINIAN ZHONGXUE SHENGWUXUE JIAOXUELUN
主　编：刁俊明　廖富林

出 版 人：张晋升
责任编辑：冯　琳
责任校对：周明恩　黄　斯
责任印制：周一丹　郑玉婷

出版发行：暨南大学出版社（510630）
电　　话：总编室（8620）85221601
　　　　　营销部（8620）85225284　85228291　85228292　85226712
传　　真：（8620）85221583（办公室）　85223774（营销部）
网　　址：http://www.jnupress.com
排　　版：广州市天河星辰文化发展部照排中心
印　　刷：广东虎彩云印刷有限公司
开　　本：787mm×1092mm　1/16
印　　张：18.5
字　　数：439 千
版　　次：2014 年 3 月第 1 版
印　　次：2022 年 1 月第 2 次
定　　价：38.00 元

目　录

绪　论

学习目标

1. 掌握生物学教学论的概念与研究内容。
2. 了解生物学教学论发展简史。
3. 了解生物学教学论研究重点领域及其趋势。
4. 了解生物学教学论学习方法。
5. 调查"中学生最喜欢的生物学教师和生物课"，感受当好一名生物学教师的艰巨性和学好生物学教学论的必要性。

教学重点

生物学教学论的课程目标和学习方法。

一、中学生物学教学论的概念和地位

中学生物学教学论是研究中学生物学教学理论、教学规律、教学手段以及寻求最优化的教学途径与方法的一门应用性理论科学。它也可以表述为生物学教学论是以生物学科教育为研究对象的一门学科，具体地说，是以全面实现新课程生物教育目标为目的，以相关学科研究成果为理论支撑的，研究生物教育目标、课程、学习、教学和评价等全过程及其内在规律的一门学科。它是由生物科学、教育科学和技术科学等诸多学科相互交叉、渗透形成的，兼有文、理学科特点的学科课程。中学生物学教学论历来被列为高等师范院校生物学教育专业学生必修的一门专业课。

中学生物学教学论是高等师范院校学生在学习了大部分生物专业课程和教育学、心理学的基础上，学习与研究中学生物学教学理论和实践的一门教育科学，主要培养学生从事中学生物学教育工作所必备的理论基础、专业技能和持续发展自身专业素养的基本能力，是一门实践性很强的就业指导课程。

二、中学生物学教学论的发展

生物学教学论的形成和发展，经历了曲折的道路。从以下课程名称的变化，可见课程学习内容和方式的改革：

1904 年，学科名称为"中学生物学教授法"。

1917 年，我国教育家陶行知先生认为"教授法"脱离学生实际，提出以"教学法"代替"教授法"。此后，"教授法"就逐渐被"教学法"所代替。

20 世纪 30 年代，学科名称更改为"生物学教材教法研究"。

1982 年，学科名称更改为"中学生物学教学法"。

20 世纪 80 年代中期，将"生物学教学法"易名为"生物学教学论"，以提高课程的层次水平。

我国学科教育的理论研究和教学实践也已起步。1986 年 10 月在济南山东师范大学召开的全国高等师范理科教学法建设讨论会上，首次提出了发展学科教育学的问题。

"生物学教学论"的提出被视为一次理论上的飞跃。至此，本课程发展为学科教学论的一个分支。它的特点是立足于生物科学，是融合普通教学论、教育科学和技术科学等诸多学科的理论，总结了生物学教学实践经验，探讨了生物学教学的本质和规律，发展了生物学教与学的理论和方法。

三、生物学教学论的研究内容、研究重点领域及其趋势

（一）生物学教学论的研究内容

生物学教学论是随着生命科学和教育科学的飞速发展应运而生的，得益于广大教师和研究人员的持续研究。其研究内容主要包括中学生物学科的概念、性质和地位（是什么），中学生物学课程目标的把握与落实（为什么教学），中学生物学课程的主要内容（教学什么），中学生物学的教学规律、教学策略和艺术（怎样教学），教学评价（教学得怎样），教师必须具备的素质等。这一系列研究促进了该学科的快速发展。

（二）生物学教学论研究重点领域及其趋势

随着教育教学研究的发展和科学技术的不断进步，人们开始用新的理念和方法来审视已经构建的生物学教学法学科体系，并在理论研究的深度和广度上明显地感觉到它的不足。现阶段生物学教学论研究开始转向按照"理论学习—技能训练与实践"的思路构建生物学教学法学科体系，紧密结合中学生物学教育教学的改革与发展，新课程的实施，生物科学素养教育，科学、技术与社会（STS）教育，前概念及概念转变，以及科学史、科学哲学和科学社会学（HPS）教育等方面。

四、生物学教学论的课程目标

在比较系统地学习了生命科学专业知识和技能之后，我们是否就可以成为一名合格的生物学教师了呢？为什么要学习生物学教学论、教育学、心理学这些课程呢？换句话说，生物学教学论的课程目标是什么呢？

（一）生物学教学论课程的基本内容

生物学教学论课程的内容主要包括以下 7 个部分：①中学生物学课程设置及其发展；②生物学教学基本技能与训练；③中学生物学学生学习活动与学习策略；④中学生物学教学设计；⑤中学生物学教学实施技能；⑥中学生物学教育测量与评价；⑦中学生物学教育

研究与教师专业发展。

（二）生物学教学论的课程目标

要胜任当代中学生物学教师的工作，除了具备广博而深厚的生物科学知识和技能之外，还应该具备以下专业知识和技能：①理解中学生物学课程的性质和价值，理解生物科学与技术的本质和特征；②掌握学生的学习规律，掌握生物学教学的客观规律和技能；③具备高尚的生物学教师职业道德素质；④具有生物学教师持续发展的能力。

通过学习这门课程，可帮助高等师范院校学生深刻领会新课改下中学生物学课程标准的精髓，进一步明确中学生物学的教学目的和任务，初步掌握从事生物学教学的基本技能和教学策略，具有分析教材、组织教学和对生物学教育进行一般科研的能力，为学生毕业后参与教师岗位就业竞争奠定坚实的基础，帮助学生克服初为人师的困难，使学生尽快胜任中学生物学教师的工作。

五、学习和研究生物学教学论的方法

生物学教学论这门课程是一门应用理论科学，它要求针对生物学科的学科特性，要具有一定的实战性和可操作性。所以学习和研究生物学教学论，不仅要重视理论知识的学习，更要转变课程学习的角色，积极主动地参与到各种实践活动中去。

1. 重视理论知识的学习

每门学科都有其科学的理论体系。对一位即将登上讲台的准生物学教师来说，生物学教学论的理论知识是其专业发展的基石。只有当我们掌握这门学科的理论体系时，才能站在"前人的肩膀上"，一方面可以"一览众山小"，知晓学科的全貌；另一方面可以"游刃有余"地继续"攀登问鼎"，获得专业上的不断发展。

2. 主动参与，严格训练

在认真学习生物学教学理论知识的同时，要紧密联系教学实践，重视课堂教学中的各种训练，模拟教学的各项操作，教学见习、教育实习等各种时间活动环节。

3. 重视自我经验的总结

师范生从第一次参加模拟教学开始，事实上已开始了自己的教学实践，但往往无所适从，缺乏实际的教学能力。要使自己成为一名优秀的教师，不断总结教学实践经验是一条重要的途径。在自己的教学活动中，按照教学理论的要求，对照所提供的个案样板，运用不同教学策略和手段的反馈信息进行教学反思，及时地总结自己成功的经验和失误的教训，日积月累必有所得，教学水平会很快提高。

4. 充分利用各类学习资源

除了教科书和课堂学习以外，我们可以利用的资源还有很多：如向中学生物学教师学习，利用中外专业期刊、中学生物学课程标准、教材、互联网、学术会议、图书馆和生物园等等。

学习这门课程只靠课上的时间是远远不够的，需要在课后投入很多的时间和很大的精力，进行严格训练，才能顺利地走上讲台。

思考与练习

1. 你是否对这门课程有了一个基本的认识，你将从这门课程中学到些什么，对你有什么用处？

2. 你认为做一名优秀的生物学教师应具备哪些素质？

3. 应该如何学好生物学教学论？

4. 师范生如何实现角色转换？

5. 阅读生物学课程标准及生物学教材。

参考文献

1. 汪忠．新编生物学教学论．上海：华东师范大学出版社，2006.

2. 刘恩山．中学生物学教学论．北京：高等教育出版社，2004.

3. 朱正威．我和中学生物科学教育．北京：北京教育出版社，2004.

4. 张华．课程与教学论．上海：上海教育出版社，2001.

5. 裴娣娜．现代教学论（第一卷）．北京：人民教育出版社，2005.

6. 张汉光，周淑美．生物学教学论．南宁：广西教育出版社，2001.

7. 王长纯，曹运耕，王晓华．学科教育学概论．北京：首都师范大学出版社，2000.

8. 鲁亚平．生物学教学论．合肥：安徽人民出版社，2007.

9. 陈继贞，张祥沛，曹道平．生物学教学论．北京：科学出版社，2003.

10. 王克勤．关于高等师范院校"学科教学论"发展的若干思考．教育研究，2004（2）.

第一章
中学生物学课程

学习目标

1. 概述中学生物学课程的性质、价值和地位。

2. 认识生物学课程在实现基础教育课程培养目标过程中所具有的重要作用，了解课程设置情况。

3. 理解中学生物学课程标准，树立新课程理念并注意付诸实施。

4. 了解在"一纲多本"形势下，生物教材的编写特色和选用依据。

教学重点

中学生物学课程标准。

第一节　中学生物学课程的性质、价值和地位

一、生物学课程的性质和地位

1. 中学生物学课程属于学科课程

与中学语文、历史、化学、物理学、地理学一样，生物学课程属于中学开设的学科课程，目的是提高学生的科学素养。

2. 生物学课程是科学课程

科学是知识体系，是认识自然世界的特有途径与方法。生物学课程是科学课程，要体现科学的本质和特征。生物学课程不仅要传播科学的事实和概念，更要体现探究的过程。

3. 生物学课程具有技术课程的性质

技术是泛指根据生产实践经验和自然科学原理而发展成的各种工艺操作方法与技能，是解决人类所面对的生产、生活问题的方式、方法、手段。生物学课程具有技术课程的性质，包括生物科学与技术的关系、生物技术与社会的关系和生物技术的基本原理。

4. 生物学课程是基础教育的必修课程

生物学课程的主要目的是提高全体公民的生物科学素养。生物科学素养对每个人来说都是必须具备的基本素养。在课程改革方案中生物学是一门必修课程，与其他自然科学课程有着相同的学分。这些都反映了生物学课程在基础教育中必修课程的性质和在科学教育

中的重要地位。

二、生物学课程的价值

1. 提高学生的生物科学素养

中学生物学课程的要求和生物学教师的教育教学工作都是为了提高学生的生物科学素养。中学生物学课程在提高全体公民科学素养方面具有不可替代的作用。

2. 为学生的终身学习和发展打下基础

通过生物学课程的学习，学生不仅能掌握生物学的基础知识和技能，而且能提高他们的认识能力，为个人的终生学习和发展打下基础。

3. 为学生步入社会、择业等提供帮助

生物学课程能够帮助学生了解与适应科学和社会的进步，可为学生择业或进入高等学校选择专业提供必要的信息和帮助。

第二节 中学生物学课程标准

一、国家课程标准

国家课程标准是由教育部颁布的带有指令性的、重要的国家文件，是国家对基础教育课程的基本规范和要求。课程标准是教材编写、教学、评估和考试命题的依据，是国家管理和评价课程的基础。

二、生物学课程标准编制过程

2000 年 5 月，国家教育部基础教育课程教材发展中心组成研究队伍。

2000 年 7 月，"国家基础教育课程改革项目"正式启动。

2001 年 3 月底，《义务教育生物课程标准》（征求意见稿）面世。配套的《生物》实验教材也从 2001 年 9 月在实验区开始实验。

2005 年 9 月开始，义务教育新课程在大陆全面展开。

2003 年初，《普通高中生物课程标准》的研制工作已基本完成，并由教育部正式颁布。2004 年秋在山东省、广东省、海南省和宁夏回族自治区四个省区实行高中新课程试点。2005 年秋增加江苏省、福建省试点区。2007 年秋在全国实施。

2011 年，教育部颁布《义务教育生物学课程标准（2011 年版)》。

三、生物学课程标准结构

生物学课程标准分为前言、课程目标、内容标准、实施建议四部分。

（1）前言：课程性质、课程基本理念、标准设计思路。

（2）课程目标：知识与能力、过程与方法、情感态度与价值观。

（3）内容标准：学习目标、行为目标。

（4）实施建议：教学建议、评价建议、教材编写建议、课程资源开发与利用建议。附录对学习目标做了具体的说明，附有教学与评价实例。

四、课程标准与教学大纲的主要区别

主要区别见表1-1。

表1-1　课程标准与教学大纲的区别

		课程标准	教学大纲
	相同点	"编教材、教学、评估、命题"的依据	
不同点	内容标准的陈述	主要描述了学生在某一阶段学习后的学习成果	强调的是具体的学习内容
	学习要求	是国家制定的初中、高中阶段共同的、统一的基本要求，不是最高要求	是统一的要求
	目标要求	包括了认知、情感和能力三个领域	主要侧重在知识方面的要求
	学习结果的描述	对于学习结果的描述都是可见的行为	用抽象的术语来表示学习结果
	教师的任务	教师的任务是要落实课程标准，而不仅仅是教好一本教科书，弹性较强	要求教师"忠于教材、分析教材、教好教材"，刚性较强

五、新课程标准的主要特点是什么

新课程标准的主要特点是：努力将素质教育的理念切实体现在课程标准的各个部分；突破学科中心；改善学习方式；体现评价促进学生发展的教育功能，评价建议有更强的操作性；为课程的实施提供了广阔的空间。

六、生物学新课程的理念

（一）初中生物学课程理念

1. 面向全体学生

关注人是新课程的核心理念。"一切为了每一位学生的发展"是新课程的最高宗旨。因此初中课标把"面向全体学生"列为第一个理念。

（1）传统学生观。

从传统的师生关系看来，教师之于学生，有无可辩驳的真理和权威性，学生服从教师是天经地义的。这种师道尊严是等级主义的表现，会造成学生学习被动和消极，其影响在我们身上仍然存在。不消除这种影响就不可能建立新型的师生关系。

（2）新课程学生观。

①学生是发展的人，其身心发展是有规律的，有巨大的发展潜力；②学生是独特的人，是发展过程中的人，即不成熟的人、完整的人，有其自身的独特性；③学生是独立的

人，是学习的主体，是责权主体。

（3）对"面向全体学生"的再认识。

① "面向全体学生"首先就意味着"教育就是服务"。一切为了学生，为了一切学生，为了学生的一切。② "面向全体学生"就意味着教师要尊重每一个学生，要给每个学生提供同等的学习机会，使所有学生通过生物学课程学习都能在原有的水平上得到提高，获得发展。③面向全体学生就意味着中学生物学教育是大众教育，不是精英教育，是培养普通公民而不是科学家。

2. 提高生物科学素养

（1）科学素养的含义。

国内现在许多人对"科学素养"作出的解释为：科学素养是指了解进行个人决策、参与公民和文化事务、从事经济生产所需要的科学概念和科学课程。其最基本的含义是指学生能够合理地将所学到的科学知识运用到社会及个人生活中。它包括两个不同的方面：一方面是对科学知识、情感态度与价值观及科学技能的掌握情况；另一方面是在已有的基础上提高自己科学素养的能力。科学素养也可表述如下，见图1-1。

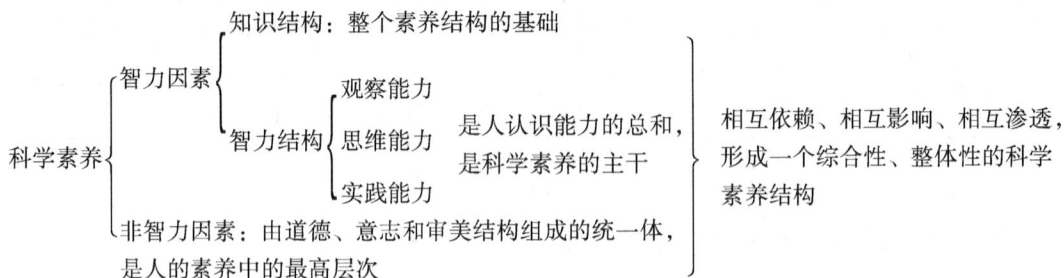

图1-1　科学素养表述图

如果说，知识和能力是科学素养中的能力结构，那么非智力因素就是科学素养中的动力结构。

（2）生物科学素养的含义。

生物科学素养是指一个人参加社会生活、经济活动、生产实践和个人决策所需的生物科学概念与科学探究能力，包括理解科学、技术与社会的相互关系，理解科学的本质以及形成科学的态度和价值观。

（3）对"提高生物科学素养"的再认识。

提高生物科学素养不仅仅是教给学生科学的结论，更重要的是教给学生科学探究的方法与技能。科研一般要经过五个阶段，即问题→假设→推论→实验→结论。一个问题可以提出多个假设，假设正确与否需要用实验加以证明。

例　一个探究课题：光合作用在叶上进行，这是很早就被证实了的。但若要你证明光合作用在叶的什么部位进行，你将怎样进行研究？

根据光合作用需要光，看以下公式：

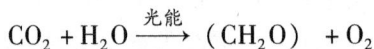

$$CO_2 + H_2O \xrightarrow{\text{光能}} (CH_2O) + O_2$$

早已证明，颜色深的部位接受光的能力强，因叶绿体的颜色深，故推论：叶绿体可能是光合作用的细胞器。

推论1：通过 C^{14} 标记，可以证明 CO_2 被标记的 C 是否成为 CH_2O 中的 C，结论证明这个推论是正确的。

推论2：光合作用产生的 O_2 是否是由叶绿体释放出来的？

研究者选用水绵做实验，因为水绵的细胞大而且叶绿体是单一的。在显微镜下，当视野在叶绿体上，在光的作用下趋氧细菌趋向视野之下；当视野在细胞质中，则趋氧细菌不理睬。故证明叶绿体能产生 O_2。

（4）落实科学、技术和社会相互关系的教育。

新课程标准多层面、多角度地强调了科学、技术和社会的相互关系教育的重要性。例如，内容标准突出了人和生物圈的关系，提出要学会健康地生活及运用生物科学和技术解决农业、医药、环境等实际问题，也提出开展联系科学、技术和社会的许多具体活动建议等。在教学中教师应该注意以下几方面：

第一，了解科学、技术和社会的相互关系，关注和参与与生物科学技术有关的社会问题的讨论和决策，是生物科学素养的重要组成部分，也是培养学生对自然和社会的责任感的重要途径。教师应该重视渗透科学、技术和社会的相互关系的教育，通过具体事例帮助学生认识生物科学与社会发展的紧密联系。

第二，科学、技术和社会的相互关系的问题涵盖面很广，包括全球性的、国家的、地区的科学技术与社会生活、生产、发展相关的问题。特别要引导学生关注我国和自己所在地区的相关问题，培养他们爱祖国和爱家乡的情感。地方课程和学校课程的教学更应关注上述问题。

第三，生物科学、技术和社会关系密切，内容丰富。教师应引导学生通过图书、报刊、音像和网络等了解更多的信息，开展调查研究，理解生物科学技术对社会发展的促进作用，同时也了解科学技术可能带来的负面影响。

（5）理解科学的本质以及形成科学的态度和价值观。

新课程标准提出"提高学生科学素养"的理念，是期望学生通过生物课的学习能够在以下两个方面得到发展：

第一，科学态度和科学的世界观。科学态度是人基于对科学知识的正确理解和对科学发展的认识而形成科学的信念与科学的习惯。它包括好奇心、诚实、合作、创造力。科学的世界观指科学家对科学有一些基本的信念和态度，主要包括：①科学认为世界是能够被认识的，世界的万事万物都是以恒定的模式发生和发展的，只要通过认真系统的研究都可以被认知；②科学知识是不断变化的，科学是一个产生知识的过程，知识的变化是不可避免的；③科学知识的主体具有连续性和稳定性；④科学不能为一切问题提供全部答案，因为人类面临的很多问题是由政治、经济、文化、环境共同决定的。

第二，科学探究方法与技能。科学探究不是仅仅属于科学家的方法和技能，它也是学生学习科学的有效方法之一。科学思维的方法，包括形式逻辑思维、辩证逻辑思维、批判性思维和发散性思维等思维方式与思维习惯。

3. 倡导探究性学习

（1）学生的两种学习方式：接受性学习方式和探究性学习方式。

接受性学习：把知识的定论交给学生，有其存在的价值，比如，细胞的发现过程。

探究性学习：指学生通过类似于科学家探究活动的方式获取科学知识，并在这个过程中学会科学的方法和技能、科学的思维方式，形成科学观点和科学精神。即把学习的内容以问题的形式间接地呈现出来，让学生去探索答案。

两种学习方式都有存在的价值，但我们以往过分强调前者，以前者为中心。强调探究性学习的重要性是想找回探究性学习应有的位置，而并非贬低接受性学习的价值。有的教师将原接受性学习变为探究性学习，如先讲鲫鱼的形态结构，然后做解剖，这是验证性实验。鱼鳍的作用是教师的演示实验，用鱼缸做，学生不易看见，而且剪鱼鳍不被提倡。可将上述内容的教法改为探究式。有的教师采取的做法是：放录像，让学生讨论鱼怎么运动，怎么上下浮动。这样就创设了一定的情境，提出了问题。之后由小组设计实验方案，实施方案，再就是课堂展示。

（2）探究性学习不能囿于一定的模式。

探究性学习可以有多种形式，比如通过实验来探究，通过调查来探究，通过分析资料来探究等。不同形式的探究活动大体包括以上过程，只是难点和侧重点不尽相同，因此在实际应用中不应千篇一律。

（3）探究性学习的特征。

强调学习积极性、主动性与生成性，让学生真正地动手动脑。

（二）高中生物学课程理念

提高生物科学素养，面向全体学生，倡导探究性学习，注重与现实生活的联系。

生物科学与人们的日常生活、医疗保健、环境保护、经济活动等方面密切相关。新课程标准注重使学生在现实生活的背景中学习生物学，倡导学生在解决实际问题的过程中深入理解生物学的核心概念，并能运用生物学的原理和方法参与公众事务的讨论或作出相关的个人决策；同时注意帮助学生了解相关的职业和学习方向，为他们进一步学习和步入社会做准备。

七、生物学课程目标

（一）初中生物学课程总目标

通过义务教育阶段生物学课程的学习，学生将在以下几方面得到发展：

（1）获得生物学基本事实、概念、原理和规律等方面的基础知识，了解并关注这些知识在生产、生活和社会发展中的应用。

（2）初步具有生物学实验操作的基本技能、一定的科学探究和实践能力，养成科学思维的习惯。

（3）理解人与自然和谐发展的意义，提高环境保护意识。

（4）初步形成生物学基本观点、创新意识和科学态度，为确立辩证唯物主义世界观奠定必要的基础。

（二）初中生物学课程具体目标

1. 知识目标

（1）获得有关生物体的结构层次、生命活动、生物与环境、生物多样性、生物进化以及生物技术等生物学基本事实、概念、原理和规律的基础知识。

（2）获得有关人体结构、功能以及卫生保健的知识，促进生理和心理的健康发展。

（3）知道生物科学技术在生活、生产和社会发展中的应用及其可能产生的影响。

2. 能力目标

（1）正确使用显微镜等生物学实验中常用的工具和仪器，具备一定的实验操作能力。

（2）初步具有收集和利用课内外的图文资料及其他信息的能力。

（3）初步学会生物科学探究的一般方法，发展学生提出问题、作出假设、制订计划、实施计划、得出结论、表达和交流的科学探究能力。在科学探究中发展合作能力、实践能力和创新能力。

（4）初步学会运用所学的生物学知识分析和解决某些生活、生产或社会实际问题。

3. 情感态度与价值观目标

（1）了解我国的生物资源状况和生物科学技术发展状况，培养爱祖国、爱家乡的情感，增强振兴祖国和改变祖国面貌的使命感与责任感。

（2）热爱大自然，珍爱生命，理解人与自然和谐发展的意义，提高环境保护意识。

（3）乐于探索生命的奥秘，具有实事求是的科学态度、一定的探索精神和创新意识。

（4）关注与生物学有关的社会问题，初步形成主动参与社会决策的意识。

（5）逐步养成良好的生活与卫生习惯，确立积极、健康的生活态度。

（三）高中生物学课程总目标

学生通过高中生物学课程的学习，将在以下各方面得到发展：

（1）获得生物科学和技术的基础知识，了解并关注这些知识在生活、生产和社会发展中的应用。

（2）提高对科学和探索未知的兴趣。

（3）养成科学态度和科学精神，树立创新意识，增强爱国主义情感和社会责任感。

（4）认识科学的本质，理解科学、技术、社会的相互关系，以及人与自然的相互关系，逐步形成科学的世界观和价值观。

（5）初步学会生物科学探究的一般方法，具有较强的生物学实验的基本操作技能、搜集和处理信息的能力、获取新知识的能力、批判性思维的能力、分析和解决实际问题的能力，以及交流与合作的能力。

（6）初步了解与生物科学相关的应用领域，为继续学习和走向社会做好必要的准备。

（四）高中生物学课程具体目标

1. 知识目标

（1）获得生物学基本事实、概念、原理、规律和模型等方面的基础知识，知道生物科学与技术的主要发展方向和成就，知道生物科学发展史上的重要事件。

（2）了解生物科学知识在生活、生产、科学技术发展和环境保护等方面的应用。

（3）积极参与生物科学知识的传播，促进生物科学知识进入个人和社会生活。

2．情感态度与价值观目标

（1）初步形成生物体的结构与功能、局部与整体、多样性与共同性统一的观点，生物进化观点和生态学观点，树立辩证唯物主义自然观，逐步形成科学的世界观。

（2）关心我国的生物资源状况，对我国生物科学和技术发展状况有一定的认识，更加热爱家乡、热爱祖国，增强振兴中华民族的使命感与责任感。

（3）认识生物科学的价值，乐于学习生物科学，养成质疑、求实、创新及勇于实践的科学精神和科学态度。

（4）认识生物科学和技术的性质，能正确理解科学、技术、社会之间的关系。能够运用生物科学知识和观念参与社会事务的讨论。

（5）热爱自然、珍爱生命，理解人与自然和谐发展的意义，树立可持续发展的观念。

（6）确立积极的生活态度和健康的生活方式。

3．能力目标

（1）能够正确使用一般的实验器具，掌握采集和处理实验材料、进行生物学实验的操作、生物绘图等技能。

（2）能够利用多种媒体搜集生物学的信息，学会鉴别、选择、运用和分享信息。

（3）发展科学探究能力，初步学会：①客观地观察和描述生物现象；②通过观察或从现实生活中提出与生物学相关的、可以探究的问题；③分析问题，阐明与研究该问题相关的知识；④确认变量；⑤作出假设和预期；⑥设计可行的实验方案；⑦实施实验方案，收集证据；⑧利用数学方法处理、解释数据；⑨根据证据作出合理判断；⑩用准确的术语、图表介绍研究方法和结果，阐明观点；⑪听取他人的意见，利用证据与逻辑对自己的结论进行辩护以及作必要的反思和修改。

课程具体目标中的知识、情感态度与价值观、能力三个维度在课程实施过程中是一个有机的整体。

八、生物学课程内容标准

（一）初中生物学课程标准中的内容标准

为什么要彻底打破原来的课程内容及体系，构建"人与生物圈"的课程内容及体系？构建以"人与生物圈"为主线的课程体系，改变以学科为中心的课程体系，这有助于学生明确自己在生物圈中的地位和作用（促进人与自然的和谐发展），使初中学生明确自己的社会责任，符合初中学生的认识水平（克服过去课程难、繁、偏、旧的弊端）。

新课标课程内容及体系围绕"人与生物圈"，确定10个一级主题的总体思路，见图1-2。

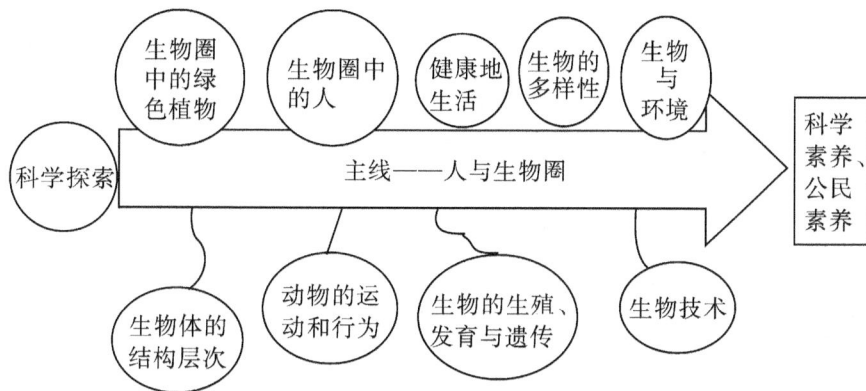

图 1 - 2　初中生物学课程标准中的内容标准

（二）高中生物学课程标准中的内容体系

1. 高中生物学课程模块设置

高中生物学课程分为必修和选修两个部分。见表 1 - 2：

表 1 - 2　高中生物学课程模块设置表

必修模块	选修模块
必修 1：分子与细胞	选修 1：生物技术实践
必修 2：遗传与进化	选修 2：生物科学与社会
必修 3：稳态与环境	选修 3：现代生物科技专题

2. 高中生物学课程内容的特点

必修模块选择的是生物科学的核心内容，也是现代生物科学发展最迅速、成果应用最广泛、与社会和个人生活关系最密切的领域。选修模块是为了满足学生多样化发展的需要而设计的。

3. 各模块的地位、内容要求

"必修 1：分子与细胞"模块。本模块选取了细胞生物学方面最基本的知识，是学习其他模块的基础，有助于学生较深入地认识生命的物质基础和结构基础，理解生命活动中物质的变化、能量的转换和信息的传递；领悟观察、实验、比较、分析和综合等科学方法及其在科学研究过程中的应用；科学地理解生命的本质，形成辩证唯物主义自然观。

"必修 2：遗传与进化"模块。本模块有助于学生认识生命的延续和发展，了解遗传变异规律在生产生活中的应用；领悟假说演绎、建立模型等科学方法及其在科学研究中的应用；理解遗传和变异在物种繁衍过程中的对立统一，生物的遗传变异与环境变化在进化过程中的对立统一，形成生物进化观点。

"必修 3：稳态与环境"模块。本模块有助于学生认识发生在生物体内部和生物与环境之间的相互作用，理解生命系统的稳态，认识生命系统结构和功能的整体性；领悟系统分析、建立数学模型等科学方法及其在科学研究中的应用；形成生态学观点和可持续发展的观念。

"选修1：生物技术实践"模块。本模块适于继续学习理工类专业或对实验操作感兴趣的学生学习。

"选修2：生物科学与社会"模块。本模块适于继续学习人文和社会科学类专业及直接就业的学生学习。

"选修3：现代生物科技专题"模块。本模块为学生进一步学习生物科学类专业奠定基础。

高中生物学课程标准对具体内容标准的表述所用的动词分别指向知识性学习目标、技能性学习目标和情感性学习目标，并且分为不同的层次。具体说明见表1-3。

表1-3 学习目标的说明

	各水平的要求	内容标准中使用的行为动词
知识性目标动词	**了解水平** 再认或回忆知识；识别、辨认事实或证据；举出例子；描述对象的基本特征等	描述，简述，识别，列出，列举，说出，举例说出，指出，辨别，写出，排列
	理解水平 把握内在逻辑联系；与已有知识建立联系；进行解释、推断、区分、扩展；提供证据；收集、整理信息等	说明，举例说明，概述，评述，区别，解释，选出，收集，处理，阐明，示范，比较，描绘，查找
	应用水平 在新的情境中使用抽象的概念、原则；进行总结、推广；建立不同情境下的合理联系等	分析，得出，设计，拟定，应用，评价，撰写，利用，总结，研究
技能性目标动词	**模仿水平** 在原型示范和具体指导下完成操作	尝试，模仿
	独立操作水平 独立完成操作；进行调整与改进；与已有技能建立联系等	运用，使用，制作，操作，进行，测定
情感性目标动词	**经历（感受）水平** 从事相关活动，建立感性认识	体验，参加，参与，交流，讨论，探讨，参观，观察
	反应（认同）水平 在经历基础上表达感受、态度和价值判断，作出相应反应等	关注，认同，拒绝，选择，辩护
	领悟（内化）水平 具有稳定态度、一致行为和个性化的价值观念等	确立，形成，养成，决定

第三节　新课程的教学理念与策略

一、教师角色的转换

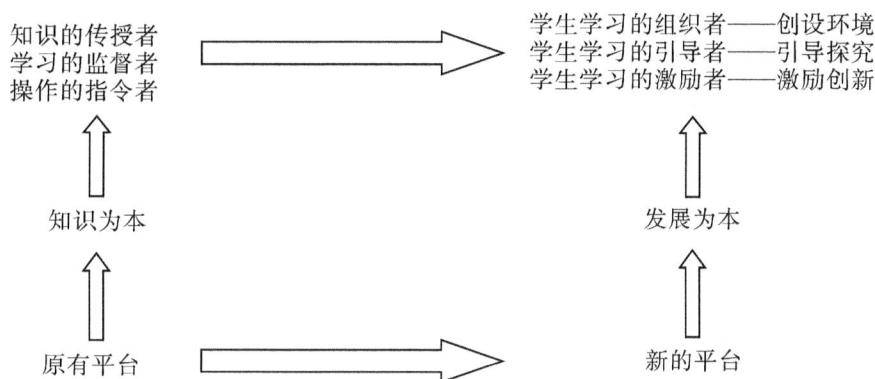

知识的传授者
学习的监督者
操作的指令者

学生学习的组织者——创设环境
学生学习的引导者——引导探究
学生学习的激励者——激励创新

知识为本　　　　　　　　发展为本

原有平台　　　　　　　　新的平台

图 1 - 3　教师角色的转换

二、转变教学观念

1. 整合教学与课程

课程不再只是特定知识的载体，而是教师和学生共同探索新知识的过程。教师和学生是课程的有机构成部分，并作为相互作用的主体。课程也由此变成一种动态的、生长性的"动态系统"和完整文化，这意味着课程观的重大变革。

2. 强调互动的师生关系

教学过程是师生交往、积极互动、共同发展的过程。

3. 构建素质教育课堂教学目标体系

改变课程过于注重知识传授的倾向，强调形成积极主动的学习态度，使获得知识和技能的过程成为学会学习和形成正确价值观的过程。

教师教学观念的转变，如图 1 - 4。

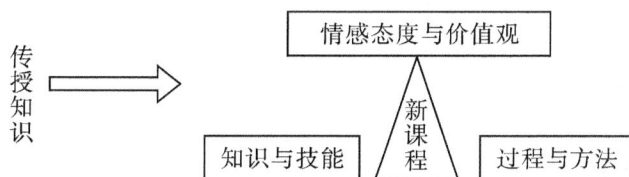

传授知识

情感态度与价值观

知识与技能　　新课程　　过程与方法

图 1 - 4　教师教学观念的转变

三、转变学习方式

倡导新的学习方式：自主学习、合作学习、探究学习。

自主学习是指教学条件下学生的高深品质的学习。所有能有效地促进学生发展的学习，都一定是自主学习。

合作学习是针对教学条件下学习的组织形式而言的，相对的是"个体学习"。它是指学生在小组或团队中为了完成共同的任务，有明确的责任分工的互助性学习。

探究学习是在教学中教师创设研究情境，通过学生自主、独立地发现问题、实验、操作、调查、搜集与处理信息、表达与交流等探索活动，获得知识、技能、情感与态度的发展，特别是探索精神和创新能力共同发展的学习方式与学习过程。探究学习具有更强的问题性、实践性、参与性和开放性。

第四节　中学生物学教科书

教科书是根据课程标准编写的系统反映学科内容的教学用书。它是最具代表性的核心教材，是教师为实现一定的教学目标，在教学活动中使用的、供学生选择和处理的、负载着知识信息的一切手段和材料。其包括以教科书为主体的图书教材，各种视听教材、电子教材以及来源于生活的现实教材等。

根据课程标准编写的高中生物教材有：

（1）人民教育出版社（人教版）：《普通高中课程标准实验教科书·生物》（主编：北京师范大学附属中学特级教师、北京师范大学朱正威教授，课程教材研究所生物课程教材研究开发中心主任赵占良）。

（2）北京师范大学出版社（北师大版）《普通高中课程标准实验教科书·生物》（主编：北京师范大学生命科学学院刘恩山教授）。

（3）浙江科技出版社（浙江科技版）《普通高中课程标准实验教科书·生物》（主编：北京大学吴相钰教授，北京师范大学生命科学学院刘恩山教授）。

（4）江苏教育出版社（苏教版）《普通高中课程标准实验教科书·生物》（主编：南京师范大学生命科学学院汪忠教授）。

（5）河北少年儿童出版社（河北版）《普通高中课程标准实验教科书·生物》（主编：河北师范大学生命科学学院刘植义教授）。

（6）中国地图出版社（中图版）《普通高中课程标准实验教科书·生物》（主编：中国科学院张新时院士）。

新教材的主要特点是：控制内容总量，适当降低知识难度；更新教学内容，大量引进现代信息；强调科际联系，促进课程优化整合；密切联系生活，关注学生个体经验；重视活动设计，鼓励学生探究创造；尊重师生个性，提供更多选择机会；利用信息技术，扩展课堂学习空间；版式设计新颖，图文并茂，引人入胜。

思考与练习

1. 与初中生物学课程标准相比较，高中生物学新课程在总目标和具体目标方面有哪些特点和更高要求?

2. 说明课程标准提出的"提高学生科学素养"的理念。

3. 如果让你自己选用教材，你觉得哪种版本更为实用? 说出你的理由。

参考文献

1. 中华人民共和国教育部．全日制义务教育生物课程标准（实验稿）．北京：北京师范大学出版社，2001.

2. 中华人民共和国教育部．普通高中生物课程标准（实验）．北京：人民教育出版社，2003.

3. 朱慕菊．走进新课程——与课程实施者对话．北京：北京师范大学出版社，2002.

4. 钟启泉等．为了中华民族的复兴，为了每个学生的发展．上海：华东师范大学出版社，2001.

教学技能与微格教学

学习目标
1. 简述教学技能的分类、特点及其训练的意义。
2. 概述微格教学的一般程序和微格教学设计的要求。
3. 能编写微格教学教案，并且进行微格教学训练。

教学重点
微格教学设计。

第一节 教学技能概述

一、教学技能的概念

什么是教学技能？目前国内外尚未提出一个公认的概念。心理学认为：技能是人们顺利完成某种任务的动作活动方式或智力活动方式，前者又称为动作技能或操作技能，后者又称为智力技能或认知技能。动作技能是一系列实际动作以合理、完善的程序构成的操作活动方式，如日常生活中的行走、写字；智力技能则是指借助内部语言在头脑中进行的认知方式，它包括感知、记忆、想象和思维，但以抽象思维为其主要成分，又称"思维技能"。在认识特定事物、解决具体课题中，这些心理活动按一定合理、完善的方式自动地进行，就是智力技能，如阅读中的默读、数学中的心算等。掌握技能有利于对知识的理解、学生智能的发展，也是进行学习的必要手段。对于教学技能至今还没有统一的界定，一般认为教学技能是教师在教学过程中，在教育理念和教学策略的指导下，运用与教学有关的知识和经验，促进学生学习与发展，有效达成教学目标的一系列教学活动方式和行为方式的总称。它是教师运用专业知识、教学理论，依据学习理论和教学原则进行教学设计、教学研究，组织课内外教学活动，有效地促进学生完成学习任务的活动方式。它可以通过学习、训练来掌握，并且在教学实践中得到巩固、提高和发展。

教学技能作为教师活动方式，在教学中有时表现为一种操作活动方式，有时表现为一种心智活动方式，有时两者交接在一起，以综合的形式共同完成教学任务。目前有一种观点是把教学技能的属概念定位在"能力"上，认为教学技能系指通过练习运用一定知识和经验达成某种教学目标的能力。不同的技能观对教学技能有不同的界定，但都有一个共同点，就是认为教学技能是影响教学质量、促进学生学习的重要方面，具有可描述性、可观察性和可操作性，同时每一种技能又具有被分解成不同构成要素的特点。通过教学技能的运用，激发学生的学习兴趣和动机，引导学生掌握学科的基础知识，形成技能和发展智力，为学生顺利完成学业、适应今后社会生存的要求创造条件。所以说教学技能是教师传输教学信息，完成教学任务的最基本保证。教学技能是教师素质的重要内容，是教师的职业技能，是教师必须掌握的。

二、教学技能的分类

下面介绍教学技能的分类：

1. 美国斯坦福大学教学技能分类

美国斯坦福大学的艾伦（D. W. Allen）和瑞安（Ryan）根据经验和对教师行为的分析，将教学技能分为如下 14 种：①刺激多样化；②导入；③总结；④非语言启发；⑤强调学生参与；⑥流畅提问；⑦探索性提问；⑧高水平提问；⑨分散性提问；⑩确认（辨析专注行为）；⑪图解的范例应用；⑫运用材料；⑬有计划地重复；⑭交流的完整性。

2. 英国特罗特教学技能分类

英国的特罗特（Trott）把在教学中能够观察、能够表现、能够实际量化分析并为教师所熟知的教学行为分为如下 6 种教学技能：①变化的技能；②导入的技能；③强化的技能；④提问的技能；⑤例证的技能；⑥说明的技能。

3. 日本东京学英大学教学技能分类

该分类将教学技能分为如下 9 种：①导入技能；②展开技能；③变化技能；④总结技能；⑤例证技能；⑥确认技能；⑦演示技能；⑧板书技能；⑨提问技能。

4. 澳大利亚悉尼大学教学技能分类

该分类将教学技能分为如下 10 种：①强化技能；②一般提问技能；③变化技能；④讲解技能；⑤导入与结束技能；⑥高层次提问技能；⑦课堂管理和组织技能；⑧小组讨论组织技能；⑨个别指导技能；⑩学习指导与创造力培养技能。

5. 孟宪的教学技能分类

孟宪把课堂教学技能设定为：①导入技能；②教学语言技能；③提问技能；④讲解技能；⑤变化技能；⑥强化技能；⑦演示技能；⑧板书技能；⑨结束技能；⑩课堂组织技能。

6. 原国家教育委员会的教学技能分类

国家教育委员会在 1994 年下发的《高等师范学校学生的教师职业技能训练大纲》中，把教学技能分为 5 类：①教学设计技能；②使用教学媒体技能；③课堂教学技能；④组织和指导课外活动技能；⑤教学研究技能。在课堂教学技能中又分出了 9 项基本技能：①导入技能；②板书板画技能；③演示技能；④讲解技能；⑤提问技能；⑥反馈和强化技能；⑦结束技能；⑧组织教学技能；⑨变化技能。

7. 北京教育学院微格教学课题组教学技能分类

该分类共 10 项：①导入技能；②教学语言技能；③提问技能；④讲解技能；⑤变化

技能；⑥强化技能；⑦演示技能；⑧板书技能；⑨结束技能；⑩课堂组织技能。

三、教学技能的特点

教学技能是一般技能在教学情境中的迁移或具体表现。教学技能可以通过学习而掌握，通过训练得到巩固和提高。我们可以从以下几个方面把握教学技能的概念。

1. 教学技能具有目标指向性

不同的教学技能是与不同的教学目标联系在一起的。如提问技能，是与释疑解难、激发学生的学习动机和发展学生的思维能力联系在一起的。从某种意义上说，教学是一种复杂的技能活动，在不同的教学阶段要求有不同的教学技能与之相适应，才能达成教学目标。

2. 教学技能以知识经验为凭借

教师教学技能的高低，在很大程度上受制于教师所掌握的知识和拥有的教学经验。一名合格的教师，在知识结构方面，不仅要有精深的专业知识、广博的文化知识背景，还要有良好的教育科学知识。教学技能训练是在现代教育理论和思想指导下的实践活动。因此，在进行教学技能训练的同时，要进行相关理论的学习。

3. 教学技能是后天习得的

技能不是先天就有的，而是在后天经过训练获得的，教学技能也不例外。一方面，教学技能的获得不仅受到教师本人对教学的认识水平及教学经验多寡的制约，而且受到学习与训练的影响。不经过认真的学习和严格的训练是不能很快地提高教学技能的。另一方面，教学既是一门科学也是一门艺术，教学有其服从规律的一面，也有飘忽不定、不可预测的方面。教学要达到艺术的境地，没有熟练的教学技能是不可能的。

4. 教学技能的可操作性

不同的教学技能的内涵和结构是不同的，但所有的教学技能都具有可操作性的特点，都包含着特定的规则或动作程序，因而都可以分解为具体的行为方式和步骤来加以训练和模仿。教学技能的这一特点，使得教学技能的系统训练成为可能。其中，微格教学就是训练教学技能的有效手段。

四、教学技能训练的意义

教学活动是教师和学生相互作用的双边活动。就教师而言，教师的知识水平无疑是重要的，所谓"想给学生一碗水，教师要有一桶水"就是这个道理。然而在教学实践中我们发现这是远远不够的。要想有效地传递教学信息，使学生更好更快地掌握知识，教师的教学能力是一个不容忽视的问题。教学技能是教学能力的一个重要组成部分，所以掌握教学技能是师范生必备的一项基本功；而课堂教学技能是教师最基本的技能，是教师专业发展的重要方面。进行系统的教学技能训练，是高等师范院校学生掌握课堂教学技能的重要途径。实践证明，师生全程参与的全程教学基本技能训练模式能使教师和学生同时成为培训的对象，是提高师范生教学基本技能的一条有效途径。教学基本技能的形成，不仅为他们以后更好更快地适应教师工作岗位要求，而且为新课程改革的推进起着极其重要的作用。

基础教育课程改革迫切要求高等师范教育为其培养教学基本技能强、综合素质高、适应课程改革要求的师范生。中学新课程改革不仅对在职的教师提出新的、更高的要求，也使未来的教师面临着严峻的挑战。因此，高等师范院校应作为培养教师的主要场所，应该主动与新课程改革相衔接，对原有的课程设置及教学方式进行改革，大胆创新人才培养模式，扎实开展系统的教学基本技能训练，培养学生具备适应新课程改革要求的教学基本能力。

师范院校能否培养出合格的师范毕业生必将影响到新课标的实施，微格教学是对师范毕业生进行教师教学技能训练的有效方法。为适应新课标的实施，微格教学应结合新课标理念，从不同层面进行改革。因此，师范院校应探索科学的、合理的教学技能的训练方法，并在实践中不断改进和完善，促进微格教学的不断发展，如此必将推进课程改革的进程。

第二节　微格教学概述

一、什么是微格教学

微格教学（microteaching）形成于美国 20 世纪 60 年代的教育改革运动。它是一种运用教育技术手段来培训师范生和在职教师教学技能的方法，是随着科学技术的发展、视听设备和信息技术广泛应用于教学而形成的一种教学方法。这种方法于 1963 年首先在美国斯坦福大学开始运用，之后传到英国、澳大利亚以及世界其他国家。我国在 20 世纪 80 年代中期引入微格教学，首先在北京教育学院展开研究与实践。微格教学作为培训教师教学技能的有效方法，很快受到了广大教师的欢迎。它在我国又被称为"微型教学"、"微观教学"、"小型教学"等。现在，我国各类师范院校中都建有微格教室。各师范院校要求师范生在实习之前必须通过微格训练，这是目前师范生在校期间迅速掌握和提高教学基本技能的最有效的途径。

二、微格教学的过程

微格教学一般包括以下几个步骤：

1. 事前的学习

学习内容包括教学设计、教学目标分类、教材分析、教学技能分类、课堂教学观察方法、教学评价与学习者的特点等。

2. 确定培训技能和编写教案

把课堂教学分为不同的单项教学技能，分别进行训练，每次只训练一两项技能，以便掌握，如导入、语言、提问、讲解、变化、强化、演示、板书、结束和组织这 10 项技能。

教案根据确定的教学技能选择恰当的教学内容，根据所设定的教学目标进行教学设计并写出教案。不同于一般教案，微格教学教案要详细说明教师的教学行为（所应用的技能）和学生的学习行为（包括预想的反应）等。

3. 提供示范

利用录像或实际角色扮演对所要训练的技能进行示范。示范可以是正面典型也可以是反面典型，还可对照使用，一般以正面为主。

4. 微格教学实践

（1）组成微格课堂。教师角色由师范生扮演，学生角色由被培训者的同学或真实学生来扮演，教学评价人员是被培训者的同学或指导教师。

（2）角色扮演。被培训者上一节课的一部分，练习一两种技能，一般 10～15 分钟，要先作一简短说明以便明确训练技能、教学内容、教学设计思想等。

（3）准确记录。一般用录像的方法记录，也可以用录音或文字记录，录像更及时、真实、有效。

5. 反馈评价

（1）重放录像。可及时获得反馈信息。角色扮演结束后要及时重放录像，教师角色、学生角色、评价人员和指导教师一起观看，以进一步观察被培训者是否达到培训目标的程度。

（2）自我分析。看过录像后，教师角色要进行自我分析，检查教学过程中是否达到了自己所设定的目标，是否掌握所培训的教学技能。

（3）讨论评价。学生角色、评价人员、指导教师要从各自的角度来评价实践过程，讨论存在的问题，指出努力的方向。

6. 修改教案

根据自我分析和讨论评价中指出的问题修改教案，进入再循环或者进入教学实习阶段。

三、微格教学的教学设计

教学设计是微格教学过程中的一个重要环节，也是学习者实践的开始。

课堂教学系统是由相互联系、相互作用的多种要素构成的。系统科学理论研究表明，各种系统的功能总是与一定的形式和结构相关联的。结构与功能既相互依存，又相互影响，系统能否发挥最佳的功能，取决于系统能否以最佳的形式和最佳的结构出现。教学设计要将各个要素协调形成一个整体，制定出切实可行的分析研究方法和解决问题的步骤，作出全部计划。微格教学实践系统包括执教者、学生、教材、教学媒体及教学环境等要素。该系统启动后的主要功能是通过各要素间相互作用而进行学科知识技能的信息传递。要使系统功能得到有效发挥，并优化教学方案，微格教学设计是至关重要的。现代课堂教学设计更多地强调师生间的相互作用，注重调动教学系统的各要素的能动作用，即执教老师要有效运用各项课堂教学技能，激发、促进学生的学习，培养学生的能力并发展学生的智力。

微格教学教案设计的具体项目有：

（1）教学目标。教学目标要符合课程要求，切合学生实际，定得具体细致，以便随时检查这些教学目标的完成情况。目标不可定得太高，否则，将因无法达到而挫伤学生积极性。

（2）教学过程。教学过程包括教师的教和学生的学两方面。教师的教就是教师根据一定的教学任务和学生的身心发展状况，通过导入、讲解、提问、板书、演示等技能方式去指导学生进行学习；学生的学就是通过听讲、观察、讨论、实验、阅读、练习等学习活动掌握知识和技能，并发展认知能力、思维能力、创造能力。在这个过程中，教师起着主导作用，学生是主体。所以教师设计的课堂教学过程不能总是千篇一律，也不宜完全照搬"标准"教案。教师应该根据不同的教学情景和教学内容，同时考虑到学生的知识基础和智力发展水平，选择适当的教学方法，并加以灵活运用。此外，教师还要经常将新的教学思想、新的教学观念引入教学之中，通过教学实践去探索提高学生素质的有效方法。

（3）时间分配。微格教学的教案通常限定在 10 分钟左右，在设计时要仔细估算每一教学行为所用的时间，这对于师范生尤为重要，有利于他们今后掌握好课堂教学时间。

（4）检验设计内容。当教案初步设计完成，学员先自我检验，再交给指导教师批阅。指导教师从中了解学员前一阶段的学习情况，了解学员对课堂教学技能的理解程度。在接受了这些信息反馈的前提下，在尊重学员本人意见的基础上，师生共同进行科学的讨论分析，提出改进意见和建议，使微格教学的教案设计更趋完善，更符合微格教学的特点。

四、微格教学教案编写

微格教学是一种模拟教学，其教案与一般教案类似，都是在深入钻研教材、全面了解学生的基础上对教学活动进行精心设计的具体实施方案。但是，微格教学毕竟是一种训练体系，其教案的编写有其特殊的形式和内容。

1. 微格教学教案的格式与结构

微格教学的教案，其格式有多种（详见微格教学教案实例）。其结构内容主要有主讲教师、讲课日期、课题、训练技能、教学目标、教具、教学重点和教学难点、教师教学行为、学生学习行为、教学技能和时间分配等。其中：

教学目标即学习目标，指学生在教学后的最终学习行为。因此，目标的陈述要符合行为目标编写的要求，简明、具体、便于观察和监测。

教学行为要求将讲授、演示、板书和提问的具体内容与教师的活动等，依次按教学进程的顺序进行陈述，以便受训者有计划地按程序进行微格课堂教学。

学习行为是指教学设计中预计学生在教学进程中将产生的学习行为，如回答、观察、活动和练习等。

教学技能指在相应的教学进程中标明所使用的教学技巧，以便受训者能有计划地运用。

时间分配指预计授课行为和学习行为所持续的时间。

2. 微格教学教案编写的要求

微格教学教案的编写应体现以下要求：

（1）遵循一般教案编写的要求。微格教学作为一种训练系统，其教案的格式和结构有其特殊之处，但是作为教学方案的设计蓝图，则与一般教案具有共性，即科学性、规范性、适用性、简明性等。

（2）体现微格教学的特点（如前所述）。

（3）便于课堂操作，便于检查。教案的编写要展现预计的教学过程，安排怎样教和怎样学，就怎样写。这样做，既便于受训者对课堂运行的操作，也易于检查其不足之处。

五、微格教学教案实例

例1　　　　　　　**生物微格教学教案设计1（10分钟）**

设计者：_____　　　　讲课日期：_____　　　　**教学对象：** 八年级
科目： 生物　　　　**课题：** 先天性行为和后天学习行为
主要的教学技能：　综合技能

教学目标：
　　1. 阐述动物的行为对个体的生存和种族繁衍的意义
　　2. 举例说出先天性行为和后天学习行为的区别

教学重点： 区分先天性行为和后天学习行为
教学难点： 通过例子，概括先天性行为和后天学习行为的特征
教学方法： 讲授法、谈话法、演示法等
教学用具： 投影
教学时间： 10分钟
教学过程：

时间	教学环节	教师教学行为	学生学习行为	教学技能
1~2分钟	导入	[提问] 同学们，你们养过小动物吗？ 　　那你们养的小动物会有哪些行为呢？ 　　小动物吃东西、睡觉等要你们教吗？ [讲述] 对了！动物的这些行为不用教，是生来就有的。但是如果想让你的小动物例如猫、狗等到规定的地方大小便就要费心思了。 [提问] 你们怎样才可以让猫、狗去规定的地方大小便呢？	回答：有。 吃东西，睡觉等。 不用。 回答：教它们。	导入技能（提问导入） 提问技能
4~5分钟	讲授新课	[讲述] 答对了！也就是说要训练它们。换句话说动物具有学习行为。那么刚才说的生来就有的行为和通过学习行为获得的行为属于什么行为呢？这就是我们这节课所要学习的第16章"动物的行为"中的第一节"先天性行为和后天学习行为"。 [板书] 第一节　先天性行为和后天学习行为 [讲述] 所有的动物都具有先天性行为，例如婴儿饥饿时会哭，碰到乳头时会吮吸，这些动作都是一出生就有的。如果该行为都是对一个特定的刺激作出的反应，而且出生后第一次遇到这一刺激就能作出这种反应，通常这种行为被看成是先天的。所以说，先天性行为是生来就有的行为，因此先天性行为又称为本能行为。这些行为是通过遗传、自然选择进化来的。再例如蜘蛛结网、蜜蜂筑	集中注意力 专心听讲	板书技能 讲解技能

（续上表）

时 间	教学环节	教师教学行为	学生学习行为	教学技能
	讲授新课	巢、鸟类营巢孵卵、动物的幼崽吮吸乳汁等都是先天性行为。通过上述讲解及举例，我们来总结先天性行为的概念。先天性行为是一生下来就有，由动物体内遗传物质所决定的行为。从概念中可以知道先天性行为有一个很明显的特征，就是生来就会的行为。它能够适应比较稳定的环境，这个就是它的适应特征。	专心听讲	讲解技能
		［板书］1. 先天性行为 （1）概念： （2）特征：		板书技能
		［讲述］但是仅仅适应稳定的环境是不够的，因为环境是多变的，要适应这个环境，动物必须学习其他行为。那么什么是学习呢？学习就是通过个体生活经历和经验，使自身的行为发生适应性变化的过程。也就是说学习使动物对环境的变化作出有利于生存的反应。学习的行为是后天的，所以后天学习行为是在遗传的因素基础上，通过环境因素的作用，从生活经验和后天学习获得的行为。其特征是通过学习获得的，是后天的。相对于先天性行为适应比较稳定的环境，后天学习行为就能够适应多变的环境。	专心听讲	讲解技能
		［板书］2. 后天学习行为 （1）概念： （2）特征：		板书技能
		［讲述］不同的动物个体之间的学习能力存在着较大的差异，越高等的动物学习能力越强。通过对这两种行为的学习，那么开始上课时所说的动物生下来就会的吃饭、睡觉等是什么行为呢？到规定的地方大小便又是什么行为呢？答得好！那我们接着一起来做以下几道习题，看看这些行为分别属于什么行为。	回答： 先天性行为。 后天学习行为。	提问技能
2分钟	练习活动	［练习］演示PPT，内容如下： （1）鹦鹉学舌　（2）小狗做算术 （3）小猩猩吃奶（4）儿童用筷子夹菜 （5）母鸡孵卵	做练习题 说出答案	演示技能（PPT） 提问技能（个别提问）

第二章 教学技能与微格教学

25

（续上表）

时间	教学环节	教师教学行为	学生学习行为	教学技能
2分钟	总结 巩固新知识 布置作业	[小结]：通过上面的练习，我们一起来总结这两种行为的区别：（演示PPT）启发学生回答填报。 <表格见下> 上面这个表就是我们总结出来的先天性行为和后天学习行为的区别，希望同学们掌握好，做到一观察到动物的行为就能说出是什么行为。好，这节课我们就上到这里，下课！	积极思考、回答 思考、知识迁移	讲解技能 演示技能（PPT） 强化技能 结束技能

类型	先天性行为	后天学习行为
形成	生来就有的行为	出生后逐渐学习的行为
获得途径	由体内遗传物质控制	通过条件反射，尝试，顿悟后随学习逐渐形成
适应特征	适应相对稳定的环境	适应不断变化的复杂环境

板书设计

第一节　先天性行为和后天学习行为

1. 先天性行为
　（1）概念：
　（2）特征：
2. 后天学习行为
　（1）概念：
　（2）特征：
3. 两种行为的区别

教学效果分析：

自我评价：

教师、小组评价：

例2

生物微格教学教案设计2（10分钟）

姓　名	具永娴	学　校		嘉应学院
指导教师	刁俊明	联系电话		
片断题目	第二节　孟德尔的豌豆杂交实验（二）	重点展示技能类型		导入技能、提问技能、讲解技能
学习目标	知识目标：阐明孟德尔的两对相对性状的杂交实验。 能力目标：在对两对相对性状遗传结果进行分析时，通过演绎推理的方法，调动学生的想象力，培养学生的逻辑推理能力。 情感目标：认同严谨、求实的科学态度和科学精神。			

教学过程

时　间	教师行为	预设学生行为	教学技能要素
1.5分钟	［导入新课］由于本节新课的内容比较抽象，涉及的知识点也比较重要，所以我将会用学生生活中熟悉和关心的生物学事例来导入新课，这样能为学生创设引人入胜的学习情景。 ［导入事例］杂交奶牛 ［导入过程］（1）借助多媒体课件展示各品种奶牛的图片，然后引导学生思考教材第9页"问题探讨"中的问题。（2）对其中涉及杂交互补等生物知识进行简单的讲解。（3）通过以上的简洁引入过渡到豌豆的杂交实验，并请学生们带着以下的问题进行新课的学习。	对此产生亲切感，并且带着好奇心进入新课的学习。 思考问题。	导入技能（事例导入法）：能引起学生注意，激发学习兴趣，明确学习目的和建立知识之间的联系。 注意引导学生温故而知新。提供原有知识与新知识之间联系的支点。
5.5分钟	［导入语言］上节课所学的是豌豆高茎与矮茎这一对相对性状符合基因分离定律，但如果是两对相对性状的话又会遵循什么定律呢？请同学们带着以下两个问题阅读课本第9页的内容：（1）黄色豌豆一定是饱满的，绿色豌豆一定是皱缩的吗？（2）一对相对性状的分离对其他相对性状有没有影响呢？	带着问题进行思考以及阅读课本第9页的内容。	提问技能：设疑和引导提问。
2分钟	［板书］第二节　孟德尔的豌豆杂交实验（二） ［实验现象］指导学生阅读课本"孟德尔两对相对性状杂交实验"的相关内容后，请学生叙述该实验的过程及结果，同时利用多媒体课件展示。 P　　黄色圆粒　×　绿色皱粒 ↓ F₁　　黄色圆粒 ↓⊗ F₂　黄色圆粒　绿色圆粒　黄色皱粒　绿色皱粒 个体数　315　　108　　101　　32 9　：　3　：　3　：　1 黄色圆粒豌豆和绿色皱粒豌豆的杂交实验	阅读第9页相关内容，并对"孟德尔两对相对性状杂交实验"的过程和结果进行阐述。	板书技能 讲解技能： （1）注意语言技能的运用，如语速适当，语音清晰等。 （2）注意讲解的阶段性，每次讲解的时间不要太长，长时间的讲解可以适当地分几段进行。 （3）注意突出重点，在讲解中要对难点和关键加以提示和停顿。

（续上表）

教学过程			
时　间	教师行为	预设学生行为	教学技能要素
1分钟	[提出问题] 在观察现象的基础上，通过层层设问，引导学生思考、总结、回答：（1）为什么F_1全是黄色圆粒？（帮助学生巩固对性状显隐性的认识）（2）对F_2叶子颜色和种子形状两对性状分别研究时是否仍遵循分离定律？ [板书]　　两对相对性状杂交实验 　　P　　　黄色圆粒×绿色皱粒 　　　　　　　　↓ 　　F_1　　　黄色圆粒（自交） 　　　　　　　　↓ 　　F_2　　黄圆　黄皱　绿圆　绿皱 　　比例　　　9　：3　：3　：1 [归纳总结] 采用启发、诱导的方法，对本节新课进行知识梳理并归纳，方便学生系统学习，同时也加深学生对两对相对性状杂交实验的理解。	认真听教师讲解分析。 思考教师提出的问题：（1）回忆性状显隐性的概念。 （2）将上节课的分离定律与新课的实验现象进行比较。 做笔记。	（4）注意反馈、控制和调节。 （5）注意讲解与其他技能的合理配合。 提问技能： （1）问题的表述要清晰，意义连贯，事先必须精心设计。 （2）注意停顿和语速。 （3）请学生回答问题时，要注意指派和分配。 （4）教师可以适当给一点提示，从而帮助学生回答得更加完整。
设计思路说明	基于当前倡导的"以学生为主，教师为辅"的教学理念，在课堂中，我将引导我的学生通过自主学习等方法获取知识，并将所学知识应用到实际中。比如说导入新课时引导学生积极思考，并鼓励学生大胆作出假设，这样能够激发学生的学习热情，提高学生的积极主动性。而在对两对相对性状遗传结果进行分析时，通过演绎推理的方法，调动学生的想象力，培养学生的逻辑推理能力。 　　本课是在学生学习了基因分离定律，了解了假说演绎的科学方法的基础上展开学习的，因此学生在学习的过程中可以以问题为依托，以演绎推理为主线，在教师的引导下进行阅读、思考、观察、讨论，从而培养学生获取以及运用信息的能力，通过充分调动学生听、说、读、写等多方面的活动来提高学生的学习效率，这样学生才能更好地找到新课知识的"点金石"。 　　在课堂中我运用多种教学方法，使学生积极参与到教学过程中来，提升主动获取知识的能力。与此同时，我结合了多媒体课件和板书共同进行讲解，把比较抽象的验证过程用多媒体课件演示，而重点知识则通过板书来加深学生们的理解。另外，我引导学生将知识及时进行归纳、比较、总结，力求让学生达到最大的知识吸收率和保持率，从而达到预期的教学效果。		

例 3

生物微格教学教案设计 3（10 分钟）

姓　名	杨喜书	学　校	嘉应学院
指导教师	刁俊明	联系电话	
片断题目	必修 3 第三章第二节　DNA 分子的结构——DNA 分子的结构特点	重点展示技能类型	提问技能、讲解技能、演示技能
学习目标	知识目标：了解并能概述 DNA 分子的结构特点。 能力目标：以 DNA 模型为依托，培养学生的空间想象能力以及分析理解能力。 情感目标：通过探究和观察，培养学生严谨的科学态度以及不断探索创新的精神。		

	教学过程		
时　间	教师行为	预设学生行为	教学技能要素
1 分钟	［导入］在白板上简单画出人体的轮廓、细胞图，并导入问题：人体细胞核和细胞质中携带遗传信息的物质是什么呢？对回答第一个预设，即回答正确的学生做出肯定；对回答第二个预设的学生进行引导，动物的正常体细胞中是 DNA。 ［讲解］那么，DNA 分子的结构是什么样的呢？今天我们一起来学习认识 DNA 分子的结构特点。 ［板书］第二节　DNA 分子的结构特点	思考、回答： （1）DNA。 （2）DNA 和 RNA。	导入技能（温故知新法）：用白板画和提出问题来导入新课，激发学生的学习兴趣，吸引学生的注意力。 板书技能
2.5 分钟	［演示］教师手拿 DNA 的立体模型，同时多媒体展示 DNA 分子的平面和立体结构。 ［讲解］今天我们就来学习认识这个模型。在人体中，DNA 是很小的、微观的，但我们可以先从宏观的角度来认识 DNA 的结构特点（手指向 DNA 的结构模型）。 ［引导提问 1］同学们，我们看到的这个模型是什么样的形状呢？对回答（1）的行为给予肯定，让其再继续构思一个更恰当的词语。对回答（2）的行为给予评价：很好！DNA 的结构就是螺旋的结构。 ［引导提问 2］同学们，我们看这个 DNA 模型和 PPT 上的展示，DNA 是由几条链组成的呢？ ［讲解］是的。我们可以看到这个立体模型的外部是很明显的两条链，PPT 上的展开图也印证了同学们的回答是正确的。 ［引导提问 3］同学们能否注意到 DNA 的展示图中两条链有一个有趣的特点？ ［讲解］非常聪明。DNA 的两条链是平行的，而且是反向形成螺旋结构的。	被 DNA 立体结构模型吸引，充满好奇。 回答： （1）旋转形状的。 （2）螺旋形状的。 进行观察、思考并回答：两条链。 认真观察、思考并回答问题：这两条链中的脱氧核糖的方向不同。两条链的方向不同。	演示技能：演示及时，面向全体学生演示。 引导观察并提出问题，让模型等媒介抓住学生注意力。 提问技能：引导提问，围绕重点和难点内容提出问题。 讲解技能：要求语言精练。

(续上表)

	教学过程		
时 间	教师行为	预设学生行为	教学技能要素
3分钟	[板书] 一、DNA 的结构 　　1. 两条链反向平行 　　2. 双螺旋结构 [复习提问]（上个小节的内容）DNA 的基本组成单位是什么？ [演示与提问] 向学生展示自制的脱氧核糖核苷酸的模型，并引导提问：那么，脱氧核糖核苷酸的化学组成又是什么呢？对学生的回答表示肯定：很好！看来同学们都已经掌握了这个知识点了，现在请认真观察老师手上的 DNA 的立体模型、自制核苷酸模型以及 PPT 上的展示。 [引导提问 1] DNA 的结构中，哪些成分是排在外面，哪些又是排在里面的呢？ [引导提问 2] 是的。我们可以看到磷酸和脱氧核糖是不变的，排在外面，而唯一变化的是碱基，其排在 DNA 结构的里面。所以，什么组成了 DNA 的基本骨架呢？ [讲解] 很好！脱氧核糖和磷酸交替连接作为 DNA 的基本骨架，排在外侧，碱基排在 DNA 的内侧。这是本节内容的重点。同学们要好好掌握。 [板书] 二、结构的组成 　　1. 脱氧核糖和磷酸——外侧（构成基本骨架） 　　2. 碱基——内侧	思考、回答：脱氧核糖核苷酸。 回答：脱氧核糖、磷酸和碱基。 进行观察并回答：磷酸和脱氧核糖排在外面，碱基排在里面。 回答：脱氧核糖和磷酸组成了 DNA 的基本骨架。	对回答进行反馈。 演示与提问技能：演示自制的脱氧核糖核苷酸的模型，并引导提问。 提问与讲解技能：提问与讲解有机结合，突出重点和难点。
2.2分钟	[引导提问 1] 说到了碱基，同学们想到了哪些缩写字母呢？我听到了有同学说 U，那同学们知道 U 是代表什么吗？ [引导提问 2] 尿嘧啶存在于哪些分子之中呢？ [讲解] 所以，U 是区别 DNA 与 RNA 其中的一个特点。A、T、C、G 分别是哪些名称的缩写字母呢，可能同学们不容易记住。可用类比记忆法来记住它们。比如 T，它像人体的胸部的形状（配合手势指示胸部说明），可以简单记忆为胸腺嘧啶；C 像一个被咬过的包子（配合手势说明），所以可以简单记忆为胞嘧啶。同学们在学习过程中可以采用类比联想的方法来加强记忆，效果是很不错的。 [引导提问 3] A、T、C、G 四种碱基在 DNA 分子中是怎样排列和连接的呢？科学家们已经证实了 A 与 T 配对，C 与 G 配对。那么请同学们看 PPT 的展示，它们之间的连接是通过化学键来完成的，是什么化学键呢？ [引导提问 4] 嗯！它们就是通过氢键连接起来的，那么它们的连接方式有什么特别之处呢？同学们细心观察一下。	回答：A、T、C、G、（U）。 尿嘧啶。 回答：RNA。 认真听讲，被手势教学吸引，激发了学习兴趣。 观察、回答：它们是通过氢键来连接的。 回答：A 与 T 之间有两个氢键，C 与 G 之间有三个氢键。	提问技能：反馈信息。 讲解技能：运用手势教学进行类比讲解，生动形象。 强化技能：恰当手势强化学生记忆。 提问和讲解技能

（续上表）

	教学过程		
时　间	教师行为	预设学生行为	教学技能要素
1分钟	[讲解] 同学们的眼睛都是雪亮的哦。A 与 T 之间是通过两个氢键连接，C 与 G 是通过三个氢键连接。因此也就决定了 A 只能与 T 配对，C 只能与 G 配对。而这种配对规律我们称之为"碱基互补配对原则"。这是本节内容的第二个重点知识。 [板书] 三、碱基配对的规律 　　　　1. A 与 T 配对（2 个氢键） 　　　　2. C 与 G 配对（3 个氢键） [强化练习] 和学生一起完成以下 3 道练习题： （1）DNA 分子是由 <u>2</u> 条链组成，<u>反向平行盘旋成双螺旋</u>结构。 （2）<u>脱氧核糖和磷酸</u>交替连接，排列在外侧，构成基本骨架；<u>碱基对</u>排列在内侧。 （3）碱基通过<u>氢键</u>连接成碱基对，并遵循碱基互补配对原则。 [总结巩固] 对本片断内容进行总结巩固，加强学生的记忆。总结巩固的内容为 DNA 分子结构的主要特点，而刚完成的 3 道练习其实就是这个内容。故以此为基础，同时也是一种反馈。 [布置作业] 完成课本第 51 页练习题。 [板书设计] **第二节　DNA 分子的结构特点** 　　一、DNA 的结构 　　1. 两条链反向平行 　　2. 双螺旋结构 　　二、结构的组成 　　1. 脱氧核糖和磷酸——外侧（构成基本骨架） 　　2. 碱基——内侧 　　三、碱基配对的规律 　　1. A 与 T 配对（2 个氢键） 　　2. C 与 G 配对（3 个氢键）	学生结合刚学的知识进行思考讨论回答。	反馈技能 强化技能：恰当的练习活动。 结束（结课）技能：引导学生、概括总结知识。
设计思路说明	秉承高中生物学新课程倡导的"以学生为主，教师为辅"和"提高生物科学素养"的教学理念，整个教学过程根据教学内容和高中学生的特点，合理应用各种教学方法和手段来充分调动学生的学习兴趣和积极性，重视培养学生的观察能力和思维能力。教学环节完整，较好地完成了教学目标。 　　（1）首先用白板画和提出问题来导入，说明 DNA 分子存在的位置，让学生们对 DNA 的分布情况有了更深的认识。 　　（2）DNA 双螺旋结构属于分子水平且为三维立体结构，对于学生的空间思维能力要求较高，较抽象。这里采用了演示技能、提问与讲解技能相结合的方法。借助 DNA 实体立体模型结构以及运用多种多媒体教学手段，向学生们展示，从而将微观转化为宏观，将抽象变为直观，让学生对 DNA 分子的整体树立了一种外在的形象。		

（续上表）

设计思路说明	（3）本片断内容为 DNA 分子的结构这一节中的第二个小节。此时学生已对 DNA 结构的基本组成有了认识和了解。同时在必修 1 所学的有关核酸内容的基础上，通过"设问—讨论回答—补充—结论"的教学模式，充分发挥学生的主体作用，激发学生的学习兴趣。教师自制简单的脱氧核苷酸模型进行教学演示，一来可以吸引学生的目光；二来更直观、形象，可以帮助记忆。 （4）碱基的配对原则是本片断的另一个重点，因此在讲授这个环节的内容时应该适当增加时间。通过运用手势教学进行类比讲解以及多媒体的生动展示，让学生容易掌握这个知识点。 （5）最后环节为知识点的归纳和总结，让学生通过本节课的学习形成知识框架，从而加深印象。同时辅以 3 道简单的练习题，进行巩固和强化知识。

例 4　　　　　　　　　**生物微格教学教案设计 4（10 分钟）**

姓　名	林柳燕	学　校	嘉应学院	
指导教师	刁俊明	联系电话		
片断题目	必修 1 第五章第二节　细胞的能量"通货"——ATP	重点展示技能类型	导入技能、演示技能、提问技能、讲解技能	
学习目标	知识目标：理解 ATP 能为细胞直接提供能量，掌握 ATP 分子的名称和结构特点。 能力目标：培养学生应用旧知识来获取新知识的能力，并经过自己对 ATP 分子的结构思考和分析来提高自学能力和培养探索精神。 情感目标：认同严谨、求实的科学态度和科学精神。			
教学过程				
时　间	教师行为		预设学生行为	教学技能要素
1.3 分钟	一、导入：情景设置导入 　　通过展示"农村夜静"的图片和播放有关大自然的虫鸣音乐让学生静心倾听大自然的旋律并引出萤火虫这一生物，根据同学们对萤火虫的认识提出"萤火虫为什么会发光"这一生物学问题。 　　通过老师解说萤火虫发光的生物学原理来引出 ATP 这一种新物质，从而自然而然地进入新课。 [板书] 第二节　细胞的能量"通货"——ATP		学生通过倾听音乐，勾起儿时回忆并对老师提出的问题充满好奇，激发学生学习兴趣。	导入技能（情景设置导入）：设置问题情景，激发学生的学习兴趣，吸引学生的注意力。 板书技能
1.1 分钟	二、展开：通过"打比方"、"探究活动"循序渐进地展开新内容的学习 1. 通过打比方解说 ATP 分子是细胞内"通货" 　　以体内的"有机物"比喻为"支票"，以"ATP"比喻为现实生活中交易的"现金"，更加形象生动地阐明 ATP 能为细胞直接提供能量，ATP 分子犹如细胞内的"通货"。 [板书] 一、ATP 能为细胞直接提供能量		学生通过老师的打比方能够比较通俗地理解 ATP 能为细胞直接提供能量。	

（续上表）

	教学过程		
时　间	教师行为	预设学生行为	教学技能要素
4.2分钟	2. 探究活动（小组讨论） （1）首先通过PPT展示ATP分子结构式并给出核糖、腺嘌呤、磷酸基团这三个名词。 （2）让同学们回顾书本第28页有关核苷酸的基本组成的旧知识，分发写有ATP分子结构式的卡纸，让同学们认真观察，并根据老师给出名词进行小组讨论，从而分析出ATP分子的组成。 （3）讨论出小组内认为的ATP分子的结构组成以及各部分名称，最后通过提问以及老师的引导得出探讨的准确结果。即一个ATP分子是由一分子腺嘌呤、一分子核糖和三分子磷酸基团组成的。一般又将腺嘌呤和核糖组成的化合物称之为腺苷。那么一个腺苷再加上三个磷酸基团就是三磷酸腺苷了，这就是ATP的中文全称。 　　通过这样层层深入的探讨和解说让学生从本质上去了解ATP的中文名称的来历并透彻地掌握知识。 ［板书］二、ATP分子的名称和结构特点 　　　　　1. 三磷酸腺苷	学生通过回顾课本旧知识来学习新课，能够很自然而然地应用旧知识来获取新知识，并经过自己的思考和分析来提高自学能力和培养探索精神。	演示技能（展示法）：演示与讲解有机结合。
1.4分钟	3. 提问与讲解 （1）通过刚刚对ATP分子结构式的探讨之后确定ATP分子的结构组成，然后根据ATP的中文全称三磷酸腺苷提出ATP中的A代表腺苷、P代表磷酸基团、T代表三的意思。 （2）给出ATP分子的两种结构简式：A—P～P～P、A—P—P～P。让同学们仔细观察ATP分子结构，确定它的结构简式为A—P～P～P，并由此引出ATP分子内具有两个特殊的呈波浪形的化学键：高能磷酸键。 ［板书］2. 结构简式：A—P～P～P （3）仔细解说ATP分子是一个非常不稳定的结构，它很容易水解。ATP末端的磷酸基团由于离腺苷（核心基团）比较远，所以最后一个呈波浪形的化学键容易水解断裂并释放出能量。高能磷酸键水解过程中，释放出30.54kJ/mol的能量，释放出的能量是一般共价键的2倍以上，这种键称为高能键，常以"～"符号表示。含有高能键的化合物统称为高能化合物，因此ATP也可以称为高能磷酸化合物。 ［板书］3. 含有两个高能磷酸键 4. 总结巩固与知识应用	学生通过老师的不断设问和提问，能够开动脑筋思考一个个问题，并充分地理解ATP结构简式的来历和ATP分子中两个特殊的高能磷酸键。	提问技能（分析提问）：引导提问，围绕重点和难点内容提出问题。

（续上表）

教学过程			
时　间	教师行为	预设学生行为	教学技能要素
1.0 分钟	三、生活链接 　　联系生活中有关高浓度的氰化物能够阻断体内某种能量的合成，从而使人在两三分钟内死亡的例子，让同学们思考氰化物阻断了人体内哪种能量的合成？为什么这种能量的合成一旦被阻断后人就会迅速地死亡呢？	学生根据老师提供的有关氰化物中毒的资料来联系生活实际，灵活应用课本的理论知识分析生活现象。	结束（结课）技能：概括总结知识并联系生活实际，引导学生思考日常生活中有关生物学的问题并为下一小节——ATP 与 ADP 的相互转化作铺垫。
设计思路说明	秉承高中生物学新课程倡导的"以学生为主"和"倡导探究性学习"的教学理念，整个教学过程根据教学内容和高中学生的特点，开展探究活动，在教学中做到突出重点和难点，应用各种教学方法和手段来充分调动学生的学习兴趣和积极性，重视培养学生的自学能力和探索精神。教学环节设计合理、完整，能较好地完成教学目标。 　　"ATP 分子中具有高能磷酸键"是教学的重点内容。本节教学内容在学习 ATP 是生命活动的直接能源，在所有生物的代谢中占有重要地位，在光合作用、呼吸作用中都会产生 ATP 的知识里具有承前启后的作用，而对 ATP 分子的组成部分的充分学习更是为后面学习 ATP 分子的中文全称、ATP 分子的结构简式、ATP 分子中含有高能磷酸键、ATP 分子的不稳定性有了本质上的理解和掌握，奠定了 ADP 与 ATP 的相互转化以及 ATP 为生命的各项活动提供能量知识的基础。 　　在课堂中，教师通过打比方解说 ATP 分子是细胞内"通货"，开展探究活动并提出问题的方式，让学生通过旧知识来探讨分析 ATP 的分子组成，从而从本质上去学习和掌握 ATP 分子的中文全称、结构简式、ATP 分子中含有高能磷酸键、ATP 分子的不稳定性。这样，学生在教师的引导下以问题为依托，层层深入地分析和学习 ATP 分子的特点，从而慢慢地揭开 ATP 这个有机物的神秘面纱，并且运用各种教学方法和手段来培养学生应用旧知识获取新知识的能力以及培养学生的探索精神。
板书设计	**第二节　细胞的能量"通货"——ATP** 　一、ATP 能为细胞直接提供能量 　二、ATP 分子的名称和结构特点 　1. 三磷酸腺苷 　2. A—P～P～P 　3. 含有两个高能磷酸键

例 5

姓　名	戴慧玲	学　校	嘉应学院	
指导教师	温茹淑	联系电话		
片断题目	第二章第二节　血糖的平衡调节	重点展示技能类型	讲解技能和提问技能	
学习目标	知识目标：掌握胰高血糖素和胰岛素调节血糖的作用。 能力目标：形成良好的观察、判断、分析问题的能力。 情感目标：联系生活实际进行思考与分析，从而体验生物与生活的关系。			

教学过程				
时　间	教师行为		预设学生行为	教学技能要素
1.5 分钟 1.5 分钟	一、导入 1. 展示材料 　　冯梅林和闵科夫斯基两位教授 1889 年研究胰腺在消化过程中的功能时，用手术切除了一只狗的胰腺，过后，他们发现这只狗的尿招来了成群的苍蝇，对尿进行分析和检测后发现其中有糖的成分。 [提问] 引导学生看完材料讨论，这在当时教授会想到什么呢？如果是你们，又会想到什么呢？ [引出] 胰腺有什么作用呢？进入片断的学习。 [板书] 第二节　血糖的平衡调节		根据材料思考讨论：胰腺是不是和尿糖有关呢？	导入技能（设疑导入）：通过一则有趣的生物材料引导学生思考影响血糖平衡调节的主要激素，充分引起学生的好奇心。
3 分钟 1.5 分钟 0.5 分钟	二、课程展开 1. 胰高血糖素和胰岛素分泌来源 [展示图片] 展示胰腺组织以及胰岛模式图，讲解胰高血糖素和胰岛素的来源与作用。 [提问] 引导学生思考胰高血糖素和胰岛素在日常生活中是如何进行调节的。 2. 联系生活实际，分析两种激素在血糖调节中的作用 　　情景分析一：吃饭过后，血糖含量会发生短暂性升高，而后会趋向正常的水平。 [提问] 在这个过程中哪种激素发挥着主要的调节作用呢？是通过哪些路径进行调节的呢？请结合血糖的来源与去路思考问题。 　　教师对学生发言进行总结。 [动画演示] 播放人体进食后激素调节血糖的动画。 [小结] 这是人体血糖含量过高的时候激素对血糖的调节作用。		阅读书本第 26 页。 回答：胰岛素发挥着主要的调节作用。 回答：胰岛素通过促进血糖的转化，使血糖浓度降低。	讲解技能：用生动的语言引导学生分析两种激素调节血糖的方式。 演示技能：播放动画，面向学生分析胰岛素在血糖中的调节作用。

（续上表）

	教学过程		
时　间	教师行为	预设学生行为	教学技能要素
2分钟	情景分析二：运动员在运动中要不断消耗从糖类转化而来的能量，血糖水平会下降，这时体内是怎么保持血糖的平衡的呢？结合前面的方法引导学生分析激素调节血糖的方式。与学生一起分析人体血糖过低时胰高血糖素对血糖的调节作用。	思考与讨论胰高血糖素对调节血糖的模式图	提问技能：将新旧知识联系起来，同时引导学生联系生活思考讨论，激发学生主动求知，积极思考。
1.5分钟	三、小结　　利用图示的方式归纳激素对血糖的调节作用。回顾前面的材料分析，讲解摘除了狗的胰腺后，狗的尿液中出现了糖类的原因。		
0.5分钟	四、课后作业　　以6人为小组，围绕糖尿病产生的原因、病症及预防措施等收集资料，下节课进行小组间资料汇报。	各学习小组课后收集有关糖尿病产生原因、病症，以及预防措施的资料。	结束技能：系统归纳知识点，帮助学生形成清晰的知识体系。
	[板书设计]　　**第二节　血糖的平衡调节**　一、2种激素的作用　　　胰岛素　　　　　胰高血糖素　　←——————→　　↓　　　拮抗　　　↓　　降低血糖　　　升高血糖　二、激素的调节作用		板书技能：清楚明了展示本节教学重点，有利于学生掌握重点内容。
设计思路说明	血糖平衡的调节是人教版高中生物教材必修3第二章第二节"激素调节"的实例，也是教学中的重点和难点。由于高中学生在这一时期生理、心理已逐步趋向成熟，但是思维仍具有局限性，因此在本片断教学中采用提问和演示的方式逐步引导学生联系生活思考与讨论胰高血糖素和胰岛素在血糖调节中的作用，即可化抽象为具体，从而有利于不同层次学生的掌握，使学生能掌握教学重点，突破教学难点，较好地完成教学目标。　　基于提高学生的生物科学素养、注重联系生活的课程理念，本片断由材料引入，引起学生好奇心，充分调动学生的思维，并且根据学生识记的特点，从生活出发，引导学生深入了解两种激素的作用。同时利用动画的形式引导学生分析激素调节血糖的作用，调动学生学习的积极性。以图示的形式循序渐进引导学生归纳小结，以形成良好的知识体系。在片段最后以抛出问题的方式引导学生课后探究糖尿病产生的原因，培养学生处理信息、探究合作的能力。　　课堂教学环节完整，同时在教学中加强与现实生活的联系，突出生物新课标的"科学、技术、社会"的理念。		

第三节　新课程背景下的微格教学

当前我国中学实施新课程改革，对微格教学提出了新的要求。新课程要求教师不能仅作为知识的传授者，更重要的是要作为学生学习的促进者和引导者；要从知识与技能、过程与方法、情感态度和价值观等方面实现课程目标。这使得师范院校对师范生的培养应更加注重实效，要让师范生了解和接受新课程的教育理念，学习适应新课程的教学方法，掌握适应新课程的教学技能。因此，开展新课程下的微格教学，提高师范生的教学技能水平，是高等师范院校面临的一项重要任务。

一、新课程下微格教学存在的问题

实行新课程标准的教学实践表明，有相当一部分师范毕业生不能适应新课程的教学要求，一些师范生不具备指导学生开展探究式、合作式学习的教学技能，不具备合理地运用现代教育技术组织教学的技能等，甚至存在上课背教案、教态不自然、板书不规范、提问无目的、表达无条理等现象。这反映了当前高校微格教学、训练的不足，其主要体现在以下几方面：

1. 微格教学目标单一

当前的微格教学目标依然停留在侧重培养教师传授学生知识学习的单一目标，指导教师和培训生不能透彻地理解新课程理念，不能按照知识与技能、过程与方法、情感态度与价值观三维立体目标的要求来确定教学目标、对象、策略等，导致师范生不能营造以学生为中心的课堂氛围，最终与新课程教学目标脱轨。

2. 微格教学内容贫乏

微格教学训练内容还停留在传统的十项教学技能：导入技能、教学语言技能、讲解技能、提问技能、板书技能、演示技能、变化技能、强化技能、结课技能、课堂教学组织技能。这些教学技能的培训内容已经不能适应新课程要求，也难以满足未来教师教学工作的需求。训练模式一般按教师中心模式进行，常常只注意训练如何教，而较少训练如何指导学生学，对如何引导学生创新更是很少涉及。

3. 微格教学实践流于形式

当前，新课程下微格教学中指导教师与培训生缺乏教学理论的学习已成普遍现象。在微格教学实践中，指导教师和培训生对微格教学训练仍然缺乏正确的认识。很多人都认为微格教学就是将自己的教学过程摄录下来，便于自己观看，致使微格教学实践流于形式，存在走过场现象。

4. 微格教学评价反馈流于形式

目前的微格教学不够重视反馈评价的环节，使其流于形式，这主要表现在：指导教师缺乏对微格教学反馈的重视，没有及时提供示范指导；学生的扮演者不能积极主动地参与教学活动并提出及时的反馈意见；培训生缺乏微格训练的反思等。

二、新课程下微格教学的实施模式

1. 实现微格教学目标的多元化

新课程的实施使课程观念、教材内容、教学思想等发生了变化，为此微格教学的训练内容也要相应改变。要实现微格教学目标的多元化，除了要掌握基本教学技能外，一名合格的师范生还应该具备对新课程教育理念的透彻理解，具有对课程的整合能力、课程的设计能力、课程的开发能力及现代教育技术的运用能力等。强调在师范生的技能训练中，要根据新课程的要求来确定教学内容、目标、对象，设计教学策略与选择教学媒体，既要开展以讲授为主的教学技能培训，也要开展以导学为主的教学技能训练；既进行信息加工型教学模式的尝试，也进行社会型教学模式的体验；既包括教学问题情境的设计，也包括课堂良好人际关系的建立。建立多元化的微格教学目标体系，训练师范生营造以学生为中心的课堂氛围，实施重视学生能力培养的教学，从而适应新课程教学的要求。

2. 拓展微格教学训练内容

传统的十项教学技能训练已不能适应新课程的要求，教师必须及时补充"促进学生发展"的新技能才能适应课程改革的需要。这些新技能包括：语言对话技能、情感体验技能、创新技能、反思实践技能、教学交往技能、信息技术运用技能、课程评价技能、指导学生研究活动技能、心理教育技能等。这是在新课程理念下微格教学发展的重要内容，已成为师范生教学技能训练教学改革的一个亮点，为新课程的实施奠定基础。

新课程下的微格教学技能训练内容应包括三大类：

（1）课堂教学技能：包括传统十项技能以及学法指导技能、教学交往技能、合作技能、信息技术运用技能、指导学生研究活动技能、课堂评价技能等。

（2）教学准备技能：包括教学设计技能、说课技能、教学媒体选用技能。

（3）教学研究技能：包括听、评课技能，教学发展技能等。

教学发展技能是指教学技能的可持续性发展。它由教学创新技能、教学反思技能、教学研究技能组成。

教学创新技能：教学创新能力是指教师在整个教学过程包括从教学准备开始到教学实施再到教学评价中体现出来的应变能力，以及形成自己独特的教学机智和教学风格的能力。实施创新教育，培养学生的创新意识、创新精神和创新能力，这是课程改革的共识。因此，高等师范院校要注重培养学生的创新能力，鼓励他们在教学中不要一味地模仿，要形成自己独特的教学机智和教学风格，不同的教学方式才可能造就有个性的学生。

教学反思技能：教学反思能力是指高等师范院校学生要具备反思的习惯，能根据自己的教学效果、同学的评价及教师的指导等途径来认识自身的不足与优势，扬长避短，从而使自己的教学能力得到更大的提高。

教学研究技能：教学研究能力是指用科学的方法，对教学中的问题进行分析处理，从而揭示问题的本质，发现教学规律，得出科学结论的能力。这种能力影响着教师今后的成长和发展，所以它应是当代职前教师专业化发展必不可少的能力。高等师范院校学生在学校期间要形成一定的科研意识，掌握科学研究的基本方法，并能独立完成一篇以上的科研成果论文。

在新课程改革的背景下，新时期高等师范院校学生的教学基本能力应被赋予新的含义。因此，对新课程背景下高等师范院校学生教学基本能力结构的建构，有利于学校对高等师范院校学生教学基本能力的培养目标的制订，也有利于高等师范院校学生更加系统地审视自身的教学基本能力，有的放矢地进行自我提高。

3. 完善微格教学的训练模式

（1）开展教学技能模块训练。要在新课程观念下对微格教学的技能训练内容进行重构，以基本教学技能为依托，开展多项与新课程教学方法、理念适配的技能训练。进行教学技能的模块训练，培养师范生在具体的教学情境中发展新技能。如：开展说课、听课、评课训练；进行合作技能、课程资源的开发技能、课程结构的整合技能、现代教育技术的运用技能、班级组织管理技能、指导学生研究活动技能、心理教育技能等教学技能的变革性应用训练。其次，改变师范生在教学设计阶段的个体行为，把学生分为小组集体进行教学设计，并进行讨论和研究，以培养学生合作探究的意识。改变单一的教学技能培训模式，既有理论课形式也有实践课形式，既有课堂教学形式也有课外活动形式，既采用传统媒体教学也采用现代教育技术手段教学。

（2）开展教师角色的多元化以及教学模式的多样化训练。新课程下的教师角色是学生学习的参与者、促进者、指导者，是课程资源的开发者、决策者，是学生个性和谐发展的塑造者，是教育教学活动的研究者，是学生学习方式的探索者、促进者。微格教学训练要随着基础教育改革发展的变化表现出动态性和发展性，为此在师范生的技能训练中，要强调开展以学生为中心的教学技能训练，方法上倡导以学为主的方式，提倡师生相互作用和个别化的教学方法体系，如开展活动教学、发现教学、情境教学、问题教学、探究教学训练等等。

（3）教学技能训练要体现个性化特征，鼓励受训者创新。由于每个受训者具有不同的认知结构、性格特点、行为习惯、审美观念，即使他们接受同样的技能训练，每个人也会有不同的体验。因此，微格教学训练不能用一个模式，对不同的受训者应采取不同的培训方式，允许受训者对已有模式加以变化，加入个人的理解，并形成适合于个人特点的独特风格。对受训者打破常规教学的做法要加以引导和支持，鼓励受训者积极创新。

4. 建立和完善新课程下的微格教学评价体系

新课程下的微格教学评价是定性和定量评价、形成性评价和终结性评价、鼓励性评价与批评性评价、自我评价和集体评价的综合体，要特别重视形成性评价和鼓励性评价。形成性评价和鼓励性评价不仅及时指出学生存在的问题，使他们明确自己达到目的的具体情况，还能通过即时的评价激发学生的训练热情，使学生能及时地纠正错误，从而达到更佳的训练效果。这种综合的现代评价方式，既提高了评价的精确性，又体现出了微格教学训练的整体性和艺术性。

新课程下微格教学评价不仅要反映受训者教学的外显行为，还要反映受训者内心的教学理念。微格教学评价要很好地处理外显行为与内在理念的关系，在关注受训者的外显行为的同时也应关注其深层次含义，既重外显行为的观察，又重内隐理念的表述，使受训者展现出来的每一个教学行为都有明确的理念作依据。微格教学评价既要重视基本教学技能水平的评价，又要重视教学模式设计能力的评价。评价标准不仅要关注受训者的教学技能，更应关注其教学设计的能力，以促进他们的教学技能水平和可持续发展能力。

思考与练习

1. 为什么说师生全程参与的全程教学基本技能训练模式是提高师范生教学基本技能的一条有效途径？

2. 概述微格教学教案设计的具体项目。

3. 编写一个微格教学教案，并且进行微格教学训练。

4. 新课标背景下微格教学存在哪些问题？需要作哪些改进？

参考文献

1. 王继红．微格教学在师范生技能训练中的作用．文学教育（上半月），2008（5）．

2. 杨华，陈梅桂．利用微格教学有效提高生物教师教学技能．中国科教创新导刊，2009（4）．

3. 姚冬香．高师院校开展微格教学实验的研究．阜阳师范学院学报（自然科学版），2001（3）．

4. 孙立仁．微格教学理论与实践研究．北京：科学出版社，1999.

第三章

生物学教学基本技能与训练

学习目标

1. 解释十大基本教学技能的应用原则和要点。
2. 能够在试教中或课堂上较为熟练地运用基本教学技能。

教学重点

十大基本教学技能在教学实践中的应用。

第一节　导入技能

一、导入的概念及作用

请看下面实例：

　　例　[教师讲述] 通过上节课的学习，我们知道了细胞内就像一个繁忙的工厂，在细胞质中有许多忙碌不停的"车间"，这些"车间"都具有一定的结构，如线粒体、叶绿体、内质网、高尔基体、核糖体等，这些都是细胞器。这些细胞器内部进行着有条不紊的生化反应，但彼此之间却互不干扰。那为什么细胞能够如此精确有序地进行这些生化反应呢？我们都知道一个工厂要正常运作，离不开厂长的正确领导和控制。那么在细胞这个"工厂"里，控制它正常运作的"厂长"又是谁呢？

　　[学生回答] 细胞核。

　　[教师讲述] 对了！这节课让我们共同来研究一下细胞核到底是如何对细胞的生命活动进行控制的……

　　可见，导入（导言）是教师在一项新的教学内容或活动开始前，引导学生进入学习的行为方式。常言道："良好的开端是成功的一半。"精彩的导入无疑会为课堂教学的进行奠定良好的基础。因此，让未来的教师了解并熟练地掌握导入技能就显得尤为重要。

　　导入也叫开讲，其作用主要有：

　　（1）集中注意力。对学生来说，每一堂课都是一个新的开始，其内容各不相同，而学生在课前却可能从事各种各样的活动，其兴奋点也可能还在刚才的活动之中，那么怎样才能使学生实现兴奋中心的转移呢？关键在于导入。只要导入得法，就能使学生离开正从事的活动，集中自己的注意力，全身心转到课堂上来。

（2）激发兴趣。精彩的导入会使学生如沐春风、如饮甘露，进入一种美妙的境界。教育家第斯多惠说："教学成功的艺术就在于使学生对你所教的东西感到有趣。"巧妙的开讲，会使学生产生浓厚的兴趣，并怀着一种期待、迫切的心情渴望新课的到来。

（3）明确目的。目的性是人类实践活动的根本特性之一，很多教师在导入新课时常常直接或间接地让学生预先明确学习目的，从而激发起内在动机，使其有意识地控制和调节自己的学习。

（4）联结知识。人类的学习总是以一定的经验和知识为前提的，是在联想的基础上更好地理解和掌握新知识。因此，新课的导入总是建立在联系旧知识的基础之上，以旧引新或温故知新，而借此促进学生知识系统化。

（5）沟通情感。导入既是传授知识的开始，又是沟通师生情感的过程，师生的情感会在其中得到交流和升华。教师的一举一动都影响着学生的情感，牵动着学生的心弦。因此，教师在导入新课时必须注意激发学生的情感，注意师生情感的交流，只有在和谐愉悦的气氛中，学生才能畅饮知识的琼浆，完善个性的发展。

二、导入的种类

作为课堂教学重要的一环，导入是一堂课的开始，有时也贯穿在课堂教学之中。除了在每章开始、每课开始设计好导言之外，还应在一节课中的每段之间有较好的导言过渡，以导言贯穿整节课的始末，渲染和烘托课堂气氛，使学生维持学习的兴奋状态。

请认真阅读一个 15 分钟的课例：

例　　　　　　　　　　　**动物对环境的影响**

[讲述] 同学们，请问你们有没有听说过生物圈 2 号呢？生物圈 2 号是美国在亚利桑那州图森市以北建立的一座微型人工生态循环系统。我们绝对不能小看这一个生态系统。生物圈 2 号的计划共历时 8 年，耗资 1.5 亿美元，但是，它最后还是以失败告终。为什么它难逃失败的厄运呢？其中一个很重要的原因就是，在生物圈 2 号中引进的主要是植物，动物的种类和数量都较少。可见，仅仅因为少了动物，就足以把整个生物圈 2 号给摧毁了。这个事实证明，动物对整个生物圈 2 号，对它身边周围的环境有着极深远、极重要的影响。那么，动物对环境究竟有着什么样的影响呢？今天就让我们翻开课本第 42 页，一起带着这个问题来学习第三节的第三个内容：动物对环境的影响。

[板书] 第一节　动物在生物圈中的作用

　　　　　三、动物对环境的影响

[讲述] 那么动物对环境究竟有着什么样的影响呢？其实，动物对环境既有积极的作用，也有不良的影响。现在，我们首先来学习它对植物生活的积极作用。同学们，你们认为：动物对植物的生活有着什么样的积极作用呢？（提问同学）

[板书] 1. 动物对植物生活的积极作用

[讲述] 通过对初一生物学的学习，大家已经了解到：大多数的绿色开花植物都是依赖动物来帮助传粉的。而且在前面我们所提到的生物圈 2 号中，由于缺少了动物，几乎所有靠花粉传播繁殖的植物都灭绝了。由以上的种种例子可以看到，动物对植物生活的一个

很重要的积极影响就是：动物能够帮助植物传粉、传播种子和果实。这也是动物在生物圈中的第三个作用。

[板书]——帮助植物传粉、传播种子和果实

[讲述]那么动物它又是如何帮助植物传粉、传播种子和果实的呢？动物是通过多种多样的活动来帮助植物传粉的、传播种子和果实的。首先，例如，有许多的昆虫、鸟类通过采食花蜜来协助植物传粉。

[板书]（1）吸食花蜜协助传粉

[讲述]据统计，大约有1 600种鸟类能够吸食花蜜并协助植物传粉。又如我们所熟悉的蜜蜂、蝴蝶，它们都是通过采蜜来帮助植物传粉的。而有一些动物身上黏附到一些带钩刺或黏液的植物种子，从而把这些种子带到别处，协助植物种子的传播。

[板书]（2）黏附带钩刺、黏液的种子

[讲述]例如大家常见的"鬼针草"——包针，它就是通过动物的这种行为来传播种子的。还有一些动物通过进食某些植物的种子，从而促进该植物种子的萌发。如太阳鸟就是以植物的浆果为食，然后利用体内的高温和消化酶来杀菌和催化种子萌发。当种子以鸟粪的形式被排出来后，才能够萌发。

[板书]（3）以某种种子为食

三、导入技能的类型

教学有法，但无定法，新课的导入亦是如此。教学内容不同，教师的素质和个性不同，导入的技法也就各异。一般来说，下面几种方法较为常见：

（一）衔接导入法

这是一种最常用的导入方法。它主要是根据知识之间的逻辑联系，找准新旧知识的联结点，以旧引新或温故知新。复习导入、练习导入均可归入此类。运用此法要注意两点：

（1）找准新旧知识的联结点。联结点的确定建立在对教材认真分析和对学生深入了解的基础之上。

（2）搭桥铺路、巧设契机。复习、练习、提问等都只是手段，一方面要通过有针对性的复习为学习新知作好铺垫；另一方面在复习的过程中又要通过各种巧妙的方式设置难点和疑问，使学生思维暂时出现困惑或受到阻碍，从而激发学生思维的积极性，带来传授新知的契机。

例1 **细胞的生活需要物质和能量**（复习导入）

教师：同学们好！上节课通过显微镜观察，我们知道动植物体和人体都是由什么构成的？

学生：（思考、回答）由细胞构成。

教师：对了！是由许多细胞构成，细胞中不同的结构又有不同的功能。细胞每时每刻都在进行着各种各样的生命活动，有些细胞在长大，有些细胞在变老，有些细胞会死亡，同时又不断有新细胞在形成。今天，我们就一同走进细胞的世界，看看细胞是怎样生活的？（引出课题细胞的生活需要物质和能量。）那么，细胞的生活需要哪些物质呢？（板书课题）

板书：第二节　细胞是生命活动的单位
　　　　一、细胞的生活需要物质和能量

例2   第二节   DNA 分子的结构特点 （温故知新或复习导入）

教师：（在白板上简单画出人体的轮廓、细胞图，并导入问题）人体细胞核和细胞质中携带遗传信息的物质是什么呢？

学生：（思考、回答）1. DNA；2. DNA 和 RNA。

教师：[肯定回答正确的学生（第 1 个答案，DNA）；引导回答第 2 个答案（DNA 和 RNA）的学生，动物的正常体细胞中是 DNA。] 那么，DNA 分子的结构是什么样的呢？今天我们一起来认识 DNA 分子的结构特点。（并板书课题如下）

板书：第二节   DNA 分子的结构特点

（二）悬念导入法

悬念，一般是指对那些悬而未决的问题和现象的关切心情。在教学中，精心构思，巧布悬念，也是有效导入新课的方法。利用悬念激人好奇心，催人思索，往往能收到事半功倍的效果。制造悬念的目的主要有两点：一是激发兴趣；二是启动思维。悬念一般是出乎人们预料，或展示矛盾，或让人迷惑不解，常能造成学生心理上的焦虑、渴望和兴奋，但须注意，悬念的设置要恰当适度。不悬，难以引发学生的兴趣；太悬，学生百思不得其解，会降低学习的积极性。

（三）情境导入法

情境导入法就是利用语言、设备、环境、活动、音乐、绘画等各种手段，制造一种符合教学需要的情境，以激发学生兴趣，诱发学生思维，使学生处于积极学习状态的技法。情境导入法如运用得当，就会使学生身临其境，感同身受，意识不到是在上课，从而在潜移默化中受到教育，获得知识。运用此法应注意两点：

（1）善于创设情境。教师虽然可以利用现有的环境、条件，通过引喻、阐释导入新课，但是，现成的情境毕竟很少。因此，教师必须从教学内容出发，精心组织，巧妙构思，创设良好的符合教学需要的情境。

（2）加强诱导，激发思维。教师设置情境应有明确的目的或意识，或以此激发学生的情感，或因之引发学生的思维，或借此陶冶学生的性情等。创设情境不能单纯为了激发兴趣，一般来说，应以激发思维为主。但是，情境本身有时并不能启人深思或内涵较为隐蔽，这时就需要教师的启发和诱导。

例   第二节   细胞的能量"通货"——ATP （情境导入或悬念导入）

教师：通过展示"农村夜静"的图片和播放有关大自然的虫鸣音乐让学生静心倾听大自然的旋律并引出萤火虫这一生物，根据同学们对萤火虫的认识，提出"萤火虫为什么会发光"这一生物学问题。

学生：通过倾听音乐，勾起儿时回忆并对教师提出的问题充满好奇，激发了学习兴趣。

教师：通过解说萤火虫发光的生物学原理来引出 ATP 这一种新物质，自然而然地进入新课。（并板书课题如下）

板书：第二节   细胞的能量"通货"——ATP

（四）激疑导入法

古人云："学起于思，思源于疑。"疑是学习的起点，有疑才有问、有思、有究，才有所得。利用问题，产生疑惑，激发思维也是教师常用的导入方法。运用此法必须做到：

（1）巧妙设疑。要针对教材的关键、重点和难点，从新的角度巧妙设问。此外，所设的疑点要有一定的难度，要能使学生暂时处于困惑状态，出现一种"心求通而未得，口欲言而不能"的情境。

（2）以疑激思，善问善导。设疑质疑还只是激疑导入法的第一步，更重要的是要以此激发学生的思维，使学生的思维尽快得到启动并活跃起来。因此，教师必须掌握一些提问的技巧，并善于引导，使学生学会思考和解决问题。

例　　　　　　　**第二节　血糖的平衡调节**（激疑导入）

教师：（展示材料）冯梅林和闵科夫斯基两位教授在1889年研究胰腺在消化过程中的功能时，手术切除了一只狗的胰腺。过后，他们发现这只狗的尿招来了成群的苍蝇，进而对这些尿进行分析和检测后发现其中有糖的成分。

（引导提问，引导学生阅读材料讨论）在当时教授会想到什么呢？如果是你们，又会想到什么呢？

学生：（思考、讨论）胰腺是不是和尿糖有关呢？

教师：（引导学生思考）胰腺有什么作用呢？（进入片断的学习，并板书课题如下）

板书：第二节　血糖的平衡调节

（五）演示导入法

演示导入，是指教师通过实物、模型、图表、幻灯、投影、电视等教具的演示，引导学生观察，提出新问题，从解决问题入手，自然地过渡到新课学习的技法。此法有利于使学生形成生动的表象，由形象思维过渡到抽象思维。运用此法应当注意：

（1）直观演示的内容必须与新教材有密切的联系，并能为讲授新教材服务；

（2）要让学生明确观察的目的，掌握观察的方法；

（3）教师要善于抓住时机提出问题，并引导学生积极思考。

（六）实验导入法

上课伊始，教师巧设实验，使学生通过对实验的观察去发现规律，进行归纳总结，推导出结论，来导入新课。如细胞的分裂和新陈代谢、神经的传导等，不通过形象的实验和演示，一般很难理解。而运用实验导入新课，不仅能帮助学生认识抽象的知识，还能激发学生的思维活动，使其自觉地去分析问题、探索规律。运用此法主要注意两点：

（1）实验的设计要巧妙、新颖、有针对性；

（2）要善于根据实验中出现的现象与结果来提问和启发，以促使学生去思考和探究。

（七）实例导入法

学生的学习以书本知识为主，而书本知识对学生来说一般比较抽象和概括。因此，从生产、生活中选取一些生动形象的实例进行引入和佐证，使抽象的知识具体化，让深奥的道理通俗化，这样不仅能激发学生的兴趣，而且有助于学生具体生动地理解知识。这种方法运用时需要注意：选材要典型、生动、浅近、具体，并且要紧扣教材、引证准确。

例　第二节　细胞的能量"通货"——ATP（ATP 和 ADP 可以相互转化）（生活经验导入）

教师：（运用比喻引出 ATP 与 ADP 可以相互转化）ATP 好比我们日常生活中的零用

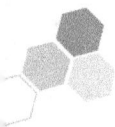

钱，它会随每天的花销而减少，因此要维持正常的生活必须不断破开大面值钞票给予补充，细胞中的大面值钞票主要是糖类等有机物。这个补充过程是通过 ATP 与 ADP 的相互转化来实现的。

学生：（思考 ATP 与 ADP 是怎样相互转化的。）

教师：（引导学生思考）ATP 与 ADP 是怎样相互转化的呢？（进入片断的学习，并板书课题如下）

板书：ATP 和 ADP 可以相互转化

（八）典故导入法

即通过寓言、故事或典故、传说等激发学生兴趣，启迪学生思维，创造一种情境，来引入新课。学生一般都爱听故事，特别是一些科学性、哲理性很强的故事，如科学家的趣闻轶事、某些原理的发明过程及一些发明创造的诞生等。从中选取一些适当的片段，不仅有助于学生思维能力的培养，还可以引起学生学习本学科的兴趣，但要注意典故的选用须有趣味性、启发性和教育性。

（九）直接导入法

指上课伊始，教师开宗明义，直接点题，讲明这节课需要学习的内容和要求，从而引起学生注意。这种导入新课的方法是一种最简单的导入方法，一般在高年级采用。

请看下面实例：想一想它属于哪类导入法？

例1　　　　　　**第二节　细胞的能量"通货"——ATP**

教师：在上课之前我们来共同回忆一下前面学过的内容。其中，我们在第一章中学习了糖类、脂质、蛋白质、核酸四大有机化合物。其中糖类中包括单糖、二糖和多糖，脂质中包括脂肪、类脂、固醇。那么在这些化合物中，哪一类是细胞的主要能源物质呢？

学生：（回答）糖类。

教师：脂质中哪一种有机化合物是生物体的主要储能物质呢？

学生：（回答）脂肪。

教师：有机物中的能量在细胞中可以随着有机物的逐步氧化分解而释放出来。那释放出来的能量能不能被生物体直接利用呢？答案是不可能的。因为从有机物中释放出来的能量需要转化成一种活跃的化学能，只有转化成一种活跃的化学能才能用于各项生命活动，而这种活跃的化学能就是三磷酸腺苷，简称 ATP。它是一种含有高能磷酸键的有机化合物。

好，今天我们就一起来研究"细胞的能量通货——ATP"。

例2　　　　　　**第一节　降低化学反应的活化能酶**（第一课时）

教师：（提问）同学们平时家里有没有用过加酶洗衣粉？加酶洗衣粉与普通的洗衣粉比起来有什么好处？

教师：（讲解）加酶洗衣粉比普通的洗衣粉有更强的去污能力，能够把衣服洗得更干净。

（提问）究竟为什么加了酶的洗衣粉作用会这么大呢？而酶又是一种什么物质呢？（让学生带着问题进入本课的学习。）

例3   第二节　生命活动的主要承担者——蛋白质

教师：同学们，根据我们的生活常识可知，奶粉、鸡蛋等食品里面含有大量的蛋白质。大家都知道，婴幼儿每天都要食用大量的奶粉，摄取其中的蛋白质。那么蛋白质到底是什么物质，它对婴幼儿有什么作用呢？通过这节课的学习将会为大家揭开这层神秘的面纱，让大家看清蛋白质究竟是种什么样的物质。

板书：第二节　生命活动的主要承担者——蛋白质

例4   第四节　细胞的癌变

教师：同学们知道我国"新闻联播"的播音员罗京吗？

学生：知道。

教师：有没有通过新闻了解到他因病治疗无效去世了？

学生：有。

教师：他去世时才48岁，那他是因为什么原因离开人世的呢？

学生：淋巴癌。

教师：罗京是因为得了淋巴癌而死亡的，同学们觉不觉得这很可怕？除了淋巴癌，同学们在日常生活中还听说过哪些癌症呢？

学生：皮肤癌、肝癌、食道癌、乳腺癌等等。

教师：答得好。据统计，目前癌症已成为疾病死亡率第二高的疾病类别，已经引起人们的高度关注。那么，癌症到底是怎么一回事呢？这就是这节课要学习的重点：细胞的癌变。同学们来想一想，如果癌细胞一旦扩散的话，会给我们带来哪些后果呢？

学生：（回答）……

教师：由此可见，癌症的危害的确很大。请同学们思考两个问题：有哪些因素可以诱变细胞癌成为癌细胞呢？这些因素是怎样导致细胞癌变的呢？请同学们认真阅读课本第126页的相关内容，然后一起讨论并找到答案。

例5   第三节　伴性遗传

教师：同学们，现在正值春暖花开之际，你感受到外界与冬天相比发生了什么变化吗？恩，小草绿了，树木发芽了，花儿也红的、白的、黄的、紫的、蓝的竞相开放，大自然让我们感受到五彩缤纷，生机盎然。现在给同学们看看小画家眼里的春天。（演示图片，把准备好的3幅图展示给同学们看）请问：同学们有什么感想？

学生：（议论）……

教师：这是一次郊游时学生写生画的图片。同样的景色，在某些人的眼中，小草是棕色的，太阳是绿色的；有的人甚至一辈子生活在黑白颜色的世界里，任何东西都是除了黑的就是白的；而有些人有时候可以很清楚地分辨出颜色，有时候又辨别不出。这是由于营养不良吗？通过本节课的学习，同学们将会得到满意的答案。下面我们就一起来学习新的内容：伴性遗传。（并板书课题如下）

板书：第三节　伴性遗传

例6　　　　　**第二节　细胞核是遗传信息库**

教师：同学们，早上好！上节课我让同学们分成小组，要求回家后仔细观察自己父母的眼睛。那么大家观察了自己和父母眼睛的形态（如双眼皮、单眼皮）后，跟父亲眼皮相似的请举手，和母亲眼皮相似的请举手；跟父亲眼睛形状相似的请举手，和母亲眼睛形状相似的请举手，和父母的眼睛只要有相似之处的请举手。结果很明显，我们和自己的父母总有相似之处。那么，小组相互观察一下，你们的眼睛是否相似呢？为什么？

学生：自己和父母相似是因为遗传的原因，和同学没有遗传关系。

教师：谢谢大家给我提供的信息，刚才同学们的举手和发言就是信息。我们和自己的父母相似，是因为父母把遗传的信息传给了我们，所谓"种瓜得瓜，种豆得豆"就是这个道理。生物都能把遗传信息传给下一代，那么，遗传信息在哪里呢？靠什么物质遗传给下代呢？这就是今天这节课我们要一起来探讨的问题。

板书：第二节　细胞核是遗传信息库

例7　　　　　**第三节　遗传信息的携带者——核酸**

教师：在前面通过学习，我们已经知道，细胞是由无机化合物与有机化合物组成的，其中有机化合物包括蛋白质、核酸、脂质与糖类。上节课我们已经学习了蛋白质的有关内容，这节课我们一起来学习组成细胞的另外一种有机化合物——核酸。请同学们翻开课本第26页，快速浏览第26~27页的内容。

学生：（阅读课本内容。）

教师：众所周知，每个人都有指纹，并且每个人的指纹都很独特。刑侦人员将从案发现场得到的血液、头发等样品中提取的DNA，与犯罪嫌疑人的DNA进行比较，就有可能为案件的侦破提供证据。那什么是DNA指纹呢？DNA又是什么呢？为什么DNA能够提供犯罪嫌疑人的信息？带着这些问题，我们一起来学习遗传信息的携带者——核酸。（并板书课题如下）

板书：第三节　遗传信息的携带者——核酸

四、导入的应用原则

（1）根据教材内容、教学目标和教学重点等设计多种形式的导言。

（2）语言必须生动有趣、丰富幽默。因此，作为一名教师，应不断地扩大知识面，增加文学修养。

（3）导言必须能吸引学生的注意力，启发学生的思维，造成悬念，创造讲述的良好开端。

五、导入技能训练

（1）结合高中新课程内容设计一节课的课导言。

（2）分组进行自编课导言演讲训练。

（3）制作导入技能训练测评表（见表3-1）。

表 3 - 1 导入技能训练测评表

	评价指标	差	一 般	较 好	好	权 重
导入技能	1. 能面向全体学生					0.1
	2. 导入能引起学生学习的兴趣和积极性					0.2
	3. 与新旧知识联系紧密，承上启下，目的明确					0.15
	4. 引入自然，衔接得当					0.15
	5. 语言清晰、生动，情感充沛					0.1
	6. 导入时间掌握得当、紧凑					0.1
	7. 确实将学生引入学习的情景中					0.2

第二节 教学语言技能

一、教学语言的概念及作用

教学语言是指教师在把知识、技能传授给学生过程中使用的语言。它是教师传递教学信息的媒介，是一种专门行业的工作用语。教学语言还是教师在教学过程中充分发挥个人的创造性，正确处理教学中各种矛盾，正确有效地把知识（信息）传递给学生，使学生与教学环境保持平衡，最大限度地调动学生学习的主动性并在一定程度上具有审美体验的语言技能活动。教学语言技能是教师用正确的语音、语义，合乎语法逻辑结构的口头语言，对教材内容、问题等进行叙述、说明的行为方式。

教学语言在教书育人的过程中，具有极其重要和难以估量的作用。有人曾这样说："没有教学语言的新艺术，就没有新人。"正因为教学语言是教学的最主要手段。不管现代化教学手段如何先进，都离不开教学语言。苏霍姆林斯基说："教师高度的语言修养，在极大的程度上决定着学生在课堂上脑力劳动的效率。"提高教师的语言艺术水平是取得教育成功的先决条件，优秀的教学语言会给人莫大的愉悦感和美的享受。

二、教学语言的种类

教师的语言表达形式是多种多样的，主要有：课堂口语，即口头表达；书面语言，即书面文字表达，如板书、批阅作业的批语等；身态语言，即用示范性或示意性动作来表达思想。在这三者之中，课堂口语是课堂教学中语言表达的主要形式。教师的教学语言技能水平是影响学生学习的重要因素，在引导学生学习、开展探究活动、实现教学目标等方面具有重要作用。

三、教学语言的构成要素

1. 语音

语音是语言的基本结构单位，是语言信息的载体和符号。在教学中对语音的基本要求是发音准确、规范，即吐字清晰、使用普通话。要想吐字清晰、圆润、流畅，就必须努力锻炼自己的发音器官（唇、齿、舌），使其发音到位。

2. 语调

语调是指讲话时声音的高低，声调的升降及抑扬顿挫的变化等，是增强语言生动性、体现语言情感的主要因素。但语调的运用一定要从所表达的内容出发，自然适度才能起到应有的作用。语调的抑扬顿挫和声音的高低在教学中具有重要的作用。平淡而低沉的语调易使教学沉闷，不能集中学生的听课注意力，信息接受率低；声音过大，易使学生听课紧张。正确的方法是，在讲解概念、重点、难点问题时，说话要慢些，语调要高些，以引起学生的注意并有思考、做笔记的时间。

3. 节奏

节奏是教学成功的要素。语言节奏是指语调高低、快慢的变化。例如，讲到重点、难点问题时，应提高声调，放慢速度。语调高低、速度快慢伴随着情绪的起伏，就形成了一种节奏，这直接影响到学生的学习效率。

4. 速度

语言的速度是指讲话的快慢。其快慢是否科学合理，对教学效果的好坏有直接的影响。在日常生活中，每个人讲话的速度是各不相同的。但是教学语言是一门专门的工作语言，不应该用日常习惯的语言速度去讲课，而必须受课堂教学自身规律的制约，受与教学有关的诸多因素的支配，不得有任意性。课堂教学的语言速度以每分钟 200～250 字为宜。

5. 响度

响度是指声音的高低，实际上是强度、长度、高度的总和。在课堂上教师声音的高、低、强、弱，不仅对教学效果有影响，还影响教师在学生心目中的形象。响度合理是理想教学语言的重要条件之一。课堂教学是传授知识、交流思想的活动。为了提高教学效果，教学语言的响度应合理，也就是使教师语言的音高、音强、音长达到和控制在最适当的程度。具体的标准是使坐在每个位置的学生都能毫不吃力地听清楚教师讲的每句话、发出的每个音节，并且耳感舒适。

6. 词汇

语言是语音、语义结合的符号系统，词是这一系统中最基本的构成单位，没有词就没有语言。因此，修辞在教学语言中就显得非常重要了。修辞是使语言表达得准确、鲜明、生动、得体的手段，在课堂教学语言中，对词的要求是规范、准确、生动。规范使用普通话词汇，不但能够正确地表达信息内容，而且能为学生作出典范。如果做不到这一点，语病百出，就会影响教学效果。能正确地使用专业词汇是用词规范的一个重要方面。准确用词是对教学语言的基本要求。要用精确的词语表述事物，否则就不能正确地表达教师的意图。生动选词和用词要做到精选妙用，注意用词的形象性、启发性、感染力和感情色彩。语言的生动与教师的科学知识有关，也与教师的语文水平、讲话技巧有关。

7. 语法

语法是遣词造句的规则。按照这一规则进行语言表达，就能被人理解；违反这些规则，就无法进行交流。课堂教学与一般讲演不同，它除了让学生听明白外，还必须使学生理解、掌握，即不但要知其然，还要知其所以然。因此，在教学中教师不仅应注意教材的内在规律，运用逻辑推理的方式进行教学，而且要注意语言的逻辑性。

四、教学口语的特点和技巧

教学口语是教师在教学过程中，用以"传道、授业、解惑"的工作用语，是教师教书育人的重要工具。教学口语是教师职业口语中的重要组成部分。教学口语与一般的口语有着不同的明显特点：

1. 准确而精练

教学口语是传授知识信息的媒介，与生活中随意性的口语表达有着本质的区别。授课时所说的语言必须准确而精练，用语合乎规范。所谓准确，不仅指语音、语法合乎规范，更重要的是指用丰富多彩的语汇，表达出千差万别的事物。所谓精练，是指用简洁的语句传达出丰富的知识，句句说在点上，少说、不说废话。言简意赅的教学口语，有发散思维、拓展思路、开发智力的作用。

2. 鲜明而生动

教学口语只有鲜明、生动，才有吸引力、感染力，给人深刻的印象。要做到鲜明而生动，应该注意以下几点：

（1）通俗。通俗就是根据学生已有的知识水平和现有的接受能力，选择通俗易懂的词、句，调动合适的说话艺术方式，传授知识。通俗但不能庸俗。

（2）形象。形象就是运用直观形象的口语说话，运用意象，诱发学生产生联想，刺激其"内视觉"，调动其生活体验，使他们如闻其声，如临其境。

（3）有感情。教学不仅是传授知识，也是与学生交流感情并引起共鸣的过程，有情才能动人。教学口语要尽量做到声发于情，意寓于情，理融于情。

3. 制约与调控性强

教学口语受诸多因素的制约，像教材内容，学生认识心理，教学环境（教室大小、人数多少）等，这些因素使得教学口语具有特殊性。教学口语虽受诸多因素制约，但教师还是应积极主动地运用教学口语进行教学调控。教师不是"留声机"，照本宣科；而是"一心数用"，根据当前课堂的实际情况，运用教学口语，创造出有张有弛、意趣盎然的生动局面来。

4. 综合性强

教学口语是叙述、说明、描述、议论、抒情等多种表达方式的综合运用，这是教学内容和教学方法的多样性决定的，也是教育对象的认知心理特点决定的。过多的议论，学生感到乏味；过多的说明，显得枯燥；单一的叙述，流于平淡；一味地描述，不利于抽象思维。只有将它们综合在一起，才能取得良好的教学效果。

掌握教学口语技巧可从两个方面入手：一是语音技巧。要求讲述清晰、流畅，响度适中并富有变化；能灵活运用语气、语调、重音、停顿、节奏等表情达意。二是语辞技巧。要求能在口语里运用比喻、对比、直表、追加、婉曲、问询、幽默等修辞手段表述教学内容。

五、教师口语艺术的主要特征

著名意大利美学家克罗齐认为，语言自身便是一种艺术。教师正是和这种艺术天天打交道的语言工作者，我们应该不断探索这门艺术的奥秘。"吾将上下而求索"——这应该是一切优秀教师在口语艺术宝库前的积极心态。

1. 教师口语艺术的概念

教师口语的艺术，指教师在教学情境中善于选择和运用规范的、准确的、生动的话语，向学生传授知识、培养能力、启迪智慧的口语表达艺术。教师口语的艺术是一种创造性的语言运用艺术，包括教师富有独创性的话语风格、巧妙的语言策略、敏锐的语言应变和话语、丰富的语言表现力，以及对语言美的不断追求。教师口语艺术，也是教师教育艺术中的重要组成部分。它是教师先进的教育思想、丰厚的知识积淀、娴熟的教育技巧和高超的言语运用能力的完美结合，也是教师人格美和语言美的统一。

2. 教师口语艺术的主要特征

教师口语艺术，包括课堂教学的口语艺术、教育口语艺术及教师交际用语的艺术等。教师口语艺术一般具有如下一些特征：

（1）科学性和艺术性的统一。科学性指教师口语既符合教学内容的学科特点，具有专业用语的科学性，表述得准确、全面、严密，又指符合语言学意义上的科学性，即语言的规范性。它的艺术性则表现在语言运用的巧妙、机智与灵活性和独特的话语风格上。两者的统一，是优秀教师口语艺术的显著特点。优秀的教师口语又是经过转化的书面语和经过优化的口头语的"合金"，是教师精心创造的艺术精品。

（2）教育性与审美性的统一。优秀教师口语的教育性不仅体现在语言内容饱含着积极的思想教育和健康的情感滋润上，而且体现在语言本身的教育作用上。它的审美性体现在三个方面：一是创设优美的语境，教师娴熟地运用机智的语言、出神入化的讲话、完美的逻辑推导等，形成一种引人入胜的优美语境，给学生以浓郁的审美感受；二是教师口语自身的语言美，如优美的语汇、甜美的语音、悦耳的语调等，具有很强的审美感；三是教学口语的流程美，包括融洽畅达的沟通美、新鲜有趣的导入美、天衣无缝的衔接美、动静交错的起伏美、抑扬顿挫的节奏美和耐人回味的结语美。整个教学流程中的语言，构成了一种整体美。教育性与审美性的完美统一，是优秀教师口语艺术的显著特点。

（3）声、情、义的统一。优秀教师的口语艺术，还体现在声、情、义的结合上。

声：声音清亮、甜美，吐字清晰，字正腔圆，表达顺畅；语调讲究抑扬顿挫，高低有别，强弱迥异；语速讲究快慢变化，优美动听，富于音乐美和韵律美。

情：话语中饱含真情、热情，能用温情的语态，深情的语气来感染学生。

义：言简意赅，言近意远，饱含哲理而发人深省。

声、情、义的统一，使得教师口语具有语言的震撼力、穿透力，使学生为之动心，为之动情，正像特级教师于漪描述的：教师语言的魅力来自善于激趣、深于传情、工于达意，对学生产生吸引力、感染力，产生春风化雨般的魅力。许多优秀教师都把锤炼自己的教师语言艺术看成是提高自身修养的重要目标。古人说：工欲善其事，必先利其器。这话也可以套用为：教欲善其事，必先利其言。教师课堂上的每一句话，乃至每一个词都要出言谨慎，反复推敲，不仅要加大"含金量"，准确、深刻、富有哲理，而且要增多"糖分"，亲切、自然。教师必须终生锤炼自己的教学语言艺术。

六、生物教学语言的科学性要求

要知道，教师的语言和文字，都会对学生产生潜移默化的影响。因此教师每摆出一个事实，每作出一个结论，都应该推敲语言文字的正确性，绝不应该为了片面地追求通俗、生动而发生科学性错误，绝不能"想当然"地信口开河。为了做到正确表达，应该深入钻研教材。因为在编写教材的过程中，对每个问题的表达都是很费斟酌的。

生物教学语言的科学性要求我们应该注意以下几个方面：

1. 正确地使用生物学的名词术语

每一个学科都有自己的一套名词术语，它们主要是给概念所下的定义，都有它确定的内涵和外延。因此，名词术语运用不当，也容易引起科学性错误。例如对动脉、静脉、动脉血、静脉血等概念，如果不注意教材的叙述，或是没有认真地对待，就容易脱口而出发生错误。教材中指出，"动脉是把血液从心脏送到身体各部分去的血管"、"静脉是把血液从身体各部分送回心脏的血管"、"动脉血是血红蛋白与氧结合后形成的富含氧气、颜色鲜红的血"、"静脉血是血红蛋白与氧分离后形成的缺少氧气、颜色暗红的血"。因此就不能不假思索地讲"在动脉里流动的是动脉血"、"静脉里流动的是静脉血"，或者讲成"静脉血是脏血"、"动脉血是新鲜血"等。这些概念一旦表述错了，就会进一步影响学生对肺循环、体循环意义的正确理解。

2. 正确处理通俗生动与科学性的关系

科学性错误还容易发生在试图作通俗生动讲解的时候。例如，在"果实和种子的形成"这一课题的引言中，为了引起学生的兴趣，教师作了这样的引言："同学们都爱吃水果，特别是喜欢吃桃，桃又好吃又好玩，但是你们知道桃子好吃的是什么部分吗？好玩的部分呢？（学生答不出）现在我来告诉你们，桃好吃的部分是果实，好玩的部分是种子。"

在这个简短的引言中，至少出现了两个严重的概念错误：一个是"果实"，果实是由果皮和种子构成，而桃好吃的部分主要是中果皮；一个是"种子"，孩子们通常喜欢玩的是由坚硬的内果皮和种子构成的桃核，而桃核并不是种子。

又如，为了通俗而把"须根"说成是"毛毛根"，把头状花序说成一朵花，杨和柳不分，呼和吸不分等等。当然，由于我国历史悠久，地域辽阔，方言很多，在讲到某些动植物时，有必要介绍当地的俗称，以加强和实际的联系。但是我们首先还是应该强调使用生物科学的名词术语来进行讲授。

总之，讲授绝不能因为片面地追求趣味性而犯科学性错误。应该认识到，在讲授内容不正确的情况下，越是生动就越有害。

3. 要实事求是，切忌夸张，更不能伴不知以为知

如说"某湖中的鱼非常之多，把棍子插在鱼群中时棍子都不倒"。这样的密度鱼群能够长时期地正常生活吗？讲授时要切忌夸张，这是保证生物教学语言具有科学性的基本要求。

4. 要正确处理深入浅出、化繁为简与科学性的关系

考虑到中学生的年龄和知识基础，生物学教学的科学性不能要求十分严格，但是不能有错误。也就是说，内容可以简化、浅出，但是不允许有错误。例如关于植物界、动物界各类群间的演化关系，内容很复杂，学说也多，不能要求中学生详细了解，但是又需要他

们对此有个大概的、一般的了解，从而建立初步的进化观点，了解生物进化的大概趋势。在教科书上，谨慎地采用了两个简化了的系统树，强调指出苔藓植物是演化路线上的旁支，古代蕨类植物的一部分演化成为裸子植物，而一部分裸子植物又进一步演化成为被子植物。这虽然大大地简化了演化系统树，不够详细和准确，但是在大的方面并没有错误。

但是在有的教学中，某些教师却轻率地作了这样的讲授："我们已经学过了植物，植物在从藻类→菌类→苔藓→蕨类→裸子植物→被子植物的进化过程中……"这种表达存在严重的错误，是不允许的。在动物学的教学中也常有类似的情况发生。例如有的教师作出这样的导言："我们在前面学过了原生动物……在从原生动物的草履虫进化到哺乳动物家兔的过程中……"难道草履虫和家兔有这么直接的演化关系吗？这显然是太轻率了。

5. 用语要辩证，防止绝对化

这一点在生物学教学中显得特别重要。因为生物的种类繁多，千变万化，虽有共性，但也有许多特殊和例外，不能一概而论。例如，说"细菌以一种方式进行营养"，就会把光合细菌和化能合成细菌排斥在细菌之外；说"生长素促进细胞生长"，就不如说"生长素在低浓度下促进细胞生长，而在高浓度下则往往抑制细胞生长"；讲"细胞是生物体的基本结构单位和生命活动单位"时，如果加上"除病毒等生物外"，就更加全面和确切。

6. 要防止因观点错误而导致科学性错误

生物学教学与科普通俗讲座应有所区别。科普读物常使动、植物人格化，这是为了使一般人容易理解。但是在生物学教学中，则是要给学生以科学的基础知识，对于比喻的使用必须恰当。不应有拟人观、目的论等错误观点，应该对生物界或生物体的某些看似神秘的现象作科学的解释。目的论是指对某些动植物的行为作唯心的解释，如"家兔为了能够消化草食性食物而具有很长的盲肠"、"植物为了获得阳光，所以它向光生长"。拟人观是指把细胞、器官等的活动予以人格化，例如讲到血液中的白细胞的功能时，把白细胞比作保卫祖国的战士，讲道：当"敌人"入侵时，白细胞纷纷渗过毛细血管壁而进到组织血液中去消灭入侵的细菌，真好比当年父送子、妻送郎、人人参军上战场……

七、生物教学语言应生动形象、丰富而机动

要使生物教学语言生动形象、丰富而机动，该注意以下几个方面：①用普通话教学；②吐字清晰，速度适中；③音调适中，有节拍；④把生物作为一个活生生的个体来讲述；⑤教师的语言表达要根据学生的接受水平而变化。

八、教学语言技能训练

（1）每人进行课前三分钟演讲训练。
（2）分组进行语言技能训练。
（3）制作教学语言技能训练测评表（见表3-2）。

表 3 - 2　教学语言技能训练测评表

	评价指标	差	一般	较好	好	权重
语言技能	1. 普通话的标准程度					0.1
	2. 吐字清楚，音量、语速和节奏恰当					0.1
	3. 语言通顺、连贯，语调有起有伏					0.1
	4. 语言所表达的教学内容准确、规范，有条理性，并能促进学生理解					0.2
	5. 语言的情感性好，有激励作用					0.1
	6. 语言简明，主次分明，但该重复的应有恰当的重复					0.1
	7. 语言有启发性，应变性					0.1
	8. 使用身态语，目光、表情、动作姿势恰当并能起强化作用					0.1
	9. 运用语言与学生相互作用，学生学习积极性高					0.1

第三节　讲解技能与讲授法

一、讲解的概念、优点和缺点

讲解又称讲授，讲授法是指教师运用口头语言向学生传授知识、交流思想的一种方法。

讲解的优点：①系统连贯地传授知识；②在较短时间传授较多知识；③充分发挥教师的主导作用。

讲解的缺点：容易满堂灌，不能体现学生主体地位，不利于因材施教。

二、讲解的类型

1. 讲述法

讲述法是对某个事物或现象作系统的叙述或描绘。讲述，是教师用语言对生物的形态结构、生长发育过程和行为、试验的方法与步骤进行描述的一种讲授方法。生物学的许多内容都可以侧重采用讲述法，一般地讲，讲述法着重于培养学生的形象思维。

2. 讲解法

讲解法是对某个概念或原理进行解释、分析、论证。讲解，是一种对生物学的概念、规律进行科学论证的讲述方法。其特点是要进行科学的、有论据的逻辑推理。比较适用于高中生物学的大部分教材及初中类似植物界的进化和发展这类理论性比较强的教材，如"光合作用和呼吸作用的关系"、"DNA 分子的结构特点"、"孟德尔的豌豆杂交实验"、"开花结果与根、茎、叶生长的关系"、"血糖的平衡调节"等。讲解法比较着重于培养学生的抽象的逻辑思维。

三、运用讲授法的基本要求

讲述法和讲解法虽然各有特点，但是在实际教学活动中，往往是结合采用的，不论采用哪种讲授方法，都应该符合下面的基本要求。

（一）讲授要符合科学性的要求

讲授无论是讲述生物界的事实还是讲解生物学的概念、生物学原理以及分析生物实验，都必须用科学的语言来表达。科学性是保证讲授质量的首要条件。而要使讲授符合科学性的要求，就必须注意到以下各方面。

1. 正确地引导学生形成生物学的基本概念和规律

知识的表现形式是概念、概念体系、原理和规律。概念是通过对感性认识进行思维加工形成的。什么是概念？概念是反映客观事物本质属性的一种抽象，是在大量观察的基础上，运用逻辑思维的方法，把一些事物本质的、共性的特征集中起来加以概括形成的。任何一门科学，如果没有一系列基本概念作为分析、综合、判断、推理等逻辑思维的依据，就不可能揭示这门科学的客观规律。因此使学生形成正确的概念是十分重要的。换句话说，概念的重要性主要在于它是思维的基本单位，只有在正确的概念的基础上，才能正确地掌握规律。

例如，基因分离规律是基因自由组合规律和记忆连锁互换规律的基础，而要弄清楚分离规律，就必须事先弄清楚一系列概念的含义，例如，性状、相对性状、相同基因、等位基因、基因型、表现型、纯合体、杂合体等等。如果对这些概念不清楚或发生错误，就必然导致对分离规律的不能理解或错误理解。所以讲清楚概念至关重要。但是怎样才算是讲清了概念呢？一般地说，学生能够背出概念的定义绝不等于是掌握了概念。概念是在学生感知和思维的过程中形成的，是否讲清楚了概念是有客观标准的。

（1）讲清概念的标准。最重要的是讲清楚概念的来龙去脉，也就是要使学生明确：

1）问题是怎样提出来的？为什么要掌握这一概念？这一概念是怎样经过分析、比较、抽象概括而成的？

2）这一概念是怎样定义的？这个定义反映了事实的哪些本质属性？也就是说这个概念的内涵是什么？这一概念的外延如何？也就是这一概念的适用条件和适用范围如何？

3）这一概念与其他有关概念有什么样的联系？在形成某一规律的过程中，这一概念起什么作用？

在教学中应该怎样讲清楚概念呢？这首先是要使学生了解概念是怎样形成的。

（2）概念的形成。一般地讲，一个概念的形成，大约要经过如下的步骤：

1）通过观察实验及各种直观材料获得一定的感性认识或唤起学生对旧知识和表象的回忆，使学生对有待研究的事物有一个明晰的认识。

2）在学生观察、回忆的过程中，启发他们发现问题和提出问题，引导他们对事物进行分析、比较，排除次要因素，抓住主要因素，对一系列具体有共性的因素进行综合、概括，找出它们的本质属性，进而抽象成为概念。

3）用简练准确的语言为概念给出确切的定义，接受概念的内涵，指出概念所能适用的条件和范围。

4）通过和其他有关概念的对比，或是通过有关的作业或练习，使学生在运用概念的过程中巩固概念、活化概念，检验对概念的理解是否正确。

因此，一个生物学概念，归根结底都是在感知的基础上，通过分析、综合等抽象思维过程，把事物最一般的、本质的属性抽象出来加以定义，然后再推广到同一类事物上的过程。

例 "花是被子植物有性繁殖的器官"，这个概念是怎样形成的呢？

（1）观察桃花（或其他的花），掌握花萼、花冠、雄蕊、雌蕊、花托、花粉、胚珠等一系列概念，了解桃花的结构和形态特征，形成"桃花"的概念。

（2）观察小麦花，了解小麦花的形态结构特征，形成"小麦花"这一概念。

（3）观察杨、柳等不完全花，将它们与桃花、小麦花进行比较，找出它们共同具有的本质特征——具有花蕊，而花蕊中能够产生精细胞、卵细胞和极核，进行双受精作用后，产生果实和种子……因此将花定义为：花是被子植物有性生殖的器官，花中均有花蕊。

（4）将"花"这一概念推广到其他类似花的器官上去运用。如叶子花、一品红等，在对"花"这一概念的运用中去检验对概念掌握的程度，从而巩固和活化这一概念。

在"花"这一概念的形成过程中，如果学生在分析、比较的基础上，概括出"花"的主要共同特征是具有花萼、具有花冠和具有花蕊，能完成受精作用而形成果实和种子，并且把"花"定义为："花具有花萼、花冠和花蕊，是植物的生殖器官。"那么这个定义就显然地由于增加或减少了概念的内涵，而扩大了概念的外延。比如在这个定义中增加"花萼"、"花冠"，减少了"被子植物"或"绿色开花植物"，结果就使得无被花被排斥在"花"之外，而同时又把一些非被子植物的有性繁殖器官看成是花，结果使得"花"这个概念不准确，从而导致科学性错误。

在教学中，概念性错误是容易发生的。比如把菜豆种子的结构看成是所有双子叶植物种子的结构，而实际上它们只能代表双子叶无胚乳种子的结构；把小麦花的结构看成是所有单子叶植物花的结构……这些都是由于任意增减概念的内涵，从而任意地扩大或缩小了概念的外延造成的。

2. 注重概念的情景教学

（1）概念教学时的情景引入。

通过创设情景，简捷明快地导入教学内容，使生物概念、原理的学习水到渠成。

1）实验情景。例如"光合作用"这一概念，实际上包含了光合作用的条件、原料和产物，对初中学生来说，能将这三个方面有机地联系起来，归纳出光合作用的基本过程即基本上掌握了光合作用的概念。而光合作用的条件、原料和产物是通过探究性实验"绿叶在光下制造淀粉"和三个演示实验得出的。学生在实验及观察过程中已对有关的产物和原料等有较深的印象和理解，再引导学生将这些实验结论归纳在一起，找出内在联系，对"光合作用"的概念了解便水到渠成。

2）实践情景。学生通过观察获得生物的形态、结构、生理、生态、遗传和进化等方面直观而感性的认识，把这些感性的形象转变成语言即初步的概念，再经过形象思维和抽象思维的互动与转变，实现由特殊到一般、由现象到本质的飞跃，抓住生命的特征，建立较完整而科学的概念。例如，进行"生态系统"概念的教学时，可先引导学生观察池塘、麦地、树林等，分析其中的生物种类、生物之间的关系、生物与无机环境之间的关系，发现植物、动物、各种微生物及非生物环境相互联系、相互依存共同构成一个整体。学生通过观察分析归纳出：生态系统＝生物群落＋非生物环境。

3）问题情景。利用挂图、实物及演示实验等直观手段的同时，教师提出问题，学生带着问题观察并在观察中解决问题，便于感性认识，能丰富课堂教学，对培养学生学习兴趣和想象力起到很大作用。例如教授"蒸腾作用"的概念，可以通过蒸腾作用演示实验进行观察并提出问题：塑料袋内壁上的水珠是从哪里来的？通过带着问题观察，学生能形象直观地掌握和理解"蒸腾作用"的概念，知道蒸腾作用是水分以气体状态从体内散发到体外的过程。

（2）概念教学时的情景分析。

1）创设比较情景，分析概念的区别和联系。在教学中，教师要及时指导学生对一些相关概念进行对比、归类，揭示概念之间的内在联系，找出本质区别，使概念清晰化和系统化。在学习生物概念时，注意分组、结对、列表、进行归类对比，就容易搞清各对概念间的本质区别与内在联系。同时，通过比较，促使学生将新旧知识、同类知识联系起来，分析异同。

2）创设强调情景。分析概念的关键字、词，理解概念的内涵和外延生物概念是用简练的语言高度概括出来的，其中一些字词都是经过认真推敲并有其特定意义的，它往往提示了概念的本质特征，是生物概念的关键字词，要理解概念的本质，必须从理解关键字词入手。强调不仅能引起学生的注意，而且能引发学生的思维，使学生很容易把握住其中的关系，把学生的思维引向深入，真可谓"此时无声胜有声"。例如"相对性状"：同种生物同一性状的不同表现类型叫相对性状。其中"同种"、"同一"四个字，需要强调。

3）创设问题情景，通过讨论加深对概念的认识和理解。以学生为主的探究学习活动已渐渐成为教学主流。问题讨论在教学中所扮演的重要角色是不容忽视的。问题讨论可促进学生概念的精致化，小组问题讨论提供所有学生主动学习进行概念解释的机会。学生提出的概念解释必须接受组员的检验，促使其再建构。经由不断的解释、质疑、再建构、反驳、澄清等，共同建构出一个比讨论前更符合科学概念的答案。

（3）概念教学时的情景巩固。

1）体系情景。在完成章节知识的教学后，对那些相邻、相对、并列或从属的概念进行类比、归纳，根据它们的逻辑关系，用一定图式组成一定序列，形成概念体系。如：用概念图将有关某一主题的不同级别的概念置于方框或圆框中，再以各种连线将相关的概念连接，形成该主题的概念网络，把学生感知"孤立"、"散装"的概念纳入相应的概念体系之中，让学生获得一个条理清晰的知识网络，既能帮助学生理解新概念，又能进一步巩固深化已学概念。

2）比较情景。生物学概念很多，而且很多概念间联系和类似的地方很多。如果学生没有比较概念的能力，随着学习深入，概念增多，易出现混淆的现象，影响学习效果。引导学生比较概念，主要让学生抓住两点：一是注重寻找比较标准；二是注重概念的内涵和外延的比较。比较概念的过程主要是求同思维和求异思维的过程，所以比较概念有助于思维能力提高。

3）发展情景。对学生来说，不同阶段和不同的知识基础，对概念的理解也会不同。学生能动地去探究概念的本质，就形成一个发展概念的过程，探索生命活动规律的内驱力会得到强化。例如学习绿色开花植物、细菌、真菌、动物和人体的每一部分内容时，总是先从细胞开始。在教学中，注重引导学生将新内容中细胞的特点与前面学过的生物细胞进行比较，最后学生对细胞的认识不再停留在某具体生物个体或类群的水平上，而是归纳出细胞是绝大多数生物体结构与功能的基本单位。

3. 要用明确的语言表达教材

要知道，教师的语言和文字，无时无刻不对学生产生潜移默化的影响。因此每摆出一个事实，每作出一个结论，都应该推敲语言文字的正确性，绝不应该为了片面地追求通俗、生动而发生科学性错误，绝不能"想当然"地信口开河。为了做到正确表达，应该深入钻研教材。因为在编写教材的过程中，对每个问题的表达都是很费斟酌的。

（二）讲授要有高度的思想性

语言的思想性是指教学内容的方向性和教育性。教师语言的思想性是教师对深入了解的教材向学生讲述时感情的真实流露。

（三）讲授要富有启发性和趣味性

讲授要富有启发性和趣味性。这对于启发学生思考、调动他们的学习动因，具有十分重要的作用。在生物教学中必须注意激发兴趣以调动学生内在学习要求。在这一方面，绪论和导言的讲授往往具有重要的作用。怎样才能使教学语言具有启发性？需注意如下几点：①教学语言要体现出对学生尊重的态度，要饱含激情；②教学语言要体现新、旧知识的联系，化抽象为具体，做到深入浅出；③善于创设问题情景，激发学生学习兴趣；④加强直观，善于激疑，开拓学生思维。

（四）应具有较强的系统性和逻辑性

在生物学知识中，各部分内容的前后是有联系的，各部分教材内容本身也有内在的联系，是系统完整的。教师在讲解时必须从学情出发，做到由浅入深、由易到难、条理清楚、层次分明和逻辑性强地讲解，使学生不仅系统地获得知识，还能从教师的讲解中得到启迪，学会逻辑的思维方法。

（五）讲授语言应生动形象、丰富而机动

讲授语言应富有感染力，丰富而机动。把生物作为一个活生生的个体来讲述，是保证生物教学中教师语言丰富性的重要途径。教师的语言表达要根据学生的接受水平而变化。

（六）讲授要注意巩固性，提高知识的储存率

（1）加强直观，加强实验教学。

（2）通过有意识记和意义识记。

（3）通过农谚、歌谣等形象识记。例如，心脏构造歌：心脏结构要记牢，上房下室紧相连。房连静来室连动，瓣膜保证血循环。

四、讲解技能训练

（1）分组进行讲解技能训练。

（2）制作讲解技能训练测评表（见表3-3）。

表3-3　讲解技能训练测评表

评价指标		差	一 般	较 好	好	权 重
讲解技能	1. 达到教学目的，实现教学目标要求					0.1
	2. 讲解能突出重点，讲解好难点					0.1
	3. 为了解重点、难点提供了丰富而直观的感性材料，合理组合运用了各种教具					0.1
	4. 有逻辑或使用类比，使讲解条理清楚					0.05
	5. 注意理论联系实际					0.1
	6. 加强启发、诱导，讲解生动活泼					0.1
	7. 讲解符合科学性，用词确切，避免"口头语"，重点关键词强调得当					0.1
	8. 运用了提问、谈话与学生呼应，课堂气氛活跃					0.1
	9. 讲解声音洪亮，注意随感情变化有起有伏，速度恰当					0.05
	10. 讲解灵活多变，不是生吞活剥，死背教案，并能面向全体学生讲课					0.05
	11. 注意分析学生反应，帮助学生深化、巩固所讲内容					0.05
	12. 讲解能调动学生学习的积极性，有利于培养学生的思维、推理能力，即有利于培养学生的生物学能力和发展智力					0.05
	13. 各项知识点讲授时间分配恰当					0.05

第四节　提问技能与谈话法

一、提问的概念

提问是教师和学生之间常用的相互交流的教学技能之一。课堂教学提问，是在课堂教学过程中，根据教学内容、教学目的、教学要求设置问题进行教学问答的一种形式。通过提问，教师可以直接看到学生的反应，能够开阔学生的思路，启发学生的思维，充分发挥教师的主导作用，活跃课堂气氛，促进课堂教学的和谐发展。

二、提问的分类

1. 知识水平的提问

知识水平的提问可以用来确定学生是否已记住先前所学知识，如定义、公式、定理、具体事实和概念等，它能训练学生的记忆力和表达力。教学中常用的"检查性提问"就属此水平。它具体包括两种：第一种为要求回答"是"与"否"的提问。这类提问只要求学生回答"是"与"否"即可，不需要进行深入的思考。第二种提问要求学生回忆已学过的知识（概念、事实等），回答时用的句子可以直接从教材中提取。如"哪位同学能说一说蛋白质的空间结构是怎样的"，这种提问对于学生掌握基本知识和技能是必不可少的，一般在课的开始，为学习新知识提供材料。知识水平的提问是最低层次、最低水平的提问，教师常使用的关键词包括"谁"、"什么"、"哪里"、"什么时候"等。这类提问不宜过多，更不宜连续进行，因为在一个学生回答的过程中，其他学生往往对"听"不感兴趣，注意力不能长期集中。

2. 理解水平的提问

理解水平的提问要求学生对已知信息用自己的语言进行表述。这类提问不仅可以培养学生的洞察能力和掌握知识本质特征的能力，而且还能训练其语言表达能力，便于教师作出形成性评价。一般来说，理解型提问用来检查近期课堂上新学知识与技能的理解和掌握情况。它包括三种情况：第一种为一般理解性提问，要求学生用自己的话对事实、事件等进行描述，以便了解学生对问题是否理解，如"请叙述光合作用的过程"；第二种为深入理解性提问，要求学生用自己的话概括原理、法则等，以了解学生是否抓住了问题的实质，如"请说说光合作用的实质"；第三种为对比理解性提问，要求学生对现象、过程等进行对比，区别其本质的不同，达到更深入的理解，如"请你比较一下光反应与暗反应有什么不同"。理解水平的提问多用于概念讲解之后或课程板书之时。学生要回答这类问题必须对学过的知识进行回忆、解释或重新组合，因而是较高层次的提问。提问中教师常用的关键词是：用你自己的话叙述、比较、对照、解释等。这类问题的发问应放在文中具有思维价值的地方。在提问设计上力求引起思维矛盾，激起学生思维兴趣。

3. 应用水平的提问

应用水平的提问往往需要建立一个简单的问题情境，让学生用新获得的知识和回忆过去所学知识来解决新的问题。这是较高层次的认知提问，它不仅要求学生将已知信息进行归类分析，而且还要进行加工整理，达到透彻理解和系统掌握的目的，其心理过程主要是迁移。如："运用我们学习的生物膜概念，讨论植物细胞中还有哪些膜属于生物膜？""你能运用我们学习的 DNA 结构知识画出 DNA 的空间结构吗？并说出它们的结构特点。"就属于这类问题。在这类提问中，教师常用的关键词是"应用"、"运用"、"分类"、"选择"和"举例"等。

4. 分析水平的提问

分析水平的提问是要求学生识别条件与原因，或者找出条件之间、原因与结果之间关系的较高层次的思维活动，可用来分析知识的结构、因素，弄清事物间的关系或事项的前因后果。这类提问要求学生能组织自己的思想，运用批判思维，分析提供的资料，寻找根据，进行解释、鉴别或推论，从而确定原因。这种提问源于教材又高于教材，能拓宽学生的思路，提高学生的思维能力。分析水平的提问教师常用的关键词是"是什么"、"为什么"、"怎么样"、"证明"、"分析"等，如"通过观察四种色素层析带和已学的有关知识，你能分析一下为什么会出现四种色素带吗"？

5. 综合水平的提问

通过这种提问，学生需要在脑海中迅速地检索与问题有关的知识，对这些知识进行分析综合，得出新的结论。它所考查的是学生对某一课题或内容的整体性理解，要求学生能进行预见，创造性地解决问题。综合水平的提问有利于培养学生的思维能力，发展学生的概括能力，尤其能激发学生的创造性思维，适合用于书面作业和课堂讨论。在这类提问中，教师常用的关键词是"预见"、"创作"、"如果……会……"、"总结"等。如"如果一条 DNA 分子上有 1 000 个碱基对，你设想一下将来最多可翻译成多少个氨基酸"。

6. 评价水平的提问

评价水平的提问可以帮助学生根据一定的标准来判断材料的价值。在分析提问或综合提问后，无论答案怎样出色，都应要求学生分析其理由是否充分，表述是否正确，对答案进行分析，评价其价值。它要求学生对一些观念、价值观、问题解决方法和行为进行判断或选择，也要求学生能够提出自己的见解。进行这种提问前，必须让学生建立起正确的思想价值观念，或者给出判断评价的原则，以作为其评价的依据。最常用的评价型提问要求学生答出对有争议问题的看法、评价他人观点等，如："某某同学的理解思路正确吗？""大家想想某某同学的设计可行吗？"在这类问题中，教师常用的关键词是"判断"、"评价"、"证明"、"你对……有什么看法？"等。这类问题的要求标准不宜只停留于简单的判断，须要求学生养成通过具体分析再作判断和评价的习惯。

三、课堂教学中提问的"六忌"

（1）忌只注重形式、不注重提问的价值和作用，使学生心灵和人格受到扭曲。

（2）忌频率失当，提问过多或过少会造成学生思维的疲劳或停滞。

（3）忌过分控制学生的表达，破坏学生的创造力。

（4）忌教师不经思考地随意提问，这种提问在教学质量和效果上难以保证。

（5）忌重复提问，由于前后表述不能完全一致，导致学生听取问题时注意力不集中，养成不认真听讲的习惯。

（6）忌只提问不总结，致使学生对教师所提问题始终没有一个清晰的、明确的、完整的认识，甚至有些错误的认识由于没有订正而被误认为是正确的。

四、生物学课堂教学提问的艺术

（一）生物学课堂教学提问的设计艺术

1. 精心设计，注意目的性

提问的内容和形式，在课前就应精心设计好，包括设计好问题及标准答案。注意要围绕课堂教学中心，选择重点、难点和关键处（如新旧知识的衔接处、转化处）来问。系列问题要有内在的逻辑联系，例如"预防近视"专题可提出以下 5 个问题：①眼球的构造是怎样的？②近视眼怎样形成？③何谓屈光不正？④如何矫正近视眼？⑤现有预防措施到位是否一定不会得近视眼？此外，还要尽量估计学生可能出现的思路，只有做好了充分的应付准备，才能做到有的放矢。

2. 用语规范，题意要明确

有的教师上课用语粗糙，缺乏美感，如"鸟是靠什么东西飞的"。提问题时题意应明确具体，这样学生易领会教师意图，使自己思维迅速定向，不会因题意含糊不清而使学生难以作答。同时问题涉及的范围宜小不宜大。

第一，要考虑问题的难易程度，问题太深，"死水一潭"；太浅则造成课堂表面上的活跃。问题只有稍高于学生实际水平，才会使他们感到答案若隐若现，从而激发思维。第二，问法要新颖，角度要多变。试比较以下两个问题："蚯蚓是怎样通过体表呼吸的"和"为什么下过雨后蚯蚓会大量爬出洞穴"。这两个问题本质是一样的，但前者易导致死记硬背，后者在联系实际让学生活用知识，效果自然就好得多。上述两个问题的问法分别是直问和曲问，此外还有反问法设问，如："假设没有腐生细菌，那将会导致什么样的结果？"对比法设问，如："甘薯长在地下呈块状，马铃薯也长在地下呈块状，它们都是根吗？为什么？"疑问法设问，如："有人认为，蜘蛛不属于昆虫纲动物，他的这种认识对吗？为什么？"第三，问题不能流于形式而过于简单，不采用"是不是"、"对不对"这类用一两个字就能回答的问题。

（二）生物学课堂教学提问的提出艺术

1. 问题要表述清楚

教师要善于用音调、语速、音量的变化来突出问题的关键，让学生迅速理解题意。如："人类不生活在水中，但在胚胎早期有鳃裂和尾，这能说明什么问题？"问题的部分应慢读和重读。

2. 提问要选准时机

教师应在学生似懂非懂，有思有疑，急于弄清问题的当口来问。只有当学生具备了"愤、悱"状态，即到了"心求通而未得，口欲言而未能"之时，才是对学生进行"开其心，达其辞"的最佳时机。

3. 提问要面向全体

即广泛性。这里有三层含义：一是难易适中，大部分学生经过努力思考都能答得出。二是对象广泛，捉摸不定，不要集中于个别学生，要能够使不同程度、不同位置的学生都有回答机会。实践证明，不让学生摸清教师在提问谁这方面的习惯，有助于调动全体学生积极思考问题。三是一般不采用先叫学生名字后出题的方式。

4. 提问后略作停顿

面向全班学生提出问题后，建议给学生共同思考时间，同时环视全班，使不同层次的学生都能够参与回答、参与教学。教师都应根据具体问题的难易程度、学生的实际水平及课堂上敏锐的观察来灵活确定给多长的思考时间。

（三）生物学课堂教学提问的导答艺术

1. 指定回答后适当引导

个别学生被指定回答问题时，教师应认真倾听学生的答案，态度要友好、耐心，并伴有恰当的体态语，如在学生思路对时，轻轻点头、微笑，让学生得到肯定的信号，鼓励他大胆说出来；在学生思路不对时，轻轻摇头、皱眉，表示"不对，请再想一想"，学生会更易接受。只要学生认真思考了，无论答案是否令人满意，教师应持欢迎态度，使学生感到友好合作。教师不要急于表态，同时注意观察全班学生的情况。若学生答得不完整，教师要注意提示。例如问"寄生虫有哪些共同特征"，学生漏了"具吸器"这一点，教师可引导："蛔虫、绦虫寄生在人体消化道中，为什么不容易被排出体外？"若学生回答有错误，可请其他学生更正补充。

2. 允许学生答案多样化

分析、综合、评价能刺激学生产生新认识，答案往往不是唯一的，属于高级认知问题，例如："通过学习猪肉绦虫的知识，请大家思考：我们可以从哪几个环节来预防猪肉绦虫病？""白开水、纯净水、矿泉水、蒸馏水哪类水更适合我们，为什么？""地膜覆盖能提高作物产量，但也会造成白色污染，你认为这种做法是否应当废除？"在教学中，教师要保证有一定比例的高级问题。在这些问题中，教师不可以强迫学生按照自己设计好的框框来回答，要培养学生的求异思维，允许有发展、有创新。

（四）生物学课堂教学提问的评价艺术

1. 对问题答案的评价

学生回答问题后，教师应先发出"请坐"的指令，然后再结合学生回答实际，对答案进行简要的明确的评价。一般来讲，教师很有必要重复一遍正确答案，因为多数学生的回答要么不够连贯、完整，要么声音偏轻。当学生答案不理想时，有时可运用教育机智捕捉答案中的有用因素。例如在"呼吸"一节课中，教师问：青蛙主要靠什么器官呼吸？学生答：用鳃呼吸（学生哄堂大笑）。教师：青蛙成体主要用肺呼吸，这位同学提醒我们蝌蚪可是用鳃呼吸的……

2. 对学习态度的评价

对学生评价要恰如其分，肤浅的答案不应该得到好的评价。使用评语要谨慎，多用温馨鼓励的评语，即使批评也要心平气和、善意地贬，不要恶意地贬。褒语要有鼓励性、有变化，例如："很好！""真好！""说得好！""哦，你懂得真多！""有道理，有说服力！""好啊，你考虑问题还真全面！"等等。

五、生物课堂教学中的提问原则

1. 目的性原则

课堂提问应有明确目的，便于有效引导学生积极思考，为实现教学目标服务。所以，课堂提问忌不分主次轻重，为提问而提问，而要有的放矢，紧紧围绕重点，针对难点，扣住疑点，体现强烈的目标意识和明确的思维方向，避免随意性、盲目性和主观性。如果脱离这一点，往往会导致"问无实质，问多无趣"，影响教学效果和学生能力发展。如在讲授"减数分裂"时，为让学生明确同源染色体分离的同时非同源染色体自由组合，教师可以这样设计问题："为什么同一种原始生殖细胞会产生不同的配子，且有两种不同的产生方式？"

2. 适量性原则

课堂提问要做到频度适中。有的教师有这样一种偏见，认为课堂提问越多越好。其实这是与学生的认识规律相违背的。因为一堂课中问题提得太多，知识密度必然过大，学生思维活动频率就会太高，造成学生负荷过重，影响他们掌握知识的质量。因此问题不能太多，也不可过少。据统计，某教师在一堂公开课上提了160多个问题，一节课以45分钟计算，平均每分钟就有3～4个问题，学生根本来不及思考，教学效果也就可想而知。

3. 启发性原则

启发性提问能调动学生学习的积极性。它不但能使学生获得知识，而且能开发智力，培养能力。特别是在学生遇到疑难问题或较复杂的问题时，教师可根据课程目标，把启发点放在教材的重点内容上，提出有思考价值的问题，引发学生联想，沟通新旧知识之间或新问题之间的联系，从而产生顿悟。教师启发要启而不露，启到学生的困惑点上。

例如，"物质出入细胞的方式"一节的教学，在分析渗透系统的演示实验时教师可设计层层深入的问题情境启发学生思考：①你从刚才的演示过程中观察到了什么现象？②是什么力量使蔗糖溶液会逆着重力方向上升？③如果把这个渗透装置继续放置下去，液面还会不断持续上升吗？为什么？④如果把半透膜换成全透性纱布，你认为蔗糖液面会上升吗？⑤如果在烧杯中放入相同浓度的蔗糖溶液，你认为漏斗中的蔗糖溶液还会上升吗？⑥你认为渗透作用发生的条件是什么？在这个案例中教师以问题串的形式，引导并启发学生步步深入地分析问题，解决问题，建构知识，发展能力。

4. 层次性原则

提问应该讲究层次性，难易要有阶梯，从简单到复杂，层层深入。教师还应考虑学生的年龄特点和知识的掌握水平。把整体性较强的内容作为一个问题提出来，范围太大，学生不容易回答完整，教师可设法把一个大的抽象的问题分解成几个小问题，以问题串的形式展示。如上文分析渗透系统的演示实验时，教师如果一开始就提问："从演示实验中你能得出渗透作用发生的条件是什么？"学生肯定很难回答，说明这个问题太广太大，如果像上文中把一个问题分割成几个并列的或递进的小问题来提问，化整为零，各个击破的分割式提问，把一个个小问题解决了，那么整个问题自然也就解决了。

5. 趣味性原则

趣味性的问题使学生有愉悦感，可以激发学生的学习热情，积极调动学生思维，使学生乐于思考和探究。因此教师设计问题时要重视对学生学习兴趣的激发和培养。在备课时要充分挖掘教材中与知识点相联系的兴趣点和兴趣因素，做到知识性与趣味性在设疑中的密切统一。如在浙科版生物课本必修3 "人体对抗病原体感染的非特异性防卫"一节的引入中，教师提出这样一个问题："细菌也能辨别男女——据美国《国家科学院院刊》发表的文章报道：女性手上的细菌种类和数目要远多于男性，同学们你们知道这是什么原因吗？"真可谓"一石激起了千层浪"，一下子调动了学生的学习积极性，把学生的兴趣引到这一问题上来。

6. 开放性原则

高中生物课程的一个重要目标就是要求学生具备批判性思维的能力，批判性思维技能的发展已成为基础教育的重要组成部分。这就要求教师在教学中设计问题要有一定的开放性，引导学生从不同角度和侧面思考、分析和解决问题，培养和锻炼学生的思维能力。教师也可选择一个有争议的话题，以问题的形式设计课程，这将会帮助学生了解到争议问题的各个方面，理解不同的观点，并学会了解所争论问题的复杂性，同时学生在争论的过程中也能够提高批判性思维能力。如上文中提到的"为什么细菌能辨别男女"就是一个很好的开放性问题。

六、生物课堂教学提问教学案例

例 1

课　题	细胞中的无机物		学　科	生物
学　校		年　级	高一	授课教师	

教学目标	1. 说出水在细胞中的存在形式和主要作用。 2. 说出无机盐在细胞中的存在形式和主要作用。
教学重点	水和无机盐在细胞中的作用。
教学难点	1. 结合水的概念。 2. 无机盐的作用。
课堂教学过程中所提问题	1. 根据某运动员饮料中的化学成分表计算每升饮料中水占多少。水在细胞中起什么作用？ 2. 观察某运动员饮料中的化学成分表中哪些成分属于无机盐？为什么要在运动员喝的饮料中添加无机盐？无机盐在细胞的生活中起什么作用？ 3. 水在生物体中的含量情况有什么不同？水在细胞中以什么形式存在？ 4. 自由水和结合水的作用分别是什么？ 5. 根据自己已有的知识和生活经验，你还能举出哪些实例说明生命活动离不开水？ 6. 将谷或小麦的种子烧尽，最终会得到一些灰白色的灰烬，请问这些灰烬是什么呢？ 7. 无机盐以什么形式存在于细胞中呢？其中大多数无机盐以什么形式存在？ 8. 有一种贫血症叫缺铁性贫血症，为什么缺铁会导致贫血？ 9. 植物体缺镁会影响光合作用，为什么？ 10. 现在有许多食盐都是加碘的，为什么要在食盐中加碘呢？ 11. 你还能想到人体缺哪些无机盐会引起疾病吗？ 12. 为什么老年人容易骨折而青少年的骨容易变形？ 13. 医生为什么要给患急性肠炎的病人注射生理盐水？ 14. 为什么酷暑季节室外作业的工人要喝盐汽水？ 15. 细胞中的无机盐有什么作用？ 16. 为什么说细胞是多种元素和化合物构成的生命系统？
围绕问题开展教学活动	学生围绕上述问题，结合课本中以及教师课件提供的文字、图片等素材，利用已有的知识和生活经验进行讨论。对于解决问题过程中又产生的新问题主要由学生自己来解决，教师在其中组织和引导。 　　具体做法： 　　1. 组织学生围绕问题 1 和问题 2，观察课本提供的运动员饮料中的化学成分表，进行"问题探讨"。引入课题。 　　2. 引导学生观察课本图 2 – 15、2 – 16、2 – 17 以及教师课件展示的其他图片，讨论问题 3、问题 4、问题 5，了解水在细胞中的存在形式和作用以及含量情况。 　　3. 组织学生围绕问题 6 ~ 15，通过思考、举例、讨论了解细胞中无机盐的存在形式、作用及在日常生活中的运用情况。 　　4. 最后围绕问题 16，组织学生阅读课文和教师出示的图片，使学生了解细胞是多种元素和化合物构成的生命系统。

课后反思	由于在解决问题过程中给学生提供的时间比较充裕，他们在课堂上就有了一定的思考空间，在课堂讨论时思维碰撞激烈，敢于表达自己的观点并提出新的问题。当然，教师适时的点拨也起到了很好的引导作用。课堂教学效果良好。 　　本节课知识内容并不难，且与学生生活联系较密切，在教师的引导下，学生讨论积极热烈，分析归纳并掌握了本节的知识，锻炼了通过多种途径收集、整理信息以及语言组织、表达的能力，参与了小组合作与交流，体验了成功的乐趣。

例2　　　　　　　　　　　　**人教版"细胞的渗透吸水和失水"**

1. 通过常见生活现象入手进行提问

当你连续嗑盐渍的瓜子或吃过咸的食物时，口腔会有什么感觉？为什么？有什么办法解决？当你把白菜剁碎准备做饺子馅时，常常要放一些盐，一段时间后就可以看见有水分渗出，这些水分是从哪里来的？蔫了的青菜叶放入清水中浸泡一段时间后，会有什么变化？

要求学生回答出以下内容：会有干燥难受的感觉，因为口腔细胞失去水分，这时及时喝水可以缓解口渴；菜馅细胞失去水分，即水分的输出；菜叶又重新变得硬挺起来了，叶面伸展，即水分的输入等等。

2. 结合这些例子，引入关于植物细胞的吸水和失水探究

你注意过生活中有关植物细胞吸水或失水的事例吗？说说看。结合这些例子，你能提出什么问题？可以通过阅读教材帮助学生分组讨论所提出的问题。

教师预期学生可能提出的问题如下：

（1）细胞在什么情况下吸水？什么情况下失水？

（2）水分是如何进出细胞的？

（3）植物细胞膜和液泡膜是生物膜吗？

（4）它们的基本化学组成和结构与红细胞的细胞膜相似吗？

（5）菜馅渗出水与红细胞失水有什么相似之处？

（6）原生质相当于一层半透膜吗？

3. 组织学生讨论哺乳动物红细胞的吸水和失水

展示以哺乳动物红细胞为材料制备的细胞膜的实验过程录像，组织学生讨论：

（1）在什么情况下，哺乳动物红细胞会膨胀、皱缩或形态不变？

（2）细胞膜是否相当于一层半透膜？

要求学生回答出以下内容：当细胞质浓度＞外界溶液浓度，细胞吸水膨胀；当细胞质浓度＜外界溶液浓度，细胞失水皱缩；当细胞质浓度＝外界溶液浓度，细胞形态不变。

细胞膜相当于一层半透膜。

4. 设计实验步骤，并预测实验结果

在学生设计实验的过程中解决以下问题：

（1）为什么要选择洋葱表皮细胞呢？如果有白色洋葱和紫色洋葱，你将选择哪种作为观察材料？为什么？（洋葱表皮细胞既容易被剥离制成装片，又很容易在显微镜下观察；

而紫色洋葱内有色素，在白色视野中更易观察其变化情况。）

（2）由于细胞属微观水平，要研究它必须借助什么仪器？（显微镜。）

（3）清水和30%的蔗糖溶液的作用是什么呢？（一方面，清水的浓度低于细胞液浓度，而30%蔗糖溶液浓度高于细胞液浓度，所以很快能够看到质壁分离现象，另一方面它又不同于饱和溶液，不至于使细胞过度失水而死亡，从而能够完成质壁分离复原现象的观察。）

（4）要观察细胞的吸水和失水，从植物细胞的结构看，我们应该抓住哪些结构的变化来观察？（原生质层与细胞壁的变化。）

5. 引导学生交流实验方案

教师适当加以指导，善于发现和肯定学生实验方案的闪光点，使之完善。和学生一起总结实验设计中要注意的一些问题，包括实验材料的选择、自变量的设置及可操作性、因变量的预期及测量方法、无关变量的控制、对照实验的设置和原则等。不同组学生代表用实物投影的方式展示本组实验方案，学生可以讨论几种方案的优缺点，补充各自的不足，达到共同提高理解力的目的。

6. 学生分组进行实验，并记录实验结果

按照每组实验方案动手实验，对出现的新问题可与教师交流或学生间互相讨论。分析现象、数据，总结实验结果，运用已有知识得出结论，并用科学语言表达出来。

7. 分析、讨论实验结果

实验结果与你的预期结果一致吗？由此你得到什么结论？同时思考下面问题：

（1）与动物细胞相比，植物细胞在结构上有什么显著的区别？（植物细胞与动物细胞相比，结构上有明显的大液泡和细胞壁。）

（2）什么是原生质？（原生质是指细胞内的生命物质，整个动物细胞就是一团原生质，而植物细胞除细胞壁外的其他所有物质是一团原生质。）

（3）什么是原生质层？原生质层是不是相当于一层半透膜呢？（细胞内的液体环境主要是指液泡里面的细胞液，水分进出细胞要经过原生质层，它相当于一层半透膜。）

从学生日常生活实际提问入手，到完成整个探究活动，案例中整个提问设计在不同阶段，提问的目的都非常明确，多问题组合形成一个问题系列，在认知上有一个从易到难的坡度，符合思维的认知规律，从而达到完成教学目标的目的。

七、谈话法

（一）谈话法的概念

谈话法也叫问答法，它是有计划、有目的地围绕着一系列问题，在师生之间进行谈话以获取新知识或进行复习的一种教学方法，也是一种历史悠久，行之有效的教学方法。

最大的优点：比较容易激发学生的学习积极性，启发学生独立思考，提高学生运用知识和解决问题的能力，特别是能够发展学生的语言表达能力，但是由于谈话法需要许多时间，因而在使用上也就受到了一定的限制。针对教材的特点，有选择地采用谈话法，对生物学教学来说，特别是对初中生物学的教学来说，是很有必要的。

（二）谈话法的类型

依照不同教学目的，可以把谈话法分为以获得新知识为目的的谈话、复习检查性谈话、指导性谈话、总结性谈话等多种类别。

1. 以获得新知识为目的的谈话

这是一种由教师逐个地有序地提出一系列问题，使学生运用已经学过的知识或是利用从观察和实验中所得的材料来获得知识的一种谈话法。采用这种方法，一般要求学生具有能够参与谈话的知识基础，同时也要求新旧教材之间有比较密切的联系。初中生物学中许多教材都比较适合用这种方法。

例　　　　　　　　　　　细　　菌

一、教学目标

1. 通过观察和学习了解细菌的形态和结构特点，了解细菌的生殖方式和营养方式，细菌对自然界的意义和与人类的关系。

2. 通过观察细菌形态和对问题的分析、比较，继续培养观察能力和思维能力。

3. 通过了解细菌在自然界中的作用，继续树立生物界的一切事物和现象是相互联系、互相影响的辩证观点；通过了解细菌与人类的关系，学会用一分为二的方法去分析事物，并自觉养成良好的卫生习惯。

二、教学重点

细菌结构特点，细菌对自然界的意义和与人类的关系是本章的重点知识。

（1）通过学习细菌细胞结构特点，让学生与前面所学过的植物细胞结构进行比较，找出它们在细胞结构上的相同点及显著区别，明白为什么把细菌从植物中划分出来。

（2）了解细菌在自然界中的作用。腐生细菌等微生物对自然界中物质循环起着重要作用，维持着生态系统中物质转化的动态平衡和自净作用。通过这一内容的学习使学生了解细菌在自然界的物质循环中的重要作用，从而为学习高中生物学生态系统中分解者的作用打下基础。

（3）细菌与人类的关系。通过这部分内容的学习，使学生学会用辩证唯物主义观点去看待客观事物。了解细菌与人类的密切关系表现在有利与有害两个方面，从而纠正许多人误以为细菌都是有害的错误观念。

三、教学难点

如何使学生了解细菌的形态和结构特点及了解细菌对自然界中物质循环的重要作用是本章的教学难点。

（1）在教学过程中如何使学生了解细菌的形态和结构特点是本章的难点之一。细菌在自然界中分布广泛，数量极大，与人类关系密切，但因为非常微小，人的眼睛不能直接观察到，特别是有些地区的学校缺少相应的教学设备，如显微镜、显微投影仪、录像设备和微机等，所以教师难以进行直观教学。

（2）细菌对自然界中物质循环的重要作用是本章教学的难点之二。因为学生所掌握的生化知识很少，也没有接触生态系统的概念以及生态系统的结构和功能方面的知识，因而讲透细菌在促进自然界中物质循环的作用有一定难度。

四、本课题参考课时：1 课时

五、教学过程

1. 细菌的形态和结构特点

（1）在讲述细菌的形态和结构特点时，教师可以先提出一些问题，如：你们见过细菌吗？听说过细菌吗？能否描述出细菌的样子？在学生议论后请学生回答问题。

由此引入新课，教师接着指出：细菌分布广泛，无论是空气、水、土壤还是每个人身上都有细菌生活。但它是单细胞生物，个体十分微小，所以我们用眼睛看不到，下面我们就要了解一下细菌的形态和结构特点。

（2）关于细菌形态的教学，教师要充分利用各种教学手段，进行直观教学。①用高倍显微镜演示细菌的三种形态，如果有教学设备的学校最好让学生自己动手操作用高倍显微镜进行观察；②可以用显微投影仪投影放大细菌的三种形态；③播放细菌显微结构和亚显微结构的录像片段；④如果以上设备都没有，教师可让学生参看书中的显微照片及插图，同时教师用粉笔在黑板上边讲边画出细菌三种形态的示意图。接着教师总结出细菌的形态——单细胞个体，从形态上分为球菌、杆菌和螺旋菌三类。

（3）关于细菌的结构特点，由于学生没有学过有关知识，可用讲述法。首先课前要准备好细菌结构的模式图。如果没有，教师可参照书上有荚膜的细菌结构示意图画一个。对照图来讲述细菌结构特点时，注意让学生与前面所学过的植物细胞结构进行比较，找出相同点和不同点。注意强调：细菌细胞没有成形的细胞核是细菌细胞与植物细胞在结构上的重要区别，所以细菌不属于植物范围。另外，有些细菌具有特殊结构，如：有的细菌具有鞭毛可在水中游动，有的细菌在细胞壁外有荚膜、具有保护作用。

关于芽孢，教师应该指出：能否形成芽孢是细菌总的特征，不是所有细菌都能形成芽孢。芽孢是该菌种的休眠状态，称休眠体。注意说明芽孢的形成不是细菌的繁殖方式，一个细菌只能生成一个芽孢，在适宜条件下，一个芽孢萌发形成一个菌体。芽孢对恶劣环境有很强的抵抗力，壁很厚，渗透性差，含水量极少。杀灭芽孢最有效的方法是高压蒸气灭菌法。一般情况下芽孢可以生存十多年。教师可以补充讲述芽孢在生物防治和环境保护中的应用价值，例如：有些芽孢杆菌在形成芽孢的同时，产生晶体内含物，称副芽孢体。苏云金杆菌和日本甲虫杆菌等产生的副芽孢体对某些昆虫有强烈毒性，因此有些国家用苏云金杆菌等细菌作为杀虫剂（又称生物农药），既能消灭害虫又不污染环境。

2. 细菌生命活动特点

（1）在讲述细菌的生殖过程中要强调分裂生殖是单细胞生物普遍存在的生殖方式，特点是简单、快速，属于无性生殖。在讲述生殖过程中，教师可参考教参中的示意图边讲边画。

（2）细菌的营养方式的讲述可用谈话法。教师首先提出问题供学生讨论：①植物是怎样制造有机物获得营养物质的？②植物制造有机物的条件是什么？③细菌不含叶绿素，它怎样获得营养？经讨论后，教师作必要的总结。这样学生就可以推论出细菌与植物的营养方式有本质的不同，接着引出异养的概念以及腐生细菌与寄生细菌的概念。强调腐生和寄生细菌的区别：腐生是从已死的或腐烂的动植物组织中获得有机物，寄生是从活的动植物体内或体表来吸取有机物来生活。

3．细菌对自然界的意义和与人类的关系

（1）细菌对自然界的意义，本内容教师可运用讲述与谈话法相结合的方式进行。自然界中任何一种生物都有着诞生、生长发育、成熟、衰老和死亡的过程，这是生物的生命活动规律。生物体死亡后是否永远保留在地球上？为什么没有出现这种情况？让学生回答什么起了重要作用。腐生细菌的具体作用需要教师来讲述。下面教师可画简图让学生连线填充说明三者之间的关系。为加深学生了解腐生细菌对自然界中物质循环的作用，可布置课外小实验，让学生完成：在一个广口瓶里面放些土，把小昆虫的尸体埋在土中，再把玻璃瓶埋入土中，瓶子不要加盖。上面做好标记，过一段时间挖出来观察，看看有何变化。

（2）在讲述细菌与人类的关系之前，先让学生讨论：①细菌对人类是否都有害？②有益表现在哪些方面？有害表现在何处？而后教师根据学生的回答加以补充，要强调多数细菌对人类是有益的，有害的只是少数种类。纠正"细菌都是有害的"的片面认识，培养学生学会用辩证唯物主义观点去看待分析客观事物的能力。由于病原菌能引起疾病，要教育学生在日常生活中养成良好的卫生习惯。讲完课后根据教学目标进行检测，及时反馈，并请学生回答"动动脑"上的问题，布置学生看课外读物的内容。

2．复习检查性的谈话

这种谈话一般在新课开始时或是在专门的复习课和检查课中采用。

3．指导性谈话和总结性谈话

在参观、实习等教学活动之前所进行的谈话，称指导性谈话。这种谈话的作用是使学生明确活动的目的、内容和要求，回答学生提出的疑问，说明活动的组织程序等。总结性谈话是在活动结束时进行的，其作用是检查学生的活动成果，指出活动中的优点和缺点，对活动内容进行总结等等。

（三）谈话法的基本要求

教学中使用谈话法的基本要求是：

1．必须精心设计、认真选择谈话问题

所提的问题必须围绕教学重点和难点，问题应明确、具体，其答案应该简短明了，服务于教学目的，应该避免提出与教学目的无关或对达到教学目的帮助不大的问题。在上例中，谈话是紧紧围绕着细菌的形态和结构特点、细菌生命活动特点、细菌对自然界的意义和与人类的关系这三个问题，有系统地加以展开的，没有提出与这些课题关系不大的问题。

2．所提问题应具有较高的思考性和推理性，必须有内在的必然联系

谈话中提出的问题除了要明确、具体外，还应具有较高的思考性和推理性，要真正能激发学生的思维，使学生产生任务感，要能引导学生去探求事物的本质和科学的结论。由于运用谈话法是通过一系列问题的问答进行的，因此问题应该有系统、有计划地加以组织，一个接着一个地提出，最后接近结论。

3．应该使学生具有参与谈话的条件

这些条件包括复习旧知识、进行某些实验和观察、预习、参观和访问等。

4．要因势利导，善于把全班学生都组织到谈话过程中来

在谈话中，教师自然十分希望谈话的进程符合自己预定计划的要求，但实际教学中，学生的回答不可能都紧扣主题。凡遇到这种情况，应该耐心引导和启发，切不可对回答尚

不太符合预期要求的学生表示冷漠。要通过耐心而灵活的启发，善于捕捉学生回答中的有用因素，从而通过谈话而圆满完成预定的教学任务。

5. 要及时总结，得出结论

师生谈话进行到一定的阶段，应该及时作出明确的结论，以便使分散的、个别的知识得到归纳，使之系统化、完整化，并且上升到新的水平。同时，学生的一些错误、模糊之处也可以得到纠正。

八、提问技能训练

（1）分组进行讲解技能训练。

（2）制作提问技能训练测评表（见表3-4）。

表3-4　提问技能训练测评表

	评价指标	差	一般	较好	好	权重
提问技能	1. 问题内容明确，重点突出					0.1
	2. 联系旧知识，解决新问题					0.1
	3. 问题设计包括多种水平，举一反三，触类旁通					0.1
	4. 把握好提问时机，促进学生思维					0.1
	5. 表述问题清晰流畅，引入界限明确					0.05
	6. 提问后适当停顿，给予思考时间					0.1
	7. 提示适当，帮助学生思考					0.1
	8. 认真听取学生的回答，及时掌握其他学生对答案的判断反应					0.1
	9. 对答案能确认、分析、评价，及时纠正不足，使学生明确					0.1
	10. 提问面广，照顾到各类学生，调动学习积极性					0.1
	11. 对学生给予鼓励，批评适时恰当					0.05

第五节　变化技能

一、变化技能的概念

所谓变化技能是变化对学生的刺激方式以引起学生的注意和兴趣。变化技能是教师的基本教学技能之一。变化技能和教师在课堂上的动作、移动、讲话及个人的教学风格有重要关系，同时也包括充分利用多种教学媒体组织学生主动学习等，关系到课堂教学质量的高低。变化技能发生于教学过程的各个环节，对于教学本身以及在教学过程中密切师生关系方面都具有积极作用。生物学教学过程的生动活泼常常借助于对学生不断变化刺激方式，主要是通过变化教学活动方式，使用不同的教学媒体，改变课堂教学节奏，变化教师的声音音量和声调、表情和眼神等。

二、变化技能的作用

1. 唤起并保持注意力

教师运用变化技能，可以创造良好的学习氛围，把学生的注意力始终集中到教学上来，使其完全沉浸于教学的意境之中。当讲到重点、难点或关键问题时，或当学生的注意力不大集中时，教师采用一定的方式强调、提醒，可以唤起学生的有意注意，使他们有明确的注意方向。

2. 引起兴趣，激发求知欲

学习兴趣，是学习动机中最基本、最活跃的因素。在教学过程中，不断地变化教学方式，可以引起学生的学习兴趣，使学生总是在高涨激动的情绪中，全神贯注地学习和思考。教师运用变化技能，可以唤起学生学习热情，活跃教学气氛，培养良好的学习风气。

3. 兼顾不同认知水平的学生

学生的智力是有差别的，应区别对待，因材施教，才能在不同层次上调动学生学习的积极性和主动性，有利于全面提高教学质量。不同的学生对同一信息认知水平和接受能力不同。例如，有些学生能够接受语言表达较为抽象的信息，有些学生却需要借助较为直观的教学媒体才能接受同种信息。

4. 利于理解和掌握知识

多样化的教学方式和学习活动能够激发学生的学习兴趣，使学生精神振作，不易疲倦。一般地说，在几种感官协同活动下，才能获得对客观事物的全面了解。学生是通过自身的感官来获取信息的。在教学中只有适时、适当地选择和利用各种信息传输通道，或运用变化技能适当地变换信息传输通道，尽可能地调动学生的不同感官，可以有效地、全面地向学生传递清晰而有意义的教学信息，使学生较好地理解和掌握知识。

三、变化技能的一般要求

生物学教师的教学状态要求情绪饱满、精神振奋、态度端庄、和蔼可亲，这样才能让学生"亲其师而信其道"。实践证明，生物学教师的精神状态直接影响着良好教学气氛的形成，而良好教学气氛具有感染性的催人向上的力量。生物学教学过程并不完全是一个生动活泼、轻松愉快的过程，应该说是一个艰苦的脑力劳动过程，教师如果能够通过情感上的感化和熏陶，融洽师生关系，调动学生参与教学活动的积极性，才能使学生积极、愉快、勇于克服困难地去学习。好的生物学教师常常有情有趣，既严格要求又体谅尊重，既轻松又紧张，这就要求课堂教学有变化。使用变化技能时应注意如下几点：

（一）教学变化应该目的明确

在生物学教学中教学变化是必然的，但是变化应该有明确的目的性。例如，讲授重点的内容时，应该适当加大音量和放慢速度，应该采用多种教具从各个侧面加以阐述，应该在板书上明显地给予突出等，这些变化的目的就是引起重视，讲透重点。再如，教师在讲授"有丝分裂"的内容时，用双手十指的配合动作帮助学生理解；教师在讲授神经元的结构时，可用伸展一只上肢并张开手掌来进行直观形象的比喻。这样的教学变化，其目的性就十分清楚。但若变化动作只是习惯性动作并不具有任何目的，则不可取。例如有的教师习惯于双手分开抖动着，内容不分重要不重要都拖长着声调重复等，这样就没有任何教学意义了。

（二）教学变化应该因"需"而变

变化应该建立在教学需要的基础上。生物学教师在教学过程中常常用双手的变化表示大小、比例、形状、空间位置等，用身体的姿势和眼神及头部的摆动等变化形象地表示动物的行为、环境的优劣、生物的形态甚至生物的情感等，这些都是教学的需要，"变"得有理。如果已经采用录像或多媒体给出生动直观的演示，教师再用双手、身体姿势、眼神等重复变化就无必要了。

（三）教学变化应该运用适度

教学实践表明，教师的表情、姿态、手势等的变化对教学的语言表达起着重要的配合、修饰、补充、加深的作用，使教师的表情、达意更加确切、丰富、易懂。但是，教师的教学变化应该自然大方，吐露的应该是真情实意，而不应该矫揉造作。变化动作的幅度应该恰到好处，切忌过大、过猛和过频。

四、变化技能的类型

（一）目光的变化

目光是生物学教师重要的表情反应。眼睛是心灵的窗户，在教学过程中，教师和学生、学生和学生之间都在不由自主地通过目光的接触表达各自的思想和情感。事实证明，当学生饶有兴趣地听讲时，目光都是正视教师的；而当教师提问时，能够回答的学生的眼睛是充满自信地看着教师的，不会回答的学生则常常低头避开教师的目光；回答完提问的学生如果轻松地望着教师，那么他一定是比较满意自己的回答，期待着教师的肯定和称赞等。因此，教师在讲课时，不应该只想着自己的教案，望着天花板、地板或窗外，或只对着黑板，应该不断变化自己的目光，使视线不断落在每个学生身上。经验丰富的生物学教师总是注意变化目光，使每个学生都处于他的视线之内，这是控制课堂教学中学生注意力的有效方法。例如，教师会把目光较长时间地停留在做小动作的学生身上，使他们知道教师已经注意到了，现在没有点出姓名是在看他们是否立刻就改正；教师在使用直观教具时，会尽量使教具处于教师和学生目光连线的中间，这样，学生不仅在观察教具，也在注视着教师。教师不仅能准确地演示教具，也能关注学生是否在注意听讲和观察。不少教师比较注意目光调控和管理学生，同时也应该认识到教学要产生"动之以情，晓之以理"的效果，其中"动之以情"主要来源于教师的亲切、宽容、信任、期待、鼓励的目光。

例如：在讲授花的结构时，教师利用一个桃花模型进行讲解。他在演示教具的同时，注意用目光调控和管理学生，关注学生是否在注意听讲和观察。在提问全体学生萼片一共有几片时，他一边微笑，一边用目光扫视全班。这些目光和面部表情的变化，表达了教师对学生的积极态度，能够消除学生的紧张，起到鼓励学生积极思考的作用。当学生们集体回答有五片后，教师伸出五个手指，比画了一下，这个身体动作强调了"五"这个数字，加强学生对这一知识点的印象。

（二）面部表情的变化

面部表情是内心感情的重要表现。在课堂教学过程中，教师的面部表情对激发学生的情感、创造和谐的课堂教学气氛和良好的智力发展的环境具有特殊的重要的作用。有的教师认为，在教师的面部表情中最能表情达意的就是微笑。教师的微笑能使学生消除紧张，可以发表教师对学生的关心、爱护和友谊。教师发自内心的微笑意味着"你们都是好样的"、"我很喜欢你们"、"你们的回答令我十分满意"等。但是，整节课教师都在微笑的话就失去微笑的积极含义，一味微笑也不能组织好课堂教学。随着教学进程的需要和课堂情景的变化，需要严肃的时候一定要严肃，而严肃后的微笑则更加具有积极的作用。

（三）身体动作的变化

身体动作的变化主要是指教师在教室里身体位置的移动或身体的局部动作，包括走动、手势、姿势等。"情动于中而形于外"，任何人一定的思想感情总是有意无意地通过外部姿势和动作流露出来，即一定的身体动作和姿势表达了一定的信息。一般来说，生物学教师在教学时不应一直呆板不动，身体姿势或动作应随着教学内容和课堂状况的变化而不断地变化，包括头、手臂、脚步、身体的上半身等的变化。但是，教师的身体动作不应变化太大，例如，教师教学时的走动一般主要以讲台为中心小距离地变化，除非要演示小型教具、参与和学生的教学讨论、了解学生课堂练习的情况时才走下讲台到学生中间去。过分频繁的走动或走动的幅度太大会使学生过多地注意教师的走动而分散学生听课的注意力。通俗地说，教师在教学中应该"走有走相"，"站有站相"。站立时应该昂首挺胸，避免双臂交叉或双腿交叉，避免一只脚踏在凳子上，避免双腿不停抖动等。教师应该适当变化手势，以表现积极的情绪和吸引学生的注意，但是手势也不能变化太多、太频繁或完全没有意义，这样会给学生留下浮躁的印象，也干扰学生的听课。教师头部的变化也有重要作用，例如在不善于发言或学习较差的学生回答问题时，如果教师恰到好处地点头，就能有效地鼓励学生继续回答问题。如果教师一直不点头，学生会以为教师完全不同意自己的回答；如果教师一直在点头，学生会以为教师完全同意自己的回答；如果教师点头之后又突然停住并伴随皱眉等表情，学生又会得到教师传来的"可能有问题"的信息，从而再认真思考后回答。

生物学教学中手势的运用特别重要，生物体或局部形态结构的大小、形态和细胞的形态结构及动物的某些行为等，可以通过手势和身体姿势的巧妙配合更加形象、更加生动地加以表达。例如人心脏的大小可以用自己拳头的大小来表示，肾小囊和肾小球的位置关系可以用一手张开握住另一个拳头的大小来表示，鱼尾鳍的摆动可以用一只手的摆动来表示等。

（四）课堂教学节奏的变化

讲课有节奏感，是一种讲授艺术，也是有经验的教师讲课成功的要素。讲课节奏主要包括语言、内容和时间三大节奏。

1. 语言节奏的变化

语言节奏是指讲课时语音、语调的高低和讲话的速度。语音要清晰流畅，语调要抑扬顿挫，讲话要快慢适度。一般来说，讲话速度要根据讲课内容和学生情况而定。对重点要反复地讲，使学生加深印象；对难点要缓慢地讲，让学生有回味咀嚼消化的过程；对一般内容要简明扼要地讲，使学生了解概要。这样就能使学生在教学节奏中把握最重要的东西。如果一律用同等速度平铺直叙，那就会显得机械呆板，使学生一片茫然，不得要领。

2. 内容节奏的变化

内容节奏是指讲课要讲究内容布局。教师应把讲课内容作一番合理安排，做到简繁分明，疏密得当。为此，必须注意三点：一是开头要生动，把学生带进规定的场景，以引起他们的兴趣和注意。二是讲述要善于变化。教师应当有节奏地把有意注意和无意注意相互转换。在讲过一段有意注意的内容后，穿插一些能引起无意注意的实例，使学生的身心得以调节。三是结尾要有余味。教师在结尾把话讲满，会妨碍学生对内容的反思。

3. 时间节奏的变化

时间节奏是指要科学地分配时间。有紧有松，才能突出重点，并且有助于解除学生疲劳，达到良好教学效果。初执教鞭的人往往不能把握好时间节奏，容易出现虎头蛇尾、草率收场的局面。为避免这一点，教师上课前，必须熟悉自己的讲稿，做到对每个问题大致占多少时间心中有数。讲课时，如果第一个问题超出了预定时间，在讲第二个问题时，就应当设法调整节奏，加以弥补，但这种调整当然不能削弱讲解基本内容。

（五）教学语言的变化

课堂教学活动主要是以教学语言为信息载体的，因而，课堂教学的变化主要内容之一是教学语言的变化。

1. 教学导入语言的变化

在每节课的开头，或一节课各段教学的开始，教师常常需要一些导言来集中学生的注意力，调动他们的积极性。好的导言在教学中能起到事半功倍的效果。但是，导入的方式有许多种，例如，有简洁的"开门见山"式，有"承前启后"式，有"以问致思"式，还有"高度概括"式，这些方式各有各的优点，各有各的缺点，应当根据不同的教学内容加以选择应用。例如，有的教师习惯用"开门见山"的方法，直截了当地引入所要讲授的内容。这种方法在某些情况下，或许收到了比较好的教学效果，但是，如果这个教师无论在这节课的开头还是在这节课各段教学的开始，甚至在长期的教学中，都采用这一种方法的话，他的导言就会因为方式过度单一、重复而失去引起学生注意的作用。所以，教师在运用教学导入语言时，关键在于要针对教学的实际需要，对方式进行优选组合。

2. 教学讲授语言的变化

一节课要上得生动活泼，教师的语言就要风趣富有变化，避免平铺直叙。课堂用语主要有以下八种：赞扬式、商量式、逗趣式、鼓励式、诱发式、追问式、补充式、归纳式。教师如能灵活变化语言方式，就能活跃课堂气氛，取得良好的教学效果。

（六）教学模式和方法的变化

所谓教学方法，是指为实现既定的教学任务，师生共同活动的方式、手段、办法的总称。生物学的教学任务是多方面的，教学对象也存在很大差异，因而，教学的模式及方法也应该是多种多样的。在生物学教学中，教学模式主要有"传递—接受"式、"自学—辅导"式和"引导—发现"式；教学方法主要有直观教学和演示法、讲授法、谈话法、程序法、发现法等；在生物学实验课上，还有演示实验法、学生实验法和学生课外实验法等。能够灵活运用各种教学方法，是一名优秀的生物学教师必备的能力。

教学实践证明，一堂生物课的教学，常常需要各种教学方法的相互配合，才能收到良好的教学效果。教学方法是由教学内容和教学目标所决定的，而一节生物课常包含多种内容，例如，讲授初中"植物光合作用"一节时，既有光合作用的实质和意义的知识，有光合作用的基本概念和化学反应式，又有联系实际的知识，还有演示实验和学生小实验的内容等。这就要求教师根据不同教学内容，改变教学方法。多种教学方法的合理结合，能够把视觉、听觉、嗅觉、味觉、触觉等各种类型的感官知觉和思维活动同时组织到掌握知识的过程中，这有利于增强感知的效果和促进各种能力的发展。教学方法的变化，有利于让智力水平不同的学生都能产生学习兴趣，集中注意力。提倡教学方法的变化，也是各种教学方法本身有局限性的反映。例如，如果只有抽象的讲解，而不与直观演示相配合，学生就只能死记硬背，得不到感性认识。当然，提倡教学方法的多样化，并不是要求尽可能多地采用多种方法。如果在一节课内把教学方法不恰当地多样化，会使学生眼花缭乱，反而分散了注意力，破坏了逻辑思维。

（七）教学媒体的变化

教学媒体是指在教学活动中，用来传递以教学为目的的信息时的媒介。教学媒体主要有三大类：口头语言媒体、文字与印刷媒体及电子媒体。电子媒体又称电化教育媒体，包括幻灯、投影、录音、广播、电视、计算机课件等。电化教育媒体能把教学信息即时传播于广阔的范围，为实施远程教育，扩大教学规模，实现教学资源共享，提供了先进手段。它除能传送语言、文字和静止图像外，还能传送活动图像，能准确、直观地传播事物运动状态与规律的信息，有助于提高教学的质量和效率。此外，它还能为个别化学习、继续教育以及创建新的教学模式，促进教育改革和发展，提供物质条件。但是，虽然电化教育媒体具有上述多种优越性，它却不能替代传统的教育媒体，如口头语言媒体、文字与印刷媒体，它们始终是教育活动中的重要媒体。各种媒体都有自己的特点和功能，又有其局限性，教师在教育活动中应该注意教学媒体的变化，把多种媒体优化组合，取长补短，互相补充，综合利用。例如，在必修3第三章第二节"DNA分子的结构教学设计"中，教师在教学过程中将传统媒体和现代媒体相结合，采用DNA立体模型和3D动画进行演示和讲解，从而把微观转化为宏观，将抽象变为直观，使学生对DNA分子立体结构有了一个形象化的认识。又例如，在北师大版初中生物学七年级下册的"血液循环"教学设计中，教师紧紧围绕解决人体的血液循环途径和意义这个重点和难点上，选择了人体血液循环途径模式挂图、彩色文字途径图解投影片、人体血循环动态投影片、自制的小鱼尾鳍血液流动彩色录像片段和巩固形成性练习填空题投影片，进行合理的组合教学，收到了较好的教学效果。不过，有一点必须注意，教学媒体的变化必须适度、合理，要依据不同的教学任务、教学内容及学生的需要和水平进行选择，并不是多种媒体的简单堆砌，也不是用越先进的媒体，效果就越好。不恰当地使用过多的媒体，会分散学生注意力，使学生无法得到系统的知识。

五、变化技能训练

（1）分组进行讲解技能训练。

（2）制作变化技能训练测评表（见表3-5）。

表3-5　变化技能训练测评表

	评价指标	差	一般	较好	好	权重
变化技能	1. 音量、语调变化					0.1
	2. 声音的速度、缓急和语言中停顿					0.1
	3. 语言中强调恰当性					0.05
	4. 面部表情变化恰当，教态自然					0.1
	5. 手势、头部动作变化恰当					0.1
	6. 目光接触变化，接触学生恰当					0.05
	7. 身体移动适当、自然					0.1
	8. 运用教学媒体的变化					0.1
	9. 触觉、操作活动使学生有动手机会					0.1
	10. 教学重点、关键处强调恰当					0.1
	11. 师生相互作用活动					0.1

第六节　强化技能

一、强化技能的概念

强化技能是教师在教学中的一系列促进与增强学生反应和保持学习力量的方式。强化是塑造行为和保持行为强度不可或缺的关键，其理论早先源于条件反射和反应性条件反射、刺激和反应理论，现代又源于信息论、控制论、系统论中的信息强化理论。

二、强化技能的作用

强化技能的作用有：引起学生的注意，使学生在教学过程中将注意力集中到教学活动上；激起学生学习动机，激发学习兴趣，明确学习目的；促进学生积极参与活动，活跃教师与学生的双向交流；形成和改善学生的正确行为，如遵守纪律、正确观察等。

强化是学生进一步学习的重要因素，它是课堂教学中为促进学习的进展，而需要研究的一个重要变量。因此，教师应研究和掌握这种技能。

三、强化技能的类型

强化技能的方式很多。教师在教学中运用激励、赞扬的语言，期望、称赞的目光与眼神，赞美的手势，会心的微笑，以及利用面部表情、体态和活动方式，为学生创设学习的最佳环境，增强情感的感染力，强化学生的学习情绪。强化技能主要有语言强化、活动强化、符号强化等类型。

（一）语言强化

它是教师用语言评论的方式，如表扬、鼓励、批评和处罚，对学生的反应或行为作出判断和表明态度，或引导学生相互鼓励来强化学习效果的行为。语言强化一般有三种形式：口头语言强化、书面语言强化和体态语言强化。

1. 口头语言强化

口头语言强化是教师对学生在课堂上的反应和表现以口头语言的形式作出针对性的确认、表扬或批评，以达到强化的目的。批评是指教师对学生的学习行为或结果进行否定性评价。批评不可滥用，但必要的批评、及时的指正也是教育不可缺少的手段。

2. 书面语言强化

它是教师通过在学生的作业或试卷上所写的批语，对学生的学习行为产生强化作用的一种方式。

3. 体态语言强化

体态语言强化是指教师运用非语言因素的身体动作、表情和姿势，对学生在课堂上的表现，表示教师的态度和情感。一名教师的教学魅力，往往表现在通过他的体态语言可以和学生进行非常默契的信息交流。一个会意的微笑，一种审视的目光，都可以把教师的情感正确地传给课堂里的每一个学生。常用的体态语言有微笑、手势、目视、点头或摇头、拍手鼓掌、接近或接触、沉默等。例如，在演示讲解 ATP 分子的高能磷酸键具有水解断裂并释放能量的特性时，教师用手握拳张开动作来表示"释放能量"的手势教学，能给学生留下深刻的印象，达到强化的目的。

（二）活动强化

如果把学生的学习本身作为强化因子，即把容易引起学生兴趣的活动放在难度较大的学习活动之后，做到先张后弛，就可以强化难度较大的学习。在教学中，学生经过一段紧张的思维活动之后，初步形成了有关理论的概念，教师就可以提出一些生动有趣的问题，让学生通过解决这些问题来深化、巩固学习，这是对所学理论的强化。还可以在经过一段紧张的学习之后，设计一些学生感兴趣的活动，让他们自我参与，相互影响，起到促进学生学习的强化作用。活动如下：

（1）有针对性地让学生参与课堂练习，给他们提供表现的机会。或通过设置问题"陷阱"，叫同学解答，"先错后纠"，达到强化的作用。

（2）请同学"代替"教师，帮助教师进行演示实验。

（3）给个别学生布置新的、高一级的观察练习和习作练习等，促进学生的学习活动。

（4）采用竞赛性活动。

（三）符号强化

符号强化又称标志强化。它是教师用一些醒目的符号、色彩的对比等来强化教学活动。如：作业中加评语、五星等；重点、难点处的板书加彩色圆点、彩色曲线等标志，引起学生注意；在演示实验中，在观察的重点处加标志、加说明等，强化实验的目的。

（四）变化方式强化

它是教师运用变换信息的传递方式，或变换活动等使学生增强对某个问题反应的一种强化。

四、应用原则与要点

应用强化技能时，要注意的原则有：①目的明确。应用强化技能时一定要将学生的注意力引向学习任务上来。提高学生参与教学活动的意识。帮助学生采取正确的学习行为，并以表扬为主，促进学生的学习行为；②注意方式多样化；③要努力做到恰当、可靠；④教师的教学情感要真诚。

五、强化技能训练

（1）分组进行讲解技能训练。
（2）制作强化技能训练测评表（见表3-6）。

表3-6 强化技能训练测评表

	评价指标	差	一 般	较 好	好	权 重
强化技能	1. 对学生的反应能及时给予强化					0.1
	2. 强化方法符合学生的表现					0.1
	3. 正面强化为主，不用惩罚方法					0.08
	4. 运用微笑、手势、目视、点头或摇头、拍手鼓掌、接近或接触等恰当、自然					0.12
	5. 教学重点、关键处标志强化恰当					0.1
	6. 鼓励较差学生的微小进步					0.08
	7. 运用教学媒体的变化或变换活动等的强化					0.12
	8. 能随时注意获得教学反馈信息					0.1
	9. 能利用反馈信息调节教学活动					0.1
	10. 强化方法符合学生的年龄特征					0.1

第七节 演示技能

一、演示技能的概念

演示技能是指教师利用各种教具、实物或示范实验，使学生获得有关知识的教学方法。虽然抽象思维是全面认识生物科学的重要方式，但是生物学教学的许多基本原理是建立在宏观世界和微观世界的基础上的，因此，课堂教学演示对生物学教学具有重要的意义。

生物学课堂教学演示过程主要是在教师、教具和学生之间进行的。在这一过程中，教师是直观信息的传递者，学生是直观信息的接受者，教具是直观信息的载体。可以说直观信息传递的效果在很大程度上取决于直观信息的选择及组合、直观信息的输入方法和技能、直观教具的制作技能等。

二、课堂教学演示教具选择和组合的基本要求

各种教学演示教具对生物教学过程中兴趣的激发、知识的讲授、重点的突出、难点的突破、知识的复习巩固、技能的训练、能力的培养等具有各自不同的作用，有时甚至是不可替代的作用。同时教学实践和研究表明，直观教具不是越多越好。因此，在生物学教学中，能否适当选择和组合教具也关系到教学效果能否得到切实的提高。在选择和组合教具

时可以考虑以下方面的问题:

1. 教具的科学性

直接运用生物进行生物学课堂教学,对生物教学质量的提高具有明显的意义。但是,由于季节、地域的差异,生物本身的大或小,性格的温驯或凶残,活生饲养或栽培的困难等等原因,在实际的教学过程中常常要用大量的间接的教学用具,如挂图、模型、投影或幻灯等。这些教具虽然经过一些专家的审查,但是有时仍然会有一定的不足之处,因此,对演示教具的科学性仍然应该给予一定的重视。例如有的教师在制作人吞咽时会厌软骨的变化状况的教具时,为了方便,把会厌软骨安放在舌根上,这显然是错误的。在选择教具时要摒弃这种可能带来副作用的教具。教具一般不会和生物的大小完全一模一样,但是,教具各个部分之间的大小比例应该符合要求。例如人体胸腹部内的脏器不仅形状应该像真实的脏器,相互之间的大小比例也应该基本相似。教具的颜色一般也不会和生物体的真实颜色完全一模一样,但是,在可能的情况下,应尽量选择颜色比较真实的教具。例如,叶绿体一般应该是绿色的,心脏应该是红色的等,在自制 powerpoint 幻灯片时,不能因为追求色彩鲜艳而随便涂色。这些都是选择教具时应该考虑的科学性问题。

例如自制的叶绿体和胃的模型如下:

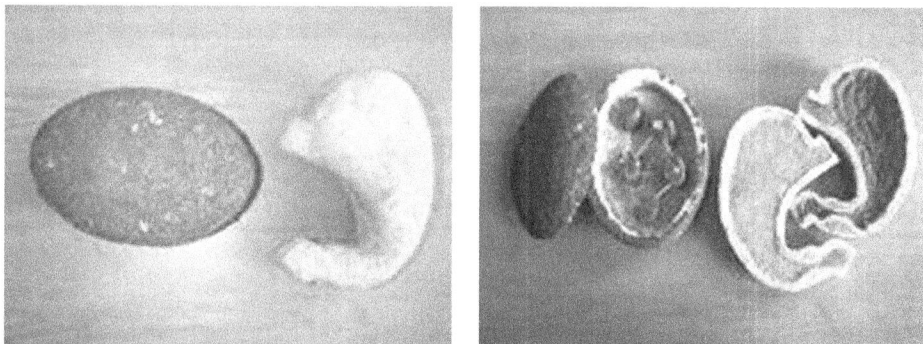

图 3 - 1　自制的叶绿体和胃的模型

2. 教具的必要性

在选择教具时应该考虑演示教具的必要性,应该围绕教学重点和难点内容来选择相关的教具。有的教师选择教具时较多地考虑趣味性是不足取的。例如,一位教师在教授"苔藓植物"时,制作了一件"苔藓植物胞蒴散放孢子"的教具,在教学时,几次拉开胞蒴的"蒴盖",让里面的粉笔灰飘散开来,模仿孢子散放的过程。该做法不可取的原因一是孢子散放过程并不是教学重点,二是"假孢子"粉笔灰无益于学生的健康。应该选择诸如"苔藓植物形态结构"的纸板模型或塑料模型、"苔藓植物生物史"挂图以及苔藓植物活体教具,也可配合有关"苔藓植物生活环境"的录像、VCD 或 CAI 课件,以及苔藓植物叶片或茎或假根的玻片标本等。

3. 教具的实用性

选择教具时应考虑教具和教学内容的统一性。由于我国中学生物学教材变化较大,教具没有做到同步配套,借用老教具上新课的情况比较普遍,恰当选择和修改教具以适应现用教材的教学就是应该注意的问题。例如，目前的九年制义务教育教材的难度一般比较浅，很多难点被删除了，如果不加选择地采用原先的挂图，必然会出现教学内容和教具不符合的问题，这类教具就不实用。同时，在选择教具时，还应该选择有一定大小、便于使用和携带、经久耐用的教具。如，石膏质地教具应尽可能避免使用等。

例如，一幅植物叶形的挂图里能把绿色开花植物较常见的心脏形、扇形、长椭圆形、类肾状圆形、卵形、圆形、带形、针形和箭形等叶反映出来，再如一幅食肉目动物的挂图，不仅能同时把家猫、豹、虎、狼和狐等五种代表动物反映出来，而且还能把该目动物门齿小、犬齿强大锐利、上颌最后一枚前臼齿和下颌第一枚臼齿特化为食肉齿、指（趾）端具利爪等主要特征同时表现出来。因此在很多时候，采用挂图既能解决问题，又携带方便，可谓是生物教学过程中最基本的教具。很多关于生物形态结构的模式挂图，能把生物体复杂的形态结构模式化，使学生能一目了然地看清和认识其特点，这是生物活体和模型所不能比拟的。

4. 教具的立体化和动态化

教学实践表明，立体感强、动态化好的教具能使枯燥的知识趣味化、抽象的概念具体化、深奥的道理形象化，对于调动学生学习的积极性具有重要的作用。例如，采用 DNA 立体结构模型及其 3D 动画，就能把较抽象的 DNA 双螺旋结构变为直观；又例如，若自制 powerpoint 幻灯片讲授声波经耳郭收集传入耳内，并经过鼓膜和听小骨的传导进入内耳的动态过程，效果会更好。

5. 演示教具的优化组合

在教学过程中如何优化组合各种教具也关系到教学效果的好差。首先，少而精是优化组合教具的首要原则。教具不是越多越好，只有遵循少而精的原则才不会使教具在演示中一闪而过，不会使教师在课堂上手忙脚乱，也不会使学生目不暇接。少而精的含义是紧紧围绕教学的重点和难点。其次是要合理安排在各个教学环节中使用最恰当的教具，这样才能使每个教具在各个环节上发挥最重要的作用。例如，在进行"细胞结构"的教学中，教师可以先用显微镜观察细胞结构的玻片标本，获得细胞结构的直观知识，再通过细胞结构的挂图进行精讲，把细胞结构的模型用于复习巩固环节。这样就把几种不同的教具用于不同的教学环节，从不同的侧面揭示出细胞结构的本质特征。又例如，进行"根的结构"教学时，教师先拿出一个植株，让学生观察根的整体，有主根有侧根，并说明根的功能。然后，教师发给每个学生一株小麦幼苗，让他们观察根尖。学生从小麦根上找出根尖，同时用肉眼可大体观察根尖的各部分。在观察根尖的外部形态后，再转入微观，观察根尖的显微结构，先用挂图指明从根的纵切面自下而上可观察到根冠、生长点、伸长区和根毛区四部分，然后按顺序引导学生结合板图仔细观察各部分细胞的结构和排列特点。这种通过优化组合直观教具的教学，不仅促进了学生对知识的理解，而且能培养学生按照合理的顺序观察生物的能力。

三、课堂教学演示教具的基本要求

1. 演示教具应在最佳时机及时出现

演示教具应该抓住最佳时机，适时展现。教具出示得过早或过晚，都可能影响教学效果。有的教师上课前就把挂图挂出来或把模型放在讲桌上，学生一般把注意力放到教具上，而到该让学生观察教具的时候，学生已经对教具失去新鲜感，观察的兴趣也就降低了。有的教师在讲完课后才让学生观察教具，由于语言信息和直观信息不同时出现，必然增加学生信息接收的难度。此外，演示教具的及时出现，还包括教具演示完后及时移去，如果不及时移去，可能还会分散部分学生的注意力，影响下一阶段的教学效果。

2. 演示教具应有指导性语言的配合

演示教具的语言配合包括启发性的引言（导言）、说明性的引言（交代）等。当学生对所学的生物学知识缺乏兴趣时，再新颖的教具也很难激起学生的兴趣，所以，演示教具前给予启发性的引言非常重要。演示教具前给予说明性的引言也非常重要。无论什么样的教具，和真实的生物体相比，总会有这样那样的差异，因此在讲授有关知识前应该对教具物的差异，例如大小比例、代表颜色等作简要介绍。如果是切面或部分结构，还应该对教具的切面部位和方向作介绍等。这样才能使学生从一开始就能正确地跟上教师的思路，正确地理解教师教授的知识。例如，有的教师在演示心动周期的示意图前说："成人的心脏24小时内所做的工作，相当于把32吨的重物升高33厘米，并且不会疲劳。为什么会这样呢？请让我们一起来研究一下这幅挂图。"这种"巧设悬念"以激发学生探索欲望的语言配合为教具演示的最佳效果作了极为重要的铺垫。学生的积极性调动起来，求知欲望高涨，自然会全神贯注于教师的演示讲解。

3. 演示教具应该面向全班人人可见

演示教具的目的是让每个学生都能看清楚教师想让学生看清楚的内容。首先要求教具比较大，特别是重要的部位要能让学生都看清。有的教师演示的教具不够大，或者主要的部位不够大，势必影响教学质量。其次要求演示时教具必须放于学生可见的高度上，也要求在适当的光线条件下演示。有的教师托举模型时高度不够，或者挂图挂得不够高，这对学生的观察极为不利。一般情况下，演示时要求光线充足，但有时却要求暗光条件，例如采用电教媒体时。有时还必须注意演示材料和背景的关系，例如教师演示长有白色菌丝的试管时，应该在试管背侧衬垫黑色板纸；而在观察长有黑色孢子囊的黑根霉时，应该在试管背侧衬垫白色板纸等。对于较小的实物、标本或实验结果，由教师拿着在座位间巡回，轮流指导观察。有条件做到的，可以分发在学生桌上，每一两个人一套。

4. 演示教具应指点清楚

演示教具应该按一定的顺序分层次进行，例如，可以根据学生的视觉习惯，从上到下，从左到右，从外到内，从总体到局部，从宏观到微观的顺序逐步进行。在演示中，教鞭应该明确地指示在准确的部位，即要注意"点、线、面"。例如，指点"点"（昆虫的单眼、衣藻的眼点、细胞核、细胞器等）时，教鞭要点在"点"上不动；指点"线"（神经元的轴突、人体体循环和肺循环的路线、昆虫的触角、鱼的侧线等）时，教鞭要沿着"线"走动一下；指示"面"（家鸽的躯干形如流线型、人的胸腔和腹腔、人的胸大肌、蚯蚓的环带等）时，教鞭要绕着"面"划一圈。指示教具时切忌教鞭乱指乱点，会误导学生的观察。如果自制CAI课件，则可以通过使"点"、"线"、"面"闪烁或变换颜色等方法突出。

5. 演示教具应该注意操作的精确性和教育性

教师的演示操作过程应该是规范化的和准确无误的，一句话，演示应该是示范性的，教师的一举一动都应成为学生的榜样。有的教师为了节约时间，把演示后的挂图急急忙忙地丢在地上；有的教师为了方便，在演示鱼鳍的功能时把剪下的鱼鳍丢在地上或讲桌上；有的教师在演示绿叶在光下能够制造淀粉时，将操作过程中的酒精废液随手倒在教室的地上，都显然是十分错误的。如果教师的"榜样"就是这样的马马虎虎，那么，等到学生做实验时，实验室的地上和桌上就会充满各种实验废弃物，甚至发生由此引发的各种实验事故，危害学生的身体健康。生物学作为科学课程之一，其主要教学目的之一是培养基本的科学素质，只有当教师的演示操作一丝不苟、科学严谨，学生的科学素质才会在"潜移默化"中形成。生物学教学中演示教具除了要注意上述几点要求外，还应该注意及时配合板书、板图等，充分调动学生的各种感官，促进学生动手、动脑、动口，把看、听、嗅、触、写等结合起来，最大限度地强化信息，提高教学效果。

四、演示技能训练

（1）观摩优秀教师教学录像片段，并指出教师使用哪一类型的演示技能。
（2）分组进行演示技能训练。
（3）制作演示技能训练测评表（见表3-7）。

表3-7 演示技能训练测评表

	评价指标	差	一般	较好	好	权重
演示技能	1. 演示挂图时机（及时性）					0.1
	2. 演示挂图前有"序言性"说明，使学生造成渴望的情绪					0.05
	3. 阐明了图与实物的关系					0.05
	4. 能用教鞭指图解说清楚、准确					0.075
	5. 在挂图中不易看清楚的细微或复杂结构，能画放大图或辅助图配合主图					0.075
	6. 善于利用挂图启发引导学生观察来获得知识					0.1
	7. 做到语言（讲解）、文字（板书）和指图三者有效结合起来					0.1
	8. 适当缩短挂图与板书的距离，防止过分地走来走去，讲解有主有从					0.05
	9. 演示物（实物、模型等）要足够大，直观性和典型性好					0.1
	10. 演示位置恰当，光线适中（学生能看清楚）					0.05
	11. 演示准确，形象明显，直观性好					0.1
	12. 演示与讲解配合得当，善于启发引导观察，调动学生积极思维					0.1
	13. 演示中操作示范性好					0.05

第八节　板书技能

一、板书的概念

板书是生物学教师为辅助和强化课堂教学而写在黑板或写在幻灯片上的文字、符号或图形。板书是教学中书面语言的表达形式。

板书有正板书和副板书之分。正板书也叫基本板书、主板书。其特点是能体现教学目标与教学内容内在联系的重点、难点，其构成了整个课堂板书的骨架，一般保留于课堂教学的全过程。副板书又称辅助板书，其特点是能反映教学内容中有关诠释性、延伸性信息，能提示有关零散的知识。正板书是对副板书的具体补充或辅助说明，一般随教学进程的发展随写随擦或择要保留。

板书应该既是教师讲课的提纲，又是学生复习功课的提纲。一个设计合理的板书提纲能帮助学生领会和理解老师所讲课程的主要内容，又有助于学生能力的培养。因为它突出了教学重点，把教学难点有效地转化为易点，所以能收到良好的教学效果。

二、板书的作用

板书是最常用的教学手段之一。随着多媒体教学手段的广泛运用，部分教师忽视了板书的作用，其实板书的作用是多方面的。

在课堂上学生接受知识信息的渠道基本有两个，一是视觉，二是听觉。板书是使学生通过视觉而获得知识信息的。在学生接受信息的两个渠道中，通过视觉获得信息的记忆时间，比从听觉获得信息的时间要长几倍。因此，教学板书对学生学习效率和质量的影响是直接的，对学生的身心发展有明显的促进作用：一是影响学生的"学会"；二是影响到学生的"会学"；三是影响到学生各种智力因素和非智力因素的发展，便于学生巩固知识，因而提高教学效果。

好的板书是教学内容的浓缩。板书的内容往往是对教学内容的加工和提炼，一是理清教学内容的思路，二是将教学内容结构化，三是突出教学的重点和难点。好的板书有助于学生记忆，便于学生理解相关内容，也便于学生记录和课后复习。

好的板书是文化艺术的熏陶，是教师教学能力的综合体现。板书所呈现出的汉字的严谨结构、美观布局等，渗透着教师的智慧、学识和教艺。板书本身就能使学生受到民族文化艺术的陶冶。

好的板书是教师榜样的引领。身教重于言教，教师一手漂亮的粉笔字对学生的影响是深远的。而且在板书中，教师所展示出的规范的书写过程、认真的书写态度、丰富的人文素养等，都是丰富的教学资源，对学生所起的良好教育和引领作用是不可忽视的。

好的板书可以弥补教师教学语言的不足，多侧面地塑造教师讲台形象，有效地引导和控制学生。

板书技能是教师运用黑板以凝练的文字语言和图表等传递教学信息的教学行为方式。板书既是教师应当具备的教学基本功，又是教师必须掌握的一项基本教学技能。独具匠心的板书和板图，既有利于传授知识，又能发展学生的智力；既能产生美感陶冶情操，又能影响学生形成良好的习惯；既能激发学生的学习兴趣，又能启迪学生的智慧，活跃学生的思维。人们把精心设计的板书称为形式优美、重点突出、高度概括的微型教科书。

在教学过程中，科学、正确地利用板书能起到如下作用：

1. 有助于教师阐述和讲解教学内容，使学生容易接受

好的板书由于具有层次清楚、主次分明、逻辑性强、各种关系表示准确等特点，可起到启发学生进行科学的思维，帮助学生记忆、分析、消化、巩固所学知识，引导学生掌握学习重点，顺利解决难点等作用，从而促进学生各方面能力的提高。

2. 有助于学生理解和掌握知识

板书能将所学的内容，尤其是较复杂的教材内容分成层次与段落，主次分明，便于学生理解和掌握。设计合理的板书，能使学生体会到教材内容的系统性和内在联系，从而准确地把握住知识的整体结构。可见板书在对学生掌握知识、分析问题过程中起着十分重要的作用。

3. 板书可以扩大、巩固学生的感知量

有关研究资料表明，在人所获得的全部信息中，其中来自听觉的占11%，视觉占83%，其他（触觉、嗅觉等）只占6%。因此在教学过程中，虽然是学生"听课"，但不能单纯使学生听，更重要的还是应让学生充分发挥视觉作用，去感知新信息、新材料，调动多种器官了解一节课的知识内容和逻辑系统，使学生获得清晰的概念，并在大脑中留下深刻的印象。不难想象，盲童和视力正常的儿童们在同一教室中接受同样的课堂教学，其效果会有多么大的差异。因而板书是课堂教学的重要组成部分之一。

4. 板书是学生记学习笔记的主要依据

板书是课堂教学内容的逻辑主线，是学生做学习笔记的主要依据。有一些学生按教师的讲解做简明扼要的笔记能力较差，这就要求教师的板书尽可能规范，使学生能将课堂上讲授的知识按一定的时间、空间顺序记录下来，以便以后的复习。另外教师板书的工整情况、讲解例题的解题思路和过程等对学生都具有示范作用，这些可以影响学生的学习，以及将来参加工作的态度和品质。生动有序的板书能够提高学生学习的兴趣，发展学生的智力，使学生的能够更好地完成学习任务。

5. 板书可以突出课堂教学重点

突出重点是课堂教学的基本要求。在教学中，教师除了运用生动的语言、灵活的方法、直观的教具和较多的训练来突出教学重点外，通过简明扼要、生动直观的板书来体现教学重点，也是重要方法之一。通过板书增加信息传输的通道，对重点内容起到了加强作用。此外，板书本身从内容详略布局安排上，也能起到突出教学重点的作用。

三、课堂教学板书的基本要求

课堂教学板书应该书写及时，字迹工整，美观大方。

1. 教学板书应书写及时

在生物学教学课堂中，什么时间书写大标题，什么时间书写小标题，什么时间应该写出教学结论，什么时间应该简笔绘画等，上课前就要有周密的安排。上课时教师按照预定

的步骤及时、适时地书写。

2. 教学板书应字迹工整

教学板书不同于一般的文字书写。教学板书的字迹要清晰可辨，切忌乱书乱画。字迹潦草的板书可能造成学生辨认困难、交头接耳，最终影响听课。教学板书写什么样的字，用什么样的词，字体形态是草书还是正楷，还应该考虑学生的年龄特征、可接受程度、知识基础等。例如，如果教师在初一生物课堂中写"二氧化碳"时用化学分子式"CO_2"做板书就不一定很妥当，因为初一的学生还没有学过化学。

3. 教学板书应美观大方

课堂教学板书的美观大方主要是指板书整体布局要美观，再加上适当运用彩色粉笔和简笔板图，达到赏心悦目、引起学生的兴趣的效果。

采用 powerpoint 幻灯片，则可以较好地解决上述问题。教师按照事先备课时准备好的幻灯片播放程序，在播放时及时按动鼠标，各种标题、概念、名词、图形等都可以呈现在荧幕上；字体也可以选择得美观大方和极其工整；并通过选择板书的播映方式和呈现方式，使学生为之"心动"，积极地参与到教学过程中来。当然，无论采用什么教学手段和板书方式，由于教学面对的是活跃的学生，教师不可能完全在课前对可能产生的问题料事如神，所以，教师仍然可能针对课堂上出现的问题，需要在黑板上露一手板书，补充教学投影片的不足。板书的技能并不会因为有多媒体手段的应用而变得无用武之地。

四、课堂教学板书设计

生物课堂教学板书设计应遵循两个原则：一是形式为内容服务的原则；二是符合认识规律即科学性原则。应特别注意"主板书"的直观性、条理性、简洁性、多样性和启发性。由于中学生物教学内容的多样化，这就决定了教学板书的形式也是多种多样的。

目前在中学生物学教学中使用的板书提纲形式颇多，归纳起来可分为两大类：单一式和混合式。

（一）单一式板书提纲

（1）提纲式。这是把教材内容分为一、二、三、四若干大类，又把一、二、三、四各再分为1、2、3、4若干小类。这种提纲的特点是条理清楚，适于任何教材内容。缺点是平铺直叙，不利于突出教学重点。

（2）问题式。这是把教材内容归纳为若干问题，教师按所提问题的顺序进行讲授。这种提纲的好处是使学生带着问题去听课，易于调动学生的积极思维。

（3）对比式（表格式）。这是把相关的内容进行对比，用表格的形式表现出来。其特点是对比鲜明，求同辨异，使学生在比较中较好地掌握教材的内容。

（4）展开式。这是第一种形式的扩大，把教材内容分为一、二、三、四若干大类，又把一、二、三、四各分为1、2、3、4若干小类，然后再把1、2、3、4各分为更小的（1）、（2）、（3）、（4）诸小类，连结成展开式。这一提纲的特点是层次多而分明，容易记忆；缺点是过于烦琐。

（5）发展式。这是按事物发展的程序来设计提纲，其特点是：体现知识之间的关系，利于培养发展学生的思维。适于讲授发展、变化、进化等内容。例如，食物在人体内的消化和吸收的全过程，可用此纲：

食物（进食，入口腔）

  1. 牙齿切、磨，舌搅拌，食物和唾液混合。

  2. 部分淀粉 $\xrightarrow[\text{初步消化}]{\text{唾液淀粉酶}}$ 麦芽糖

食团（吞咽，经食道入胃）

  1. 胃的蠕动，食团与胃液混合。

  2. 部分蛋白质 $\xrightarrow[\text{初步消化}]{}$ 蛋白胨等。

  3. 吸收少量水、无机盐和酒精。

食糜（胃排空，分批进入小肠）

  1. 小肠蠕动，食糜逐渐跟小肠里的消化液混合。

  2. 在肠液、胰液里的多种消化酶和胆汁的作用下，
蛋白质→氨基酸（包括蛋白胨等）；糖类→葡萄糖；脂肪→脂肪酸＋甘油

  3. 小肠绒毛吸收各种养分

大部分脂肪成分 $\xrightarrow{\text{毛细淋巴管}}$ 淋巴液→血液循环

水、无机盐、维生素、葡萄糖、氨基酸、小部分脂肪成分 $\xrightarrow{\text{毛细血管}}$ 血液循环

残渣（小肠蠕动，入大肠）

  吸收少量水、无机盐和部分维生素

  食物残渣→粪便

粪便（经肛门排出体外）

（6）网络式。这是一种多次一分为众的形式。其特点是知识脉络清楚，便于记忆适于细胞分裂和概念展开等内容。如讲"种子的成分"，可采用此形式，见图 3 - 2。

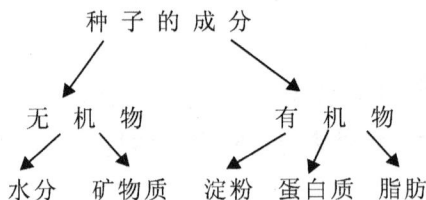

图 3 - 2　种子的成分

（7）循环式。特点是具有周期性。适用于生活史、周期性问题的讲授。如"蛔虫的生活史"便可用此法讲授。其形式如下：

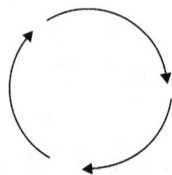

（8）图解（像）式。用简易图像和文字加以说明。特点是直观性强，边讲边画边板书，给学生以动画感。适于结构复杂、细微的内容。如讲"双子叶杆物茎的结构"便可用此法。

以上八种单一式板书提纲就是依据不同教材性质和有利于突出教学重点而设计的。不同教材当然要用不同的提纲形式，但同一教材内容也往往可用几种不同的板书提纲。究竟设计哪种提纲，则要根据学生的实际而慎重地加以考虑。

（二）混合式板书提纲

所谓混合式提纲是指两种或两种以上的单一式提纲有机地结合起来，形成更为合理、更有利于突出教学重点和解决教学难点的板书提纲。混合式提纲的设计要求教师对教材有深刻的体会，把握好教材的重点和教学上的重点，讲解要具有科学性。

五、板书设计实例

例1   第三节　物质跨膜运输的方式

一、被动运动：顺浓度梯度的扩散

1. 自由扩散 { 概念：简单的扩散
　　　　　　 特点：高浓度→低浓度、不需能量、不需载体
　　　　　　 举例：氧气、甘油等物质进出细胞

2. 协助扩散 { 概念：借助蛋白质的扩散
　　　　　　 特点：高浓度→低浓度、不需能量、需要载体
　　　　　　 举例：葡萄糖进入红细胞

二、主动运输：逆浓度梯度的运输

　　　　　　 特点：低浓度→高浓度、需要能量、需要载体
　　　　　　 举例：氨基酸进入小肠绒毛上皮细胞

三、胞吞和胞吐

例2   第二节　细胞的分化

一、细胞的分化

1. 概念：细胞的形态、结构和生理功能发生稳定性差异的过程

2. 特点：普遍性、持久性、稳定性、不可逆性

3. 意义：专门化，提高效率

二、细胞的全能性

1. 概念：已分化的细胞仍然具有发育成完整个体的潜能

2. 应用：植物的组织培养、骨髓移植、克隆羊等

例3

第四节　免疫调节

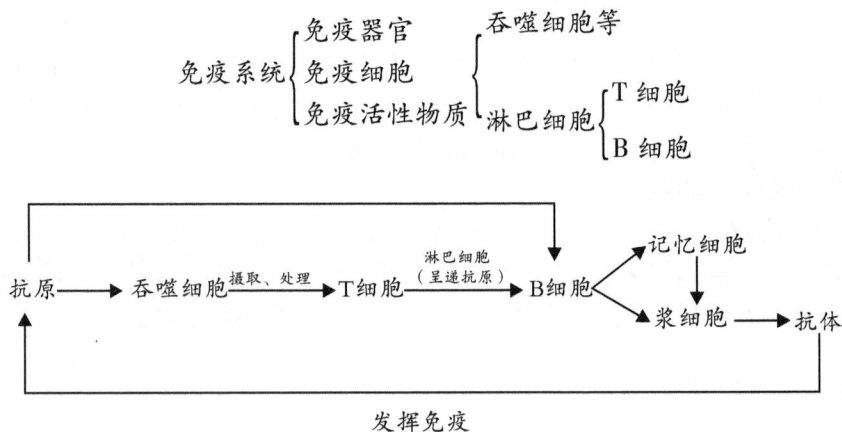

$$免疫系统 \begin{cases} 免疫器官 \\ 免疫细胞 \begin{cases} 吞噬细胞等 \\ 淋巴细胞 \begin{cases} T细胞 \\ B细胞 \end{cases} \end{cases} \\ 免疫活性物质 \end{cases}$$

抗原 ⟶ 吞噬细胞 （摄取、处理） ⟶ T细胞 ⟶（淋巴细胞 呈递抗原）⟶ B细胞 ⟶ 记忆细胞 / 浆细胞 ⟶ 抗体

发挥免疫

六、板书技能训练

（1）观摩优秀教师教学录像片段，并指出教师使用哪一类型的板书技能。

（2）设计一堂课的板书。

（3）分组进行板书技能训练。

（4）制作板书技能训练测评表（见表3－8）。

表3－8　板书技能训练测评表

	评价指标	差	一般	较好	好	权重
板书技能	1. 纲举目张，条理清楚					0.1
	2. 较好地反映教学目的、重点，主次分明					0.1
	3. 字迹端正、规范、整洁，无错别字					0.1
	4. 最后一排视力正常的学生可看清楚					0.05
	5. 正、副板书位置恰当					0.05
	6. 板书简明扼要，而又阐明了问题					0.1
	7. 较好地解决了难点					0.1
	8. 图文并茂，板书有特色					0.1
	9. 板画做到简、快、准，板书、板画与讲解结合恰当，利于激发兴趣和思考					0.1
	10. 板书内容的科学性					0.1
	11. 应用了强化板书（如彩色粉笔），使重点、关键词句醒目，强化字句					0.1

第九节 结束（结课）技能

一、结束技能的概念

结束（结课）技能是教师完成一项教学任务时，通过归纳总结、实践活动和转化升华等教学活动，对所教的知识或技能进行及时的系统化、巩固和应用，使新知识稳固地纳入学生的认知结构中去的一类教学行为。

一堂课的成功，不仅依赖于良好的课堂教学开端和讲课过程的有声有色，课堂教学结束得是否合理和恰到好处，同样也是衡量一个教师是否圆满地完成了既定教学任务的重要标志之一。如果说引人入胜的开头是成功的一半，那么，画龙点睛的结束则会使成功得以巩固、保持。课的结束也是重要的教学环节。

二、结束技能的功能

（1）总结功能。即提纲挈领，归纳概括。强调重要的事实、概念和规律，使相关知识与已有知识经验形成知识网络。

（2）桥梁功能。即承前启后，激发思维。一堂课即将结束时，教师巧妙地提出下节课将要解决的问题，使本节课在上、下课之间架起一座知识的桥梁。

（3）导航功能。即提高认识，掌握技能。引导学生总结自己的思维过程和解决问题的方法，领悟所学内容的主题、情感基调，做到情与理的统一，并使这些认识、体验转化为指导学生思想、行为的准则，使他们将所学知识内化为信念，外化为行动，促进学生智能的发展、素质的提高。

（4）反馈功能。即信息反馈，检测评价。通过教师精心设计，有针对性的口头或书面问答、作业练习、课外思考等使学生检查或自我检测学习的效果，进一步巩固知识，形成知识网络，它有利于检查教师的教学效果和学生的学习情况，了解学生对教学目标达到的程度，以期改进教学，使教与学相得益彰。

三、结束技能的构成要素

结束技能的构成要素为：①提供心理准备。如："这个新知识就先学到这儿，现在让我们共同把重点做一个总结。"②概括要点，明确结论。再现所学习的重要事实、概念、原理并进行概括、总结，与导入相呼应，建立起问题与结论之间、新学内容与旧知识之间的联系，并巩固新的认知结构。③回顾解决问题的思路和方法。组织练习。

四、结束技能的类型

（一）系统归纳

教师可采用启发、诱导等方法，让学生动脑动手，总结知识的规律、结构和主线，及时强化重点，突破难点。总结归纳时，可采用比较异同、概念图或列表对比等方式。

例如，在"第二节　细胞中的生物大分子（核酸）"课堂教学的结束环节中，可用列表对比方式进行比较异同，如表 3-9 所示：

表 3-9　DNA 和 RNA 的异同

名称	脱氧核糖	核糖核酸
简称	DNA	RNA
基本组成单位	脱氧核糖核苷酸	核糖核苷酸
磷酸	H_3PO_4	H_3PO_4
五碳糖	脱氧核糖	核糖
含氮碱基	A、G、C、T（4 种）	A、G、C、U（4 种）
功能	主要的遗传物质。编码、复制遗传信息，并决定蛋白质的合成	将遗传从 DNA 传递给蛋白质
存在	主要存在于细胞核中，少量存在于线粒体和叶绿体	主要存在于细胞质中

又如，神经调节与体液调节的比较如表 3-10 所示：

表 3-10　神经调节与体液调节的比较

比较项目	作用途径	反应速度	作用范围	作用时间
神经调节	反射弧	迅速	准确、比较局限	短暂
体液调节	体液运输	较缓慢	较广泛	比较长

（二）巩固练习

巩固练习类的结束，是指教师安排学生的实践活动，使学生通过各种练习去理解和掌握知识要点和知识间的联系，提高学生运用知识解决实际问题能力的方式。

例　在"第三节　DNA 的复制"课堂教学的结束环节中，让学生练习如下习题来巩固、强化新知识。

1. DNA 分子的复制发生在细胞有丝分裂的（D）。

　　A. 前期　　　　　B. 中期　　　　　C. 后期　　　　　D. 间期

2. DNA 分子的复制是以周围游离的（A）为原料。

　　A. 脱氧核苷酸　　B. 磷酸　　　　　C. 脱氧核糖　　　D. 含氮碱基

3. 实验室里，让一个 DNA 分子（称第一代）连续复制三代，问：在第四代 DNA 分子中，有第一代 DNA 分子链的 DNA 分子占（D）。

　　A. 100%　　　　　B. 75%　　　　　C. 50%　　　　　D. 25%

4. 某 DNA 分子共有 a 个碱基，其中含胞嘧啶 m 个，则该 DNA 分子复制 3 次，需要游离的胸腺嘧啶脱氧核苷酸数为（C）。

　　A. 7（$a-m$）　　B. 8（$a-m$）　　　C. 7（$1/2a-m$）　　D. 8（$2a-m$）

（三）扩展延伸

扩展延伸是在知识内容和范围上再作扩展，将课内学习延伸到课外学习、活动的结束类型。

例如：在学完光合作用的内容后，要求学生利用课外时间，调查当地在农作物种植技术上提高光能利用效率的方法，增强学生对本内容的把握。

（四）迁移应用

迁移应用是适当提供与教材内容或形式相仿的材料，让学生举一反三、触类旁通，实现知识向能力的转化。

五、结束技能的应用原则

（1）目的性原则。以教学目标、内容、重点和知识结构为依据来确定结课的实施方式和方法。

（2）启发性原则。能激发学生学习动机，并使深厚的兴趣得以保持。

（3）一致性原则。使结课与导课脉络贯通。

（4）多样性原则。形式多样，不同课型、不同学生，结课方式不同。

（5）适时性原则。严格控制时间，既不可提前，也不可拖堂。

六、结束技能训练

（1）观摩优秀教师教学关于"课的结尾"的录像片段，并指出教师使用哪一类型的结束技能。

（2）设计一堂课的结尾时应注意：是否概括了本节知识结构与重点；是否有明确的目的，并强化学生对所学内容的兴趣；是否使学生知识技能、过程方法和情感态度与价值观等方面都有所提高。

（3）分组进行结束技能训练。

（4）制作结束技能训练测评表，见表3-11。

表3-11　结束技能训练测评表

	评价指标	差	一般	较好	好	权重
结束技能	1. 巩固、结束阶段有明确目的					0.1
	2. 巩固环节安排了学生活动（练习、提问、小实验等）					0.2
	3. 能及时发现和利用恰当方法纠正学生的知识缺陷					0.2
	4. 总结内容概括，突出课本的重点与难点					0.1
	5. 有利于巩固、活化所学知识，能激发学生兴趣，并引导其进一步学习					0.2
	6. 结束布置的作业及活动明确且面向全体学生					0.1
	7. 时间紧凑，不拖堂					0.1

第十节　课堂组织技能

一、课堂组织技能的概念

课堂组织技能是在课堂教学过程中，教师不断地组织学生注意，管理纪律，引导学习，建立和谐的教学环境，帮助学生达到预定教学目标的行为方式。这个技能的实施，是使课堂教学得以有效地动态调控，与教学顺利进行和促使学生思想、情感、智力的发展有密切的关系。一个组织方法得当、井然有序的课堂，学生的注意力集中，教师循循善诱，必然会使课堂教学取得好的效果。

课堂组织技能又称教学组织技能，其是课堂活动的"支点"，它决定了课堂进行的方向。教师和学生都可以参与教学组织，而其中教师在组织行为中起主导作用，据有关资料显示占整个课堂组织行为的95%以上。组织行为贯穿课堂教学的始终，有时可能是占课堂上的一段时间，也可能是简单的一两个字，有时也和其他教学行为同时出现。但教学组织技能必须贯穿于整个课堂教学活动的始终。

二、课堂组织的作用

1. 组织和维持学生的注意

中学生注意的特点是有意注意逐渐发展，无意注意仍起主要作用，情绪易兴奋，注意力不稳定。为了有效地组织学生的学习，教师必须重视随时唤起学生的注意。正确地组织教学，严格地要求学生，对唤起有意注意起着重要作用。它既有利于学生有意注意习惯的养成，也有利于意志薄弱的学生借助外因的影响去集中有意注意。

2. 激发学习兴趣和动机

采用多种教学组织形式是激发学生兴趣，形成学习动机的必要条件。在教学中，教师根据学科特点、知识特点和学生的年龄特点，采用不同的教学组织形式，能够调动学生学习的积极性，使他们兴趣盎然地参与到教学中来。

3. 增强学生的自信心和进取心

在课堂秩序管理方面，采用不同的组织方法对学生的思想、情感等方面会产生不同的影响。如能激发学生的积极性，促使其奋发努力，可以产生积极的效果；如果惩罚不当，就会增加他们的失败感、自卑感，挫伤他们的积极性，还会导致他们对教师产生反感。

任何学生都有自己的特点和长处。教师在组织课堂教学的时候，对于学生既要严格要求，认真管理，又要看到他们的长处，肯定他们的长处，因势利导地进行教育。只有这样，才能逐渐增强他们的自信心和进取心，克服缺点错误，向好的方面转化。

4. 帮助学生建立良好的行为标准

有时中学生的行为并不一定符合学校或社会对他们的要求。这就需要教师在讲清道理的同时，用规章制度所确立的标准来指导他们，使他们逐渐懂得什么是好的行为，为什么要有好的行为，从而形成自觉的行为，养成良好的习惯。帮助学生履行规则，实现自我管理，树立良好的行为标准，是教师在课堂上对学生进行思想教育的一个重要方面，是课堂组织的任务之一。

5. 创造良好的课堂气氛

有效的课堂组织可以建立良好的课堂气氛。良好的课堂气氛是一种具有感染力的催人向上的教育情境，不仅使学生受到感化和熏陶，产生感情上的共鸣；而且使学生的大脑皮层处于兴奋状态，易于全身心地投入学习，更好地建构知识，并且能够使所学知识掌握牢固，记忆长久。

三、课堂组织技能的类型

根据我国的课堂组织情况，我们提出以下几个方面作为教师课堂组织的基本行为。

（一）管理性组织

管理性组织是指进行课堂纪律的管理。其作用是使教学能在一种有秩序的环境中进行。对于课堂纪律的衡量标准，过去和现在有着不同的看法。现在，人们主张课堂不能像过去那样令人感到压抑，教师不是独裁者，要充分发挥学生学习的积极性和主动性。课堂是学习的场所，既要使学生生动活泼地进行学习，又要有纪律作为保障。因此，教师在进行课堂管理组织的时候，既要不断地启发诱导，又要不断地纠正某些学生的不良行为，保证课堂教学的顺利进行。

1. 课堂秩序的管理

在课堂上可能会出现学生迟到、看课外书、做其他功课、交头接耳、东张西望、吃零食等不专心学习的行为。其原因是多方面的。应如何解决这些问题呢？教师首先必须从关心、爱护学生出发，了解他们的问题，倾听他们的心声，和他们交朋友，然后对症下药提出要求，用课堂纪律约束他们。只有这样，他们才能心悦诚服地听从教师的指导。请比较下面两段对话。

对话一：

教师：陈敏，今天你怎么迟到了？

陈敏：老师，我走到半路时自行车坏了，我是推车跑到学校的。

教师：你为了遵守校规，维护班集体的荣誉，推车跑到学校很好，但以后要注意早一点从家里出来，防止意外事故。

陈敏：是，记住了。

教师：请坐下安心学习。

对话二：

教师：张强，你不知道在课堂上看课外书是违反学校纪律的吗？快点收起来。

张强：对不起，老师。我不知道，下次不会了。

教师：废话！昨天王小明看课外书时，我已经说得十分清楚了，难道你没听见吗？

张强：但你没惩罚他呀。

教师：以后不要在课堂上看课外书，谁再这样做，就是自找麻烦。

如何处理一般课堂秩序问题，教师可用暗示的方法。如用目光暗示，或在暗示的同时配合语言提示："个别同学刚才恐怕没听见我说的话吧。"在这种暗示还不能起作用的时候，教师常常边讲解边走向不专心的学生，停留在他的身旁，或拍拍他的肩膀，以非语言行为暗示或提示，不影响其他学生的学习。也就是说，当个别学生注意力不集中而又没有影响到其他同学时，教师不宜停下来公开批评学生。

2. 个别学生问题的管理

无论课堂规则制定得多么切合实际，教师多么苦口婆心地诱导、教育，个别学生还会出现一些问题。教师应当创造一种互相信任、自然、亲切的气氛，在没有暴力、厌恶的情况下，对他们施加教育影响。对个别学生的问题，教师可使用以下三种方法：

（1）作出安排，使他们不能从不良行为中得到奖赏，从而自行停止不良行为。这种方法是当个别学生的不良行为在课堂上出现时，只要不影响大局，不会对他周围的学生造成大的干扰，就不予理睬。在可能的情况下，安排其他学生进行一些有益的活动，抵消他的干扰。如引导学生观察挂图、标本、模型等来吸引学生的注意。

（2）奖励与替换行为。教师为有不良行为的学生提供一种合乎需要的替换行为，这种行为会给他带来一定的奖赏。例如，有的学生在课堂讨论时总爱打闹，影响讨论的正常进行。教师可指定他专门思考一个讨论要点，在小组讨论中发言，或做小组记录等。如果在小组发言较好，让他面对全班讲，并给予表扬和鼓励。如此，使个别学生在不良行为和替换行为之间作出选择，从替换行为中得到心理的满足。为了取得预期效果，对替换行为的奖赏必须是强有力的，足以抵消不正当行为，促使其选择替换行为。

（3）教育与纪律约束相结合。对于一些消极的、严重影响课堂纪律的行为，适当执行纪律约束是必要的。但是对个别学生执行纪律约束不是目的，而是一种教育的手段，是为了其能够矫正不良行为。

3. 非正式群体的管理

有一些学生会因为兴趣爱好相似而组成一个小团体，因为并不是像班级、小组那样正式的编制，在此称之为非正式群体。有时候，非正式群体的行为与学校要求是不一致的，如果这样的群体中再出现几个"刺儿头"，就会非常难以管理，使课堂教学不能顺利进行，让教师大伤脑筋。对于这样的情况，任课教师应该与班主任积极配合，共同努力。一方面全面了解学生情况，耐心做好学生的思想转化工作，避免简单粗暴的批评、指责的消极处理方式；另一方面，根据他们的兴趣、爱好、特长及可培养的潜能，给他们布置一定量的任务（如课外实验、课堂实验的准备工作、小调查等）让其完成，指定"刺儿头"负责，再给予一定的指导，保证任务顺利完成。让学生在实践中体会到成就感和学习的重要性，逐渐改正不足。

（二）指导性组织

教师用学导法指导教学活动，调动每一位学生的学习积极性，指导学生参与教学活动的过程，就是组织课堂教学活动的过程。

1. 阅读、观察和实验等指导组织

学生进行阅读、观察和实验等学习活动时，教师的指导组织工作就是保障安全（实验）、纪律和进度，使全班学生都能够按照预定的学习目标进行学习活动。

2. 课堂讨论的指导组织

课堂讨论在生物教学中虽是一种很好的方法，但若组织不好往往会收到适得其反的效果，导致课堂杂乱无序。因此，有效组织课堂讨论是非常重要的。要使课堂讨论的组织管理有序，必须注意学生对讨论话题的兴趣和动机、教学管理和方法等问题，下面就这些问题举例说明。

（1）精心进行讨论题的设计。

课堂讨论通常情况下只安排几分钟或十几分钟，这几分钟成效如何，很大程度上取决于讨论内容的选择，因此教师在组织课堂讨论之前，必须悉心进行讨论题的设计。

首先，组织讨论之前，教师必须悉心研究教材，明确本节课的知识目标，把握教材的重点、难点，越是教材的核心问题，越要让学生去主动学习。特别是生物中的一些概念，光靠教师的讲解和简单地下定义，学生不但印象不深，而且对概念的认识也较肤浅。如："绿色植物通过光合作用制造有机物"一节中，光合作用的概念是这节课的重点、难点知识。教师若直接问"什么是光合作用"后让学生自学讨论，这样太笼统，难理解，对概念的认识也较肤浅。若能放手让学生通过进行自主探究绿叶在光下制造有机物实验后，讨论：绿色植物是怎样制造有机物的？它们制造的有机物主要是什么？光照是绿叶制造有机物不可缺少的条件吗？并归纳光合作用的场所、条件、物质转换和能量转化的特点等，就能深入挖掘其中的内涵，学生对其概念的理解将更加透彻，掌握将更加牢固。

其次，要悉心研究学生，从学生的认知规律考虑，必须要求对学生已有的知识储备与能力有充分的了解，把握学生的最近发展区，这样才能有效地设定学生发展的目的，确定引导学生实现发展的措施。如在进行"血液循环的途径"这部分知识教学时，出示血液循环模式图，让学生在自学的基础上，讨论说出体循环和肺循环的基本途径以及血液成分的变化。相当一部分同学一片茫然，随意乱猜，这主要是由于学生对前面已学的心脏的结构等知识有所遗忘，因此不能达到在讨论中交流、在交流中升华的目的。针对这种情况，应在新课之前设计对相关知识如心脏的结构等的复习，使学生具备一定的知识准备。因此，每一个讨论题的提出，教师应该给予学生足够的背景知识，既要切合学生的认知水平，又要积极有效地创设问题情景，培养学生兴趣，激发学生的内部动机，使学生成为课堂的主人，即要正确引导讨论的兴趣和动机。

讨论题的设计要有一定的价值，要把握一定的难度和梯度。教师应根据教材内容和学生的知识水平设计讨论题，讨论题要面向全体学生，问题要有一定的层次性，使每一个学生都能参与到教学活动中，发挥每个学生的潜能，从而培养各种能力。例如在引导学生解读植物的光合作用及呼吸作用的图解后，出示以下问题：①你能比较出光合作用和呼吸作用的异同点吗？②它们的实质和关系如何？③如何才能提高农作物的总产量？④如果给你一个大棚种植农作物，你将怎么做？这样的问题不至于使学生"坐在地上摘桃子"或"搭梯子也摘不到桃子"，而能够让学生"跳起来摘桃子"。前两个问题学生进行讨论后很快达成共识，而后两个问题学生回答百花齐放：有的说农作物增产要延长光照时间，加大光照强度，增加二氧化碳量，松土、施肥；有的说可以合理密植，间种套作；还有的说要生物除虫，保护环境。关于大棚种植问题，有的学生提出要从低成本高效益的角度想办法；有的提出向大棚内充氮气或减少氧气量能降低呼吸作用，提高农作物产量的想法等等。通过这样具有一定层次、难度的问题的讨论能有效地引导学生的思维活动由浅到深发展，有利于培养学生思考、分析问题、解决问题、归纳、演绎、初步创新等能力，有效地实现能力目标的落实。

（2）合理选择讨论的形式。

课堂讨论的形式是多种多样的，如小组讨论、集体讨论、辩论讨论、分析讨论等。可根据不同的讨论话题，选择合适的讨论形式。但不管采用哪种形式，都要精心设计、组织，才能充分发挥讨论的作用。其中小组讨论运用较多，可以将表达能力较弱的学生作适当搭配，一般的话题以 2~4 人为一组的小组讨论为宜；对一些难度较大的话题可以 4~6 人为一组或更多人；多人小组中可设立主持人和记录员，以提高讨论效率。对一些话题有两种相反意见并争执不下的可以重新组织辩论式讨论。如果条件许可，按人数能将桌子围成圈则最好，这样更能营造宽松、和谐的讨论氛围。

3. 重视教师的调控作用

在学生讨论的时候，教师应该在教室里巡回走动，一方面要充分启发学生的独立思考，了解是不是全体同学都积极参与，鼓励他们各抒己见。对于静坐无言的学生，通过鼓励激发其表达的欲望，想方设法调动其积极性，力求让全体学生的生物科学素养得到充分的发展。另一方面，要关注学生集中讨论的热点和普遍疑惑的问题，关注课堂生成性的材料，以便在反馈时更有针对性，从而有效提高讨论效果。

4. 采用合适的结果呈现方式

讨论结果呈现的方式有很多，如：小组派代表口头陈述观点，手工模型的展示，以某一小组为中心、其他组作补充修改等。结果呈现无须模式化，以充分调动学生积极性，扩大参与度，面向全体学生为宜。例如，在采用小组代表陈述观点的方法时，教师须在巡视的过程中注意各小组的不同意见，并从中选择几个有代表性的组来表述，再进行比较并归纳得出结论。又如，在学习生物必修 1 中的"生物膜的流动镶嵌模型"时，了解了生物膜的构成成分等知识后，可让学生在分组讨论后将模型示意图画出来，教师挑选出不相同的几组，利用幻灯片等教具在全体同学前呈现，再进行分析比较。为了让更多的学生的讨论能有效进行，可以要求学生把讨论结果以书面形式记录并上交，然后由教师进行评价。值得深思的是，当学生的讨论结果不一致时，教师不能满足于得出唯一答案，即不要把学生的讨论引向教师所期望的统一结论，因为这样的做法往往会打击学生的积极性，扼杀他们活跃的思维。学生讨论的结果可以在教师的预见范围内，也可以是学生的独特思路，从而生成一些不可预知的资源。当然，处理好这些资源需要教师的教学机智。总之把学生的讨论结果作为教学资源，将随时生成的资源用于课堂教学，这会更有利于学生关心自己的观点怎样被评价。对于有偏差的讨论结果，学生会产生强烈的求知欲，希望通过进一步学习来解决。

总之，新型的学习方式需要合作，而合作则需要有效的讨论和交流。有效讨论的各环节的安排要遵循教学过程和学生学习的认知规律，教师必须悉心研究教材，研究学生，讨论题的设计要围绕新课程的三维目标的落实，讨论的组织要科学、合理、深入，使教学借助于讨论让学生全面深入参与到教学活动中去，使生物课堂教学真正实现"着眼于学生的发展"。

（三）诱导性组织

诱导性组织是在教学过程中，教师用充满感情、亲切、热情的语言引导、鼓励学生参与教学过程，用生动有趣、富有启发性的语言引导学生积极思维，从而使学生顺利完成学习任务。其方式有：

1. 亲切热情鼓励

这种组织方式，不仅适用于好学生，更适用于成绩较差或不善于表达思想的学生。比如教师在让学生回答问题时，后两类学生一般都比较紧张。这时教师应该用亲切柔和的语调告诉他们："不要紧张，错了没关系。"当学生回答得不准确或词不达意时，教师应首先肯定他们的优点及正确的回答，然后鼓励说："我知道你心里明白，就是表达不好。"接着给予适当的提示，使他们能较好地表达自己的思想。当他们正确地回答了问题时，教师应该用高兴的语气给予表扬，鼓励他们继续进步。在教师亲切热情的诱导下，学生会乐于接受教师的指导，顺利完成学习任务。

2. 设疑点善激发

激发学生产生疑问，引起学习的欲望，是调动学习积极性，深入思考问题的一种好办法。首先教师要善于提出问题。教师除了通过提问激发学生学习的积极性之外，还要启发诱导掌握科学的思维方法。

四、课堂组织的原则

根据中学生心理发展的特点及课堂教学任务的要求，教师要使课堂形成融洽的气氛，培养学生良好的品质和习惯，应注意以下几项基本原则：

1. 明确目的，教书育人

育人是课堂教学的重要任务。通过教学组织，使学生明确学习目的，热爱科学知识，形成良好的行为习惯，是教学组织技能的特有功能。在生物教学中传授科学知识时对学生进行学习目的等思想教育，最有吸引力和说服力。同时，教师严谨的治学态度，精湛的教学艺术，高度的责任感，对学生都有言传身教、潜移默化的作用。这些不仅会影响到学生的学习态度，而且会影响到他们的纪律行为。

2. 了解学生，尊重学生

每个学生都有自己的兴趣、爱好和个性特点。在课堂上，教师只有了解学生，才能根据每个学生的不同特点，提出不同的要求，用不同的方法进行教育和管理。在对学生进行管理的时候，要尊重他们的人格，坚持正面教育，以表扬为主，激发积极因素、克服消极因素。

3. 重视集体，形成风气

集体的舆论是公正的、有威力的。良好的课堂风气一旦形成，可使学生在集体中得到熏陶和教育。集体的精神世界和个体的精神世界是相互影响的。每个人从集体中汲取有益的东西，从集体中得到关心和帮助，在集体的推动下不断进步。每个人丰富多彩的精神世界，又使得集体生动活泼，显示出无限的生机。

4. 灵活应变，因势利导

灵活应变、因势利导一般被称为教育的机智。教育机智是指教师对学生活动的敏感性，以及能对学生所发生的意外情况快速地作出反应，及时采用恰当措施。其主要体现在机敏的应变能力，因势利导地处理问题，把不利于课堂的学生行为引导到有益学生或集体活动方面来，恰到好处地处理个别问题。

5. 不焦不躁，沉着冷静

遇事不焦不躁是教师的一种心理品质。它是以对学生的热爱、尊重与理解及高度的责任感为基础的。只有这样，教师才能公正地对待每一个学生，尊重和维护学生的自尊心，耐心地引导他们进行学习，也才能处理好所面临的各种复杂的、棘手的问题。

五、课堂组织技能训练

（1）观摩优秀教师课堂教学录像，分析指出教师在教学的哪些环节使用了哪一类型的课堂组织技能。

（2）分组进行课堂组织技能训练。

（3）制作课堂组织技能训练测评表（见表 3 – 12）。

表 3 – 12 课堂组织技能训练测评表

	评价指标	差	一 般	较 好	好	权 重
课堂组织技能	1. 上课能面向全体学生，善于用目光、语言组织教学，效果好					0.2
	2. 目光暗示与语言配合，组织学生进入某种教学状态					0.1
	3. 及时运用学生反馈的信息，调整、控制好教学					0.1
	4. 不断变换教学方式，使学生始终处于积极学习状态					0.1
	5. 运用恰当的方法，使不同层次、不同水平的学生积极听课					0.1
	6. 善于处理课堂内违纪等不利于教学的事件，懂得处理少数和多数、个别与一般学生的策略，方法恰当					0.2
	7. 教学进程自然、活跃，师生相互合作					0.2

思考与练习

1. 概述十大基本教学技能的应用原则和要点。

2. 运用教学技能训练测评表分组进行技能训练，并且进行自评和小组评议。

3. 能够在试教中和实习课堂上较为熟练地运用基本教学技能。

参考文献

1. 刘恩山．中学生物学教学论．北京：高等教育出版社，2009.

2. 陈浩兮．中学生物学教学法．北京：北京师范大学出版社，1987.

3. 谭达文．中学生物学教学法．桂林：广西师范大学出版社，1995.

4. 殷秀玲．初中生物概念教学探究．课程教材教学研究（教育研究），2010（4）.

5. 袁春．生物概念错解原因探究及应对策略．中学生物教学，2003（3）.

第四章

新课程生物学课堂教学设计

学习目标

1. 概述新课程生物学课堂教学设计的关注点。

2. 能够在试教或教育教学实习中实践新课程理念下的教学设计。

教学重点

生物学课堂教学设计的要求。

新课程改革的核心环节是课程实施，课程实施的基本途径是课堂教学。课堂教学是变更学生学习方式的主阵地，也是教师教育理念发生转变的主要场所。在课堂教学中进行教学设计不仅是理论问题，更是实践问题。教学设计的最终目的是实施，那么，在新课程理念下如何进行教学设计呢？

第一节　新课程理念下的教学设计

在教学设计及实施过程中教师应关注什么呢？可从以下五个方面进行研究和探索。

一、教学设计要关注学生的需要

学生需要是教师教学设计的出发点。教学关系由"以教论学"向"以学论教"转变，从这一理念出发，可以看出"学"是"教"的重要依据，也就是说学生需要是教学设计的出发点。

1. 关注学生的认知需要

学生是有差异的，教学是师生双边互动的过程，在教学过程中，教师要根据学生的认知需要，进行教学设计调整。当学生都掌握教学内容时，教师可根据需要对内容作相应的调整；当一部分学生掌握教学内容时，掌握了的学生可以不听，给他们有充分思考、想象、阅读的空间，也可以利用差异进行教学，差异是最好的资源，可用学生当小老师教学生的办法。教学设计是一个动态发展的过程，在课堂上发现学生对教师所讲内容都已掌握时，就不要把已准备好的设计原封不动地走下去，要根据学生的认知需要及时进行调整、修改、补充。

2. 关注学生的发展需要

在新课程理念下，教学目标的定位应是学生的发展需要，获取知识不应当是最终目的，而应当是一种手段、一个过程，将知识与技能的学习作为一种载体，学生通过获取知识与技能这一过程锻炼自己的思维能力、创新能力，也就是具备利用所学的知识解决实际问题的技能，并且逐步形成在已有知识的基础上获取更多知识的方法。所以，教师在做教学设计时，不仅要创设情境，教给学生知识；更应该关注学生今后的发展，教给学生掌握知识的方法和途径，以及培养学生步入社会后的自理能力、自学能力、交际能力、应变能力和创新能力。

3. 关注学生的情感需要

情感是追求真理的动力，是智力发展的翅膀，是实现教学目标的能源。情绪心理学表明，个体情感对认知至少有动力、强化和调节三方面的功能。所以，教学效果在很大程度上取决于学生的个体情感如何。在教学设计时，教师应根据学生的情感需要选择媒体、创设情境。如在讲"生物对环境的影响"这个知识点时，可用龚自珍的诗"落红不是无情物，化作春泥更护花"来创设教学情境，让学生在轻松愉悦中学习，在热情和融洽中思考。这不仅能够使学生较好地领悟生态系统中的物质循环与能量流动，还能促进学生学习的主动性。

二、教学内容要关注学生的体验

在新课程理念下，课堂由专制走向民主，从教师走向学生，也从"文本的课堂"走向了"体验的课堂"。学生在体验中以自己的经历和心理结构去感受、理解事物，并由此产生丰富的联想和深刻的领悟。

1. 关注学生的生活体验

学生的生活体验是基础教育课程资源开发的着眼点之一。在教学设计时，就要考虑到学生对教学内容有没有相应的生活体验。如果内容离学生太远，那么就要想办法让学习内容贴近学生生活。例如，在"植物细胞的吸水和失水"教学中，设计了"腌制黄瓜"实验，学生通过手体验到黄瓜质感的前后变化，通过眼观察到黄瓜外形的前后变化，通过品尝体验到黄瓜因为失水而引起的口感的前后变化。在学生获得对知识的初步感悟和认知的基础上，再引导学生动手进行"植物细胞的质壁分离与复原"实验，进一步体验细胞在显微镜下的吸水和失水过程，校正和提升认知思维，推出实验原理，得出实验结论。

2. 关注学生的学习体验

要根据学生的生理、心理特点与教材自身的功能和内涵，引入体验性学习的机制和方式方法，使教学内容成为开放的、有趣的、充满活力的各种学习活动。例如，在"高倍显微镜的使用"实验教学中，对装片的观察就可结合教材内容开发、整合出以下问题：装片平行移动的方向与视野中图像的移动方向是否一致？若将装片旋转180°，视野中图像作何变化？若将装片反扣在低倍镜下看得清楚，换上高倍镜是否看得清楚？为什么？若观察的是黑藻细胞质的流动装片，旋转180°后，细胞质的流动方向是否改变？光照、温度的变化对细胞质的流动速度有何影响？

丰富多彩的教学情境、浓厚的体验学习气氛使学生对认知活动产生了强烈的兴趣，使其以极大的热情自主参与到学习活动中去，去体验，去感悟，能动地拥抱知识、认识知识，在主客体的交融体验学习中，把知识融入生命之中。

三、教学目标要关注学生的发展

1. 关注学生的全面发展

教师在进行教学设计时，要关注学生的知识与技能、过程与方法、情感态度与价值观三个维度。只有这样，才能培养出适应时代发展需求、身心健康、有知识、有能力的创新型人才。

例1 根据教学大纲的要求和教材内容的特点以及学生的实际情况，确立"细胞的分化"这节课的教学目标为：

（1）知识目标：①说明细胞分化的概念和意义；②描述细胞分化的原因；③举例说明细胞的全能性；④解释细胞全能性的原因。

（2）能力目标：①通过细胞全能性在生产实践中的应用实例，尝试运用所学的生物知识解决实际问题，培养知识迁移应用能力；②搜集和分析有关干细胞研究进展与人类健康的资料，培养合作、推理、分析的能力。

（3）情感态度与价值观目标：①通过搜集和分析资料，探讨细胞全能性的前景；②关注与人类健康密切相关的生物学热点问题，增强社会责任感。

例2 人教版教材高中生物必修3第三章第三节"生长素的生理作用"这节课的教学目标可确定为：

（1）知识目标：①概述植物生长素的生理作用并评述其应用；②举例说明生长素作用的两重性。

（2）能力目标：①读懂示意图及其图解；②设计"生长素类似物促进插条生根最适浓度"的探究活动实验步骤。

（3）情感态度与价值观目标：①体会科学技术在农业生产中的应用；②养成实事求是的科学态度、一定的探索精神和创新意识。

例3 "生态平衡"一节教学时，伴着低沉、优美的马头琴声，屏幕上出现了清清的河水、肥美的绿草、洁白的羊群。这时画外音响起："天苍苍，野茫茫，风吹草低见牛羊。"随着满怀激情的朗诵，学生们也跟着一起陶醉了。然后教师把话锋一转："现在的内蒙古草原却很难再见到这样的景象，（多媒体展示）草原严重沙漠化，请分析出现严重沙漠化的原因。"学生展开了激烈的讨论，通过讨论不但获得知识，学会了与同学间的交流合作，培养了合作精神，而且两幅画面前后形成强烈对比，使学生心灵深处受到强烈的震撼而产生共鸣，从而唤起他们保护环境的强烈意识和责任感。这种目标设计体现了三个维度的整合。

2. 关注学生的个性发展

学生是有差异的，学生的发展也是不平衡的，每一个学生都是一个特殊的个体，在他们身上既体现着发展的共同性特征，又表现出巨大的个体差异。教师必须将学生看成是有个性的学习者，承认差异，尊重差异，善待差异，使每位学生的个性都能得到充分的发展。因此，教学目标设计必须打破以往按同一模式塑造学生的传统做法，设计集体活动、小组活动、个别活动的环节，以便有针对性地加强不同层次学生的学习指导；设计分层次的练习和作业，从不同层次学生的实际出发，安排难易适中、梯度明显的练习或作业，使不同层次的学生都可根据自己的学情，有弹性地加以选择和完成。对不同层次的学生实施不同的学业成就评价方法，以增强不同类型学生的学习信心，提高他们的学习兴趣，强化他们的学习动机，激励他们努力学习，这样才能真正做到因材施教，因人而异，使每个学生都能发展自己的个性和创造潜能。

四、教学过程要关注学生的学习方式

1. 关注学生学习的自主性

让学生在自主学习中，体验知识，获取知识，张扬个性，形成风格，真正成为学习的主人。教师要承认学生学习的自主性，允许学生选择学习内容、途径和方法，使学生自我导向，自我激励，自我监控。因此，生物学教学要唤醒学生的主体意识，让学生学习的积极性、创造性充分地释放出来。教师要把更多的空间和时间留给学生，尊重学生独特的感受、体验和理解，让学生自主探究、自主活动，鼓励学生自主发展、自主建构和自主生成。

例 在"生态系统的类型和结构"的学习中，采用充分发挥学生的主观能动性为原则，以学生自主建构的方法实施学习。教师列出生态系统的类型和结构的知识主线和提纲要求，提出一些问题来创设情境，采用学生独立看书、看教师提供的多媒体课件和素材等自主探索的方式，由学生自主建构本节知识，整理知识结构，然后交流学习所得，形成共识，使大部分学生在初中已有知识的基础上对此内容又得到进一步深化和提高。由于学生认知水平和学习能力的差异，当交流中学生出现差异时，教师要及时诱导学生反思，点拨精讲，使他们找到了知识和方法的不足，这样学生就从同伴那里获得了思维方式和学习方法的启迪，这比教师的简单说教更有效，这也是教学内容外的收获。如"动物行为产生的生理基础"、"人类遗传病与优生"、"生态系统的稳定性"、"人与生物圈"等部分内容均可采用此法教学。

2. 关注学生学习的合作性

合作学习是转变学生的学习方式，培养学生主动学习、主动探究、发展创新能力的很好切入口和突破口，这是相对于个体学习而言的一种教学组织形式，是学生在小组团体内为了完成共同的任务，有明确责任分工的互助式学习。生物学学习中有很多时候需要这样的合作，如实验中的合作、探究中的合作、调查中的合作等。例如在"比较过氧化氢酶和Fe^{3+}的催化效率"的实验中就必须让学生分组观察、实验，这样的合作能够提高探究的效率，使实验的结果更准确，同时也培养了学生的合作精神。因此，在教学中教师要设计问题，让学生以合作学习的方式参与，以提高学生的创新能力和人际交往能力。在合作学习中教师要把自己放在与学生平等的合作者地位上，善于为学生提供合作的条件，创造合作的情境，让学生在合作中体验成功的喜悦，感受信息共享的快乐。

新课程改革的核心理念是"以学生的发展为本"，作为新课程倡导的三大学习方式之一的合作学习，是指学生在小组或团队中为了完成共同的任务，有明确责任分工的互助性

学习。

（1）合作学习的理论基础。

合作学习是以现代社会心理学、教育社会学、认知心理学等为基础，以研究和利用课堂教学中的人际关系为基点，以目标设计为先导，以师生、生生、师师合作为基本动力，以小组活动为基本教学方式，以团体成绩为评价标准，以标准参照评价为基本手段，以大面积提升学生的学习成绩、改良班级的学习氛围、形成学生良好的心理品质和社会技能为根本目标，极富创意与实效的教学理论与策略体系。

（2）合作学习的基本模式。

合作学习的基本模式为：教学目标呈现→集体讲授→小组合作活动→测验→评价和奖励。

1）教学目标呈现——合作学习的前提。在新授课伊始，教师先向学生提出本课的学习目标，明确学习方法和要求。教学目标是教学活动的灵魂，教学目标对教学过程具有导向、调控、激励和评价功能。有效教学在很大程度上取决于教师对教学目标的理解与把握，教师对教学目标的理解与把握越好，并在课堂教学中紧紧围绕教学目标进行，就越能最大限度地减少随意性和盲目性，提高教学的针对性和有效性。高中生物新课程标准的教学目标由三部分构成：知识目标、能力目标、情感态度与价值观目标。这三维目标在课程实施中是一个有机的统一整体，以培养和提高学生生物科学素养为核心，通过相互渗透构成了生物学课程总目标的完整结构体系。

2）集体讲授——合作学习的基础。教师主要做好前奏、铺垫、引导等工作，扫清学习新知识的障碍，为学习新课提供丰富的感性材料和适当的教学媒体，列出小组合作学习的讨论提纲（即学案），使学生进入良好的准备状态，激发学生的学习兴趣，从而产生一种探求新知识的渴望，为小组合作学习夯实基础。

3）小组合作活动——合作学习的主体和关键。在学生自学、初步感知的基础上，开始小组合作活动。小组由 4~6 名程度各异的学生组成，组内同学针对讨论提纲展开热烈讨论并自由回答，相互学习，团结协助，共同达成学习目标。教师在学生合作学习过程中担当管理者、促进者、咨询者和参与者，以突出学生学习的主体地位。

4）测验——合作达标的检测。课内练习是学生巩固知识的必要环节，是检测小组合作学习是否达成学习目标的重要措施，也是检测教学效果的有效手段。教师及时运用预先设计好的练习题，从知识的不同侧面和能力要求的不同层次让学生分层练习测试。让合作学习小组中不同程度的学生分层测试，使人人都学有所获。合作学习采用当堂检测教学效果的方法，反馈迅速，矫正有效，有利于提高生物教学质量。

5）评价和奖励——合作学习的点睛之笔。在学生自练的基础上，让其互评、互议、互批、互改，对其中出现的代表性问题，教师也不急于讲解，而是采取全班讨论的形式，通过学生互评、师生互评等手段来解决。评价时以小组总体达成学习目标为核心，多用鼓励性和肯定性评价，不仅注重学习结果的汇报，更注意合作过程的评价。这样使不同层次的学生都获得成就感，使小组合作学习更积极向上，使学生更乐于参与，人人获得进步。

（3）合作学习对学生能力和素质的培养。

1）培养学生的思维能力。合作学习立足于素质教育的主阵地——课堂，突出小组合

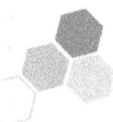

作学习的教学形式，充分发挥学生的自主性、积极性和创造性，让学生主动去研究问题、探寻知识，在合作学习过程中加深对知识的理解，培养学生的思维能力。

2）培养学生的表达能力和交往能力。在合作学习过程中，小组要达成共同的学习目标，小组中的每一个成员都要充分发挥自己的潜能，学习相关的知识，讨论达成目标的每一个问题，充分表达自己的观点，倾听他人的意见和评价，相互尊重，学会倾听，培养表达能力和人际交往能力。

3）培养学生的自学能力和阅读素质。合作学习是以学生自主探究为基础，学生首先要根据学习目标和要求阅读教材，然后去思考、讨论问题，探求知识。先用较快速度浏览课本内容，明确重、难点；然后仔细阅读，准确完整地理解内容；最后重点阅读，突出重点、突破难点，归纳整理，形成知识体系，掌握一定的阅读方法，并形成良好的阅读习惯，培养阅读素质，发展自学能力，让学生学会学习。

4）培养学生良好的心理品质。由于合作学习强调小组互助合作，评价学生行为时，不只是依据个体的进步程度，而是注重一个小组的整体进步，每个小组获得的成功都依赖于小组中各位同学的共同努力，使学习活动成为教师、学生、教材、环境之间的多边多向的信息传递活动，突出了学生之间的相互作用，使学生个人目标与群体目标之间相互联系，由此在学生中形成互助、互勉、互爱、互尊的良好人际氛围，养成学生实事求是的科学态度，培养学生团结合作的精神和责任感，发展学生积极向上、民主科学的良好心理品质。

合作学习能够使单调沉闷的课堂教学活跃起来，成为教学的助推剂，融洽师生关系的润滑油，激活学生思维的催化剂。优化了教师与学生、学生与学生、学生与学习材料之间的合作互助形式，发挥了教师的主导作用，确保了学生的主体地位，促进了学生在主动、轻松的学习活动中提高综合素质。

3. 关注学生学习的探究性

探究性学习是相对于接受性学习来说的，它是指从学科领域或现实生活中选定主题，学生通过调查、实验、讨论、分析等研究活动，在探究中获得知识技能，提高能力，发展情感的过程。创新的基础是探究，没有探究，就不可能有创新。被誉为"杂交水稻之父"的袁隆平多年如一日地探究着概率仅为几万分之一的雄性不育水稻，最后终于培育出杂交水稻，解决了中国人的温饱问题。所以，教师在教学过程中应设计问题，让学生主动探究，突出以活动为中心，以探究为核心，以过程为重心，引导学生在广阔的天地里探究知识的奥秘。自主、合作、探究三者中，自主是基础，合作是形式，探究是方法。在教学设计时要注意自主是永远的，合作是有效的，探究是适当的。

（1）探究性导课。

探究性教学的导入设计，必须引起学生对学习内容的探究兴趣，同时符合学科的特点及教材自身的性质。

例1 在学习"性别决定"之前，可以提出这样的探究性导课："为什么人类的性别比总是接近于1∶1？"在学习"伴性遗传"时，绘声绘色地讲述道尔顿症的发现史，在结尾时及时提出探究性问题："道尔顿和他的兄弟的色盲基因是来自他们的父亲还是母亲呢？"真是"一石激起千层浪"，同学们讨论开来，有的说是来自父亲，因为母亲不是色盲；有的说来自母亲……此时学生急于知道答案，求知欲倍增，促使学生在好奇和思考中获得知识，并且记忆深刻。

例2 播放3D胚胎发育的过程，并提出问题："看了视频，你能说说细胞有丝分裂和细胞分化的区别吗？"从而引起学生学习的兴趣，并回忆已有的知识，接着让两位同学回答问题，可以展现学生对已有知识的掌握情况和对细胞分化的认识，进而自然地进入新课"细胞的分化"的学习。

例3 在学习"第二节　细胞的能量'通货'——ATP"之始，通过展示"农村夜静"的图片和播放大自然的虫鸣音乐引出萤火虫这一生物，从而提出萤火虫为什么会发光这一问题，导入新课。学生通过倾听音乐，勾起儿时回忆并对老师提出的问题充满好奇，激发学生学习兴趣。

（2）在问题中重视探究性学习。

在教学过程中，要围绕研究问题创设情景，有针对性地进行系列问题设计，使之与学生认知结构中的观点建立起实质性联系，达到新知识的意义建构。学生围绕问题动脑、动口、动眼，独立地观察、分析、归纳等，最大限度地调动起探究性思维的主动性和积极性。

例 在探讨ATP分子内具有两个特殊的高能磷酸键这一重要特征时，教师通过展示自制的"ATP分子结构式"模型来引导学生观察ATP分子内两个波浪形的化学键，提出如下问题："请大家仔细观察这个模型分子内化学键的连接，看看有没有哪些特殊之处（拿着教具走下讲台）？""大家有没有看到在ATP分子的后面的磷酸基团之间是通过波浪形的化学键连接的？""那同学们想一想，这种波浪形化学键有什么特性呢？""ATP分子水解时只有一个波浪形化学键会断裂，同学们想一想是哪一个断裂而释放出能量呢？"让学生围绕上述系列问题动眼、动脑、动口，观察、分析"ATP分子结构式"模型，从而能够很好地调动起学生进行探究性学习。

（3）在实验中落实探究性学习。

生物学是一门实验科学，观察和实验是生物科学基本的研究方法，现行教材增添了许多实验是还生物学以本来面目。实验教学可以培养学生的学习兴趣，形成客观的、实事求是的科学态度。作为教师要千方百计地创造条件，开足分组实验，开好演示实验。重视实验不仅要重视验证性实验，更要重视探究性实验；不仅要重视操作，更要重视实验的设计；不仅要重视实验结果，更要重视实验过程的分析。实验过程中要时时注意培养学生思考问题、分析问题的能力，培养学生观察、实验设计以及操作能力。

例 在学习"探究叶绿素的形成与光照的关系"这一实验时，先让学生观察黄豆芽与绿豆、韭菜与韭黄的叶，比较叶色的差异。再提出问题：绿色植物细胞内叶绿素的形成受什么因素影响？光照对叶绿素的形成是否有影响？接着通过对光照条件的控制设计实验并对出现的现象进行观察、记录。最后全班交流，得出实验结论，并将结论进一步引申到农业生产上。

（4）从教材中确定探究课题和探究内容。

教材中的某些基本原理、概念和规律等知识，虽然对人类是已知的，但是这些结论对学生来说是未知的，可以把这类课题设计成让学生再创造和再发现的过程。教师应编写单元内容的学习思考题，题目的内容要具有探究因素。在单元教学的开始，教师利用学生已有的生物学常识、生活常识、有趣的生命现象和问题，引出中心课题内容，这样能够激发学生浓厚的学习兴趣，产生强烈的探求未知、解决问题的欲望。然后，学生通过各种途径和方法在教师的启发、指导、帮助下，对所探究的问题尝试作出解答，获得初步的认识。

（5）从现实生活中选择与学科内容有关的问题。

探究性学习强调培养学生发现问题、分析问题和解决问题的能力，在学科教学中教师可以让学生解决身边与学科内容有关的实际问题；而生物学又是一门与生产、生活实际紧密相连的科学，学生可通过查找资料、动手实验、社会调查等亲身实践获得对社会的直接感受，同时还可以了解科研的一般流程和方法，尝试着与他人交往和合作，懂得还有很多获取信息的渠道，并试图综合已有的知识来解决正在研究的课题。如把每年 12 月 1 日"世界艾滋病日"作为一个主题，让学生收集信息，写出报告。学生在阅读了相关文章后，经过讨论、分析，写出自己的观点，充分锻炼了思维能力；报告完成后，利用一定的时间让报告人进行陈述，而其他同学可以进行提问，由报告人进行答辩。在整个活动中，学生不仅增加了信息量、拓宽了知识面，而且培养了探索精神，提高了表达能力和信息交流能力，更充分激发了学习生物学的兴趣，从而自觉主动地参与到学习中来。

五、教学策略要关注学生的学习氛围

为学生创造一种民主、互动、共进和谐的氛围，这种氛围是师生关系平等的体现。

（一）善于创设学习情境

运用建构主义理论，进行教学情境设计。

（1）创设真实情境，使学生在该情境中主动建构知识。生物学教学中创设真实情境，一方面可以将室外的自然界作为学习的场所，使学生在自然界中学习有关生物的形态结构，观察生物的各种生理现象，进行调查研究等。另一方面在室内以有关的实验、观察、演示、操作、游戏、模拟、故事、电子媒体联系社会，联系生产生活、学生自身实际等方式创设真实情境。例如，通过角色扮演、多媒体演示，调查身边有关的生态系统，学习生态系统的内容；通过查阅我国植被情况，进行校园绿化设计来学习"爱护植被，绿化祖国"这部分内容。

（2）创设问题情境。问题不仅能够引起学生的学习兴趣，而且能引起学生的积极思考，对于学生主动建构新的认知结构具有重要意义。

第一，利用自然现象、生产生活实际、学生自身实际和社会实际，创设问题情境。例如，在讲"植物蒸腾作用"的意义时，教师可以设计以下几个问题让学生讨论：俗话说"人往高处走，水往低处流"，但植物体内的水为什么可以从根部到达树冠呢？"大树底下好乘凉"这句话包含了什么科学道理？又例如，家里养花为什么要把花盆放在有阳光的地方？家里养鱼为什么要经常换水？营养过剩为什么会发胖？等等。通过在情境中提出问题，研究问题，解决问题，调动了学生学习的积极性，诱发了其思维动机和探究的欲望。

第二，通过实验现象，创设问题情境。让学生通过对探索性实验的观察和分析，从中发现问题，产生疑问，并进一步去解决问题。例如，在探究植物的蒸腾作用发生的主要场所中，学生将植物的叶片用小塑料袋包起来，然后在整个植物的外面套上一个大塑料袋，过一段时间观察，并与叶片不包小塑料袋的植物进行比较，从实验现象中发现问题，创设问题情境。

（3）创设协作学习情境，使学生在该情境中进行知识意义的建构。学生在教师的组织和引导下一起讨论和交流，共同建立起学习群体并成为其中的一员。教师可以组织全班学生共同讨论一个问题，各抒己见，共同进行意义建构；也可以将不同的讨论题分配给各小组，首先在小组内进行协商、辩论，然后全班共同探讨和交流。按小组实验，调查等形式来学习。通过这种协作学习环境，学习者群体（包括教师和每位学生）的思维与智慧可以被整个群体所共享，即整个学习群体共同完成对所学知识的意义建构。

例　　　　　　　　　　"体液调节"的学习

体液调节这部分内容与学生的生活实际联系较紧密，对此，学生已有很多感性认识。而且有些知识与学生自身有关，学生很感兴趣。但教学中通过采用两种不同的教学方法获得的教学效果却截然不同。一个班采用传统的以教师讲述为主，学生被动地听、记的方法进行授课，结果教师讲得吃力乏味，学生听得索然无味，教学失去应有的有效性。另一个班采用了学生合作互动的方式进行学习。首先将学生分为 4 人一组；然后教师创设一种情境，准备了一些多角度的问题，按照动物激素的种类和生理作用、动物激素的分泌、相关激素间的作用、其他化学物质的调节作用等不同内容把问题分为几个专题提供给学生。学生分组选择其中的任一专题（教师参与调剂，避免组间的重复），组内 4 人进一步分工细化，每人负责不同的内容，利用课余和自习时间，通过阅读教材、查阅资料、上网查询等方法，收集资料，然后组内成员间合作互动，分析整理，建构本专题的知识和概念。由于每组只查阅了一个专题的内容，要想获得完整内容就必须进行组间的合作互动，因此利用课堂时间给学生提供展示的平台，分组相互交流各自的成果和心得，其间教师及时点评，最后学生获得本节完整全面的知识。在交流时，每组同学不仅认真倾听其他组的介绍，还及时提出问题进行咨询、讨论，促进了组间的互帮互学。交流中有些学生还提出了很多意想不到的新问题，激起了更多的同学进一步寻求答案的欲望，结果学生的学习情绪异常高涨，提问和答疑的参与意识非常强，学习效果显著。通过这两种方法的对比教学，体会到这种教学方式不仅使学生获得了相关知识，还激发了学生对生物学的兴趣，同时也培养了他们收集、处理资料信息的能力，更重要的是使他们学会了与他人合作互动、友情互助，分享合作的快乐，学生的成就感和自信心溢于言表，取得了有效的教学效果。如"细胞的分化、癌变和衰老"、"新陈代谢的基本类型"、"生殖的类型"、"DNA 是主要的遗传物质"、"生物的变异"等内容的教学均可采用此种方式进行。

（4）创设探究性学习情境。新课程标准十分重视探究性学习，将倡导探究性学习列为课程的基本理念之一。科学探究是新课程标准的灵魂。科学探究能力和对科学探究的理解是在发现探究学习的过程中形成的，探究是以培养学生发现问题、重组知识的综合能力、运用知识解决问题的能力为着力点，重在培养学生的创新精神和实践能力，发展学生的逻辑思维和批判性思维能力，培养学生对科学知识的开放态度和创新精神。其中教师起到的是指导者、组织者的导师作用，学生是在开放的活动中自主地、探究性地获得知识和能力。教师引导学生进行探究为主的创造性的学习策略构成了有效教学的有效行为。

例 **"探究温度对酶活性的影响"的学习**

学习活动中，教师事先没有告诉学生具体的设计和操作方法，教学过程中主要是帮助学生自己去探究，从问题的提出、探究方案的设计、探究过程的开展，到探究结论的得出，很大程度上都是学生自主完成的，在此过程中教师随时提供一些协调、引导、点拨和答疑，最后，在学生总结经验教训的基础上，教师帮助他们进一步提高。因而教学活动不只停留在探究活动的形式和外壳，而是从探究活动的特性——学生的自主构建出发进行设计。结果课堂上学生的探究兴趣和热情都很高，思维活跃，提出了多种不同的方案，也出现不同的实验现象和效果。通过教师及时组织讨论，学生在知识和方法上都得到了有效的提高。例如：

情境引入：酶是生物体内具有催化作用的有机物。加酶洗衣粉就是在合成洗衣粉过程中加入酶制剂制成的，因而去除污渍的效果会大幅提高。日常生活中，洗衣服时放入加酶洗衣粉后加水洗涤，有的同学是直接倒入冷水，有的同学加入的是温水，而有的同学认为要想洗得干净必须加入开水才行。（根据上述现象，请学生讨论后试着提出问题。）

提出问题：使用加酶洗衣粉洗衣时，对水温有要求吗？为什么？最适宜的温度应该是多少？（在此基础上请学生作出假设，并及时纠正。）

作出假设：加酶洗衣粉在适宜的温度下（温水）才能发挥最佳洗衣效果。

（再引导学生以小组为单位设计实验方案，教师适时指导。）

设计方案：列举一组学生的方案如下（各组的方案不同）：

（1）选取3个500mL的烧杯，将一块被牛奶污染的同质脏布剪成大小相同的3块，分别放入上述3个烧杯中。

（2）称取加酶洗衣粉3g，共称取3份，分别放入3个烧杯中。

（3）向3个烧杯中分别加入3种不同温度的水200mL，分别是冷水（10℃）、温水（50℃）、热水（80℃），然后浸泡，用玻璃棒搅拌，时间均为5分钟。

（4）取出脏布，对比观察污渍的去除状况。

（5）根据实验现象，推出实验结论。

实施试验：学生按照设计方案开始进行试验，学习情绪高涨。

结果讨论：实验现象非常明显，在冷水（10℃）、热水（80℃）中的脏布上的残留污渍较多，而在温水（50℃）中的脏布上的污渍残留最少。由此推出结论：温度对酶的活性有一定的影响，过高、过低都会降低酶的活性，只有在温度适宜时酶才能发挥最大活性。

表达交流：学生分组派代表向全班同学汇报本组的探究方案、实施过程、探究结果以及获得的经验和教训，共享成果。某小组发言时，其他组可以提问或提出建议。如"新陈代谢与酶"、"植物对水分的吸收和利用"、"植物的矿质营养"、"动物激素饲喂小动物的实验"等内容可采用此法进行教学。

（二）善于激励学生

每个学生都拥有自己独特的智力领域和优势智力，人人可以通过教育来发展自己，人人都是可育之才。在新的课堂教学中，不仅要重视优秀的学生，更要关注学习一般特别是学习较差的学生，对每一位学生实施赏识性评价，使每位学生都能有展示自己才华的机会，以使他们都得到平等发展。

例 在讲"光合作用的过程"时，教师根据光合作用的概念，写出以下化学方程式：$6CO_2 + 12H_2O \rightarrow C_6H_{12}O_6 + 6H_2O + 6O_2$，要求学生描述这方程式发生的前提条件，并根据已有的知识看谁能提出最有研究价值的问题。大部分学生都能举手，但有少数学生若有所思，保持沉默。这时教师可对学生说："我相信你们不比别人差多少！"他们在鼓励下也纷纷举起了手，这时，教师对一位仍不愿举手的学生说："试试看，也许你的所见所闻更加独特！"令人感到欣喜的是，他提出的问题果然不凡。全班顿时响起了热烈的掌声。后来才知道这位学生从来没有面对大家回答过教师的问题。今天，他给了自己一个惊喜，又得到了同学们发自内心的赞扬和鼓励，他战胜了自己。

（三）善用灵活策略

善于运用教学策略是体现教师个性化的地方，不同的教师对同一教学内容设计是不同的，很大程度上是策略不同。教学策略之一是善于用知识熏陶学生。

例1 当讲到 DNA 时，先让学生列举 DNA 的用途，通过几位学生的讲述，教师发觉他们对 DNA 被用于破案很感兴趣，于是说："据我调查，该技术已在数百起案件的技术鉴定中被成功应用，但对高度腐化的白骨化尸体，没有毛囊的毛干等却无能为力。"学生异口同声地说："那怎么办？"教师说："已有一项科研成果填补了这项空白。线粒体 DNA 解决了难题，它可以对毛干、指甲及骨组织进行个体识别，为打击犯罪活动又添了一种有力的武器。"

例2 在讲"环境污染"时，可结合美伊战争给学生指出：战争是生态环境最大的污染源。

这些例子不仅开阔了学生眼界，激发了他们的学习兴趣，也树立了教师的威信。因此，教师应用渊博的知识来熏陶学生，从而达到教育的目的。其实在教学过程中，不同教师其教学策略是不同的，有的巧设导言，制造悬念；有的环环相扣，突破重点；有的鼓励提问，以学促教；有的各抒己见，引发争论。

总之，新课程理念下的课堂教学设计是教师先进教育理念与聪明智慧的体现，教师在运用聪明智慧体现先进的教学理念时，教师不断成长了，更重要的是学生也不断成长了。

第二节 新课程教学过程设计的四个环节

精心进行教学过程设计是落实教学目标的关键。新课程教学过程设计应抓好如下环节。

一、创设情境

讲授新课时，教师若单从知识传授的角度去备课，往往会根据上一节课的内容进行复习引入，然后讲授本节内容。但我们不仅要求学生掌握知识，而且还要求学生掌握生物学问题的学习和研究的方法。因此情境的创设就要设计为以教学目标为依托，以学生原有知识为基础，既能为本节课目标服务，又能使学生产生认知冲突的生动、形象的学习情境。因此，在创设问题情境时，教师可从生物学与生活或与社会的结合点入手，还可利用生物学实验或从新旧知识间的矛盾入手。

例1 在学习"病毒"这一节内容时，教师先投影各种美丽的郁金香花图片，然后给学生讲杂色郁金香的故事：在16世纪早期，荷兰流行"郁金香热"。商贾富豪们把那些稀有的杂色郁金香视为珍宝，争相收购。一颗上好的杂色郁金香鳞茎，与荷兰首都阿姆斯特丹的一间房子同价，相当于一个砌砖工人15年的工资。据说有一位花农，因把自己的毯子给郁金香取暖，竟被活活冻死了。1637年荷兰政府公布禁止投机式的买卖郁金香，一时间，许多暴发户的财产如泡沫般消失，数千人因而破产。直至20世纪30年代，科学家证实，那美得耀眼、美得令荷兰人倾家荡产的杂色花纹，竟是被郁金香杂色病病毒感染的结果。这样既能引起学生的有意注意，使学生的注意力很快集中到所学习的内容，又能使学生产生浓厚的兴趣和求知欲，引起学生思维活动。

例2 在"群落的演替"教学设计中创设的学习情境是：教师呈现麻姑的图片和《神仙传·麻姑》的文字记载，娓娓讲述"沧海桑田"的神话故事。吸引学生进入情境后，引出课题，用生物学原理解释沧海桑田即群落的演替。

例3 "细胞的能量'通货'——ATP"一节课的情境导入。

教师：展示学生在体育节系列活动之一——篮球赛的照片（学生看到自己或本班同学的熟悉面孔，情绪高涨），然后提问：生物体每天的生命活动都在消耗能量，刚刚结束篮球赛的同学，消耗的能量更大，那么生命活动所需的能量从哪里来？

学生：有机物的氧化分解。

教师：对，也就是通过细胞呼吸来释放能量。那么氧化分解过程中最常利用的有机物是什么？

学生：糖类，因为它是主要的能源物质。

教师：（肯定答案）那么糖类是否能直接给我们提供能量呢？

学生：（多数认为不能。）

教师：为什么？下周我们要举行学校运动会了，如果现有3名水平相近的同学要进行百米短跑比赛，赛前分别服用等量的巧克力、葡萄糖和ATP口服液（提示：一种能源物质），哪名运动员更容易跑赢呢？

学生：（猜测老师的答案，议论纷纷。）

教师：（利用PPT课件的自定义动画功能，展示3名运动员同时起跑，但服用了ATP口服液的同学遥遥领先的情景，让学生心里充满好奇和期待，引发学生思考。）

二、设置问题

一个好的问题是开启学生思维的源泉。教师要在教学的不同环节设置不同形式的问题。首先要设计试探性问题，这样可使学生学习的新知识和原有的经验结合，利于知识的建构；其次要设计过渡性问题，能承上启下，过渡自然，使学生的思维有连续性，不致造成思维的混乱；再次要设置总结性的问题，不仅使学生得出正确的答案，还要知道答案的得出过程，培养学生的分析能力和归纳能力；最后要设置发散性问题，使学生对概念和规律的认知在原认知的基础上得以拓展，培养学生创造性解决问题的能力。而提出问题的梯度则是使学生的思维由无疑到质疑，达到学生思维的最优化。

例1 在学习"叶的蒸腾作用"内容时，学生通过"植物蒸腾作用"的实验观察，发现罩植物的塑料袋内有很多小水珠，教师启发学生思考塑料袋内的小水珠是怎样形成的。进一步提问：如果这些水蒸气是从植物体里出来的，那么植物体应有什么样的构造，才能往外跑"气"？学生自然会想象出植物体表面应有水蒸气跑出的孔，这些孔一定很小，是肉眼看不见的。引导学生相互讨论质疑：叶片上是否有水分散失的"门户"？指导学生制作和观察叶的临时切片和表皮的临时装片。在学生观察的基础上提问：植物蒸腾失水的主要器官是什么？这与它具有什么结构有关？通过观察，有些学生会提出下列问题：为什么上下表皮的气孔数目不一样？联系生活实际，为什么移栽植物时需要剪掉大量的枝叶？森林附近经常下雨是怎么回事？同学们经过实验、探究、讨论等方式去发现问题，然后由学生进行分析总结，把问题进行分类，就能对蒸腾作用有比较清晰的认识。

例2 在学习"细胞的癌变"内容时，教师首先提出如下问题：①癌细胞与正常细胞有什么区别？②引起细胞癌变的致癌因子有哪些？③细胞为什么会发生癌变？④怎样预防癌症的发生？与预防禽流感（AI）、非典型性肺炎（SARS）的措施有什么不同？接着全班学生分为四个小组进行合作讨论学习，每组讨论一个问题。教师巡查指导，待学生讨论分析后，由各小组组长代表发言汇报，然后经过全体同学的质疑和探讨后得出答案。最后教师进行归纳。

例3 在"物质的跨膜运输的实例——水分的跨膜运输"一节教学中，教师先做渗透现象的演示实验，引导学生质疑（动脑）：漏斗内的液面为什么会上升？这一现象与哪些因素有关？接着组织学生讨论（动口），学生通过小组讨论作出如下假设：①由于漏斗内溶液和烧杯内的溶液存在浓度差，这样才导致了吸水；②由于漏斗口处有一块半透膜，这样才导致了吸水；③既要有半透膜，又要有浓度差，而且漏斗内溶液的浓度一定要大于烧杯内溶液的浓度，液面才会上升。教师在此基础上再要求各组就自己组作出的假设来设计一个实验方案。最后教师让学生进行实验操作（动手），并得出结论：渗透作用的发生必须具备半透膜和膜两侧溶液要有浓度差这两个条件。

三、合作探究

新课程标准以现代教学论的研究成果为依据，提出了新的教学策略和教学方式，其中"科学探究"是最主要的目标和方式，它和"知识与技能"目标有着同等重要的地位。加强探究是使学生在课堂上活起来的重要方法，它可以启发学生思维，促使学生动手、动脑、动口，培养学生的创新意识和实践动手能力。新课程理念下的课堂可以说是各种方式的整合，而不是一种方式单调地进行。因此，在采用探究式教学方法的同时，不能排斥"接受式"教学，教师首先要判断本节内容是陈述性知识，还是程序性知识，可以探究、应该探究的程序性知识坚持用"探究、合作、交流"的方式进行，适宜采用接受式教学方式的陈述性知识，仍可采用接受式教学。不论采取哪种方式，都要考虑为落实教学目标学生应有哪些活动？怎样组织这些活动？

例1 在"血液"这一课题的教学设计中，由于学生对于血液已有一些知识和生活常识，同时对血液的问题很感兴趣，有关血液的知识的资料又很多，所以可采用自主学习方法，具体做法为：①鼓励每个学生课前收集有关血液的各种资料，提出自己想了解的血液问题；②始终围绕血液与生命的关系，充分联系实际，创设有关出血、验血等生活问题情境，让学生在分析收集资料、相互交流中自主学习，了解血液的成分及主要功能，并用所学知识解释生活现象和问题，提高学生的能力和生物学素养，使学生更加关注血液，关爱自己和他人；③把学生收集的有价值的资料进行共享，这样不仅开阔学生视野，使学生相互学习更具可能性，也提高了学习效率，提高了自主学习的积极性；④对于学生提出的有关血液的其他问题，鼓励学生课后探索。在开展这些活动的同时，教师应教给学生方法，使课堂变为学生讨论、交流的场所，并及时点评和鼓励，为学生提供展示平台。在活动中，学生学会了探究、合作、交流的学习方法，变"要我学"为"我要学"，使学生成为真正的主人。

  例2 在"免疫调节"的教学设计中，采用合作探究方法，让学生自己总结出特异性免疫过程的流程图。可让教师按认知规律启发学生：如果病毒侵入机体细胞内怎么办？展示细胞免疫的生理流程图让学生结合以下问题自主和合作学习：①被病毒感染后的宿主细胞表面有何变化？②细胞免疫的主要免疫细胞是什么？它如何发挥作用？学生有了体液免疫的基础，很容易理解效应 T 细胞及其对靶细胞的识别过程。通过学生质疑的方式，教师可发现学生的主要疑点在于：①效应 T 细胞与体液免疫中的 T 细胞是否一样？②靶细胞被裂解后，抗原就被消灭了吗？根据这些问题，教师可告诉学生 T 细胞有多种，并根据学生实际说明体液免疫中的是辅助性 T 细胞，而细胞免疫中的主要是细胞毒性 T 细胞，它们发挥着不同的作用。消灭抗原最终还需要依赖抗体、吞噬细胞等，教师可说明体液免疫和细胞免疫、特异性免疫和非特异性免疫之间是普遍联系的，也可说明生命活动之间联系的复杂性和多样性，揭示生命活动的整体性。让学生进一步明确各种免疫机制之间的联系与区别，以流程图的形式总结归纳特异性免疫过程。

四、反思评价

  教学中，反思评价是最容易被忽视的环节，缺少此环节，不利于培养学生的评估、质疑及创新能力。本环节主要让学生反思：回答的答案是否全面、准确，用词是否恰当，是否存在有规律性的东西等等。

  例 在学习"叶的蒸腾作用"一节时，学生通过实验探究，知道了叶片表面有气孔，所以叶片有蒸腾作用。这时有学生提出质疑：是不是只有叶片有蒸腾作用呢？其他学生马上提出各种猜想：有人认为叶柄有蒸腾作用，有人认为茎有蒸腾作用，也有人认为根有蒸腾作用。经过讨论，首先排除了根有蒸腾作用的可能性。然后各自选择合适的材料进行探究，得出叶柄、植物的幼茎表面也有气孔，也能进行蒸腾作用，但叶片表面气孔较多，所以叶片是蒸腾作用的主要器官。这种探究后的反思、评价，激发了学生成功的体验，同时激发了学生踊跃参与问题讨论和敢于探索的创新意识。

  新课程理念下的生物学教学设计既包含了教师课前对教材的二度开发，也应包括师生教学实践中即时地、互动地、动态地对课程资源的三度开发，这样的设计能很好地实现课程标准新理念，使学生得到充分的发展。

思考与练习

1. 概述新课程生物学课堂教学设计的关注点。
2. 为什么说教学过程设计是落实教学目标的关键？
3. 能够在试教中实践新课程理念下的教学设计。

参考文献

1. 张建华. 新课程理念下的生物学教学设计. 中学生物学，2007（11）.
2. 袁锦明. 新课程理念下的高中生物开放式教学初探. 中学生物学，2007（11）.
3. 钟启泉，崔允漷，张华. 为了中华民族的复兴　为了每位同学的发展——《基础教育课程改革纲要（试行）》解读. 上海：华东师范大学出版社，2001.

第五章

生物学多媒体组合教学设计

学习目标

1. 概述现代教育媒体的特点和功能。
2. 掌握多种教学媒体的组合原则。
3. 能够在试教和教育教学实习中实践生物学多媒体组合教学设计。
4. 利用互联网资源搜集生物学教学资料。

教学重点

生物课堂多媒体组合教学设计与应用。

第一节　多媒体组合教学概述

一、多媒体教学的概念

多媒体教学是指在教学过程中，根据教学目标和教学对象的特点，通过教学设计，合理选择和运用现代教学媒体，并与传统教学媒体有机组合，共同参与教学全过程，以多种媒体信息作用于学生，形成合理的教学过程结构，达到最优化的教学效果。

教学媒体从显示形式的角度看，基本上可分为实物、图形、文字、语言四大类。科学技术的发展，给教学媒体带来了新的形式和内容。从这一角度，又可分为传统媒体（实物、标本、模型、挂图、黑板画、剪贴画等）和现代媒体（幻灯、投影、录音、录像、电视、电影、教学电子计算机即电脑等）。不同类别的单个教学媒体都有其特殊的教学作用和功能，在教学中都可以独立地加以使用，但都有所长和所短，而多媒体组合使用则可扬长避短，充分发挥各自的优势和特长，相得益彰，使教学功能更加丰富、完善、有效。

多媒体组合既可以是传统媒体彼此间的组合或现代媒体彼此间的组合，也可以是传统媒体与现代媒体的组合。传统媒体与现代媒体的组合运用是生物教学最优化的基本要求。多媒体组合教学的实践证明，恰当组合和运用媒体，不仅能调动学生的学习兴趣，提高教学质量，更能增大课堂教学信息的容量，增强信源的能量，提高学生多方面的能力。

多媒体组合教学是一种先进的、科学的教学方法，在指导教学活动、提高教学质量中具有普遍意义。

二、多媒体教学的发展历程

多媒体教学其实早已有之，教师一直在借助文本、声音、图片来进行教学。但是在20世纪80年代开始出现采用多种电子媒体如幻灯、投影、录音、录像等综合运用于课堂教学，这种教学技术又称多媒体组合教学或电化教学。90年代起，随着计算机技术的迅速发展和普及，多媒体计算机已经逐步取代了以往的多种教学媒体的综合使用地位。因此，现在我们通常所说的多媒体教学是特指运用多媒体计算机并借助于预先制作的多媒体教学软件来开展的教学活动过程。它又可以称为计算机辅助教学（computer assisted instruction，即 CAI）。

三、多媒体结构特点及功能

多媒体计算机辅助教学是指利用多媒体计算机，综合处理和控制符号、语言、文字、声音、图形、图像、影像等多种媒体信息，把多媒体的各个要素按教学要求，进行有机组合并通过屏幕或投影机投影显示出来，同时按需要加上声音的配合，以及使用者与计算机之间的人机交互操作，完成教学或训练过程。所以，多媒体教学通常指的是计算机多媒体教学，是通过计算机实现的多种媒体组合，具有交互性、集成性、可控性等特点，它只是多种媒体中的一种。

它利用计算机技术、网络技术、通信技术以及科学规范的管理对学习、教学、科研、管理和生活服务有关的所有信息资源进行整合、集成和全面的数字化，以构成统一的用户管理、统一的资源管理和统一的权限控制。它侧重于学生可随时通过 wifi 接入校园网及互联网，方便地获取学习资源，教师可利用无线网络随时随地查看学生的学习情况、完成备课及进行科研工作。其核心在于无纸化教学的实施及校园内无线网络的延伸。

四、多媒体系统的组成

一个完整的多媒体计算机系统是由硬件和软件两部分组成。其核心是一台计算机，其外围主要是视听等多种媒体设备。多媒体系统的硬件是计算机主机及可以接收和播放多媒体信息的各种输入/输出设备，其软件是多媒体操作系统及各种多媒体工具软件和应用软件。

1. 硬件结构

典型的多媒体系统的硬件结构可以分为以下几部分：

（1）主机。主机是多媒体计算机的核心，用得最多的还是微机。目前主机主板上可能集成有多媒体专用芯片。

（2）视频部分。视频部分负责多媒体计算机图像和视频信息的数字化摄取和回放。主要包括视频压缩卡、电视卡、加速显示卡等。视频卡主要完成视频信号的 A/D 和 D/A 转换及数字视频的压缩和解压缩功能。其信号源可以是摄像头、录放像机、影碟机等。电视卡（盒）完成普通电视信号的接收、解调、A/D 转换及与主机之间的通信，从而可在计算机上观看电视节目，同时还可以以 MPEG 压缩格式录制电视节目。加速显示卡主要完成视频的流畅输出，是 Intel 公司为解决 PCI 总线带宽不足的问题而提出的新一代图形加速端口。

（3）音频部分。音频部分主要完成音频信号的 A/D 和 D/A 转换及数字音频的压缩、解压缩及播放等功能。主要包括声卡、外接音箱、话筒、耳麦、MIDI 设备等。

（4）基本输入/输出设备。视频/音频输入设备包括摄像机、录像机、影碟机、扫描仪、话筒、录音机、激光唱盘和 MIDI 合成器等；视频/音频输出设备包括显示器、电视机、投影电视、扬声器、立体声耳机等；人机交互设备包括键盘、鼠标、触摸屏和光笔等；数据存储设备包括 CD – ROM、磁盘、打印机、可擦写光盘等。

2. 软件系统

多媒体软件系统按功能可分为系统软件和应用软件。多媒体系统软件主要包括多媒体操作系统、媒体素材制作软件及多媒体函数库、多媒体创作工具与开发环境、多媒体外部设备驱动软件和驱动器接口程序等。应用软件是在多媒体创作平台上设计开发的面向应用领域的软件系统。

3. 层次结构

多媒体系统的层次结构与计算机系统的结构在原则上是相同的，由底层的硬件系统和其上的各层软件系统组成，只是考虑到多媒体的特性各层次的内容会有所不同。下面分别叙述各层的作用：

最底层是直接和多媒体底层硬件打交道的驱动程序，在系统初始化引导程序作用下把它安装到系统 RAM 中，常驻内存。

倒数第二层是多媒体计算机的核心软件，即视频/音频信息处理核心部件，其任务是支持随机移动或扫描窗口下的运动及静止图像的处理和显示，为相关的音频和视频数据流的同步问题提供需要的实时任务调度等。

倒数第三层是多媒体操作系统，除一般的操作系统功能外，它为多媒体信息处理提供与设备无关的媒体控制接口。例如，Windows 操作系统提供的媒体控制接口。

倒数第四层是开发工具/著作语言，用于开发多媒体节目，如 Authorware 等。

倒数第五层是多媒体应用程序，包括一些系统提供的应用程序，如 Windows 系统中的录音机、媒体播放器应用程序和用户开发的多媒体应用程序。

第二节　现代教育媒体的特点和功能特性

一、现代教育媒体的特点

与传统教育媒体相比，现代教育媒体主要具有形声性、再现性、先进性和高效性的特点。

1. 形声性

现代教育媒体主要以图像、声音的形式传递信息，表现教育、教学内容，都具有形声的特点，能够提供代替的经验，使抽象概念具体化，具体事物半抽象化，使知识的传输变得比较容易。在教学中充分利用现代教育媒体形声性特点，可使人产生身临其境之感，使学生在学习时真正做到眼耳并用、视听并举。

2. 再现性

运用现代教育媒体再现事物，可以源于事物而高于事物。它能根据教学需要，将所要表现的对象化大为小、化小为大、化远为近，使所反映过程由快变慢、由慢变快，将事物的本质要素突出地展示在学生面前，引导人们由局部到整体或由整体到局部地观察。借助于这种再现性了解事物的运动过程、变化发展，与直观视、听事物的变化发展相比，在效果上更胜一筹，具有现象明显、重点突出、引人入胜的特点。

3. 先进性

现代教育媒体不仅功能上先进，更主要的是现代教育媒体的广为应用可使教学方法变得新颖、多样、灵活，一改过去教学只限于教师口讲面授的单一模式，多种方法的选择使用可扬长避短，使不同的教学内容采用最恰当的方法加以表现，使教学从手工方式的劳动向机械化、自动化的方向发展。如在传授知识方面，能采用多媒体综合运用的教学法；在训练学生技能时，能采用微型教学的方法；在指导学生自学方面，能采用计算机辅助教学的方法；在考查学生成绩方面，能采用提问应答分析器和计算机出题评卷的方法；广播教学、电视大学还能采用远距离播放的教学方法等等。

现代教育媒体的先进性，并不否定传统教育媒体的可取之处，事实上，现代教育媒体只有与传统教育媒体及方法互相融合，互为补充，才能相得益彰，取得优化的教学效果。

4. 高效性

高效性是指有效传输教学信息的高效率。教学的对象是人，教学信息传输的接受终端是学生，要取得好的教学效果，关键是要提高信息的输出效率，提高终端对信息的接受效率，提高信息接受者对所接受知识的记忆效果。只有这样，再辅之以扩大信息的传输范围，信息的传输效率才谓之高，才能称为有效传输，现代教育媒体正是在这方面较传统教育媒体具有明显优势。

（1）信息的传输效率高。要使信息传输效率高，势必要求信息源的输出信息量大、速度快，现代教育媒体可做到声图并行、音像并茂，较单一用语言道出教学信息更能满足这一要求。

（2）传输的信息便于接受。理论和实践研究使人们得出并确认了这样的规律：通过多种感觉器官协同活动来接受知识，能提高认知的效率。现代教育媒体与传统教育媒体的恰当结合，通过多种最有效的形象与声音媒体去传递教学信息，恰恰能使学生的多种感觉器官共同参与信息的接受。不仅如此，由于大脑的左半球对语言有较强的接受能力，在教学过程中综合运用多种媒体去传递教育信息，能够发挥大脑两半球的不同优势，从而获得较高的知识接受效率。借助现代教育媒体将抽象问题具体化，同样有助于学生对教学内容的理解与接受。要使学生对信息的接受效率高，学生还必须有良好的学习动机，集中注意力来学习。教学内容和方法的新颖性、多样性、趣味性是吸引学生注意、激发学习动机、提高学习积极性的重要条件，现代教育媒体也恰恰具有这方面的优势。

（3）传输知识便于记忆。记忆学习材料的记忆比率研究表明，同样一份学习材料，采用传统的口授方法让学生只用耳听，3 小时后能记住 60%；只让学生用眼看，3 小时后能记住 70%；视听并用进行学习，3 小时后能记住 90%。3 天之后，3 种学习方法的记忆率分别是 15%、40%、75%。这种在某种特定条件（指定学习材料、人员）下得到的数据未必严格适用于任何条件，但它揭示了一种规律：视听并用的记忆比例远远超过单纯地看或单纯地听，现代教育媒体可使学生视听并用，因此在帮助学生认识与记忆学习材料方面有积极作用。

（4）信息有效传输范围广。利用无线广播、电视广播以及卫星电视转播，能向远距离、广大地区传送教育课程，无论是学校、家庭，凡是有收音机、电视接收机的地方都可以成为课堂，使一个教师能够同时教成千上万的学生，从而大大节省校舍、师资、资金和设备，有效地扩大教育规模。幻灯、投影、有线广播（扩音）同样可将图像、声音放大，便于让较多的人同时参与学习。

此外，现代教育媒体还具有多样性和广泛的适应性的特点。由于现代教育媒体具有许多其他教育媒体所不及的优势，因而可运用它来有效地提高教学质量和教学效率，扩大教育规模，促进教学改革。

二、现代教学媒体的功能特性

各种教学媒体在教学过程中所表现出来的教学功能各不相同，突出地表现在表现力、重现力、接触面、参与性、受控性五个方面。

表现力是反映各类媒体表现客观事物的时间、空间和运动特性的能力。重现力是表示媒体不受时间、空间限制，把记录、储存的内容随时重新呈现的能力。接触面是指媒体将信息同时传递到学生的范围。它分为无限接触和有限接触两类。参与性是指媒体在实施过程中，能够使学生参加活动的机会多少，它分为感情参与和行为参与两类。受控性是指媒体操纵控制的难易程度。

录音、幻灯（投影）、电影、广播电视、电视录像、计算机等现代教学媒体的功能特性比较，见表 5-1。

表 5-1　教学媒体的功能特性表

种　类		种　类					
		录音	幻灯（投影）	电影	广播电视	电视录像	计算机
表现力	时间特性	√		√	√	√	√
	空间特性		√	√	√	√	
	运动特性			√	√		√
重现力	即时重现	√				√	√
	延时重现	√	√			√	
接触面	无限接触			√			
	有限接触	√	√				√
参与性	感情参与	√		√	√	√	
	行为参与		√				√
受控性	易　控	√	√	√		√	
	难　控				√		

说明："√"表示功能强或较强，空格表示功能弱或较弱。

第三节 教学媒体的选择与组合方法

一、教学媒体的选择决策方法

对各类教学媒体进行选择时，应主要根据教学目标内容、学生的年龄层次和文化水平，并考虑充分发挥学生的多种感官的功能，发挥媒体的最佳功能特性，以较小的代价取得最佳效果。

理想的教学媒体的获得，通常是通过下述三种途径：①在现有可用的媒体中选取；②修改现有的媒体；③设计新的媒体。在现有可用的媒体中选择，可用分级综合评价法。此法是对各类媒体的各种因素（见表5-2）按优、良、中、差四级评分，计算出各媒体的综合得分后，选择其中综合得分高的媒体。

表5-2 媒体分级综合评价表

因　素	级　别			
	优	良	中	差
	10	7.5	5.0	2.5
1. 添置、制作或复制费用				
2. 安装、准备所需时间				
3. 使用的技术条件、能力要求				
4. 操作难易程度				
5. 合适的观察性				
6. 储存、维护的条件				
7. 教师的偏爱程度				
8. 学生的偏爱程度				
9. 其他服务条件的提供				
10. 其他配套资料				
总分				

各类教学媒体，其制作成本以及它们对不同的教学内容所产生的效能等情况，大致如表5-3、表5-4所示。

表 5 - 3　媒体制作成本

教学媒体	制作成本
幻灯、投影、图片	低
电影	中——高
电视	中
录音	低
配音幻灯	低——中
CAI 设计	中——高

表 5 - 4　不同内容下媒体的效能

媒体种类	内容类型				
	事实过程	概念	技能动作	原理（规律）	问题
幻灯、投影、图片	中	高	低	中	低
电影	高	中	高	高	中
电视	高	中	高	高	中
录音	中	低	低	中	低
配音幻灯	中	高	中	高	低
CAI 设计	中	低	中	低	低

二、多种教学媒体的组合原则

由于各种媒体具有不同的教学功能特性，在表现教学内容上总存在这样或那样的局限性，因此，对于极为丰富的生物教学内容，找不到一种万能教学媒体，只有采用多种教学媒体实施最佳的组合方案。在进行多种媒体的组合时，必须遵循以下的原则：

1. 目标一致性原则

进行多种媒体的组合运用是实现教学目标的需要，都应为同一个教学目标服务。具体到一节生物课，要紧紧围绕着该节课的教学目标进行合理而有序的组合，而不能搞形式主义。

2. 选择性原则

运用何种媒体更为恰当，是在既定的教学内容、教学目标、师生特点、设备条件、教学时间等条件下，对各种媒体进行比较、筛选后，才能最后决定的。如果不紧扣教学内容，盲目追究现代化、新颖、多样，就会弄得学生眼花缭乱，反而会喧宾夺主。选择媒体，应紧扣在解决重点、难点上。例如，我们在设计新人教版教材初中生物第二册的"血液循环"多媒体教学中，紧紧围绕解决人体的血液循环途径和意义这个重点和难点，选择了人体血液循环途径模式挂图、彩色途径，图解投影片、人体血循环动态投影片，自制的小鱼尾鳍血液流动彩色录像片段和巩固形成性练习填空题投影片，进行合理组合教学，收到了较好的教学效果。

3. 有序性原则

经筛选的教学媒体，运用于教学过程中要体现出安排上的有序性，媒体的出现要恰到好处，绝不能搞"拼盘式"教学。

教学媒体出现的先后顺序要附和学生认识规律，即由表及里，由浅入深，由感性到理性，由个性到共性等。

例 血液循环途径和意义的教学：先是播放剪辑的人体运动、心脏搏动推动血液循环的彩色录像片段——让学生生动形象地看到心脏的结构和搏动如何保证人体内的血液循环；紧接着放映彩色血液循环途径投影片——使学生明确人体内的体、肺循环是同时进行的；再播放自行录制的小鱼尾鳍血液流动——让学生直观地看到毛细血管内血流特点，理解毛细血管网与组织细胞间是如何实现物质和气体的交换；最后用填空题投影片进行知识巩固与应用练习。以上的媒体安排体现出有序性和适时性，这对激发学生的学习兴趣和增大教学信息的容量很有帮助。

4. 互补性原则

不同的教学媒体，虽然它们的功能特性有差异，但是都可以用来实现同样的教学目标，因此在媒体组合使用时，既要有机结合，更要相互补充、深化，以利于学生对知识的理解和记忆。

所谓互补是指两种或两种以上媒体在结合使用中各展其长，弥补对方之短，即"优势互补"。互补不是简单的重复，而是在一个高层次、新角度上的重现。人体的血液循环模式挂图有图形大、色彩鲜明的优势，但缺乏概括和运动性，而彩色的血液循环途径图解投影片具有简明的优势，彩色血循环活动投影片和录像具有反应血液运动的优势。利用挂图、投影片和录像的优势互补，就能很形象地说明人体内血液循环的途径和意义。

直接直观形式（实物）和间接直观形式（模具）具有互补效应。例如在教学中用显微镜观察洋葱表皮（实物）和配合使用细胞模型就能使学生获得正确的细胞概念（立体概念）。

5. 易实现性原则

进行多媒体组合，一定要讲究简捷、经济、实用。选用的媒体必须易操作、省时间。在教学中，哪种媒体能更正确而简捷地传输信息就用哪种。例如制作或复制图解、对比图表投影片就较经济、方便。又如制作简单教具，也很经济、实用。如在讲肾小囊是由肾小管的盲端凹陷形成的内容时，用一个长形气球胎，由顶端向内做凹陷状，就简捷、形象地说明了这个问题。再如展示用透明的塑料管制成的静脉瓣模型，学生就很容易看清楚它的结构和作用。

6. 操作熟练性原则

在媒体组合使用时，课堂上媒体多种多样，为了保证课堂教学顺利进行，在课前必须认真准备，熟悉每个媒体的教学特性和使用方法，检查设备是否良好，如录放像系统、幻灯机、投影仪等工作是否异常，如有故障，须及时排除，确保操作使用得心应手、万无一失。

第四节　生物课堂多媒体组合教学设计与应用

一、教学设计的概念和程序模式

教学设计是教育技术的重要组成部分，它是指运用系统的方法，分析教学中的需求，从而确定教学目标，建立解决问题的步骤，选择相应的教学策略和教学媒体，最后分析和评定学习效果的一种计划过程和操作程序。

课堂教学的教学设计程序模式见图 5 - 1。

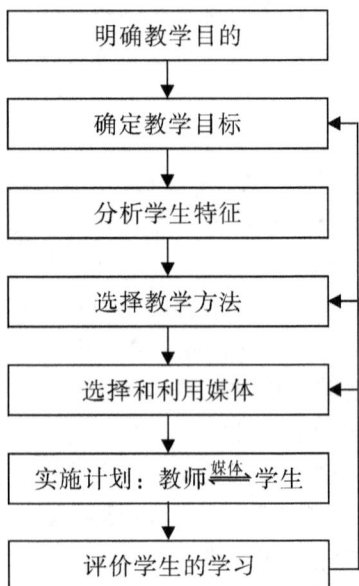

图 5 - 1　课堂教学的教学设计程序模式

在这个模式中，各个部分之间存在着内在的联系，若对其中一部分作出改变都将影响其他部分。在某些情况下也可以简化或作某些程序上的调整，这也说明教学设计有灵活性。但是，在简化或调整之前，必须仔细研究全过程，以适应具体的教学需要。

二、生物课如何进行多媒体组合教学设计与应用

根据教学设计程序模式，以九年义务教育教材初中第二册的"血液循环"课堂教学为例来说明多媒体组合教学设计与应用要求。

1. 划分知识点，确定具体教学目标

"血液循环"的知识点划分、教学目标及媒体选择见表 5 - 5。

表 5 – 5　"血液循环"的知识点划分、教学目标及媒体选择

章节	知识点		学习水平（教学目标）			媒　体			
			了解	理解	掌握	挂图	投影	录像	演示
第四章第三节"血液循环"	1. 血液循环的途径和意义	①血液循环的概念		√		√			
		②体循环和肺循环途径			√	√	√	√	
		③血液循环意义		√			√	√	
		④动脉血和静脉血		√		√			
	2. 血压	①概念和正常值范围	√						
		②测量方法	√						√
	3. 脉搏	①形成和正常值	√						√
		②切脉诊断疾病	√						
	4. 出血的初步护理	三种外伤出血的护理	√					√	√

教学目标是教学活动的指南，也是学习评价的依据。因此，确定教学目标是教学设计的首要任务。根据中学生物学这门学科的特点和义务教育生物学教学大纲的教学要求，考虑到教学对象的具体情况，我们将教学目标划分为三个水平层次，即了解、理解、掌握三个等级，将每一节课的知识内容划分为若干知识点，确定每个知识点所要达到水平层次。

2. 选择教学媒体

选择教学媒体要根据各个知识点内容和教学目标的需要，紧紧围绕突出教学重点和难点是血液循环的途径和意义，为此教师自制了简明、直观的图解投影片，剪辑和录制了血液循环录像片段，还选用了血液循环活动投影片和彩色血液循环挂图，作为教学媒体。进行媒体间合理组合，互相深化、补充，做到动静结合，图、文、声并茂。

血液循环中各个知识点的媒体选择情况见表 5 – 5。

3. 设计课堂教学结构

课堂教学结构的基本因素是教师、学生、知识点和教学媒体，在设计课堂教学过程结构中应使这四个基本因素有机地结合，形成最佳的系统结构，使课堂教学活动取得最佳的效果。

（1）对于传授新知识的综合课，首先应确定课由哪几个环节构成。课的环节应体现教师、学生、媒体之间相互作用、彼此协调、取向一致的关系。多媒体课堂教学结构把教学过程作为一个完整的教学系统来综合处理。它的设计方法体现在教案上是在教学目标的调控下，把教师的活动、学生的活动、媒体的选用和出现简要准确地用教学流程图的形式反映出来。例如血液循环课堂多媒体组合教学流程图。

（2）充分发挥教师的主导作用，改变教师用"一支粉笔 + 讲解"的方法，采用各种教学手段，注重引导学生观察各种教学媒体，启发学生积极思考、回答问题，及时进行知识点的小结，促进知识迁移。

（3）提高学生的主体地位，让学生有较多的机会参与教学活动。培养学生的动脑、动

口能力，如解答问题、动手能力，又如进行切脉、指压止血法练习。运用各种媒体调动学生多感官进行学习。

（4）发挥媒体的教学功能。这就要求教师注意媒体的使用时机、方法和优势互补，使教学媒体发挥最大的效能。如播放录像时，要恰当地运用暂停、重放，使之和教师精辟的启发讲解相结合，图、文、声并茂。又如放映活动投影片时，教师要控制好抽拉动作，防止画面运动过快，既要让学生真正看清楚运动过程，还要边放映边讲解，同时要有简短的语言说明活动投影片的局限性，如指出在投影片上看到各级血管内血流速度一样，其实人体内各级血管内的血流速度是不同的。

（5）设计形成性练习。反馈信息不仅可作为教师改进教学工作的依据，而且可作为学生参与活动的有力杠杆。因此必须加强知识的巩固和应用，注意学习反馈信息的收集。其中一项主要工作就是要设计好课堂中的形成性练习。形成性练习是检查课堂教学目标是否达到的有效方法。在教学中，借助投影教学的特点，既方便又省时，灵活运用各种方法，让学生进行练习。例如"血液循环"这一课堂教学中，按教学目标要求设计好测练题投影片，其内容如下：

体循环的起点是（　　　），肺循环的终点是（　　　）。

在心脏中，流静脉血的是（　　　）；在肺循环中，流静脉血的是（　　　）。

医生给某病人测量血压，常测得的数值是 19.5/13.5kPa。这个数值表示（　　　）。

血液在心脏和血管内流动的方向是（　　　）。

A. 心房→静脉→动脉→心室　　　　　B. 心室→动脉→静脉→心房

C. 心室→静脉→动脉→心房　　　　　D. 动脉→静脉→心室心房

当教师讲完全部知识点进行总结后，放映出测练题投影片，要求学生再次观察彩色挂图，运用新知识进行自测，然后进行个别检查提问。对于存在的问题教师进行启发、点拨，学生之间开展讨论、纠正，使师生活动紧密配合，课堂气氛活跃。通过测练检查，这堂课的教学难点学生也就迎刃而解了。

（6）课的结束。最后布置后书面作业和课外阅读内容，提出具体要求。

我们通过对高等师范生物专业学生的培养训练和在中学教育实习中的运用实践，对生物学进行多媒体组合教学有如下几点认识：

（1）采用多媒体组合教学丰富了生物课堂教学手段，能充分调动学生学习的积极性，能较好地处理教学的重点和难点，提高学生在认识领域的达标程度。

（2）采用多媒体组合教学必须处理好教师讲授与媒体使用的相互关系。使用媒体材料改变了教师"满堂灌"的传统讲授方法。讲授时间的缩短相应地要求提高讲授的质量。这就要求教师采用"少而精"的原则，努力吃透教材，提高讲解技能水平；同时充分运用媒体材料，让媒体说话。使媒体的选择、组合、使用和讲解有机结合起来，达到最佳的教学效果。

（3）把传统媒体与现代媒体进行优化组合。要重视传统媒体教学手段的应用，如启发性讲解和传统板书等。

（4）媒体材料的制作，必须要有较高的质量，这是提高教学质量的关键。

（5）多媒体组合教学是运用系统论的观点和方法来进行教学设计的，它的一整套理论和方法对高等师范院校的学生来说，要求较高。高等师范院校的学生必须认真学习，严格训练，在试教练习和中学教学实习中认真实践，努力掌握，为把自己培养成能胜任新课改教学的中学生物学教师打下坚实的基础。

第五节　高等师范生物专业实习生应用实例

例　　　　　　　　　　**"血液循环"多媒体组合课堂**

一、教学计划

课题：第三节　血液循环

教学目的：（1）理解血液循环的概念；（2）掌握体循环和肺循环的基础知识；（3）了解血压和脉搏的基础知识以及出血的初步护理基础知识。

教学重点：体循环和肺循环的途径。

教学难点：血液在循环途径中成分的变化、血压。

课的类型：多媒体组合综合。

课　　时：1 课时。

教学方法：讲授法、谈话法和电化教学法相结合。

教　　具：心脏构造示意填图投影片、人体整个血液循环途径投影片、人体血液循环模式动片、创伤外出血类型比较表投影片、循环系统录像带、小鱼尾鳍血液流动录像带、血液循环模式挂图、血压计、投影机、录放像机。

板书提纲

一、血液循环的概念：第 35 页

$$心脏 \xrightleftharpoons[全身血管]{血液}$$

二、血液循环的途径和意义：

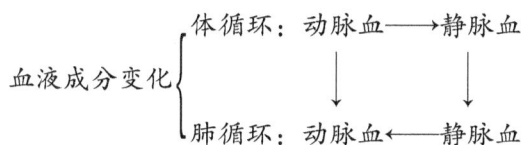

血液成分变化
$\begin{cases} 体循环：动脉血 \longrightarrow 静脉血 \\ \qquad\qquad\quad\downarrow \qquad\qquad\quad\downarrow \\ 肺循环：动脉血 \longleftarrow 静脉血 \end{cases}$

三、血压：

收缩压：12~18.7kPa ＜12kPa　　低血压

舒张压：8~12kPa ＞12kPa　　　高血压

　　　　1kPa＝7.5mmHg　　　15/10kPa

四、脉搏：60~100 次/分

切脉

五、出血的初步护理：

教学过程

组织教学（1 分钟）

上课。（环顾教室学生），请坐。（检查出席情况）。

复习旧课、导入新课（6 分钟）

上节课我们主要学习了血管和心脏的结构与功能，下面我们来看看上节课布置的一道填图题。

[投影1] 请看投影片"心脏构造示意填图"，回想一下我们所做的填空题。

[提问讲评]

这是心脏的四个腔：左心房、左心室、右心房、右心室。与左心室相连通的是什么血管？"主动脉。"与右心室相连通的呢？"肺动脉。"对了。这是肺静脉、上下腔静脉、房室瓣、动脉瓣。

[小结] 心脏的这种结构，保证了血液只能由静脉→心房→动脉，而不能倒流。

[过渡] 人体各种活动都要消耗 O_2 和养料，那这些 O_2 和养料是怎么运到各个组织细胞，细胞产生的 CO_2 等废物又怎么运走的呢？这就靠血液循环来完成。下面我们来看一段录像：

[录像1] （暂停并插入讲解）这两个凹圆饼状的是什么细胞？"红细胞。"对了。大家还记得红细胞里的血红蛋白具有什么性质吗？它在氧浓度高的地方，与氧容易结合；在氧浓度低的地方呢，又与氧分离。

这是房室瓣，即刚刚我们所讲的填空题的第⑩空。由于心房收缩，房室瓣就张开，血液由心房流向心室。当心室收缩时，房室瓣就关闭，防止血液倒流回心房。我们来看看房室瓣是怎么关闭的。

这是动脉瓣，由于心室收缩，动脉瓣张开，血液由心室流向动脉。当心室舒张时，动脉瓣关闭，防止血液倒流回心室。

[导入新课] 从录像可知，人体内的血液在心脏的动力作用下，不断地把细胞所需要的 O_2 和养料运来，又把细胞产生的 CO_2 等废物运走，这也是血液循环的意义。今天我们就来学习第三节，请大家翻开书第35页。

[板书课题] 一、血液循环的概念

讲授新课

[演示] 请大家看挂图，这是人体血液循环模式图。

[讲述] 这图就像我这样站着的正面图。这个是心脏（指挂图），周围的是人体各级血管。红色的表示血管里流的是动脉血，蓝色的表示血管流的是静脉血，人体内的血液就是在心脏和全部血管所组成的管道中进行循环流动，这就是血液循环。（2分钟）

[板书]

$$\text{心脏} \xleftarrow{\qquad} \overset{\text{血液}}{\longrightarrow} \text{全身血管}$$

[过渡] 血液从心脏流出后，要经过哪些血管，再流回心脏呢？下面我们来看看血液循环的途径和意义。

[板书] 二、血液循环的途径和意义：（16分钟）

[讲解提问] 我们再看挂图。当左心室收缩时，血液要流入哪里？"主动脉。"为什么不流入左心房呢？"因为左心室收缩时，房室瓣关闭，防止了血液倒流入左心房。"对了。请坐下。血液流入主动脉后，主动脉又分支到头部、上肢、各内脏器官（除肺外）和下肢，这些血管我们总称为各级动脉，血液由各级动脉又流到全身毛细血管网，这时，血液与组织间进行物质交换，物质交换后的血液再流到各级静脉，然后头部、上肢静脉的血液汇流入上腔静脉，下肢和各内脏器官静脉里的血汇入下腔静脉，最后流回右心房。

[投影2] 这是用文字表达的人体血液循环途径。（边指边讲解）我们把血液由左心室进入主动脉，再流经全身的各级动脉、毛细血管网、各级静脉，最后汇集到上下腔静脉，流回右心房，叫体循环。体循环的起点是左心室，终点是右心房。

[讲解] 血液由右心房再流入右心室，右心室收缩，血液又要流入哪里呢？我们再来看挂图。右心室与肺动脉相连通，所以血液要流入肺动脉，然后流经肺部毛细血管网，经过气体交换后，再由肺静脉流回左心房。我们把血液由右心室进入肺动脉，流经肺部毛细血管网，再由肺静脉流回左心房的循环，叫做肺循环。它的起点是右心室，终点是左心房。

[过渡] 体循环和肺循环构成了整个血循环途径，那体循环和肺循环又有什么作用呢？

[讲解提问] 在体循环中，当血液流经毛细血管时，血液要与组织细胞进行物质交换，这是与毛细血管的结构特点相适应的，大家还记得哪些结构特点有利于物质交换吗？"管壁薄，只有一层上皮细胞构成；管径小，几乎只允许红细胞单行通过；管内血流速度最慢。"对了。下面我们来看一段小鱼尾鳍血液流动情况的录像。

[录像2] 请看，这根血管中，红细胞是不是单行通过的呀？"是。"这些就是毛细血管。里面的血流速度慢，管壁又薄，这些特点都有利于物质交换。我们人体内毛细血管也是类似的。

[讲解] 当血液缓缓流入毛细血管时，血液把运来的 O_2 和养料供给组织细胞利用，而组织细胞产生的 CO_2 等废物被血液运走，通过各种途径排出体外。这时，血液成分发生了怎样的变化呢？"含氧丰富的动脉血变成了含氧少的静脉血。"静脉血流回右心房进入肺循环。当血液流经肺部的毛细血管时，静脉里的大量 CO_2 就扩散到肺部，通过呼吸呼出体外，吸入肺泡中的大量 O_2 与血红蛋白结合，由血液运入体循环中，再供组织细胞利用。肺循环中，通过气体交换，静脉血就转变成为动脉血。

[板书]（略）

[小结] 大家要特别注意的是：只是为了便于讲解，才人为地把血液循环分为体循环和肺循环。同学们不要把两者独立开来，其实它们是相互联系，并在心脏处汇合的。由于左、右心室同时收缩，所以二者又是同时进行的。

[投影3] 下面我们来看人体血液循环模式动片，看看血液是如何在心脏和血管中循环流动的。（指投影片）这是心脏，请同学们注意心脏和血管里血液流动方向，看体、肺循环是否同时进行。你们看，血液从左心室流入主动脉的同时，右心室的血也流入肺动脉，并且最后两者在心脏处汇合，血液就是在心脏和全身血管中不断地循环流动。现在我们看到的各血管内血流速度是一样的。其实不然，动脉、静脉和毛细血管中血流速度是不一样的，这只是模式动片。

[过渡] 血液在血管内向前流动时，对血管壁有一种侧压力，这种侧压力就叫做血压。我们平常所说的血压是指体循环的动脉血压。

[板书] 三、血压：(5分钟)

[讲述] 心脏收缩和舒张时，血液对动脉的血压是不同的。当心脏收缩时，动脉血压要达到一个最高值，这个最高值叫做收缩压；当心脏舒张时，血压要降到最低值，此时的最低值叫舒张值。一个正常成人的收缩压变动范围是 12 ~ 18.7kPa（相当于 90 ~ 140mmHg），舒张压为 8 ~ 12kPa（相当于 60 ~ 90mmHg），1kPa = 7.5mmHg，如果一个人收缩压经常性地低于12kPa，则说这个人患有低血压，如果其舒张压经常性地高于12kPa，

就患有高血压病。

[演示] 血压可用血压计在上臂肱动脉处测得，常用的血压计有血压表和水银柱式血压计。看课本第38页，学习测量血压的方法，我边给一位同学测量边讲解方法。

[演示测血压] 边测边讲解测量方法。（略）

[演示] 请同学跟我一起来切脉：把三个手指按在手腕部桡骨端的内侧，有什么感觉呀？"此处在搏动。"对了，这是桡骨脉在搏动，这种搏动叫脉搏。

[板书] 四、脉搏：（2分钟）

       切脉

[讲解] 那脉搏是怎样形成的呢？当左心室收缩时，血液射入主动脉，主动脉壁先向外张开，然后回缩，这样一张一缩，就像波浪沿着血管壁向远处传播，这就形成了脉搏（边做手势）。

由于脉搏是心脏的舒缩引起的，所以脉搏跟心率次数是一致的，也为 $60\sim100$ 次/分。为此古代很多有经验的医生和现代的中医利用切脉来诊断病人的病情，因为心跳的快慢和强弱可从脉搏中反映出来。在2 000年前，我国医学家扁鹊就已经用切脉来看病了。

[过渡] 如果削铅笔时不小心割破了手指，你们会怎样去止血呢？不管你的方法正确与否，请同学们先看课本"出血的初步护理"，并对照这个表去看书。1分钟后，我叫一个同学上来做止血的演示。

[投影4] 三种外伤出血类型的比较表。

[板书] 五、出血的初步护理：（3分钟）

[演示] 假如我手臂上的这个地方出血（用红水笔把该处涂红），并且一下子流出很多颜色鲜红的血（血流速度快），这是什么血管出血呢？"动脉出血。"那应该怎样来止血呢？请××同学上来演示给大家看（该生可用指压止血法）。大家看他这样给我止血对不对呀？"对。"为什么呢？我们知道，动脉的血流方向是离心的，显然要在近心端进行指压止血。如果还是这个地方出血，但血流速度较缓和，流出的血是暗红色的，这又是什么血管出血呢？"静脉出血。"对了。这应该压远心端才能止血。若用止血带止血法，每20分钟要松动一次，以免由于长时间缺血而造成组织坏死。

巩固新知识（6分钟）

[总结] 这节课我们学习了五个知识点。同学们要理解好血液循环的概念，掌握体、肺循环的途径和意义。对于人体内整个血液循环路线，同学们要注意以下几点：

[重放投影2] 死背循环途径是不可取的，应联系自身去理解记忆。弄清体、肺循环的始点、终点。血液在循环过程中成分发生了怎样的变化？血液循环具有什么意义？

请同学们判断这句话对不对：动脉里流的是动脉血，静脉里流的是静脉血。"不对。"为什么呢？"因为在肺循环中，肺动脉里流的是静脉血，肺静脉里流的是动脉血。"对了。希望同学们要注意这一点。

[投影5] 我这里有几道测练题，请大家思考一下，等会再讲评。

[讲评]（略）

布置作业

请同学们翻到课本第37页，把"动动脑"中的第1题、第2题做在作业本上，下节课交上来。

二、多媒体组合在"血液循环"课堂教学中的应用流程图

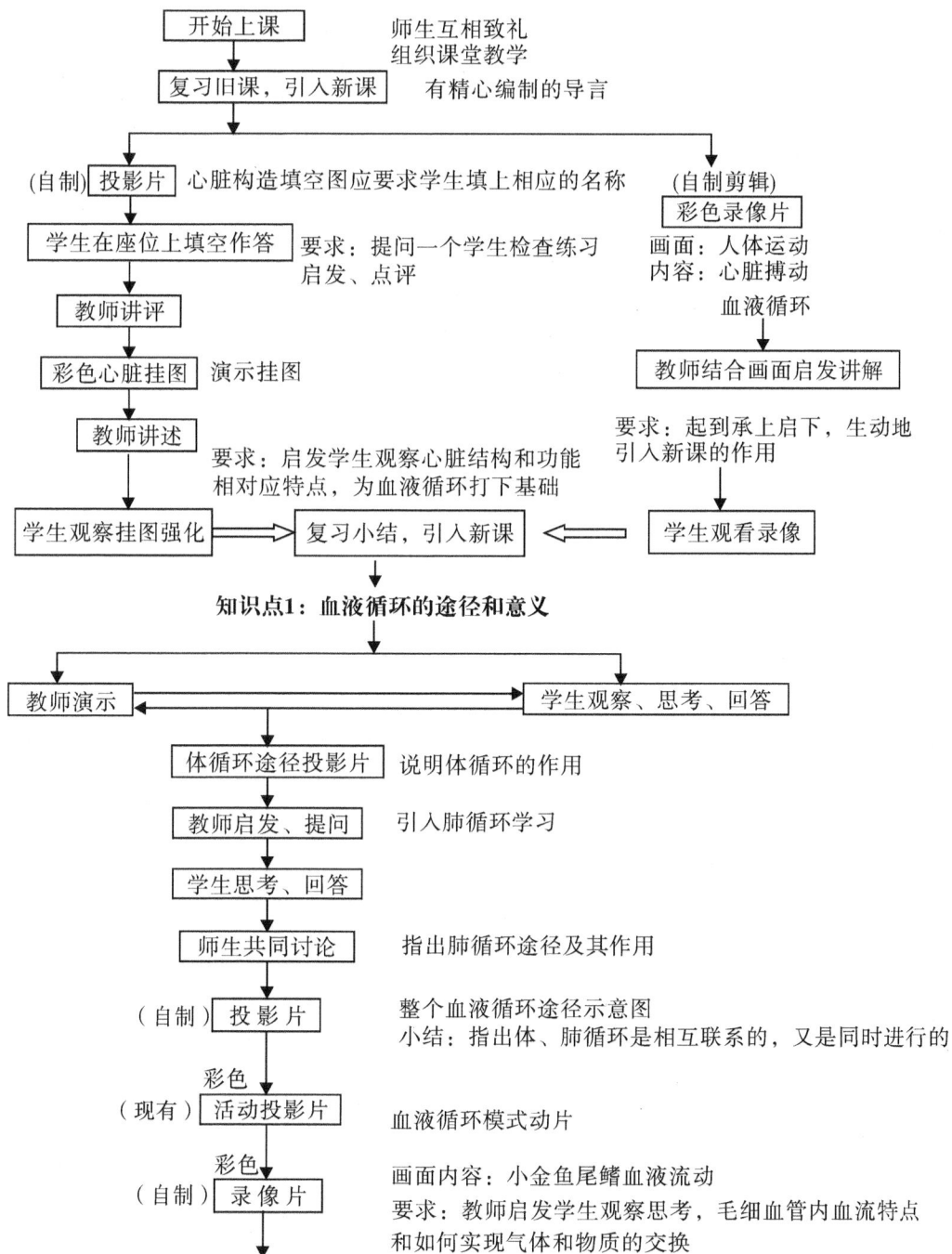

```
        开始上课          师生互相致礼
           │              组织课堂教学
           ▼
    复习旧课，引入新课      有精心编制的导言
```

(自制) 投影片   心脏构造填空图应要求学生填上相应的名称   (自制剪辑)
                                                        彩色录像片
学生在座位上填空作答   要求：提问一个学生检查练习   画面：人体运动
                       启发、点评   内容：心脏搏动
                                                                血液循环
  教师讲评

 彩色心脏挂图   演示挂图   教师结合画面启发讲解

  教师讲述   要求：启发学生观察心脏结构和功能   要求：起到承上启下，生动地
               相对应特点，为血液循环打下基础   引入新课的作用

学生观察挂图强化 ➡ 复习小结，引入新课 ⬅ 学生观看录像

        知识点1：血液循环的途径和意义

  教师演示 ⬅———————————— 学生观察、思考、回答

   体循环途径投影片   说明体循环的作用

   教师启发、提问   引入肺循环学习

   学生思考、回答

   师生共同讨论   指出肺循环途径及其作用

(自制) 投 影 片   整个血液循环途径示意图
                  小结：指出体、肺循环是相互联系的，又是同时进行的

         彩色
(现有) 活动投影片   血液循环模式动片

         彩色
(自制) 录 像 片   画面内容：小金鱼尾鳍血液流动
                  要求：教师启发学生观察思考，毛细血管内血流特点
                  和如何实现气体和物质的交换

（续上图）

知识点2：血液

教师启发讲解 —— 血压的概念和健康成年人正常范围（介绍1kPa=7.5mmHg）

(动动手) 学习测量血压 —— 对学生示范测量血压，要求掌握测量方法

知识点3：脉搏

教师启发讲解 —— 脉搏的形成和正常人每分钟的次数

(自制) 投影片 —— 切脉图，简介"切脉"诊断疾病

知识点4：出血的初步护理

投影片 —— 内容：三种外伤出血对比表
要求：教师启发学生联系亲身体验，对比记忆

（动动脑）巩固与应用练习

投影片 —— 再次投影整个血液循环途径示意图解
提问检查学生是否掌握循环途径及其意义

（自制）"动动脑"投影片 —— 内容："动动脑"第一题，制成填空投影图解
要求：学生运用血液循环途径知识分析解决填空题

学生填空练习

教师点评

课的结束 —— 布置作业：
1．书面作业：第23页"动动脑"第1题、第2题
2．课外阅读：第39页"冠脉循环与冠心病"

三、多媒体教学评议表

实习学校：			实习班级：			
实习老师：			讲课时间：　年　月　日			
	评议项目			优	良	中	差

	评议项目	优	良	中	差
1	使用教学媒体出现的时机是否适当				
2	教学媒体是否突出了教学重点				
3	用媒体解决教学难点的程度				
4	媒体把抽象内容直观形象化的程度				
5	板书、挂图、投影仪、录放像系统、演示等组合使用合理程度				
6	实习教师使用各种媒体的水平				
7	新课的引入及各段内容过渡自然与否				
8	板书的条理性				
9	语言表达水平				

	评议项目	优	良	中	差
10	教仪教态				
11	组合课堂教学的水平				
12	启发学生积极思维和激发学习兴趣的程度				
13	实现教学目的的程度				

说明：请您在相应的评议等级上打"√"。

请您对这节课进行评议：

听课老师签名：
　　　年　　月　　日

第六节　媒体教学常见"病"分析

多年来，我们观察了许多高等师范实习生试教练兵和中学教学实习中运用各种媒体进行教学的情况，还到中学听了不少中学生物教师的生物课，发现在使用媒体进行教学时存在不少问题，这些问题我们把它统称为"病"。这些毛病不仅普遍存在于实习生中，而且也存在于中学教师中。因此，把这些"病例"整理总结出来进行分析，并提出纠正方法，供高等师范学生在试教练习和教育实习教学中参考、借鉴。

一、演示实物、模型等教具

序　号	病　例	分　析	纠正方法
1	讲台上的演示物很小	在讲台前的演示实物过小，如文昌鱼浸制标本、蝗虫、活的青蛙等，不易使坐后面的学生看清楚	如果实物数量少，可用巡回演示法，或准备足够的数量，用分发实物观察或传递法让学生观察清楚
2	演示物放得过矮	目前许多中学的讲台桌过矮，演示物放在讲台上过矮，或教师的演示动作过低，使后面的学生的视线被前面的学生遮住，后面的学生不得不站立起来观看，容易引起埋怨	做一张能自动调节升降的小凳子，这样就适用各班讲桌高矮不等的情况
3	没有交代模型的大小比例和"表示色"	例如叶的模型，上表皮画成白色，茎的结构模型，筛管画成红色等，这都是为了看清楚结构，而模型的"表示色"不是原色。不讲清楚，学生会有误解	使用时应交代清楚模型的比例大小和有关着色表示

（续上表）

序号	病　例	分　析	纠正方法
4	演示物一出现，教师就一讲到底	实习生把活的生物体、标本或模型陈列给学生，就快速地滔滔不绝地把内容讲完，不留给学生思考和观察的余地，这不利于学生的观察思维能力的提高，是注入式的教学	应根据教材难易，善于启发引导学生思维，调动学生积极观察思维
5	演示动作不规范、准确	常见实习生在演示中动作不规范，要求不严格，甚至错了也不知道。这样会给学生带来很大的危害，因为学生学到的是不规范的或错误的动作	严格要求，反复训练，身教重于言教

二、演示挂图的教学

序号	病　例	分　析	纠正方法
1	出现时机不对	在讲新课时，上课前或一开始就把新挂图呈示给学生，这样做学生就会被挂图吸引分散听课注意力，等到教授新课需要学生注意挂图时，他们反而不注意了	等到需要时才呈示给学生，注意演示的及时性
2	突然出现挂图	突然出现挂图，没有演示挂图前的过渡性语言，学生没有精神准备	演示挂图前有简短而且启发性的过渡语言，即给学生造成渴望挂图出现的情绪，帮助学生做好观察挂图的精神准备
3	缺乏对挂图的说明	应对挂图跟实物的比例、方位等关系加以说明。如果是切面，还要说明是纵切面还是横切面	对挂图作好序言性的说明
4	指制图不确切	用手指指示挂图常出现指示精细位置不明确，乱指乱划还会因手掌遮挡其他部位，妨碍学生观察	应使用教鞭（带红尖端以示注意）来指图讲解，做到该点不动，线、面的指示清楚
5	过分忙碌，在讲台上走来走去	演示讲解不分主次，板书文字过多，且板书文字与挂图相距较远，造成在台上过于忙碌	适当缩短挂图与板书的距离，做到讲解、板书、指图三者有机结合，有主又从，总结时才板书
6	包办演示讲解	常见到实习生挂出挂图后就滔滔不绝地讲解，不组织学生观察挂图，不给学生观察和思考的时间，不善于利用挂图启发引导学生通过观察来获得知识，表现为包办讲解	应组织学生认真观察，给学生留有思考的余地进行启发讲解，引导观察

三、演示黑板画

序 号	病 例	分 析	纠正方法
1	画不像	实习生板画技能差，所画特征不突出和不简化	应掌握板画绘制原则，多留心观察各种生物体的形态特征，多多练习。在练习时先在纸上画到一定程度后再在黑板上画。只要有耐心反复练习，定能把板画画好
2	涂涂改改花时间多	常见实习生在教学中绘制板画时涂涂改改，笔画生硬，不能快捷地画出图形来	方法同上，应努力做到简、快、准
3	边讲边画能力低	由于绘图技能差，难以做到边讲边画，给学生以动画感。这在实习生中普遍存在	认真钻研教材，在教案中画出简图，掌握边讲边画的基本功
4	重点不突出，层次不分明	常见实习生画板画时重点不突出，画面层次难于分辨，不利于帮助突出重点，突破难点	合理使用彩色粉笔易于突出重点，易于分辨，效果极佳

四、教学语言

序 号	病 例	分 析	纠正方法
1	普通话水平低	由于平时讲普通话少，没有严格要求，所以讲起课来普通话不流畅，尤其是一些客家话音和普通话相差大的字，学生读不准普通话音，甚至常出笑话	平时加强普通话的使用。对于特别易读错音的字应加强练习
2	语言冗长、啰唆	常见实习生语言不简明，重复多，表达内容不准确	应吃透教材内容，用语简明、准确
3	语言感染性差	语言缺乏节奏性、吸引性	吃透教材，动之以情
4	启发性差	讲解知识平铺直叙多，启发性讲解少	善于理论联系实际，加强启发诱导，力求讲解生动活泼
5	形象化差	讲解知识缺乏联系实际，缺乏趣味性、生动性。语言的形象化对实习生而言，是项较高的要求	在保证科学性的基础上，化抽象为形象，化静态为动态，化深奥为浅显，化生疏为熟悉

五、投影教学

序 号	病 例	分 析	纠正方法
1	从教师的位置看，投影器安装在讲坛的左侧	在进行投影教学时，放置投影片、在投影片上写字、指示讲解内容、操作动片大多数人用右手，把投影器放在左边不方便操作	把投影器放在讲坛的右侧
2	银幕挂得太低	银幕下部所投影的内容被投影器或讲坛遮挡，使学生不易观看甚至看不到	把银幕挂高一些，银幕的下边离地约1.3米
3	投影片的字体太大或太小	预先在投影胶片上写好板书的内容来进行教学，是投影教学最简单而又用得最广泛的方法。字写得太大，需要的投影胶片就多，换胶片的次数也多，既浪费胶片又不方便，字写得太小，则后排的学生看不清	60座以下的课室，银幕宽1.5米，投影胶片上的字为13毫米×11毫米。可使最后一排学生看清又不致字体太大
4	字体不规范、潦草、歪斜、不工整	字体不规范会向学生传输错误信息，字体潦草、歪斜、不工整使学生难以看清，影响教学效果	按规范文字书写，不要使用不规范的简化字，字体要工整
5	手工绘制或复印的投影片画面太小	画面太小，投影到银幕上只占银幕的一部分，既浪费银幕的有效面积，又使学生不易看清画面	设计制作投影片画面应心中有数，注意画面构图，使画面差不多充满整张投影胶片
6	频频开关投影器	频繁开机关机，银幕上时亮时暗，不但影响学生的眼睛而且影响学生的情绪。高亮度投影器要触发器启动，启动电压很大，启动后1~2分钟才能频繁开机关机。开机使电器元件受到较大电流冲击导致寿命缩短	暂时停用几分钟之内不必关机
7	投影片的画面投影到银幕上时间太长或太短	投影时间太短，学生看不清所有的内容，更不够时间抄笔记；投影时间太长又会浪费时间使教学效率降低	放映时间控制适当，如要做笔记，应观察学生；如绝大部分学生已停笔，可换另一张投影片
8	正在讲解的内容投影在银幕下部	银幕下部易被投影器或前座学生遮挡，使后座学生较难观看到	把投影片上移，使正在讲解的内容投影到银幕的中部或上部
9	投影片放置歪斜	投到银幕上的画面歪斜，甚至部分画面落在银幕之外，影响教学效果	经常观察银幕的放映效果，及时纠正
10	随便使用一些物体压着投影片	有时投影片会卷曲或被风吹起，可用重物压住，但不宜用锁匙、粉笔、粉笔擦等杂物作为重物随便压在投影片上，以致把重物的形状投映到银幕上分散学生的注意力	准备两条280毫米×30毫米×3毫米的塑料、木或纸板专用压条投影片，使投影画面干净整洁

思考与练习

1. 概述多种教学媒体的组合原则。
2. 计算机技能可以用于生物学教学工作的哪些方面？
3. 访问生物学及科学教育网站，保存有关学习资料。
4. 能够在试教和教育教学实习中实践生物学多媒体组合教学设计。

参考文献

1. 李克东．新编现代教育技术基础．上海：华东师范大学出版社，2002，
2. 李克东．多媒体组合教学设计．北京：科学出版社，2002.
3. 陈海东．多媒体技术及其应用系统制作．北京：北京师范大学出版社，2004.
4. 李学农．多媒体优化设计．广州：广东高等教育出版社，2006.
5. 袁锦明．运用多媒体教学软件进行诱思教学初探．生物学教学，2001，4（1）.

第六章

新课程生物学教学策略和艺术

学习目标

1. 概述教学策略的基本类型。
2. 简述常见的生物学教学方法。
3. 概述教学艺术的特点及作用。
4. 举例说明生物学教师备课的策略。
5. 举例说明生物学课堂教学引入的方法及策略。
6. 简述生物学课堂教学中的提问与反馈策略。
7. 简述在生物学课堂中体现学生的主体地位的策略。
8. 举例说明有效实施生物学概念教学的策略。
9. 能够在试教和教育教学实习中实践生物学教学策略和艺术。

教学重点

生物学教师备课的策略，生物学课堂教学引入的方法及策略，有效实施生物学概念教学的策略。

第一节　教学策略概述

一、教学策略的概念

教学策略是实施教学过程的教学思想、方法模式、技术手段这三方面动因的简单集成，是教学思维对其三方面动因进行思维策略加工而形成的方法模式。教学策略是为实现某一教学目标而制定的、付诸教学过程实施的整体方案，它包括合理组织教学过程，选择具体的教学方法和材料，制定教师与学生所遵守的教学行为程序。

在《辞海》中，"策略"一词是指"计谋策略"，而在较为普遍性的意义上，策略涉及的是为达到某一目的而采用的手段和方法。国内外学者对教学策略有很多界定，这些界定既呈现出一些共性，又表现出一些明显的分歧，有如下三种观点：

（1）"教学策略是指教师在课堂上为达到课程目标而采取的一套特定的方式或方法。教学策略要根据教学情境的要求和学生的需要随时发生变化。无论在国内还是在国外的教学理论与教学实践中，绝大多数教学策略都涉及如何提炼或转化课程内容的问题。"

（2）"所谓教学策略，是在教学目标确定以后，根据已定的教学任务和学生的特征，有针对性地选择与组合相关的教学内容、教学组织形式、教学方法和技术，形成的具有效率意义的特定教学方案。教学策略具有综合性、可操作性和灵活性等基本特征。""教学策略是为了达成教学目的，完成教学任务，而在对教学活动清晰认识的基础上对教学活动进行调节和控制的一系列执行过程。"

（3）尽管对教学策略的内涵存在不同的认识，但在通常意义上，人们将教学策略理解为：在不同的教学条件下，为达到不同的教学结果所采用的手段和谋略，它具体体现在教与学的交互活动中。

二、教学策略的特点

1. 对教学行为的指向性

教学策略是为实际教学服务的，是为了达到一定的教学目标和教学效果，目标是教学整个过程的出发点。教学策略的选择行为不是主观随意的，而是指向一定的目标的。业已作出的选择行为在具体的情境中会遇到预测不到的偶然事件，为了达到特定的目标，教师个体需要对选择行为进行反省，继而再作出选择，直到达到目标为止。因此，任何教学策略都指向特定的问题情境、特定的教学内容、特定的教学目标，规定着师生的教学行为。放之四海皆准的教学策略是不存在的。只有在具体的条件下，在特定的范畴中，教学策略才能发挥出它的价值。当完成了既定的任务，解决了想解决的问题，一个策略就达到了应有的目的，与其相应的手段、技巧不再继续有效，就必须探索新的策略。

2. 结构功能的整合性

教学过程是一个彼此之间相互联系、相互作用的整体，其中的任何一个子过程都会牵涉其他过程。因此，在选择和制定教学策略时，必须统观教学的全过程，综合考虑其中的各要素。在此基础上对教学进程和师生相互作用方式作全面的安排，并在实施过程中及时地反馈、调整。也就是说，教学策略不是某一单方面的教学谋划或措施，而是某一范畴内具体教学方式、措施等的优化组合、合理构建、和谐协同。

3. 策略制定的可操作性

任何教学策略都是针对教学目标的每一具体要求而制定的，具有与之相对应的方法、技术和实施程序，它要转化为教师与学生的具体行动。这就要求教学策略必须是可操作的。任何教学策略都应该是针对教学目标中的具体要求而形成的，具备相对应的方法技巧，从这个角度来说，教学策略就是达到教学目标的具体的实施计划或实施方案，并且可以转化为教师的外部动作，最终通过外部动作来达到教学目标。

4. 应用实施的灵活性

教学策略不是万能的，不存在一个能适应任何情况的教学策略。同时，教学策略与教学问题之间的关系也不是绝对的对应关系。同一策略可以解决不同的问题，不同的策略也可以解决相同的问题，这说明教学策略具有灵活性。教学策略的灵活性还表现在教学策略的运用要随问题情境、目标、内容和教学对象的变化而变化。教学中不同教学策略面对同一学习群体会产生不同的效果，即便是采用相同的教学策略教同样的内容，对不同的学习群体也会产生不同的教学效果。

5. 教学策略的调控性

由于教学活动元认知过程的参与，教学策略具有调控的特性。元认知表现为主体能够根据活动的要求，选择适当的解决问题的方法，监控认知活动的进程，不断取得和分析反馈信息，及时调控自己的认知过程，维持和修正解决问题的方法和手段。教学活动的元认知就是教师对自身的教学活动的自觉意识和自觉调节，教师能够根据对教学的进程及其各种要素认识反思，及时把握教学过程中的各种信息，及时反馈和调整教学的进程及师生相互作用的方式，推进教学的展开，向教学目标迈进。

6. 策略制定的层次性

教学具有不同的层次，加涅把教学分为课程级、科目级、单元级和教案级四种水平。不同的教学层次就有不同的达到教学目的的手段和方法，也就有不同的教学策略。教学策略可以来自理论的推演和具体化，也可以来自对教学实践经验的概括和总结。理论推演和经验概括的水平和程度不同，形成的教学策略也就适用于不同的教学层次。不同层次的教学策略具有不同的适用条件和范围，具有不同的功能。另外，不同层次的教学策略之间尤其是相邻层次的教学策略之间是相互联系的，高一层次的策略可分解为低一层次的教学策略，指导和规范低一层次的教学策略。

三、教学策略的基本类型

1. 产生式教学策略

让学生自己产生教学目标，学生自己对教学内容进行组织，安排学习顺序等，鼓励学生自己从教学中建构具有个人特有风格的学习。也就是说，学生自己安排和控制学习活动，在学习过程中处于主动地处理教学信息的地位。

优点：①可以积极地把信息与学生自己的认知结构联系起来，对信息的处理过程主动深入，因此学习效果较好；②允许学生自主地设计、实践和改善他们的学习策略，从而可以提高学生的学习能力；③产生式教学策略主要出自学生自己，因此可以激发学生对学习任务和学习过程、学习策略的积极性，培养学习兴趣等。

不足：①设计不妥可能导致认知超载或情绪低落，或是需要学生花费大量的时间进行学习；②学习的成功依赖于学生先前已具有的知识和学习策略的广度。

2. 替代式教学策略

这种教学策略在传统教学中比较常用。它更多地倾向于给学生提出教学目标，组织、提炼教学内容，安排教学顺序，指导学生学习。主要是替学生处理教学信息。

优点：①比产生式教学策略效率高，它能使学生在短期内学习许多内容；②知识储备有限和学习策略不佳的学生可以获得成功的学习。

不足：①因为学生智力投入少，信息处理的深度不够，因此学习效果不如产生式策略好；②由于教学安排过于周密，学生在学习中被动学习多于主动学习，因而学生学习兴趣难以调动，制约了学生的学习能力。

3. 独立学习与小组学习策略

长久以来，传统教学不重视教学的社会性，教学中教师没有为每一个学生提供公平的实现合作交往需要的机会，没有将人际关系、合作与竞争作为推动学生学习、认知发展的重要动力。一般认为，学生之间的交往存在合作、竞争、个体三种形式：合作式，指两个或两个以上的人或群体，为达到共同目的，自觉地在行动上相互配合的一种交往方式。竞争式，指个体与个体、个体与群体、群体与群体对共同目标的争夺。个体式，个人能否达到目标与他人无关，关注自己学习的掌握，强调自我发展，不参与同伴之间的交往，游离于群体活动之外。生生互动基本上是一种对称性交往。在一个学年段的学生，个体发展水平相近，是在一个对等基础上的交往，交往是平等互惠的。以合作形式进行的学习称之为合作学习，以竞争形式开展的学习称之为竞争学习，以个体形式开展的学习称之为个别学习。而小组学习则是合作学习中的一种基本形式。研究表明小组学习有几方面的优越性：能激励学生发挥出自己的最高水平；能促进学生间在学习上互相帮助、共同提高；能增进同学间的情感沟通，改善人际关系；由于强调小组中的每个成员都积极地参与到学习活动中来，学习任务由大家共同分担，问题就变得比较容易解决。当然，小组学习也有它的一些缺点：因组内成员的意见不一致、分歧大而争论不休，造成内耗，浪费了大家的时间和精力；小组进行讨论时，有时一些不愿意承担责任的小组组员推卸责任，或是在活动中不积极配合小组活动，表现消极，就会影响全组的士气，降低全组的工作、学习效率；小组内同学间的交流相对小组间的交流要多得多，有时会造成各个小组的小集体主义倾向，不利于各组间的交流与合作。而且，各小组在学习过程中不可避免地会出现竞争，这种竞争有时会产生较大的摩擦，也会直接影响各组的工作效率，甚至伤害成员相互间的感情。要保证小组合作的有效性，应注意：小组合作学习的任务应有一定的难度，问题应有一定的挑战性，有利于激发学生主动性与小组学习活动的激情以及发挥学习共同体的创造性。处理好集体教学、小组合作学习的时间分配。一般情况下，一节课中有一定难度任务的小组合作学习以 3 次为宜，做到开放空间与开放时间相辅相成。小组中个体差异客观存在，不可能做到成员个体间的绝对均衡，因此要培养小组成员的个体交往意识及交往技能。

4. 竞争与合作学习策略

竞争与合作是人际相互作用的两种主要表现形式。竞争与合作的共同之处在于两者都是人际相互作用中个人实现目标的手段。在某一具体活动中，参加者选择哪一种手段依赖于环境和个人自身的不同因素。一般认为，可能获得的利益是比较重要的因素。如果某种活动对参加者双方来说，一方获得的利益量是另一方的损失量，这种活动大多是竞争性的。课堂教学中的竞争行为，是指学生之间在课堂教学过程中为达到某种目的而展开的一种较量。从竞争主体的结构来看，课堂教学中的竞争可分为学生个体与学生个体的竞争、学生个体与学生群体之间的竞争、学生群体与学生群体之间的竞争。两个个体之间或两个群体之间产生竞争必须有三个条件：双方都想达到同一目标；一方达到目标，就会排斥另一方去达到，因为双方都知道其中的一方必被淘汰，所以双方都为达到目标而竭尽全力。因此，在竞争中，双方都会努力争取获得优势地位，即针对目标方面获得比对方更优越的地位。

无论是从理论上来说，还是从实践来看，课堂教学中学生之间的合作行为的产生都离不开教师所创造的各种条件。在引导与帮助学生进行合作方面，教师有必要特别注意以下几点：

（1）激发学生的合作动机。教师在运用外部奖励手段时，可多考虑对集体成果的评定与认可。

（2）指导学生学会合作技巧，养成社会交往的能力。在课堂教学中，教师仅仅鼓励学生彼此合作或安排一定的合作程序，并不能保证小组成员进行有效的合作。只有当学生具备了一定的合作技能时，才能顺利开展合作学习。

（3）保证小组每个成员都积极参与集体学习。良好的合作关系是促进个体积极学习的保证。同学之间积极地相互依赖意味着大家在彼此合作、相互启发中共同学习，而不是消极地依靠某个学生或某一部分学生解决全组的问题。

四、教学策略的选择与设计

教学方法是教师和学生为了达到预定的教学目标，在教学理论与学习理论的指导下，借助适当的教学手段（工具、媒体或设备）而进行的师生交互活动的总体考虑。

与其他学科一样，常见的生物学教学方法有以下几种：

（1）讲授法。讲授法是指教师通过口头语言，辅助以板书、挂图、投影等媒体向学生传递语言信息的方法，是一种教师讲、学生听的活动。讲授法的优点是能在短时间内让学生获得大量系统的科学知识；缺点则是学生比较被动，师生都难以及时获得反馈信息，个别差异也很难全面照顾。

（2）谈话法。谈话法也叫问答法，它是有计划、有目的地围绕着一系列问题，在师生之间进行谈话以获取新知识或进行复习的一种教学方法，也是一种历史悠久、行之有效的教学方法。最大的优点是比较容易激发学生的学习积极性，启发学生独立思考，提高运用知识和解决问题的能力，特别是能够发展学生的语言表达能力，但是由于谈话法需要许多的时间，因而在使用上也就受到了一定的限制。针对教材的特点，有选择地采用谈话法，对生物学教学来说，特别是对初中生物学的教学来说，是很有效的教学方法。

（3）演示法。演示法是指借助实物、图片或使用投影、电视、电影等手段，将要感知的过程或要学习的技能记录下来播放、演示，通过不同形式的直观化方式，增强学生的感性认识或在已有理性认识的情况下，再通过感性材料深化理性认识的教学方法。借助现代教学媒体，如电影、电视、多媒体计算机等，可以化静态为动态，因而其逼真程度和直观程度更高。

（4）讨论法。讨论法是在教师的指导下，由全班或小组学生围绕某一问题进行交流、切磋，从而相互学习的方法。这种方法既可以发挥教师的主导作用，也可以有效地体现学生的主体地位，是师生交流最为直接的一种方法。学生在群体思考过程中，相互启发、相互激励，可以有效地加深学生对所学知识的理解。

（5）训练和实践法。训练和实践法是让学生通过一系列设计好的实践活动来进行练习，运用所学知识解决同类任务，以增加技能的熟练程度或增加新能力的方法。使用这种方法的前提是假设学习者在练习之前已基本掌握了某种有关的概念、原理和技能。现代多媒体技术、人工智能技术和虚拟现实技术可以为学习者创设逼真的学习和实践情境，使学习者在真实的情境中进行练习和实践。

（6）示范模仿法。示范模仿法是以教学示范和学生模仿的方式来促进学生有效地获得某种技能的方法，适用于动作技能领域的学习。为了让学生加深对动作要领的理解，防止学生机械、盲目地模仿，一般教师在示范时要给予适当的讲解，将示范与讲解相结合，才能有效地促进学习者对技能的学习。

（7）发现法。发现法是指教师向学生提出有关问题，引导学生搜集、学习有关资料，通过积极思考，自己体会、发现概念和原理。它是一种以培养学生独立思考、发展探究性思维为目标，以基本材料为内容，使学生通过再发现的步骤来进行学习的教学方法。因此，教学不应当使学生处于被动地接受知识的状态，而应当让学生自己把事物整理就绪，使学生自己成为发现者。在教学中运用发现法，其灵活性和自发性都很大，要根据不同学科和不同学生的特点来进行。其大致步骤包括：①设置问题情境。教师设置问题情境，提供有助于形成概括结论的实例，让学生对现象进行观察分析、逐渐缩小观察范围，将注意力集中在某些要点上。②建立假说。学生利用原有的知识和经验，通过分析、比较，对各种信息进行转化和组合，对问题提出假说。③检验假说。学生通过观察实验、思考讨论以及事实依据对假说进行检验和修正，直到得到正确的结论，并对自己的发现过程进行反思和概括。④整合与应用。将新发现的知识与原有知识联系起来，纳入到认知结构的恰当位置。运用新知识解决有关问题，促进知识的巩固和迁移。

以上介绍的几种教学方法，都有自己的特点、性能、适用范围和条件，但没有一种教学方法是万能的，可以适用于一切范围和条件。因此，选择教学方法应全面、综合地考虑到教学任务、教学目标、教学内容、学生特点、教师特点、教学环境和条件诸多因素，对多种教学方法进行有效组合应用。多种教学方法的组合可以是并列的，即同时采用多种教学方法；也可以是系列的，即一种方式结束后再开始另一种。

第二节 教学艺术

一、教学艺术的概念

教学艺术就是教师在课堂上遵照教学法则和美学尺度的要求，灵活运用语言、表情、动作、心理活动、图像组织、调控等手段，充分发挥教学情感的功能，为取得最佳教学效果而施行的一套独具风格的创造性教学活动。把教学艺术看成是某种高超的教学技巧、某种创造性教学设计、某种教师的动人表演都是不全面的。教学艺术是一种高度综合的艺术，属于教学实践活动的范畴。教学艺术具有形象性，运用生动、鲜明、具体的形象来达到教学目的。教学艺术具有情感性，师生双方的教学活动是情感交流、心灵碰撞的过程。教学艺术具有审美性，教学设计美、教态美、教学语言美、教学过程美、教学意境美、教学机智美、教学风格美、教师人格美等既以提高教学质量为最终目的，又使教学具有了审美价值。教学艺术具有表演性，机智幽默的语言、惟妙惟肖的表演和恰如其分的笑话等表演手段，使教育教学寓于娱乐之中。教学艺术具有创造性，教学的新颖性、灵活性能解决教学中出现的各种复杂问题，教师独特的教学风格使教师具有吸引学生的独特魅力。艺术是一种发自于内心的美，一种灵魂美。教学是一门科学，又是一门艺术。

二、教学艺术的特点及作用

(一) 教学艺术的特点

(1) 形象性：语言、表情、动作、图像、音响等形象。运用生动、鲜明、具体的形象来达到教学目的。

(2) 情感性：师生双方的教学活动是情感交流、心灵碰撞的过程。真情实感才能打动人。

(3) 创造性与灵活性：教学具有综合性和复杂性、高难度性；创造性地运用校内外各种教育影响；面临的新的教学任务；学生学习的创造性。即兴性的、应变的，"教学有法而无定法"，其"运用之妙，存乎一心"。

(4) 表演性：现场表演。教师还应作导演，师生双方共同演出。机智幽默的语言、惟妙惟肖的表演和恰如其分的笑话等表演手段，使教育教学寓于娱乐之中。

(5) 个性化：独特的教学艺术风格，不可盲目模仿照搬。

(6) 审美性：教学中有艺术。艺术的特质是美，艺术创造就是美的创造。因此，教学具有审美性，具体表现在两个方面：一是创造性，一是表演性。教学不是机械教条地传授与接受，它是一种能动的极富创造性的双边活动。从教的角度看，教者不是对教材的"照本宣科"，而是一种再创造。教学艺术的审美性赋予了教学艺术的魅力。教学艺术的美是内在美与外在美的有机统一。教学艺术的审美价值与教育价值也是有机统一的。

(二) 教学艺术的作用

(1) 活跃课堂气氛：振奋精神，调动情绪。

(2) 构建和谐的师生关系：沟通情感，缩短距离。

(3) 激发学生的学习兴趣和求知欲：新鲜生动，激发兴趣。

(4) 加强学生对知识的理解和记忆。

(5) 启发学生的心智：通俗易懂，促进理解。

(6) 展现教师的才能和机智：机动灵活，化解冲突。

(三) 常见的教学艺术

(1) 教学幽默：是教师在教学中表现出的一种幽默感，使学生在笑声中进行认知活动，在师生关系融洽、课堂气氛活跃、学生情绪饱满的情况下学习和掌握文化知识。

(2) 教学机智：指在教学过程中面对千变万化的教学情境，迅速、敏捷、灵活、准确地作出判断、处理，保持课堂教学动态平衡的一种心理能力。

(3) 语言艺术：教师语言是整个教育教学工作中最主要、最直接、最常用的一种手段，是教师"传道、授业、解惑"的主要媒介。因此，教师语言的运用就显现得特别重要。往往不同的表达方式，教育效果也会有很大的差异。

(4) 板书艺术：板书是课堂教学不可缺少的部分，板书艺术直接关系到课堂教学质量的优劣。合理的总体布局，提纲挈领的内容，规范的例题解答板书与优美的图形设计，适当的色彩搭配，必要的线条勾画，知识结构的列表归纳，图文的合理结合，板块的恰当拼接以及或端正秀丽或苍劲有力的字体等等，都可以构成一件独特的艺术品，从而使教学效果倍增。

（5）教师的仪容仪表艺术：教师好的仪容仪表同样会给学生以美的享受。教师的许多方面都会引起学生的无意注意而分散学生的注意力，如教师在仪容仪表方面的异常变换。对于其他影响学生注意力的因素，比较难以控制，但来自教师仪容仪表方面的影响，只要采取适当措施，则比较容易消除。

（6）教师的批评表扬艺术：学生更多的是希望受到老师的表扬而不是批评。因此，教师对学生的表扬在很大程度上能促进学生的进步和发展。一般情况下，教师会对做错事的学生进行批评，但在适当的时候，对做错事的学生进行表扬，更会起到意想不到的效果。

（7）教师的培优补差艺术：针对不同层次学生的实际情况，采取对优秀学生进行比较深入和全面的知识拓展和研究，让他们在原有的基础上有更好的发展空间，对学习落后的学生采取打基础、补弱项的教学手段，让这些学生能有比较明显的进步，提高其学习信心。这样就使得全班各个层次的学生都有进步，从中感受到班级的温暖、集体的力量和教师的关爱。

三、如何提高教学艺术

要想提高教学艺术应该做到以下几点：

（1）教师必须有五个基本功。五个基本功即纯正普通话、好板书、好口才、好文章、好方法。教师有一口纯正的普通话，天天保养一副好嗓子，在听觉上给学生以美感；教师有好板书，在视觉上给学生以美感；再加上教师有好口才、好文章，徐徐道来，娓娓动听，就能吸引学生，使学生听你的课是享受；好方法就是通过钻研各种教法，发挥自己优势，形成自己特色，这样教学法就活起来了。

（2）教师必须是德才兼备的引路人。教师是五种角色兼具的人，即历史文化的传播者、人际关系的艺术家、学生心理的保健医生、毕生事业的引路人、人类灵魂的塑造者，因此教师是社会的重要角色。有人说过："你想把学生培养成什么样的人，你自己首先应成为什么样的人。"甘地说："教师是学生最好的课本。"因此，德才兼备是教师的基本素质，是提高教学艺术的基本保证。

（3）教师必须拥有渊博的知识。教师在教学中要想有所创新，就必须拥有渊博的学科知识，必须具有"一桶水对付一碗水"的本领，这样才能厚积薄发游刃有余。教师如果有了渊博的学识，教学就有了源泉。实践证明，教师"授业解惑"的职能决定了教师不但必须具有广博的学科知识、精深的专业知识，而且应该努力学习，掌握相关的学科知识。这不是一件容易达到的事情，虽然许多教师为科班出身，但所学未必精到，有的教师表面看来知识游刃有余，实则浅薄寒碜，学生很难从其身上体会到教师应有的文化底蕴，而教师也难以以识服人。因此，教师能够通晓学科知识、拓展知识面、发掘知识渊薮，真正成为让学生佩服的教师，才是教师必备的重要素质。学识是教师实施教学的力量源泉，教学艺术则是达到教育目的的具体途径。如果光有渊博的知识，没有精湛的教学技艺，也是难以达到预期的教学效果的。

（4）教师必须研究教学规律，提高教学效果。研究教学规律，指研究教学内容的规律、教学方法的规律和认知的规律等。教育教学实践证明：在教学中学生普遍易于接受的规律是从具体到一般，即从感性到理性。当前，引导学生主动探究已成为生物教学的一个新的趋向和热点，生物知识的系统性和连贯性很强，教师必须从培养学生思维敏捷性、逻辑的连贯性、积极的创造性角度出发研究教学、钻研教学。例如，将课本上的知识进行重组，使知识更加系统化、具体化等。这样使学生既学得具体、轻松，教师也教得愉悦，从而形成教与学的良性循环互动。

第三节　中学生物学教学中常用的教学策略与艺术手段

针对师范院校学生即将面向学校、面向课堂教学的实际，为帮助同学们提高实习阶段的教学能力和毕业后分配到学校时能尽快地适应生物学科的教学，尽早上手，使自己成长起来，我们将从如下几个方面来阐述生物学课堂教学应该掌握的、常见且实用的教学策略和一些在中学教学实际中大家总结出来的、比较成熟的教学艺术手段。我们没有把所有的教学策略和教学艺术都呈现出来，而是以理论和实例相结合的形式来讲解对于初次执教的新教师应该具备哪些策略，以此引领同学走向成功教学之门。现代教学论认为课堂教学不应模式化，但教学应该策略化。教学的艺术也是一个积累和发展的动态变化的过程，只要肯钻研，肯吃苦，肯下决心，假以时日，教师一定能形成有自己特色的、受学生欢迎的教学策略和教学艺术。

一、生物学教师备课的策略

教学工作，看似平常却奇难，形如容易实艰辛。俗话说：台上三分钟，台下十年功。能否上好一节课，关键看课前功夫下得怎样。上海市的二期课改提出这样的口号：让教育充满思想，让教学蕴含智慧。要让一节课上得好，上出精彩、上出特色，我们教师需要认真做好课前的备课工作。不同的教师有不同的教学风格；不同的学科有不同的教学要求，但有一个共同点，课前的设计工作十分重要，正如房要建好先得有蓝图，城要建好先得有规划，教师应该像设计广告一样去设计课，力争把课设计得让人回味，给人享受。在备课时教师一定要遵循这样的一个原则：以学生的发展为本，以学生的积极思维至上。课前备课不仅要备教材、备教法，还要备学生、备预期目标。往往上课上40分钟或45分钟就结束了，但是备课可能要用上多几倍的时间。假如教师把每一节课都当成是教学公开课，效果怎么会不好呢？

课前的备课主要突出抓好如下几个内容：

1. 三维目标和教学重、难点的确定

教学是一种有组织、有目的的活动。教师的教学都是为学生的学习服务的。教学要有预设目标，这个目标体现在知识、能力、情感态度与价值观目标上，即三维目标上。教学目标可以按照教参的要求来确定，也可以根据自己学生的实际来适当调整。不同的教学内容，三维目标各有侧重，不可齐头并进，面面俱到。其实知识与技能是让学生学会，它往往是显性的，知识重在逻辑性，是"认知世界"；能力重在操作性，是"改造世界"。能力是由知识转化而成的，没有坚实的知识基础不可能有能力的发展。过程与方法是让学生会学，情感态度与价值观是让学生乐学，心中有三维目标，教学才有底。一节课的教学必须确定专一的教学目标，不可能完成太多，必须剔除那些非根本、非核心的目标，剩下的才是真正有效的教学目标，千万不要眉毛胡子一把抓。作为教师要用好教参，了解学情。教学的重点、难点是什么？我们心中一定要清楚，教学要有针对性，目标要定好。我们既要考虑到教学的预设性，又要考虑到教学的生成性。备课时间的长短往往决定着教学过程中的效果好坏，影响着学生听课的质量，建议教师还是多花点时间来琢磨教学目标，把目标定得实际些、有效些。

例 人教版必修 1 的第二章第一节 "细胞中的元素和化合物" 的教学目标可以这样定：

1. 知识目标

(1) 简述组成细胞的主要元素。

(2) 说出构成细胞的基本元素是碳。

2. 能力目标

(1) 学会检测生物组织中的糖类、脂肪和蛋白质的方法。

(2) 培养学生分析、比较、归纳等逻辑推理能力。

(3) 培养学生的知识迁移能力、综合运用所学知识分析问题和解决问题的能力，以及提高学生学科之间相互渗透的迁移能力。

3. 情感态度与价值观目标

(1) 认同生命的物质性和生物界在物质组成上的统一性。

(2) 树立辨证的唯物主义世界观。增强学生对生命本质的认识，消除对生命认识的神秘感，渗透协调美和思想美。

4. 教学重点

(1) 组成细胞的主要元素和化合物。

(2) 检测生物组织中的糖类、脂肪和蛋白质。

5. 教学难点

(1) 构成细胞的基本元素是碳。

(2) 检测生物组织中的糖类、脂肪和蛋白质。

2. 了解学情

学情是指学生的情况，包括学习能力的情况、学习态度的情况、学习习惯与方法的情况。若学生基础比较差，教师就不能把教学目标定得过高，否则，学生听不懂，长期下去，会产生反感，认为教师的教学是天才教学，只针对少数学习能力强的学生的，是排斥大多数学生的，师生的情感隔阂与距离无形中就产生了，这对教学是极不利的。可惜，现在很多教师只会照搬别人的成功做法，认为别人成功的教学对自己也是可行的，可结果事与愿违。学生的学习可能还会有一种情况，即层次相差比较大，好的有，差的也不少，这怎么办？教师要在备课时充分考虑，不要让成绩好的收获得少，又让成绩差的承受不了。如果学生学习积极性低，教师要考虑如何有效调动其学习的积极性，因为没有学生的配合，教学是不可能取得实效的。不少山区学校的学生学习被动，思维不活跃，教师要认真设计好组织教学形式和讲课的方式，否则可能出现班内一大片学生打瞌睡或者是乱哄哄的现象，难以有效开展教学活动。

3. 教学方法的确立

学生不同，教学内容不同，要求教师选择的教学方法和手段就有所不同。不能只会使用讲授法、讨论法、演示法、示范模仿法、发现法中的某一种，甚至所有的课都使用同一种教学方法。不同的班级应该有不同的教学方法，不同的教学内容也应该有不同的教学方法。所谓"教无定法，贵在得法"。如"有丝分裂"的教学宜图形直观教学法和问题探究法穿插使用，"组成细胞的化学成分"可讲授法和讨论法一起来用。据调查，最受学生欢迎的老师是那种平易近人、善解人意、和蔼可亲、宽容理解学生、幽默风趣、关注学生及和学生做朋友的老师；教学方面能做到用幽默生动的语言讲课，讲的课学生能听懂（因材施教）；布置少量作业。从中我们也许能悟出：不适合学生的教学是不可能取得有效的教学效果的。

4. 教学材料的选择

教材怎么用，课件如何用，教师要预先研究一番，按照自己的风格作一个大致的演练，确保时间够用，知识清楚，重点突出，难点解决。有些教材内容要适当增加，有些则要作一些删节，建议对生活联系较紧密的知识增加应用的内容，对一些前后有知识重复的内容，在讲完前面的知识后，再次讲到时可作适当的删节。比如，在必修 2 的现代生物进化理论部分讲了物种的概念，在必修 3 的种群与群落部分就可以少讲了。同样的，在必修 2 讲了生物多样性的层次，到了必修 3 的生态系统部分就不必再多讲了，可只作为复习来讲。现在的教学，课件几乎是一件不可缺少的事了，但也伴随着不少问题。不少教师只备课件不备文本教案，教学时只把自己"钉"在投影仪前，不会走到学生中间去。师生互动少，问题提得少，反而效果不好。对于图形少的内容，练习补充不多的课，还是少用多媒体课件好。有时候板书的效果比使用多媒体的效果还要好，不要过分依赖多媒体来实施教学。

5. 教学内容和过程的安排

从知识的逻辑性角度分析知识的呈现顺序，从学生认知的角度去分析讲课的程序，从时间和个人风格的层面去设计问题、安排活动时间。最好列出知识纲要、板书提纲，让教学变得有条不紊。人教版的教材，每一节都有一个问题探讨，但这个问题探讨并不适合所有的学生，如果学生的基础不好，知识面窄，生物常识储备不多，那么这个问题探讨起的作用不大，需要教师改造设计。讲课的顺序也不是都只能按照课本的编排来进行，有些可以合到一起来讲，有些可以改变其顺序来讲，还有些可以改变其知识呈现的方式来处理。如讲细胞的化学组成的时候，可以先讲水和无机盐的内容，再讲蛋白质的内容。讲细胞膜的时候，可以把细胞膜的成分、结构、功能放一块来讲。课本中陈述性的知识也可以改变为探究性的知识，让学生去设计、分析、讨论，最终得出结论，从而提高学生的探究能力和创新精神。在课堂教学的过程中如何安排学生的小组讨论和个体的独立思考时间，教师要在课前作一个安排，当然，在实际教学中是可以根据学生的表现和教学内容来调整的。课堂上的问题情境设置后，安排哪种形式来组织学生思考，教师要有事先的打算，有些可以提问的形式，有些可以小组讨论的形式组织，有些可采取泛答的形式，不要采用单调的形式，但在课堂上，学生要带着问题去思考，带着激情来上课，带着期望来完成学习任务。一定要让学生动手、动眼、动脑，开动思维综合分析器，不断提高学生的学习能力，让学生肯学、会学、乐学。

6. 作业的布置

作业的作用是重温知识、巩固知识。作业要围绕重难点内容合理编排，先易后难，控制题量，坚持少而精原则，最好在学生容易出问题的节点处命题，提高练习效果。作业一般分为课堂练习和课后练习。课堂练习题量要少，要结合课堂教学中的重点知识和难点知识来命题，目的是检查学生对课堂上教师所讲知识的掌握情况，为教师的教学提供有效的反馈信息。课后作业是为巩固和拓展课堂教学而布置的练习，题量可以适当多一点，但一个知识点不要重复去练，使学生厌烦，变为机械训练，降低练习的效率；难易程度要把握好，容易的占多数，灵活的占少数，锻炼学生的思维能力和解题规范。这是教学的一个重要环节。

二、生物学课堂教学引入新课的方法及策略

兴趣是学生学习中最活跃的动力因素，有了浓厚的学习兴趣，学生必会主动探索，发现新知，所以提高学生的学习兴趣成为教师提高教学效率、完成课堂教学内容的前提。

生物学是一门研究生命结构以及生命活动的最基本规律的自然科学，学起来抽象难懂，容易枯燥乏味，能否引起学生的兴趣则是生物课堂成败的关键。"好的开始就是成功的一半"，而吸引学生的最好时机就是在课堂开始的。在引入新课时，教师若能引起学生的兴趣，这堂课就成功了一半。

下面结合高中生物学教材的部分内容，介绍新课引入的方法及策略。

1. 教师在教学的引入过程中要有激情

要让学生对生物学科有兴趣，教师首先就要在教学中表现出所教的知识是有趣的，这就要求教师引入新课时在语言方面要有感染力，这样才能吸引学生的注意。如果教师表现出循规蹈矩、完成任务就行的态度，学生也不会表现出学习的欲望。根据教材的内容，教师还可以用激情的语言简述一些生物学史，借以唤起学生爱科学的热情，从而激发起学生学习新课的兴趣。

2. 教师在教学的引入过程中要让学生充分参与进来

要想使学生在一堂课的时间内始终保持良好的学习状态，就要让学生充分参与到整个课堂中来，即要展现学生的主体地位。学生是学习和发展的主人，传统的学习方式突出和强调接受与掌握，冷落或忽视发现与探索，从而窒息了学生的思维和智力，摧残了学生的学习热情，所以教师的引入教学就要充分调动学生的积极性，发挥以学生为主体的学习方式的长处，使学生在学习中既是知识的接受者，也是学习的发现者。

3. 对不同的课型要采用不同的方式引入

（1）通过复习旧知识的方式引入新课。"温故而知新"，从旧知识导入新知识，从新旧知识的联系中，提出即将研究的问题，这样既促进了旧知识的巩固，又明确了新课的学习目的、任务，而且也能激发学生探索求知的好奇心，产生积极寻找答案的愿望。如在讲"基因突变及其他变异"一章时，通过复习表现型、基因型的概念，表现型、基因型和环境条件三者的联系，水毛茛的叶子在水上面和水下面呈不同形状，孟德尔用黄色圆粒豌豆和绿色皱粒豌豆做亲本杂交，F_2中得到黄色皱粒豌豆和绿色圆粒豌豆，导出：环境条件的

改变或基因型的改变都可能引起表现型的改变，由此引入新课，为学习新内容作了铺垫。

（2）利用实验引入新课。生物学是一门以实验为基础的科学。利用实验操作的方法导入新课，能帮助学生认识抽象的知识，激发学生的思维能力，使学生通过分析问题来探索规律。学生通过实验操作，既能动脑又能动手，拓宽了思路，使课堂气氛活跃，产生浓厚的学习兴趣。如在讲"物质跨膜运输的实例"一课时，在课前让学生自己取 3 块大小相等的萝卜块，分别放入 30% 的蔗糖溶液、清水和空试管中，进行实验。上课时让学生讲述自己观察到的现象，并说明 3 块体积相同的萝卜块为什么一块体积变小了（软缩了），一块体积变大了（更加硬挺），而第三块体积却不变。利用这一实验就很容易引入新内容"植物细胞的吸水和失水"。

（3）用生物学史或生物学家的故事引入新内容。生物学史知识是中学生物教学内容之一。教学中，用回顾生物学史或科学家的故事引入新课，使学生就像当年科学家一样去思考问题、研究问题，发现新知识，能收到较好的教育教学效果。如在讲"DNA 分子的结构"一节时，在简单介绍美国科学家沃森和英国物理学家克里克两位科学家构建 DNA 双螺旋结构模型的故事后提出："DNA 分子的双螺旋结构有哪些主要特点？"引入新课，激发学生的求知欲。

（4）用提出问题引入新课。提问是课堂教学中使用最为普遍的一种发问方式，是启发式教学中的主要手段。新教材各个章节的设置和安排都有很强的逻辑性和科学性，只要认真研究教材，通过提问同样可以导入新课。如在讲到"其他植物激素"时，教师先提问："除了生长素以外，植物体内还有哪些植物激素？""各种植物激素是孤立地发挥作用吗？为什么？"由此引入新课。

（5）利用生活中常见的现象引入新课。通过学生生活中熟悉的事例引入新课，使学生有一种亲切感和实用感，容易引起学生的学习兴趣。如在讲"植物生长素"一课时，先让学生观察放在窗台上的几株盆栽植物，观察植物向光生长特性，然后问："植物的这种向光生长的特性是由哪种因素激发引起的？"引入新课。

（6）利用创设情景的方法引入新课。具体生动的情景能加强学生的情感体验，引起他们愉快、激动的情绪。教师可以利用图画、幻灯片、电视、音乐等手段作为导言，为学生再现教材情景，激发他们的情感和兴趣。如在讲"现代生物进化理论的由来"一课中达尔文的"自然选择"理论时，先在多媒体课室播放非洲草原上野牛迁徙途中遇到各种情况的录像，让学生体会到生存斗争的现象，引入新课，使学生置于情景中，产生共鸣。

总之，新课的引入多种多样。灵活多样的导课方法，无疑是提高教学质量所不可缺少的，至于选择何种方法，应根据教学内容和学生的可接受性来确定。采用的方法要恰当、贴切，并能体现教材的科学性和思想性。选择适合自己教学风格的引入方法一定会起到事半功倍的教学效果。

三、新课程下生物学课堂教学中的提问与反馈策略

课堂教学中的提问与反馈是师生双边活动的重要环节，也是教学效果好坏的关键之所在。下面介绍生物学新课程下课堂中提问的作用、原则和问题的设计和应用与反馈的策略。大多数教育专家认为有效的提问应具有如下几个特征：有效的知识关联度，有较好的

目的预设性，有较广的信息传递性，有较深的思维创造性。不是把所有的知识采用问题的形式一直问下去就叫问题教学了，远没那么简单。

叶圣陶先生曾说："教师之为教，不在全盘授予，而在相机诱导，必令学生运其才智，勤其练习，领悟之源广开，纯熟之功弥深，乃为善教者也。"教师要研究好自己的学生，做好相机诱导，首先要培养学生的"问题意识"，让学生带着问题去学习，唤起学生的学习热情，调动起学生学习的积极性和主动性，要面向全体学生，激活思维，通过设置问题来组织课堂教学，有效引起学生对问题的探究，同时通过对学生的应答作出信息反馈，来巩固和强化学生所学知识，构建知识脉络。

（一）提问的作用

1. 吸引和保持注意力

中学生求知欲旺盛，好奇心强，设计的问题应充分考虑学生的心理特征。设置的问题情境要有针对性、最好紧密联系生活与社会，让学生带着问题去学习，这样有助于将学生的注意力吸引到重要信息上，把握章节中的关键句子及概念中的关键词汇，忽略无关的或不重要的信息，从而提高学习效率。教师可把课本中的结论语言变成为一个问题，提问学生为什么是这个结论，理由何在，引发学生深入的、积极的思考。

2. 使记忆和理解更加容易

学习新课前布置的问题，使学生在研究学习中将附加的信息融入上下文，促进大脑将听觉和语意的词语信息转化为图像信息，使学生主动地去思考、记忆和理解。在学习"孟德尔的豌豆杂交实验"时，学生对异花传粉不是很容易理解，可结合农村果农采花粉给雌花授粉的实例来帮助学生认识异花传粉的过程和要求。

3. 复述学习材料

提问的第三个功能是促使学生复述学习材料，复习提问时可以疑问贯穿。新教材设计的前置问题有"本节聚焦"和"问题探讨"，它们的作用是将学生的注意力吸引到重要的材料上来；后置问题有"资料分析"、"思考与讨论"、边栏题等，它们的作用是使学生理解学习材料，利用这些问题可以让学生分析并复述出每节课本的知识重点，有利于构建知识结构，从而保持前后联系，形成知识网络，加强对课本知识的记忆和掌握，更高效地复习。

（二）课堂提问的原则

1. 积极创设问题情景原则

问题情景的设置可来自生物实验、科学史趣味事例、生活实践，可以利用学生对某一生物问题不同看法设置问题，也可用疑难点设置疑问等，有时适当留给学生一点悬念也有利于激发学生去思考，活跃课堂气氛。比如讲"细胞的吸水和失水"时，可以提出："为什么腌制后的黄瓜比腌制前的软？"讲"果实和种子的形成"时，可先提出花生的谜语："麻屋子，红帐子，里面住着白胖子。麻屋子、红帐子、白胖子各是果实和种子的什么部分？它们分别是怎样形成的？它们的细胞核中染色体数目是多少？"

2. 直接提问与间接提问相结合的原则

直接提问就是开门见山，直截了当地提出问题，以便寻找答案。一般在复习巩固、导入新课过程中使用。间接提问就是从各个不同的侧面进行点拨，以便学生消除思维障碍，疏通思路，找到解决问题的关键，一般在巩固新知识的过程中使用。

3. 教师问与学生问相结合的原则

现代教育理论提出"教为主导，学为主体，思维训练为主线，讲练结合为方法，大面积提高教学质量"的教学指导原则。对于教材难度较大的某些重点内容，例如讲"光合作用"时，可先把它设计成系列问题，提出问题：①光合作用的概念是什么？其主要场所在哪里？②光合作用分为哪两个主要的阶段？③光合作用的光反应阶段和暗反应阶段的场所分别在哪里？条件分别是什么？物质转化有什么不同？能量转化有什么不同？实质分别是什么？④光反应阶段和暗反应阶段有什么联系？分组讨论后再总结，调动学生提出问题的积极性。有的学生问："光合作用的影响因素是什么？"有的问："如果二氧化碳增加，光照减少时，糖类、三碳化合物、五碳化合物、还原氢以及 ATP 是怎样变化的？"收集问题，给学生分析讲解，通过创造师生互动的教学氛围，了解学生的认识误区，更好地给学生解惑，从而提高教学质量和效果。

（三）问题的设计与运用

1. 采用趣味性问题，激发学生的求知欲望

新课开始采用趣味性问题提问，目的在于引起学生的注意，利于学生生疑、知疑、质疑，产生强烈的探索动机，通过判断、推理获得新的、独特的认知能力，从而引导学生产生学习的兴趣。如在讲"遗传信息的携带者——核酸"时，可设计这样的导言——"龙生龙，凤生凤，老鼠生的儿子打地洞"，"一猪生九仔，连母十个样"的现象是由什么物质决定的？当然设置疑问的方式还有很多，如典故生疑、对比设疑、要点设疑、观察设疑等。例如讲述"条件反射"时可以引用成语"一朝被蛇咬，十年怕井绳"和"望梅止渴"等。通过设计趣味性的问题充分调动学生的求知欲。

2. 采用阶梯式的问题，提高学生的探究能力

采用阶梯式的问题主要有两个原因：①学生层次有阶梯性。根据学生学习和认知水平的差异性，设计的问题也应有所差异，真正做到因材施教，使每个学生都能得到成功的喜悦。②问题本身的阶梯性。设计的问题应在学生已有的知识基础上，从某一基本知识点出发，设计的系列问题应逐步加深；反之，如果某一问题思考难度较大，学生一时难以回答，这时可根据条件，反向推理或假设得到某种结果所必需的几个条件，回到学生已有的知识基础上来，或者把这个难度较大的问题分解成若干个小问题，使学生逐步探索得到。例如学习"细胞呼吸"时，可以设计以下梯度导学问题：①什么是有氧呼吸？其主要场所在哪里？主要利用的物质是什么？②有氧呼吸包括几个阶段？每个阶段发生在什么场所？③有氧呼吸的每个阶段发生什么变化？各个阶段所需要的酶是否相同？为什么？④有氧呼吸的三个阶段有何相同点和不同之处？⑤写出有氧呼吸的每个阶段的反应式以及总反应式。⑥有氧呼吸和光合作用有何区别和联系？问题的难度呈阶梯状，使学生学习新知识的难度降低。

3. 采用"辐射式"问题情景，培养学生的创造性思维

采用"辐射式"问题情景，可让学生从不同角度思考。生物学中的许多问题需要学生打破思维定式，从不同角度运用比较的方法解决问题。如讲"水分的运输"时，可以向学生提出："俗话说'水往低处流'，为什么在植物体内会现'水往高处流'的现象？"再比

如复习"细胞的化学成分时",提出:"组成生物体的化学元素在自然界都可找到,这说明了生物界与非生物界具有统一性的一面,那么统一性的另一面是什么呢?"

4．培养学生"提出有价值问题"的能力

爱因斯坦说过:"提出一个问题往往比解决一个问题更重要。提出新的问题,新的可能性,从新的角度去认识旧问题,却需要创造性的想象力,而且标志着科学上真正进步。"教学中要始终注意和满足学生的心理要求,启发学生提出尽可能多的问题,保护学生提出问题的热情。在此基础上,培养学生提出问题的能力,要使学生提出的问题由浅入深,逐步向能够提出有价值问题的方向努力。

(四) 提问中要注意的问题

(1) 提问的有效性。提问时不能为设疑而设疑,避免提一些简单识记的问题,尽量避免答案的不确定性。

(2) 提问的准确性。要抓住重点问题启发学生思考,提出的问题难度要适中,避免问题"泛而不精"。

(3) 提问的整体性。生物课新授课最好采用提问后全体学生回答或者分组相互问答的方式,这样的方式更容易暴露出学生不容易理解的地方,更有利于学生提出疑问,根据反馈的信息,可以更有针对性地展开分析,做好解惑,效率更高。

(4) 提问要给学生留有思考的时间,并及时注意变换提问的角度。课堂提问应有一定的时间停顿,以利于学生参与思考。在学生对所提问题基本理解的情况下,可变换角度提出新问题来开拓学生的思路。例如讲人体骨髓移植时可以提问:供体器官来源可通过哪些生物工程获得?同学们设计的大体方法步骤是什么?

(5) 学生思维出现障碍时,以疑问诱导。例如:问检测镰刀型细胞贫血症患者血红蛋白基因的碱基序列必须使用的酶是解旋酶还是限制性内切酶时,大多数学生选择解旋酶。可让学生思考使患者血红蛋白基因的 DNA 变成单链时是否有其他的方法代替?当有的学生回答 DNA 的热变性时,同学们便恍然大悟了。

(五) 反馈策略

课堂信息反馈的重要作用有:①诊断功能。教师通过反馈信息,诊断教学效果。②认同功能。学生从反馈信息中得到肯定的评价,就会使刚产生的认识得以确认,从而促进知识的接收。③调控功能。教师可根据学生的反馈信息,反思自己原来的教案,及时调整计划;同时学生作为课堂学习的主人,可以根据自己认识的误差,变换思维方式,改进学习方法。④激励功能。课堂反馈能有效调动和激励学生和教师两方面的非智力因素,达到师生互动、教学相长的效果。

具体策略为:

(1) 答对后的反馈讲究激励性。对于正确的回答,要给予肯定和表扬,使学生获得成功的喜悦。例如在讲评课上,从不同的角度对不同类型的学生进行表扬,不仅要表扬成绩优秀的学生,对基础较差但回答正确的学生,尤其要热情表扬,充分激励学生学习生物的积极性。

特别要注意学生的回答虽然有一定合理性,但回答时并未完全掌握原因的状况,反馈中要帮助学生指导分析为何没有抓住关键的原因,尽量降低无效信息的影响。在探究实验和回答简答题时常常会产生一些似是而非，实际上只差一点就可以得出正确结论，或是停留于表象而不涉及本质属性的现象。这就需要启发、诱导学生再跳一跳去摘下那只智慧的"桃子"。

其次，教师还可对学生一些独特见解给予肯定和表扬，激励学生不断创新，提高学生的发散思维能力。

（2）答错后的反馈，发挥示范性。对学生的错误回答应给出更为详尽的反馈信息，帮助学生纠错。对学生的错误回答不能简单地说"你错了"，甚至调侃、训斥学生，打击学生参与课堂的积极性，影响学生学习。

在实验课教学中，要谨慎对待探究过程中得出的错误结论，或者无法得到结论的情况。对此，不要轻易否定学生探究结果，要及时发现学生在探究过程中出现的错误信息，并针对其产生的根源采取有针对性的措施及时予以纠正，倾听学生反馈，发挥弥缺补漏的功能，引导学生最终得出正确的结论。

对于生物试卷中的非选择题，很多学生常因回答不准或回答不全而失分。造成这种现象的原因是表达不准确、不规范、词不达意等，教师除了要引导学生分析如何才能学会用生物学的专用术语来表达，回答时要突出关键词外，同时还要把完整、简练、规范的答案展示给学生，并且鼓励学生对教师的讲评提出看法，以便教师以后能更清楚地讲解。

总之，课堂教学中的提问与反馈是师生双向互动相辅相成的创造过程，需要不断在实践过程中探索和总结，构建师生互动模式。只有真正把这种模式落实到底，才能大面积提高教学的实际功效，达到素质教育的目的。

四、在生物学课堂中体现学生主体地位的策略

新课程倡导我们在课堂教学中要体现"教师为主导，学生为主体"的教学原则。在具体的教学过程中，教师该采用哪些教学策略来实现学生是课堂的学习主体呢？

1. 让学生多读一读书

教师要学会激发学生对阅读科学书刊的兴趣，一来增长知识面，二来丰富生物课外知识。苏霍姆林斯基认为阅读是对学生进行智育教育的重要手段，借助阅读可以发展学生的智力。学生读书越多，他的思考就越清晰，他的思维就越活跃。因此，经过周密考虑地、有预见地、有组织地让学生阅读一些科普读物，是教师要关心的一件大事。当前，网络发达了，学生上网玩游戏的人数多了，时间也多了，就是看书的时间少了，造成学生对生物课外知识的接触很少，知识面狭窄，而且，现在的学生接触生活的机会并不多，对周围的世界关注极少，经常在课堂上讲到与日常生活有关的生物知识学生都不懂的，这既影响了教学进度，也让教师的心情郁闷，影响了课堂教学的发挥。

在生物学课堂教学中，教师应给予学生充分的自学时间。学生通过课前粗学、课堂精学、课后再学的方法，可以深化教材的内容，找出难点、疑点与重点，同时学生可以多角度、全方位地了解生物现象。另外，在阅读的同时要培养学生查找资料、分析处理资料的能力。在解答学生课堂提问时，若课本有答案，教师最好引导学生看课本，阅读有关内容，师生共同分析，提炼出要点、关键点，解答疑难。

预习阅读是学生在教师未授课时事先阅读相关课文。为了提高预习阅读的有效性，教

师最好先拟好预习提纲，让学生带着问题阅读指定的课文，并要求阅读后作出解答和提出疑难。如"伴性遗传"一课，设计下列预习提纲：①什么叫伴性遗传？②写出男女正常色觉的基因型、男女色盲的基因型、女性携带者的基因型；③一对夫妇中，如果有一方患色盲，其后代色觉遗传现象如何？④为什么色盲总是男性多于女性？⑤为什么近亲结婚危害子孙后代和国家民族？阅读提纲要力求启发性、悬念性，以激发学生积极独立探求知识的兴趣和欲望。又如在讲"生命活动的主要体现者——蛋白质"一节时，先让学生带着几个问题去进行网络搜索：①蛋白质在什么食物中含量比较丰富？②蛋白质是怎样分类的？③蛋白质的组成单位是什么？有多少种？④蛋白质的结构特点和功能特点是什么？学生通过查阅资料，对蛋白质的组成、结构和功能会有一个初步的、较明确的了解，为课堂教学打下一个良好的基础，减少了教师在课堂教学中的压力。

课中阅读是教师随教学进程提出问题让学生阅读一个或几个重点的相关段落。为了使学生对所阅读的段落做到字斟句酌，应常变换形式提出问题让学生阅读思考。如阅读减数分裂概念时，提出的问题是：①进行减数分裂的生物对象是什么？②什么数被减？③数被减了多少？④在第几次分裂发生减数？⑤全过程染色体数的变化规律是什么？指导学生在阅读容易混淆的概念时，要运用对比法加以区分，找出异同点，从而掌握概念的实质。如无性生殖和有性生殖、有氧呼吸和无氧呼吸、呼吸作用和光合作用、DNA 和 RNA、无籽西瓜和无籽番茄等。在课堂教学中往往教师讲得很多，学生印象却不深，因为学生的思维没有调动起来，学生的主体地位没有体现出来，相反，教师讲少一点，学生看多一点，印象就会深刻一点，所以讲得多，不如问得好，就是这个道理。

复习阅读是在教师讲完一个单元或全部课程后，要求学生进行系统的阅读。为了使学生对所学知识融会贯通、强化记忆，指导学生运用分析综合法对学生进行专题阅读，对不同章节出现的同类知识进行归纳、整理、组合成完整的知识体系，收到良好的效果。如在复习高中生物必修 2 时，要求以染色体为线索，整理出以下几个方面的知识：①染色体的形态、数目；②染色体的存在部位及存在形态；③染色体的复制（时期与方式）；④染色体的化学成分——染色体与 DNA 的关系；⑤染色体的传递规律；⑥有丝分裂的传递与减数分裂的传递的比较；⑦染色体变异与单倍体育种、多倍体育种。在讲完细胞的化学组成和细胞的基本结构后，我们可以让学生回顾阅读课本，思考一下细胞的各种化学组成物质组成了细胞的什么结构？这些结构有什么比较特别的结构特点和功能特性？同样是膜，为什么细胞膜与细胞器膜的化学组成有差异？功能也有不同？不同的细胞器膜在功能上有何关系？这可以使学生认真地再看一次书本，理解细胞成分与结构之间的内在联系，认同细胞各个部分是一个有机的整体观念，给学生一个深刻的、全面的关于细胞的印象。

2. 让学生多想一想理

"教为主导，学为主体"，这是一条重要的教学原则。然而，教师演戏，学生看戏，依旧是高中生物课堂教学中较为普遍的现象。不少教师总想以自己的主导作用来代替学生的主体作用，结果是教师讲得口干舌燥，学生仍不得要领。甚至有的教师动了很多脑筋，力求把自己所讲解的一切知识都变得明白易懂、毫无困难，使得学生往往用不着再进行思考，结果学生还是没能掌握好知识，原因就是教师没有给学生进行脑力劳动的机会。

怎样把学生的脑力劳动与获取知识有机地统一起来？教师应教给学生能借助已有的知

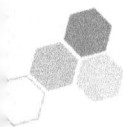

识去获取新知识的技能。在课堂教学中应注意创设问题情境，巧妙设疑，并及时地引导学生质疑、释疑，在学生所掌握的知识储备里，把解决的疑问所需要的那些知识都抽取出来，变学生听教师讲为学生主动积极地思考，解决疑问，总结出结论，同时也可锻炼学生的推理及判断思维能力。

例 在讲"光合作用发现史"时对1880年德国科学家恩吉尔曼用水绵进行光合作用的实验进行讲解：恩吉尔曼把载有水绵和好氧细菌的临时装片放在没有空气的黑暗环境里，然后再用极细的光束照射水绵，通过显微镜观察发现，好氧细菌只集中在叶绿体被光束照射到的部位附近；如果上述临时装片完全暴露在光下，好氧细菌则集中在叶绿体所有受光部位的周围。他的实验证明了：氧是由叶绿体释放出来的，叶绿体是绿色植物进行光合作用的场所。讲完后教师边演示多媒体课件边分析实验现象出现的原因，并引导学生注意科学家设计实验的思路和方法，同时提醒学生在实验中的应该注意的地方，最后向学生提问：恩吉尔曼的实验有何巧妙之处？要求学生结合课本内容通过个人思考和小组讨论回答出恩吉尔曼的实验巧妙之处：①用水绵作为实验材料。水绵不仅具有细而长的带状叶绿体，而且叶绿体螺旋状地分布在细胞中，便于观察和分析研究，假如用小球藻就没有这样的效果。②将临时装片放在黑暗并且没有空气的环境中，排除了环境中光线和氧的影响，从而确保实验能够正常进行，这是对单一变量原则的运用。③选用极细的光束照射，并且用好氧细菌进行检测，从而能够准确地判断出水绵细胞中释放氧的部位。④进行黑暗（局部光照）和曝光的对比实验，从而明确实验结果完全是由光照引起的，这里运用了对照原则。这样，使学生明白了恩吉尔曼由于材料选得好，实验原则运用得当，所以实验结果让人信服，也让学生从中感受到了实验设计的重要性。

3. 让学生多动一动脑

陶行知先生曾倡导教育要培养"手脑双挥的人"，并指出"在劳力上劳心，是一切发明之母，事情在劳力上劳心，便可得事物之真理。人人在劳力上劳心，便可无废人"，说的就是让学生动手、动脑的重要性。许多生物现象需要观察、考察，但并不是每个学生都能亲自观察、考察到，而需要靠教师引导学生观察、考察来解决。

例1 为激发学生的求知欲，可组织学生将课本中"质壁分离和复原"的验证性实验改为探索性实验。先不告诉学生实验原理，在指导学生实验操作方法后，让学生自己动手进行操作，把切好的洋葱分别放在30%蔗糖溶液和清水中，认真观察并分析洋葱表皮细胞在30%蔗糖溶液和清水中的动态变化，得到感性认识。在此基础上，提出：细胞在高浓度的蔗糖溶液中液泡会变小，颜色会变深；在清水中液泡又变大，颜色又变浅，那么，外界溶液的浓度为什么会影响细胞液泡的变化？细胞哪些结构特点与此有关？通过探索和讨论，学生归纳并总结出如下结论：当细胞液的浓度小于外界溶液的浓度时，细胞会失水，因此观察到液泡变小，颜色变深。又由于原生质层的伸缩性大于细胞壁的伸缩性，所以原生质层和细胞壁渐渐分离开来，这种现象叫质壁分离。当细胞液浓度大于外界溶液的浓度时，细胞会从外界吸水，因此观察到液泡变大，颜色变浅，细胞又恢复到原来状态，这种现象叫质壁分离复原，从而引导学生明白细胞吸水和失水的原理。

例2 在学习必修3第三章"生长素的发现史"时，可以把课本的验证性实验改为探究性实验，要求学生按照实验原则、实验目的去设计，自己去选用材料、设置对照实验和处理实验，从而较好地锻炼学生的实验技能。

4. 让学生多议一议事

传统的教学观念，把学生看成是被动地接受知识的"容器"，不注重调动学生的积极性、主动性，教学方法上是教师一言堂，课堂上只是少数学习优秀的学生参与教学活动。为了调动学习上有退缩行为的学生或中、下游的学生积极参与课堂发言，采取前后4人小组讨论的合作形式，教师要让合作小组明确合作学习的程序要求和规则，比如小组内要有分工，充当不同的角色。组长引导小组活动，确保指定任务都能全部按时完成；激励员激励小组成员参与活动（确保无人垄断讨论和无人被忽视），要求小组成员各抒己见；记录员分发小组练习资料，记录小组讨论成果；检查员检查小组每个成员的掌握程度。并向学生说明以后讨论一次，角色互换一次，让学生都有充当不同角色的机会，实现小组角色的互相依赖，增强学生互动的有效性。

合作交流过程中，教师要培养学生学会倾听、尊重他人的合作规范意识；培养学生的人际交往技能，学会对话和共事。合作过程中，教师必须对各个小组的合作学习进行现场观察和介入，提供及时有效的指导和帮助。如果小组活动开展得非常顺利，教师要给予表扬；小组提前完成任务时，教师应检查他们是否真正正确地完成了任务；发现小组内角色分工不清、讨论混乱无序时，教师要耐心讲解，帮助学生明确角色和合作程序，尽快进入有效的讨论；讨论偏离主题或声音过大时，教师要及时发现、及时制止，将学生引到任务中来；讨论受阻时，教师要及时点拨，引导学生寻找解决问题的恰当方法和途径；有的问题教师也可提供给各小组思考讨论、解决，同时进行适当总结。

合作学习结束后，教师要给学生充分展示成果的机会，并给予及时的反馈和总结。小组选出代表发言，组内的其他成员可以补充，其他组的成员有不解的地方可以提问。教师要鼓励学生对问题提出不同的看法，互相争论，以激发学生深入地思考问题。教师可以根据对合作学习过程的观察，选择比较有特色的小组发言。在小组总结发言时，教师要对各小组展示结果的科学性给予及时的评价，评价是以小组的表现而不是个人的表现为依据的，可从不同的角度肯定各小组的合作，并予以奖励。当节课上没有机会展示的小组，可以在下课与教师交流汇报，以培养学生合作学习的积极性。如在讲授"减数分裂过程"时，可以在讲完减数分裂各个过程后，要求学生以学习小组为单位，讨论一下：减数分裂的各个阶段中几个线索的变化关系，染色体数量怎么变？DNA 的分子量怎么变？同源染色体的行为怎么变？再与有丝分裂过程相比，有何异同？这样一来，学生就会认真地识图，思考和讨论问题，直至找到答案。学生在议的过程中发生了思考，同学之间能够互相帮助、交流，互有长进，这比教师一味地讲述效果要好得多。

5. 让学生多动手试一试

苏霍姆林斯基曾说过："让学生体验到一种亲自参与掌握知识的情感乃是唤起少年特有知识兴趣的重要条件。"因此，课堂教学中要充分利用学生的自我表现欲，创造条件让学生进行角色扮演。

例1 学习"有氧呼吸和无氧呼吸"内容时，首先把教材中的有氧呼吸和无氧呼吸内容作为一个专题教学，全班分为"有氧呼吸"和"无氧呼吸"两大组。学生在阅读教材、查阅资料后，自由选择扮演"有氧呼吸"或"无氧呼吸"，两大组分别准备、策划、搜集和制作支持本方辩手的材料。上课时，"有氧呼吸"和"无氧呼吸"两大组，各方轮流发言，用讲解、表演、展示资料等方法试图说服对方。辩论结束后，鼓励有兴趣的学生撰写小论文。

例2 如在学习"染色体的复制"时，可以由一名学生来表演，手脚合并时表示一个染色体，手脚分开时表示染色体已经复制。同理，在讲同源染色体在减数分裂的变化时，由两名学生来上台表演，先合上手脚，表示同源染色体联会，然后，两人都打开手脚，表示四分期，两条同源染色体可以进行交叉互换（手臂上挂上不同的颜色条表示），学生对这个过程印象深刻，难点也就不难了。

为了关注学生综合能力的发展，激发学生的多种潜能，培养学生的社会责任心和使命感，提供更多机会给学生尝试开展研究性学习。

例3 学习"细胞的癌变"时，采用研究性学习，让学生初步学会自己确立课题；学会制订计划；初步学会写研究报告；引导学生进行总结和反思，让学生学会选择利用不同的科研方法（文献研究法、观察法、调查研究法等）为课题服务；注重体验整个研究过程；学会撰写比较规范的研究报告；大家一起分享收获的喜悦。

6. 让学生对不同的知识多比一比

课堂教学中利用学生争强好胜的心理特点，将课后的练习或新课前的提问、新课结束前的提问改成小型的竞赛活动，可以小组为单位，也可以个人为主进行必答或抢答。题目的设置有难易不同的梯度，让全班的学生都参与，以集体的力量带动中、下游的学生积极参与，使课堂充满活力，提高学生的学习兴趣，也使学生通过努力而获得成功的喜悦，使学生进入一个主动学习的积极状态，这种良好的情绪促进了学生智力活动，收到良好的教学效果。另外，"比一比"可以培养学生的竞争意识和积极进取精神，为学生将来走向社会打下坚实的心理素质基础。在不少学校的初中部都有设置小红花比赛，看哪个组的红花最多，这样可以激发学生的集体意识，让学生在课堂上的表现更加专注，学习效率更高。在高中阶段，可以在各个学习小组之间产生竞争，比比哪个小组最能干，学生在课堂上会更配合教师的教学，让师生互动更有效。

总之，在生物学课堂教学改革中，要更好地体现"以学生发展为本"的特点，促进学生的自学、思考、探求新知，从而有利于学生学会学习、学会探究、学会创新。

五、有效实施生物学概念教学的策略

生物学是研究生命现象与生命活动规律的科学，它是以一批核心概念为基础来构建其复杂而丰富多彩的知识体系的，核心概念是生物学理论的基础和精髓，也是思维过程的核心；把核心概念研究清楚，不夸张地说至少解决了生物学科一半以上的问题，同时也有了进一步深入学习以及自主学习的基础和条件。因此，学好生物学概念是学好生物学科的基础。新课改后，部分教师过分注重课堂教学形式上的"活动"，而对概念的教学有所忽视，对于一些核心概念，有些教师干脆要求学生背诵、默写，这样死记硬背的教学不但不利于学生建构概念，领会概念的内涵，更易使学生产生抵触心理。2011年审定的《全日制义务教育生物学课程标准（修订稿）》中，也在原有内容标准的10个模块中，增加了重要概念的描述，强调："教学中，教师要帮助学生形成以下重要概念……"所以概念教学在生物学教学中是占据非常重要的位置的，而"如何实施生物概念的教学，如何更好地帮助学生理解和掌握概念"是很值得生物老师去思考、研究和实践的。

形成科学概念是深刻认识生命现象本质特征的标志，也是领会生命活动规律的基础。因此，概念的学习是中学生物教学的关键。

1. 概念的含义及获得

（1）概念的含义。哲学认为，概念是人脑反映事物本质属性的高级形式。心理学认为，概念是由符号代表的具有共同本质特征的一类事物。一般来说，概念的组成有四个要素：概念名称、概念定义、概念例证和概念属性。文中所指概念均指经过科学规范的概念，即科学概念，它同样具备概念的四个要素。

（2）概念的获得。美国学者奥苏贝尔认为，概念的获得有两种基本形式：概念的形成和概念的同化。概念的形成是指学习者在大量同类事物的具体例证中接触正反例，通过外界提供的反馈信息，以辨别、抽象和概括等形式得出同类事物关键特征的学习及其控制。在概念形成过程中，"变式"与"比较"对学生掌握概念的本质特征有重要影响。所谓变式，就是概念正例的变化，这种变化有助于排除无关特征，突出本质特征。

例　学习"光合作用"概念时，同学们都已经知道光合作用就是指绿色植物通过叶绿体，利用光能，把二氧化碳和水转化成储存能量的有机物，并且释放氧气的过程。那么，上述表述中哪些是本质属性，哪些是非本质属性？通过判断下列不同的反应式的变式：

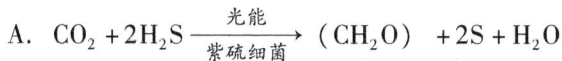

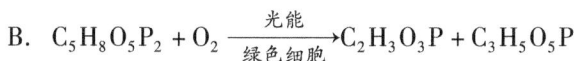

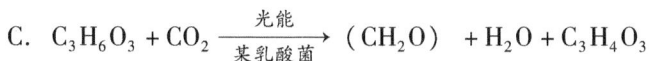

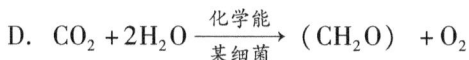

A. $CO_2 + 2H_2S \xrightarrow[\text{紫硫细菌}]{\text{光能}} (CH_2O) + 2S + H_2O$

B. $C_5H_8O_5P_2 + O_2 \xrightarrow[\text{绿色细胞}]{\text{光能}} C_2H_3O_3P + C_3H_5O_5P$

C. $C_3H_6O_3 + CO_2 \xrightarrow[\text{某乳酸菌}]{\text{光能}} (CH_2O) + H_2O + C_3H_4O_3$

D. $CO_2 + 2H_2O \xrightarrow[\text{某细菌}]{\text{化学能}} (CH_2O) + O_2$

可知，A、C 是光合作用，B、D 不是。A、C 的共同点是能够利用太阳光能，并能将无机物（碳）合成有机物（碳）的；至于是否一定要在叶绿体进行则不是光合作用的本质属性，如 A、C；也不是能够利用光能或能够将无机物转变成有机物的过程就是光合作用，如 B 和 D。

所谓比较，既包括正例之间的比较，也包括正例和反例之间的比较，前者有助于发现其共同本质特征，后者有助于加深对概念本质特征与非本质特征的理解，这种比较可以通过列表的方式来进行。

概念的同化是指将新概念纳入原认知结构或改变原认知结构而形成新认知结构的过程。主要通过演绎法对概念进行抽象解释后，再拓展应用到一个或一系列的新的具体案例中，得出一个或一系列新的概念，这种概念的形成方法是基于对上位概念的认识再拓展到一个个具体下位新概念的学习模式，也被称为概念的下位学习。学生通过例证（下位例子）得出了一个新的概念，新的概念被原有认知结构中的概念所同化，新的定义很快被理解。例如学完了染色体的概念后，学生就可以较容易掌握常染色体和性染色体、同源染色体和染色体组等。

同化主要是指一些兼容性的新概念的学习。当新概念出现后不影响原有的认知结构，简言之，就是"生新不改旧"。例如学生掌握了光学显微镜下的细胞显微结构后，再进一步学习电子显微镜下的细胞亚显微结构等，前后学习只是深度不同，并不需要对原有的认知结构进行修改。

与同化相对应的还有概念的顺应。如果新概念是一些不兼容的概念，这时就需要修改原有认知结构中某些与其不相容的成分，简言之，就是"生新要改旧"，这个过程就是顺应。例如酶的概念，人们开始的认识是"由活细胞产生的有催化作用的蛋白质"的认知结构，随着科学界又发现少数 RNA 也有催化作用时，就需要通过顺应来建立一个新的认知结构："酶是由活细胞产生的有催化作用的一类特殊的有机物（主要是蛋白质）。"

概念的形成和概念的同化仅仅是获得概念的两种基本形式，概念是否真正获得还要通过概念应用去检验，并通过概念的应用反过来促进概念的形成和同化。

2. 影响学生形成正确生物学概念的因素

中学生虽然已处于抽象逻辑思维开始占主导地位的阶段，但在思维过程中具体的形象成分仍起较大作用，他们在进行逻辑思维的时候，常常还需要具体的、直观的、形象的、感性经验的支持。思维的各种品质及对思维的自我意识和自我监控能力还不够高，这使学生在学习科学概念时存在一定的困难。

（1）前生物学概念影响。前生物学概念是指学生在学习生物学以前已经在生活实践中形成的生物学概念。由于现在的学生接触自然、生产、生活实际的机会太少了，生活空间有限，缺乏对复杂生物学现象的观察与思考，又没有正确的指导，使他们对生物学形成片面的、不准确的，甚至是错误的概念。例如生态系统的物质循环中的"物质"，有很多学生潜意识中已经把它认为是化合物，这样的错误概念对他们今后学习会产生很大影响，是学生接受正确概念的障碍。

（2）日常概念和生物学概念易混淆。日常概念是我们生活中对一些生物学现象习惯性的概括和称呼，这些概念是不科学的、错误的。例如鲸鱼、娃娃鱼、墨斗鱼等都被认为是鱼，这些日常概念对生物学概念的影响是不容忽视的。

（3）抽象概念本身的影响。有的概念比较抽象，有的概念比较具体，具体的概念容易掌握，抽象的概念不容易掌握。如染色体组、基因突变、基因工程、细胞工程、同源染色体等概念，抽象不容易掌握，而细胞内液、细胞外液等具体概念容易掌握。

（4）感性认识欠缺的影响。学生由于生活经验不足，对事物的本质认识会存在一定的难度。如扦插、嫁接、胚、胚乳、种皮、果皮等概念，学生理解起来较困难。

（5）旧知识的影响。部分概念间有递进的关系，最基本的概念不清楚，必然会影响其他概念。如种群、群落、生态系统三个概念，如果种群不清楚就会影响对群落、生态系统的理解，只有掌握了种群、群落才能更好地理解生态系统这个概念。又如染色体组的概念是理解二倍体、多倍体的基础，只有理解染色体组的概念，才能更好理解二倍体、多倍体这两个概念。

3. 教学中加强概念获得应采用的策略

（1）提供必要的感性认识，增强直观性、形象性。科学概念的获得和掌握标志着学生对客观事物已有了理性的认识，而理性认识一般是以感性认识为前提的，且如果借助具体的、生动的感性材料，将有助于学生发现事物的基本特点，进一步理解和掌握科学概念。因此，教师教授概念，经常可以为学生提供一些直接观察具体事物的机会，或者可以提醒学生动用已有的感性经验，以此增强概念教学的直观性、形象性，促进学生思维过程从个别现象向一般规律发展。如：

1）联系生产生活实际。很多概念、原理、规律都源于自然，和生产生活实际联系紧密。多数概念是对自然现象及生产生活实际现象的抽象表达，因此在教学中教师应利用这一特点，认真分析学生的生活经验和感性认识，将概念与实际联系起来。例如在学习"顶端优势"时，可呈现几个生活现象——园林工人修剪行道树，给盆栽花卉做造型等，从分析这些生活现象中获得对顶端优势的感性认识。又如在讲"保护色"时可以举例：为什么在草地上的蝗虫不易被发现？在讲"无氧呼吸"时可联系跑步后往往会感觉肌肉酸痛的现象。再如讲授"性状"概念时教师可列举水稻的高度、熟性、米粒淀粉糯性，人的肤色、眼色、身高、体重、体型。讲授"相对性状"的概念时，可先让学生观看人类相对性状的视频：有耳垂与无耳垂、双眼皮与单眼皮、大拇指能向背侧屈曲与不能向背侧屈曲、食指和无名指等长与食指比无名指短、有发际美人尖与无发际美人尖、手指嵌合时左拇指在上与右拇指在上、小拇指弯曲与小拇指不弯曲、惯用右手与惯有左手等等。观看视频后学生当堂观察自己的哪些性状是显性性状，哪些是隐性性状……联系这些生活实际及自然现象，不仅可以帮助学生形成概念，而且还可以帮助学生加深对概念的理解。

2）重视实验，讲清概念。观察和实验是研究自然科学的基本方法，通过实验，可以提高学生对概念的认识。例如，在学习"渗透作用"概念时，教师可先进行渗透装置的演示实验，根据观察渗透装置中长颈漏斗内液面的上升或下降，指导学生进行分析和讨论，最后得出渗透作用即水分子或其他溶剂分子通过半透膜的扩散，它需要两个必备条件：有半透膜和半透膜两侧溶液具有浓度差。又如"酶的特性"、"植物生长素的作用"等都可以通过实验探究抽象出科学概念。

（2）提供具有明显区别的正例与反例，增强对比性。

概念例证是概念四要素之一，是对概念的具体说明，通过列举正、反例能进一步理解概念的内涵和外延。认知心理学家罗斯认为，记忆中的种种概念是以这些概念的具体例子来表示的，而不是以某些抽象的规划或一系列相关特征来表示的。事实上很多学生对概念的理解记忆是以概念的正例或反例为支撑的，如对"昆虫"的概念，学生往往记住的是"蝗虫、蚂蚁、蜜蜂是昆虫"，并将其他生物与这些典型的正例比较推断其是否是昆虫，而很少记住昆虫本身的概念定义。由此可知，正例与反例的差别越是大，正例的特征越是突出，学生就越容易发现此类事物的本质属性，进而掌握这一概念。如"脊椎动物"的概念，可以列举正例——鱼、蛙、蛇、鸟、猪等，反例——蜜蜂、蜗牛、虾等。

（3）克服低概念障碍，促进新概念的学习。所谓低概念是指所学新概念前的所有概念。学生若对低概念理解不深不透，往往会阻碍新概念的学习。如"种群"的概念为在一定的时间和空间范围内同种生物个体的总和。要理解这个概念，必须要理解"种"这个相对种群的低概念，"种"是生物分类的最小单位，不同种的生物之间存在生殖隔离。又如学习被子植物的"双受精"概念时必须以掌握胚珠、胚、极核、花粉管等这些低概念为前提，否则只会陷入死记硬背的泥潭。因此在讲授新概念前，根据学生情况，教师要有意识

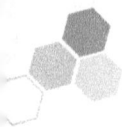

地复习并进一步澄清低概念，这对新概念的学习会起积极的促进作用。

（4）日常概念科学化，增强概念教学的实效性。日常概念即前科学概念，是学习者在日常的生活实践中形成的概念，一般从直观出发，注重事物的外部特征，因此具有主观性、模糊性等特点。它往往是科学概念形成的重要基础，对科学概念的形成起促进和帮助作用，但有时也会起干扰和抑制作用。因此在教学中应明确日常概念和科学概念的异同，然后以日常概念为基础，经过过滤、提取，最终形成科学概念。如上面提到的"种"的日常概念是我们所看到的一类生物，所以学生会产生鱼是一种生物因而一个池塘里的所有的鱼是一个种群的错误观念。又如，"呼吸"这一概念是指有机物的氧化分解，而日常概念是指一呼一吸即肺的通气，所以学生会产生呼吸的场所在肺的错误观念。另外还有"糖类"、"脂类"等概念的学习。在这里，经验反而成为概念学习的阻碍因素。因此在概念教学中，教师应认真分析学生头脑中的日常概念，尤其是那些错误的日常概念，并据此设计相应的教学方法。澄清科学概念和日常概念的区别，是概念教学能否收到实效的关键。

（5）赋予概念心理意义，促进概念的意义学习。奥苏贝尔认为概念除了内涵、外延外，还具有一定的心理意义，即能唤起学习者独特的、个人的情感和态度反应及心理认同感。概念的心理意义能有效地促进概念的意义学习。例如"燃烧"、"第一性征"、"第二性征"等这些概念能引起学生一定的情绪反应，学生较易接受这些概念。因此，对于心理意义不明显的概念，教师应想方设法赋予概念一定的心理意义，拉近概念与学习者的心理距离。例如在讲解"小肠是吸收的主要场所"时，可引入具体的数据描述小肠黏膜的吸收面积，即可达400平方米，相当于大约5个教室的面积。又如在讲解种子的子叶、胚、胚乳时，可以准备实物标本，让学生在观察、实验过程中感受概念与生活的距离，增强心理认同感。这样赋予了概念以心理意义后，学习者的学习效果自然会发生变化。

（6）构建概念的双重编码系，增强记忆性。通过概念教学，最终使学生能运用概念。但运用概念的前提是学生要理解并记住概念。在教学中发现，学生在此时记住的概念，几天后却说不出来，其实这跟每个学生对概念的编码策略有关。心理学家佩维奥的研究发现，那些能被进行双重编码的知识更易记忆和提取。佩维奥所指的双重编码是指言语—序列编码（言语编码）和映象—空间编码（表象编码），如"叶"的双重编码程度比"营养器官"要高，因而更易被理解和记忆。为此教会学生对概念进行双重编码是十分必要的。双重编码的有效策略是图文有效转换。以具体概念"有丝分裂"为例，可通过以洋葱细胞模式图为依托，根据各个时期细胞的图形，描述有丝分裂中细胞结构和染色体的各种变化。做到想形生文，看文现形，经过这样的多次图文转化，学生能较轻松记住有丝分裂过程中的各种变化。对一些定义概念（抽象概念）通过辅以简图，同样能使学生构建双重编码系统。

（7）澄清不同概念间的关系或含义，增强理解性。概念与概念之间或抽象隐蔽，或文字相似意义相反，或存在包容并列等关系，这些因素往往会干扰学生对概念的学习。因此，在实际教学中，教师应尽可能地引导学生探索概念与概念之间的联系，让学生加强思维的全面性和深刻性，学会用联系的观点综合地看待各种事物，并根据老概念与新概念、新概念与新概念之间的关系来认识所学概念的内涵，增加理解性。具体方法包括概念网络法、实物再现法、比喻类比法、并列比较法。这一方法的运用依赖于学生原有知识结构的基础，基础越好，方法运用得越多，学生对概念的理解性就越强，认识水平就越高。这一方法一般更适用于专题复习课。

（8）运用变式教学，增强突出性。变式教学是在保持一事物本质属性不变的前提下，通过变换它的非本质属性，来突出它的本质属性，使学生准确把握其概念的一种教学方法。例如在"有性生殖"概念教学中，教师在举例时，常常习惯举高等生物的卵式生殖为例，使学生产生一种定式，错把出现精子和卵细胞作为有性生殖的本质特征。因此，教学中教师应有意识地向学生呈现"如水绵的结合生殖、蜜蜂的孤雌生殖"等各种变式，让学生观察、比较。这样，通过对不同形式出现的同类事物进行辨别，撇开非本质属性，找出共同点，从而获得准确的认识。变式的好处就在于能够突出要点，使它更鲜明，便于学生掌握。

（9）给予适时、适当的语言概括，增强明确性。概念的掌握归根结底是要抽象、概括出事物的本质属性，并能够准确地运用。然而，抽象与概括对学生而言毕竟是一项较高的思维要求，特别是低龄学生。所以，学生在分析、比较、归纳、概括客观事物的本质属性，形成特定概念的过程中，教师应根据所学材料的难易度和学生的实际能力等因素，对概念的内涵给以适时、适当的语言概括，以增加学生理解概念的明确性和精确性。这里为何要讲适时、适当？原因是：如果教师过早地作出概括总结，则学生对概念的理解可能囫囵吞枣，使概念学习流于形式；如过迟概括，要么显得多余，要么影响学生及时整理与巩固知识；如该作而不作概括，则一部分学生可能会对概念的理解处于似懂非懂状态；如学生对学习内容完全能够驾驭，则教师就不宜代替学生思维。因此，适时适当地、把握分寸地进行语言概括，有利于学生将具体的感性认识上升到抽象、概括的高度。

在生物学教学中，各种生物学概念教学策略是相互联系相互补充的，教师要根据学生的认知水平，根据生物学概念的特点和需要灵活地、综合地运用，以求最大限度地提高生物学概念教学的效果。

第四节　概念图教学策略

概念图盛行于欧美国家，是中小学教学中很常用的方法，有着很好的教学效果。推广概念图已成为许多国家的教育改革策略之一。因此，概念图是一种有效的教学策略。在新课程改革的背景下，合理利用概念图组织教学也是必然趋势之一。

一、概念图的概念

概念图是一种关于概念知识、思维过程或思维结果、系统结构、计划流程等的图形化表征方式，能有效呈现思考过程及知识的关联，引导学生进行意义建构的教学策略。它包括节点、连线、连接词和层次这四个基本要素。节点是置于圆圈或方框中的概念；连线表示节点概念间的意义关系；连接词是置于连线上的两个概念之间的意义联系词；层次即将最抽象、涵盖面最广的概念称为关键概念，置于最顶层；涵盖面较小，较具体的概念称为一般概念，位于其次。依此类推，由此显示概念间的等级关系。

二、概念图的构建方法

（1）列出概念。可借助教材章节目录及其各层次标题的指引，认真阅读相关知识，摸清脉络，再仔细推敲构建概念图要应用的概念。

（2）分析层级。把概念列出来之后，再对概念进行逐一分析，弄清它们之间的逻辑关系。

（3）初拟草图。把最一般、最概括的概念置于顶层或中心，向下或四周辐射写出下一级的概念，直到最后层级。

（4）建立连接。用连线把相关的概念连接起来，一般是相邻层级概念间的连接，也可建立交叉连接。

（5）注上连接词。建立连接后，针对两个概念间的意义关系认真提炼出连接词，连接词必须是最概括、最简短的词语，最后标注在连线旁边。

（6）反思与完善。对初建起来的草图进行回顾、梳理、完善和反思。

三、概念图的绘制

概念图绘制步骤一般包括：①确定关键概念和概念等级；②选取一个熟悉的知识领域；③初步拟定概念图纵向分层和横向分支；④建立概念之间的连接，并在连线上用连接词标明两者之间的关系；⑤在以后的学习中不断修改和完善。

概念图绘制规范为：①概念图中每个概念只出现一次；②连接两个概念间的联系词（连接词）应尽可能选用意义表达具体明确的词；③连接概念的直线可以交错，但向上或向两侧联系时需加箭头（没有箭头时默认由上往下）；④概念名词要用方框和圆圈圈起来，而联系词则不用。

四、概念图教学建议

①演示制作实例；②给学生练习机会，让学生自行制作；③对概念图构建提出适当指导建议，并鼓励进行修改；④鼓励学生创造性构建概念图。

五、高中生物学新课程的概念图教学

高中生物学新课程改革的实施，强调教会学生"学会学习"。在高中生物学教学中，教师究竟应如何进行概念图教学呢？根据高中生物学教学实际情况和教学实践，应注意如下几点：

1. 概念图制作属于程序性知识

程序性知识获得，需要给学生范例，让学生加以揣摩、领悟和模仿。按照制作程序（步骤），在教师点拨下，学生能够较快地把握和遵循其中的规范。教师应呈现一个简单的、富有代表性的、规范的概念图范例，帮助学生掌握概念图绘制的一般规律。在学生领悟的基础上再由学生尝试制作，就能调动学生的积极性。教师对学生的作品和前面的范例加以评讲，可使概念图制作规范和要求进一步得以强化。

2．概念图变式训练

概念图是一种教与学的工具，也可以作为教学评价工具和知识表征工具。在将来高中生物考试中，概念图可能作为一类考试题型出现。在平常的教学中尝试进行概念图教学，可以培养学生学习能力。然而，概念图制作方法和规范属于陈述性知识，而具体制作过程则是将陈述性知识转化成程序性知识的过程。程序性知识获得需要进行变式训练。所谓"变式"指概念或规则的"正例的变化"。通过提供变化的正例，让学生练习，从而掌握程序性知识。在概念图的教学中，我们认为教师可以根据不同材料，提供概念图、框架图，要求学生填写方式并写出不同连接词，在变式训练中使学生的概念图制作能力得到发展。

3．处理好概念图教学与传统概念教学方式的关系

在高中生物的学习中，应针对学科内容的特点，教会学生采取相应的学习方式，利用不同知识表征方式加以学习，从而取得好的学习效果。如新陈代谢中的光合作用和呼吸作用、细胞分裂、生长发育等用流程图比较好；就酶、蛋白质、激素、脂质关系而言，采用维恩图就比较好；而光合作用与呼吸作用、有氧呼吸与无氧呼吸关系利用比较/对比表效果较好。

概念图的制作过程中必然涉及一些具体概念。我们在各级公开课中发现：就概念图中具体概念的教学是否应该采用传统概念教学策略均未涉及。在概念图绘制的教学中是否有必要对学生就具体概念形成和获得加以处理呢？我们认为这个问题涉及概念图作用、概念图教学目标和概念图教学安排等问题。根据目前国内概念图教学的情况，在促进学生具体概念理解的传统教学策略基础上，进行概念图的制作教学会取得更好的教学效果。例如，某公开课——生态系统成分的概念图教学中，我们认为教学目标有两个：一个是学生学会绘制概念图，二是学生系统掌握相关的生态系统知识。教师应该先对几个关键概念如生产者、消费者、分解者等采用传统概念教学方式加以处理，然后再通过概念图绘制促进学生领悟、理解作为一个整体的生态系统成分知识，这样才能使知识真正习得。这样才符合中学生物学教学的认知规律，才能有效降低学生认知负担和心理焦虑，提高课堂教学质量。

4．应逐步展示概念图

概念图的展示，在教学中采用由局部到整体、逐步展示的效果比预演时展示概念图全图要好得多。这样概念层次清晰，关系简洁明了，有利于学生把握复杂的概念和概念关系，有利于概念图制作和程序性知识的掌握。当然现在有概念图制作软件，采取分步教学，效果较好，但对教师要求较高，必须预先设计好。否则随意性加大，制作的概念图不符合规范，容易错漏百出。

六、高中生物学新课程对概念图教学的要求

高中生物学新课程对学生有一个要求：要求学生学会构建生物学概念图。几乎在每章章末复习题中均有一个与概念图有关的习题。如必修1"分子与细胞"第一、二、三、四、五章；必修2"遗传与进化"第二、四、五、六、七章；必修3"稳态与环境"第一、二、四、五章。其类型有：①给出不完整的概念图，让学生填空；②给出要求，要求学生自己构建概念图；③给出几个重要概念，要求学生先找出概念之间的联系后再连线成概念图。

七、高中生物学概念图实例

1. 以细胞为中心构建生物学概念图

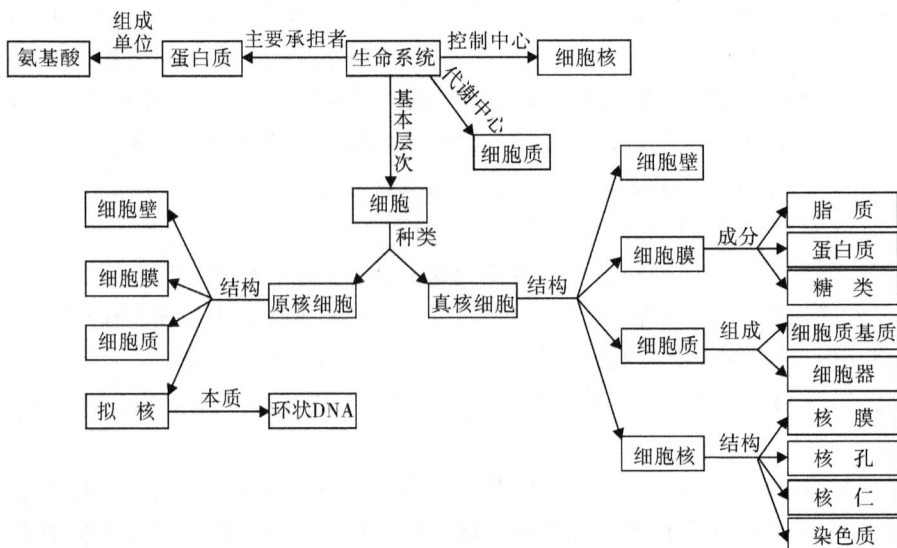

2. 以蛋白质的结构和功能为中心构建生物学概念图

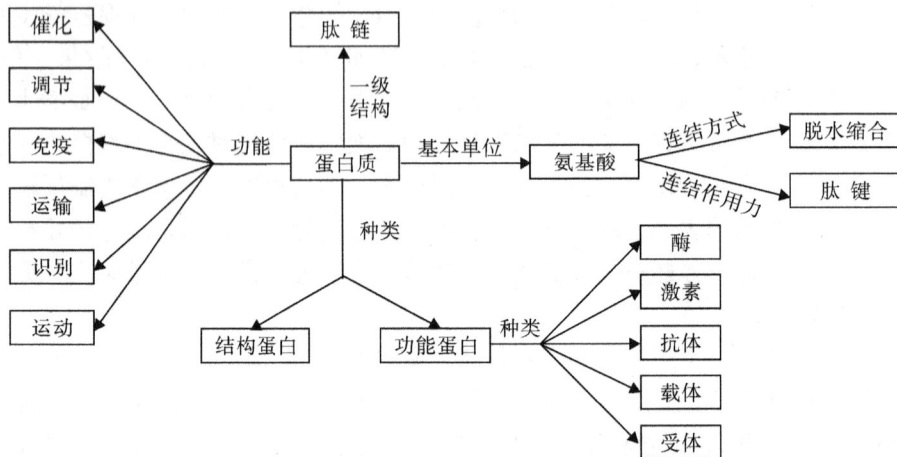

思考与练习

1. 举例说明生物学教师备课的策略。
2. 举例说明生物学课堂教学引入的方法及策略。
3. 简述生物学课堂教学中的提问与反馈策略。
4. 如何在生物学课堂中体现学生的主体地位?
5. 举例说明有效实施生物学概念教学的策略。
6. 能够在试教和教育教学实习中实践生物学教学策略和艺术。

参考文献

1. 施良方，王建军．论教学的科学与艺术之争．课程教材教法，1996（9）.
2. 和学新．教学策略的概念、结构及其运用．教育研究，2000（12）.
3. 梁惠燕．策略本质教学新探．教育导刊，2004（1）.
4. 何齐宗．论教学艺术的创造．江西师范大学学报（哲学社会科学版），1994（1）.
5. 殷歌．初中生物学概念教学策略初探．新课程研究（下旬刊），2012（8）.
6. 庄庆芬．新课程高中生物概念教学研究．新课程研究（上旬刊），2009（6）.
7. 袁维新，刘孝华．生物教学中促进错误概念转变的策略．生物学教学，2003（10）.

第七章

新课程生物学教学说课技能

学习目标

1. 概述开展说课活动的意义。
2. 简述说课的功能和类型。
3. 举例说明说课的一般内容。
4. 简述说课的基本要求。
5. 简述说课的准备。
6. 能够在试教和教育教学实习中实践生物学教学说课。

教学重点

举例说明说课的一般内容，说课的基本要求。

第一节　说课技能概述

一、说课概念

说课是指教师在备课基础上，面对领导、同行或评委，在 10 ~ 15 分钟内，用口头语言讲解具体课题的教学设想及其依据的一种教研活动。在师范院校，说课是为培养合格未来教师而进行的教师职业技能训练的一项重要内容。它是教师将教材理解、教法及学法设计转化为教学活动的一种课前预演，也是督促教师业务文化学习和进行课堂教学研究、提高业务水平的重要途径，还是评估教学水平的有效手段。说课是一种课前行为，属于课前准备的一部分，这与课后的反思总结有所不同。由于说课操作起来简便易行，也能较好地检查教师的教学基本功，体现教师的教学思想和教学设计风格，有利于选拔素质优良的教师，还能够考查教师的教学技能，目前已作为用人单位在招聘面试中的一种重要手段和作为教学技能比赛的一种常用形式。

二、开展说课活动的意义

开展说课活动，意义在于：①说课是促进教师教学理论水平提高的有效手段；②说课是促进教师课堂教学技能提高的有效手段；③说课是检验教师和师范生教学能力的有效手段；④说课是增强在校生毕业后就业竞争力的有效手段；⑤说课对新一轮基础教育课程改革起到了积极的推动作用。

三、说课的优点

说课与其他教研活动相比，具有以下四个突出优点：

第一，机动灵活。说课不受时间、地点、教学设备的限制，可随时随地进行，也不受教学对象和参加人数的制约，只要两个人以上即可进行。

第二，短时高效。单纯的说课一般时间较短，10~15分钟即可完成，但内容十分丰富，既包括教师对教材的理解掌握和分析处理，又包括教法设计；既要说清怎么教，又要讲出为什么。

第三，运用广泛。说课的运用很广，领导检查教师备课、教师间研究教学、评价教师的教学水平、开展教学技能竞赛等均可采用说课的方式。

第四，理论性强。说课的理论因素很浓，能充分体现教师的教学思想。上课是实践性的表演，说课是理论性的分析，教师没有一定的理论水平，是说不好课的。

四、说课的功能

说课除了具有上述优点外，还具有以下功能：

第一，检查功能。领导可以通过教师说课，检查其备课情况，指出存在的问题，促使其修改教学方案，进一步提高备课质量。

第二，评价功能。通过说课，评价教师的教育教学理论功底、文化知识、专业知识掌握程度，评价教师的业务能力，进而综合评价教师的教学水平。同时，说课得答辩，通过答辩，能更真实、更准确地测试出教师的理论知识水平。

第三，培训功能。教师说课需要说清教材分析和处理、教法设计，还需讲出做法的依据，这就必然促使教师去钻研教材、钻研教法、学习教育教学理论，使自身文化业务素质不断提高。

第四，研究功能。说课与评"说"是紧密结合在一起的，说者在说前需要深入研究，评者要给予点拨、指导评价。说评结合，共同总结教学经验，使教师由实践上升到理论，促使教学研究进一步深入，为培养科研型的新型教师打下基础。

五、说课的类型

说课按检查的目的大致可以分为如下几种类型：

（1）检查性说课。即领导为检查教师的备课情况而让教师说课，此类说课比较灵活，可随时进行。

（2）示范性说课。即学校领导、教研人员、骨干教师共同研究，经过充分准备后进行的说课，一般选择素质好的优秀教师来示范。目的在于为教师树立样板，提供学习的榜样，以利于教师提高说课的技能或教学能力。

（3）研究性说课。是为突破某一教学难点，解决教学中某一关键问题、探讨解决方法而进行的说课。此类说课往往和授课结合，课后再深入进行研究，并将研究结果形成书面材料。

（4）评价性说课。通过说课对教师的教学水平给予评价，常用于开展各类竞赛活动。

六、说课有别于上课的六个特点

说课与上课都是关于一节课的教材，但说课有其自身的六个特点：

（1）时间不同。说课一般只有 10～15 分钟的时间，上课有 40～45 分钟的时间。

（2）手段不同。顾名思义，说课只能靠说，往往只允许口头表述，在说课比赛中可以使用课件演示；上课可以选用课件，以讲授、讨论、谈话、演示、实验等形式进行。

（3）目的不同。说课的目的是向评委、领导或同行介绍一节课的教学设想，使听者听懂。评委与领导可能是别科教师，语言的形象生动、深入浅出至关重要；上课是让学生听懂就行，不行还可以通过其他形式来弥补。

（4）对象不同。说课的对象是评委、领导或同行，教师是被动的，受检阅的；上课的对象是学生，可以以教师的身份组织教学、实施教学活动，有主动权。

（5）内容不同。说课的内容是教材怎么上，为什么要这么上；上课则是把自己预先设计好的教学任务完成就行了，没必要向学生解释理由。

（6）方法不同。说课是以教师自己的解说为主，回答评委或领导的提问就算完成了；上课是师生的双边活动，需要在教师的指导下，通过观察、讨论、讲述、探究等形式才能完成。

可以这么说，说课说得好不等于上课上得好，毕竟说课的环境和要求有别于上课。但是，掌握说课的一些技能有助于提升教师的说课能力，提高面试或竞赛的竞争力，给领导、评委和同行留下一个好的印象，获取好成绩。

第二节　生物学教学说课

一、说课的一般内容

说课一般要求说课者有条理地说教材、说教法、说学法、说教学过程，有些还需要提供板书提纲的设计。面对新的课程理念，生物说课在内容上必须自觉地适应课改的需要，依据新的课程理念、教学方式和评价观念，对生物说课内容作进一步的有针对性的拓展，以使生物说课能积极地推进生物课改的深入进行，并在课改中获得新的发展。

（一）说教材

说教材是指对教材作一个简要的分析，说明本节课在教材中的地位和作用，是一章的引入部分，还是承前启后的部分，抑或是本章的小结部分，给听者一个交代。然后说出本节课的三维教学目标，即知识目标、能力目标、情感态度与价值观目标分别是什么，在这三维目标中，哪一维目标又是最重要的，三维目标要准确、具体、切合学生实际。最后说出本节课的教学重点和难点，最好说明某个知识是重点或难点的理由。一般来说教学重点和难点是相对固定的，这可从教参中找到，往往教学重点又是教学难点。说完以后要对教学内容的安排作一个说明，要不要对本节课的内容进行调整，有无必要补充，用简洁的语言介绍就可以。用教材是新课程提倡的一个理念，根据你对学生的了解或推测，还有对教学的研究，可以对教材的知识顺序、呈现方式作适当调整，当然，这也显示出了教师的专业水平，从中能看出教师对教材的钻研能力和对学生情况的熟悉程度。

例1 "输血与血型"是七年级下册第四章第四节内容。本章分为四节，教材通过前三节的介绍让学生对血液循环系统形成一个完整、清晰的认识，在此基础上，特意把与现实生活关系密切的"输血与血型"单独安排一节，是对新课程目标中情感态度与价值观培养目标的全方位体现，因此，本节内容在全章占有十分重要的地位。

本节文字量不多，知识量也较少，但是与人类生活有十分密切的关系。这些内容学生很感兴趣，渴望获得相关知识的欲望也很强烈。基于此，可以鼓励、支持学生课前通过上网等多种途径查阅、收集、了解有关血型与输血的知识，并展开调查，以便课上交流。让学生通过丰富的感性体验与深刻的感悟来实现情感态度与价值观培养目标。

例2 "生物对环境的适应和影响"是生物学七年级上册第二章第三节内容。本章站在生物圈的高度，论述了生物与环境之间是相互影响、相互依存的一个不可分割的整体。这是一个最基本的生物学观点，也是理解"人与生物圈应该和谐发展"的理论基础。所以该节在本书中乃至在本学科中都占有重要的地位。

在前一节"环境对生物的影响"的基础上再来考虑"生物对环境的适应和影响"，其实是从一个问题的两个方面辩证地分析生物与环境之间确实是一个不可分割的整体，也为下一节"生态系统"的学习做好预设。

例3 在"叶片的结构"教学目标的确定：根据课程标准对知识传授、能力培养、思想教育三者统一以及对教材的分解和对学生的了解，将本节课的教学目标定为以下三大方面：

（1）知识目标：识别叶片的结构，说出叶片与光合作用相适应的结构特点，获得栅栏组织、叶肉、叶脉及气孔等基本概念。

（2）能力目标：尝试制作叶的徒手切片，用显微镜观察叶片的结构。在观察活动中，学生的基本技能、实践能力和思维能力等方面应得到一定的发展。

（3）情感目标：参与制作徒手切片，体验实验活动过程，养成严谨认真的科学品质，并强化安全意识；进一步领会科学探究的一般方法。

例4 高中生物必修1第一章第一节的教学重点、难点知识的确定：本节内容是必修1的开篇部分，是对本模块知识的引入和概括介绍，相当于引言。我们要让学生在学完初中生物知识的基础上对生物知识有一个更加深入的认识。这个切入点就是细胞与生命活动的关系，所以，生命活动建立在细胞之上是本节的重点，生命活动分为不同的层次来进行，有简单的，有复杂的，故生命系统的结构层次是本节的重点、难点。课本是通过不同的实例来说明的，我们可以利用多媒体来帮助学生认识，在回顾初中学过的基础上，通过回忆、复习，以及通过学生举例来理解细胞与生物活动的关系，以列表的形式来比较不同生命系统的相互联系，理解不同系统的概念和本质。内容虽少，但上好本节课需要教师做充分的准备。俗话说"良好的开端是成功的一半"，上好本节课有利于激发学生学习生物的兴趣，培养科学的学习态度和方法。

（二）说教法

不同的教学内容应该采用不同的教学方法，同理，不同的学生群体也要采用不同的教学方法，这是因材施教的需要，也是实际教学中的客观需求。而且，不同的人，教学个性、教学风格会有不同，可以依据自己的喜好来选择喜欢的教学风格进行教学。理智型、激情型、幽默型的教学风格各有其独特之处，不必全都拿来使用。说教法，教师要讲清楚将怎样组织教学，怎样调动学生学习的积极性。通常来说，教学中讲授法用得最多，谈话法、演示法、实验法、小组讨论法等用得较少。但讲授法应当采用启发式教学，注意设计问题情境，以问导学，以情诱学，激发学生动脑、动手、动口，避免满堂讲、满堂问，要有问有答，一环扣一环，循序渐进，让学生投入教学活动中，情感融入问题探究中，让课堂焕发生机与活力。情境教学在近年比较风行，难在问题情境的设计上，难在如何根据教材的实际，把生活、生产中的事例或科学研究的片段（也可以是生物实验的过程或现象）引入课堂教学，引发学生思考，让学生带着问题去思索、去讨论，让学生在课堂上有事做，教学双边活动活跃，信息交流畅通。对于实验课，特别要注意实验材料的准备、实验方案的设计、实验过程的规范操作、实验现象的分析和实验结论的推理与总结，预示实验过程中容易出现的问题及解决办法，让听者认同你对教学有研究、有把握。

说课活动中虽然没有学生，看不到师生之间和学生之间的多边活动，但教师必须说明。

例1 "心脏"一节教法设计：配合现代化多媒体教学手段，运用启发、观察、对比和综合的方法，采用展开式网络知识结构教学法进行教学。利用电脑多媒体教学，把电、声、光结合起来，实现声、像、图、文相统一。真实、形象、生动地展示生物体，把抽象的内容形象化、具体化，吸引学生的注意力，使学生获得生动的感性认识，激发学生的学习兴趣。而网络式知识结构层次清楚、科学、简洁，符合生物学逻辑体系和学生的认识规律，有利于学生各方面能力的培养。本节课若不利用多媒体来进行，学生无法认识体内心脏的有序收缩和舒张，心脏瓣膜配合血液流动过程的开和闭，使知识变得难以理解。

例2 "发生在肺内的气体交换"教法设计：采用自学导思法——教师引导下的学生自主探究和直观教学法——主要利用多媒体现代教学手段。

初中的学生思维活跃，好奇心强，喜欢寻根问底。利用学生求知欲强的特点，以自学导思的方式带动学生主动学习，激发学生独立思考和创新的意识，充分发挥学生的主体作用，同时还培养了学生之间的团结协作精神。本节"气体运动时胸廓的变化"不能靠讲，要引导学生用自己身体的变化来感知肌肉和骨骼的变化，理解胸腔容积的增大与缩小，得出身体内外气压的大小与气体的进出有关联，再辅以课件展示，清晰说明胸廓的容积变化，让学生有一个直观的印象。教材中的肋骨运动的演示实验是平面的，不够形象，很难形成知识的迁移。而媒体动画是立体的、直观的、动静结合的，再结合教师的层层引导，启发学生积极思考，逐步将学生感性的认识引导到理性认识，培养和发展了学生的抽象思维能力。

例3 "植物激素的调节"教法设计：对于"生长素的发现史"这个知识点采用"引

导——探究"式探究性教学。以布鲁纳认知心理学学习理论为基础，重视学生的主动学习，强调让学生自己思索、探究和发现事物。把书本上知识的呈现过程转变为知识的探究过程，让学生根据实验原则和实验目的、条件来进行重新设计，教师在其中起启发和引导作用，把问题交给学生，由学生亲自动手设计后才由教师来评价或修改，同时注重书本知识与现实生活的联系，使学生在现实生活的背景中学习生物学，在解决实际问题的过程中深入理解生物学的核心概念。注重科学研究的过程，而并非只是强调结果。而且设计的问题环环相扣，对学生思维起到很好的引导作用。认同生物学知识主要来自科学实验，领会生物学实验中材料选取、理化技术的使用、巧妙的设计以及对复杂的结果进行理性分析的重要性。

例4 "细胞膜——系统的边界"教法设计：教师课前准备细胞亚显微结构图，通过链接放大相应结构，使用多媒体课件，便于讲解；把细胞膜的制备过程交给学生来进行，让学生有一个学习体验过程，直观地观察细胞膜在细胞中的作用；重视对图解的教学，由浅入深引导学生理解知识要点，把课本的插图利用好，解释好，帮助学生理解；适时、适量练习，巩固所学知识。

（三）说学法

学生的学习活动直接关系到教学的成效。指导学生科学地学习有利于教学活动的顺利开展，有助于学生理解和掌握知识、发展能力、提升素质。使用说学法时有必要向评委、领导等介绍你准备教给学生哪些学习方法，培养哪些能力，如何激发学生学习的兴趣。理科特别强调知识的逻辑思维的培养。"理"者，道理也。道理来自对知识的理解和灵活运用，不会运用所学知识就是死知识，读死书。新课程提出"自主、合作、探究"的学习理念，要让学生自主学习，首先教师的指导工作要到位。教师要简要说明如何安排学生看书、讨论、小组合作的分工、练习的要求，以及课后需要学生完成的作业或拓展练习，把新课程的理念较好地体现出来。需要注意的是，当前的生物学教学，不管是初中还是高中，课堂学习都应注重对知识的比较，而运用列表比较知识的异同点是常用的手段。对知识的联系强调得也比较多，一是前后知识的联系，教会学生运用已学的知识构建未知的知识，形成知识线索，让学生明白知识的来龙去脉；二是生产生活中的现象与书本知识的联系，理论联系实际，让学生能学以致用。生物来源于生活，生活蕴含生物，两者是密不可分的。我们还要教会学生善于归纳总结知识，把知识条理化，形成知识网络，提高知识的综合运用能力。

例1 "生命活动的主要承担者——蛋白质"学法设计：

（1）采用教师主导，学生主动参与的办法来学习。由于学生在学本节课的时候还未学到有机化学的内容，所以学生对有机化合物的认识是比较抽象的，只是对常见的化学键的知识有了解，教师要尽量少涉及复杂有机化合物官能团的知识，降低知识难度，对化学键的书写作简化处理。只要求学生复习离子键、共价键、氢键的知识，教师可以把这方面的知识留待以后复习的时候来补充完整。另外，采用多媒体或者模型的办法来帮助学生认识复杂的化学结构，特别是氨基酸通式的结构特征，把氨基酸的结构通式分拆成氨基、羧基、R基三部分。除了羧基、R基是第一次接触外，其他是学生已经知道的。再用具体的例子来说明R基的组成，学生就不会觉得结构通式很难理解了。这个过程需要教师耐心地引导和说明。

（2）用教师示范、学生书写的办法来提高学生对蛋白质肽键的认识，引导学生理解由氨基酸变成多肽的过程，这中间又有什么发生了变化，脱出了什么，形成了什么，从而比较出氨基酸与多肽的异同点。动笔可以加深对知识的理解和巩固。学生对第一印象往往都是比较深刻的，我们可以利用这点来提高学生的掌握水平。

（3）多出练习题来帮助学生辨别不同的物质是不是属于氨基酸，从而明确氨基酸的结构特征与本质。在学生学会了氨基酸的结构通式后，教师通过出几道课堂练习的形式及时来考查学生的理解和掌握水平，可以让学生更加明确氨基酸的结构特点。学生在课堂中既动手又动脑，有利于学习能力的培养，能有效提高课堂教学的效果。

例2 "生物对环境的适应和影响"学法设计：通过观察、讨论、分析去发现知识，逐渐培养自主学习的习惯和能力，通过课前的探究活动和课上的交流，体验知识获得的过程，感悟科学探究的方法，体会同学间合作的魅力，尝到探究性学习的乐趣。教师利用学生身边的实例，引导学生观察、关注周围的生物世界，关心生物知识的应用，探索生物的奥秘，在研究、讨论的同时也提高了分析问题的能力、语言表达能力，并进一步掌握科学探究的一般方法。让学生觉得在课堂上有事做，有话讲，有问题想，充满乐趣，充满激情，充满挑战，富含哲理，欲罢不能。

例3 "能量之源——光与光合作用"学法设计：本节初中也学过，让学生先回顾初中已学的知识，对光合作用的过程和现象有一个初步的印象，利用以前的知识来拓展新的知识，减轻学习负担；在课前先让学生做叶绿体色素的实验，使学生对实验有一个清晰的了解，在实验中培养动手能力和合作精神；让学生带着问题去看书，理解各个科学家的实验现象与分析，让学生的思路跟着科学家的思考一起作用，站在科学分析的角度去解释实验现象和结论，学会观察、分析、解决问题，不让教师去替代学生分析与解决问题，有效培养学生的自主学习能力，养成良好的学习习惯。

例4 "减数分裂和受精作用"学法设计：减数分裂是生物学中较难的知识点，学生普遍感到难于理解。为加强学生的学习印象，在教学过程中，让学生通过比较有丝分裂与减数分裂过程，使学生发现减数分裂有别于有丝分裂的过程和特征，同中寻异，异中求同，降低理解的难度；利用好减数分裂的图形，通过分析、归纳减数分裂过程中染色体、同源染色体、染色单体数目变化图表等关键知识点，进行有效的学习；通过设计各种疑问调动学生的思维活动，激励学生思考、归纳和总结，掌握学思结合的学习方法；通过课堂练习及时消化和巩固知识，加深印象；留出一点时间让学生进行小组讨论和交流，或是师生互动，给予学习上的指导，学会科学的学习方法，从而化难为易。

（四）说教学过程

说教学过程是说课的重点，它能反映执教者的教学思想、教学个性与风格，也是评价教学安排是否科学、合理的主要依据。教学环节要详细介绍，具体内容可以概括介绍，还要说明你这样安排的理论依据（课标、学生认知还是知识的逻辑性的原因）。一般的说课都是针对新课型，较少涉及复习课型，对于新课型的教学过程，从导入新课、讲授新课、课堂练习、知识归纳总结和作业布置各环节来说明设想。

导入新课一般有四种方法：设置问题情境、进行课堂小测、通过复习旧知识引出新知识、直接出示教学目标引入新课，前三种方法在说课中常用。问题情境的设置应注意典型性、通俗性、针对性，扣紧教材内容来展开，切忌太泛、太大。问题情境可以利用书本现成的，也可以是一个有趣的故事，或是实验现象，也可以是生产生活中的实际问题，来源还是挺多的。问题情境设计得好，可以给评委一个很好的印象。回顾旧知识，引出新知识也是常用的手段，容易被大家接受，在短时间内也容易想出来，难度不会太大。

讲授新课要讲清各个知识点的衔接，师生双边活动的大致安排，重点知识的解决办法（问答形式、讨论形式、练习形式），难点内容的突破策略（例题讲解、类比、图像帮助、动画展示等）。各个知识点之间的衔接水平也就是教师对教材的理解水平，反映了教师的专业素养是否深厚。重点、难点的策略运用则反映了教师对教学原理、教学方法的掌握和运用水平。对于非生物学科专业的评委来说，知识点的处理可能不是最重要的，但他们对教学活动的安排是否合理是比较看重的。

练习是课堂教学的一个重要组成部分，适当安排练习有利于学生巩固课堂知识，加深对知识的理解或者拓宽知识面。练习安排可以是在各个知识点讲完后插入，边讲边练，也可以在几个知识点讲完后再进行，练习也是课堂教学反馈的重要来源，除了提问，就是练习最能看出学生的学习效果了。教师一定要设计好提问与练习的安排，通过提问，让评委、领导明白教师想得到什么信息，想如何调整教学策略，以及对本节课的驾驭水平。

归纳总结可以结合提问或练习来进行补充、完善，也可以教师强调知识的逻辑关系或知识的重点、难点的形式来进行。形式可以多种，重在让学生明白本节课的知识线索和重要的知识点。

课后的作业布置或课后的活动应视内容作灵活的安排，只需作简要的说明，不用太详细。

说教学过程的时间大约占了说课的 60% ~ 70%，这个环节需要说课者慢点说，交代清楚教学过程的安排和这样安排的理由。说课的各个环节不求面面俱到，如果每个环节都说得面面俱到，时间会不够用，重点不突出，特色也无法呈现出来，不能给人好的印象，有可能让得分达不到理想的水平。具体内容只需概括介绍，只要听讲人能听清楚"教的是什么"、"怎样教的"就行了，不能像给学生上课那样按教案讲。在介绍教学过程时不仅要讲教学内容的安排，还要讲清"为什么这样教"的理论依据（包括大纲依据、课程标准依据、教学法依据、教育学和心理学依据等）。可以列出几个小标题，概括而又突出重点地说出来。根据需要可以说某一章节的全过程，亦可说其中某一课时。在具体步骤的设计上，导入新课要新，教学过程要奇、实，教学结尾要巧妙。对于教学的重难点要组织教学高潮，形成教学特色。说课者在此处也要形成说课高潮，可假想深入课堂中，来个声情并茂的朗诵、准确的动作示范等。

例1 高中生物必修 1 第三章第一节"细胞膜——系统的边界"的新课导入可以设计如下：在复习了细胞的物质组成后，由教师提示学生不同的化学物质通过有机的整合可以构成细胞的结构，然后由教师出示一个熟鸡蛋，并且剖出一个切面，展示给学生后，提出问题：这个鸡蛋的外层是什么？它起了什么作用？里面是什么？它又起什么作用？最里面的是什么？作用是什么？假如，把这比作一个细胞，你猜细胞有几个部分，各有何作用？这样的问题情景设置，内容不多，学生听得懂，记得住，不会造成理解障碍，占时也不多，既能引起学生思考，又能让学生把比较微小与复杂的细胞和生活中常见的东西联系起来，达到较好的引入效果。情境设置不一定是很难的问题或场景，要扣紧教材内容，贴近生活，尽量照顾学生的思维能力，不拔高，不占太多时间，达到为课堂增色的效果。

例2 七年级的"输血与血型"中难点的突破：情景创设，深入展开无偿献血教育。这是本节的一个重要的情感态度与价值观目标，也是本节的难点。可以这样设计：第一步，通过讨论对"献血会伤元气，而且会造成贫血"的看法，让学生认识到献血对人体的健康是没有影响的，而且适量献血还可提高造血功能，预防心脏病，从心理上消除对献血的顾虑和误解。第二步，引入一个真实的故事情景："一天放学后，隔壁学校学生刘昌背上书包走在楼下，两个正在打闹的学生不小心把放在阳台上的花盆推了下去，不幸正打中刘昌的头。真是祸从天降，当时刘昌就晕了过去，满头鲜血。周围的同学和老师赶紧把他送到医院。医生检查后说是颅内出血，必须立即手术，否则有生命危险。可验完血后发现，医院里他这种血型的血正告急。在这千钧一发、生死攸关的时刻，周围的同学和老师都站出来愿意用自己的鲜血来挽救他的生命。"你可能不会遇到相同的情况，但在医院里每天都有许多人在生与死的边缘徘徊，如果你或你的亲人需要用血，而血库里没有血，你的心情会是怎样？通过感人的实例来激发学生的情感，激起学生产生成年后自愿献血的强烈愿望。第三步，利用多媒体展示无偿献血场面的图片，插入学生收集来的图片影像资料，并出示教师的无偿献血证，再一次激发学生成年后参与无偿献血的决心和愿望，并从心底认同我国的无偿献血制度。

以上"三步曲"设置了三种不同的情景，让学生通过自己的情感体验来获得情感态度与价值观的提升。多给学生机会去体验去感悟，这是新课程所倡导的教学方式。

例3 七年级的"花的结构"中的实验探究培养技能：根据本地的实际，用桃花做实验材料，让学生取一朵桃花，对照课本上的图Ⅲ-15，观察它的花托、萼片、花瓣、雌蕊和雄蕊，让学生有真实的体验。学生通过解剖桃花学习花的基本结构，通过分组实验和讨论让学生自己动手去探究，去讨论、归纳结果，发挥学生的主体地位，培养学生的实验能力和分析能力以及探究精神和合作精神，体现新课标的教学理念，落实技能目标。

例4 "心脏"中的难点突破：形象模拟，化解难点。在学生掌握心脏的结构及其相连血管知识的基础上，讲授心脏的瓣膜的位置及其开启关闭与心脏内血流方向的关系。这部分内容是本节课的难点，可利用多媒体手段循序渐进地进行教学。首先，指导学生阅读课文第32页第二自然段，通过指导读书，培养学生的自学能力。然后，播放猪心解剖录像，使学生看到活生生的心脏，增强真实感。在看录像的同时，要求学生判定心脏的各个方位，学会识别心脏的四个腔，认识心脏瓣膜位置、形态、结构和开启方向，进一步促进学生牢固地掌握人体心脏的知识，同时又让学生学习到人体器官的解剖方法和观察方法，培养学生的观察能力。为了帮助学生进一步理解心脏瓣膜控制血流方向的作用，把"血液在心脏内流动的多媒体动画课件"播放到银幕上，显示血液在心脏内和与其相连的血管间的流动与心脏瓣膜开闭关系的情况。在学生观看时，教师可发问："同学们在银幕上看到的血液如何流动？心脏的瓣膜有何作用？"让学生思考，从而归纳出瓣膜的开闭与血液流动的关系及瓣膜的作用。这样，通过多层次、多方位的反复观察和教学，难点被逐一突破，既提高学生的学习兴趣，发挥学生的学习主动性，又能让学生对所学知识牢固地、长久地保留在记忆中。

例5 "细胞器——系统内的分工合作"的课堂小结：出示表格，把各个细胞器的结构特征栏和功能栏留给学生填空，然后从具有两层膜、单层膜、没有膜三类细胞器的角度以及动物细胞特有、植物细胞特有、动植物细胞共有的角度来进行归类总结，让学生对细胞器的结构有一个比较全面和细致的了解。最后辅以课堂练习来巩固课堂教学效果。

二、说课的基本要求

说课的基本要求如下：

（1）语言简练，层次分明，重点突出。说课的对象是评委或领导，说课的时间不宜过长，一般情况下不要超过规定的时间。一节课的教学设计内容很多，所以说课中应突出重点，抓住关键，防止面面俱到、无主次的泛泛讲解，尤其是对本节课的知识教学，应将重心放在重点、难点知识的分析和教法设计上。

（2）重点内容应明确具体，说理透彻。说课中应围绕教学目标的确定，教材中重点、难点分析，重要知识点的教法设计和整体教学设计以及巩固训练等主要内容进行，并且解说得清楚明白，分析得透彻，论证具有说服力。

（3）理论与实践有机结合。说课与上课不同，它不仅要讲"教什么"、"怎么教"，更重要的是说明"为什么"，这是说课的质量所在。说课的三个方面的理论（教育学、心理学的相关理论，学科教学的专业理论，体现各级各类学校的特色理论）要随说课的步骤有机提出，使教例与教理有机地融为一体，防止穿鞋戴帽，油水分离。

（4）神态自然，富有激情。说课时说课人应具有稳定的情绪，心态平和，不急不躁，不要把后面的评委或领导看成是裁判或命运主宰者。不要患得患失，因为往往越怕失败。就越容易失败。在说课中应树立起坚定的信心：坚信通过自己不断的努力，教学水平一定能得以充分发挥。说课过程中要求说课人充满激情，用激情感染听众，打动听众，让人感受到你对教育事业充满热爱，无限向往。

三、说课中容易出现的一些问题

前几年，各地都热衷举办说课比赛，现在多数只在招聘教师时或者学校内部有说课的比赛，毕竟它不容易真实地检查教师的教学能力和教学智慧，展现教师的独特魅力。教师招聘由于时间限制，人数众多，说课是一个考察教师基本功的好方式。从作者本人近年当评委的经历来看，说课者在说课时容易出现的问题有如下九个方面：

（1）三维目标的表述不准确。因为没有钻研教材，对内容不了解，对教参的内容看得不认真，说课者往往掺杂自己的见解，从而使列举的三维目标不准确，不是遗漏就是增多。

（2）重点知识的解决效果不好。重点知识是前后章节关联比较大的知识，也是对生物概念、原理的理解起关键作用的知识。有些人不能通过比较、比喻、举例、知识联系、图像、练习等的策略来加以强化，语言解释不够清楚，导致重点不突出。没有教学经验的教师，对一些教学过程缺乏研究与真实体验，无法在短时间内想出有效的教学策略。

（3）难点知识的突破不到位。对于难点知识缺乏化解的办法，不能有效运用实际例子来帮助学生理解，不能使用图像、动画等手段来突破理解的瓶颈，难点还是难以理解，没有有效突破。这主要跟教师平时比较少研究教材，习惯于按照教学参考书的提示、要求去教有关。教师可能认为这个知识点不是难点，过多地站在自己的角度看问题，而不是站在学生的角度来分析问题。所以教师要更多地站在学生的知识层次和思维能力的角度去分析和处理教学问题，从学生的实际出发，认真设计教学问题和教学策略，让学生能听懂、能接受的课才是好课。

（4）时间安排不合理。对教学目标、新课引入等非重要环节讲述过多，对教学过程的讲授环节介绍过少，甚至没有时间来安排练习，没有课堂的归纳总结时间，从而使一节课不完整，说课效果也大打折扣。教学不能眉毛胡子一把抓，说课也不能如此，首先要分清主次，该舍就舍，该详就详，突出重点，理清思路，这比什么都要有效。

（5）多媒体的使用不科学。过多使用多媒体教学，简单的知识也使用课件来教学。现在的年轻教师太依赖多媒体教学，几乎不会用粉笔板书了，但用课件来代替板书，这一媒体使用策略是错的，是浪费资源。课件不一定要一节课从头用到尾。课件的作用本来是帮助教师把抽象、复杂的知识通过媒体的应用转化为形象、具体、比较感性的知识，达到帮助理解的目的，更多的应该是展现动态的变化过程、生物结构的复杂问题和知识的重要问题，帮助学生有效认识深奥的生物世界，揭示复杂的活动规律，总结主要的知识要点。现代教学不仅仅是教学技术的教学，更多的是现代教学理念的渗透与指引。

（6）教材内容不熟悉。平时忙于学习教育教学理论，或与中学教学关系不大的知识，对中学教材缺少较深入的了解，在短时间内一时又无法吃透教材，导致讲授教材内容时吞吞吐吐、结结巴巴或是颠三倒四，还有停留过多时间，甚至讲的知识点存在科学性错误。

（7）教态不自然、不自信。有些人胆子小，平时又缺乏有效的训练，不重视这方面的培养，面对评委、领导，难免过分紧张，手脚发抖，神态不自然、举止不自在，眼睛只盯住一个地方看，不敢看人，使得评委和领导对其的印象分几乎都没了。也有些人碰到不熟悉的环境或自己不太认识的人，心理压力就大，表现往往失常。这些毛病一定要在平时进行有意识的锻炼，炼出胆量来。良好的教态都是历练出来的。

（8）教学各环节的安排不切实际。没有了解现在多数中学的实际，平时可能也不太接触中学课堂教学，把大学学到的教学理论生搬硬套，或把全国的名校做法照搬进来，脱离实际，也有对学生要求过高的，让评委、领导不能接受，不敢认同。

（9）板书缺失或者是字迹潦草。说课虽然只用说，但往往还会要求作简单的板书。有些招聘特意在教室里进行，但应聘者忽视了板书环节，如果被要求补充板书则发现板书的字迹潦草，这又给了评委、领导一个不好的印象。现在电脑普及，粉笔板书也不被重视了，教学基本功不扎实，这是当前的通病，教师们要尽量克服，利用平时的零散时间练好硬笔字和粉笔字，以备日后派上用场。

四、说课的准备

（一）知识准备

知识是基础，没有比较丰富的知识，要想说好课是不可能的，所以，说课前首先要做好知识准备。知识准备的内容很多，其中比较重要的是课程标准、教材知识以及其他相关知识。

（1）熟悉课程标准。生物学科新课程标准是指导学科教学的纲领，教材是根据其编写的，这一点说课教师往往忽略。说课前，教师一定要熟悉新课程标准，掌握它所规定的教学任务、教学目标以及各年级的教学要求、教学中应遵循的原则，尤其是要根据教学内容分析课程标准所规定的教学目标。离开新课程标准的具体要求，说课就会迷失方向。例如，关于科学探究，七年级上册主要是让学生体验、尝试探究的过程；七年级下册开始让学生学习探究中的数据处理、方案设计等；八年级上册才开始要求学生学习撰写比较正规的探究报告；八年级下册则进一步强化学生探究性学习的能力。

（2）钻研教材。熟悉所说教材的编写意图和教学目标，了解知识的承接性和延续性，对知识系统的内在联系要做到心中有数，还要掌握本课在本册书中所处的地位和作用，明确重点难点。

（3）涉猎边缘学科的知识，扩展知识视野。具备多学科、多层次的知识结构，这样才可以在本学科的天地里游刃有余，使说课具有深度和广度。

（二）理论准备

说课的理论因素很浓，教师没有一定的理论水平，是说不好课的。说课一定要在理论指导下去研究教学内容的分析、过程的设计、教学方法的运用。否则说课就没有高度，就是无本之木。因此，教师在说课前要针对教学实际需要，有计划、有步骤地学习教育学、心理学、学科教学法等有关理论。明确教育规律，掌握所教年级学生的生理、心理特点，掌握说本节课所要遵循的教学原则，掌握本学科的主要教学方法及要求，只有这样，才能使教师不断提高教育理论的素质，为说课打下理论基础。

（三）技术准备

要想说好课，首先明确说课要说什么。关于说课的内容，没有什么固定不变的"框框"，通常包括说教材、说教法、说学法、说教学过程四个方面。

说课要求教师不但要说出怎样教而且还要说清"为什么这样教"的理论依据（包括课标依据、教学法依据、教育学和心理学的依据等），使听者既能知其然，又能知其所以然，达到理论与实践的有机结合。

如果有条件提供多媒体教室，我们应该提前做好课件，把主要的说课内容反映到课件上，配合自己说课的需要，让评委和同行更加清楚你讲课的思路和风格，课件可以结合各人的习惯来展示，不一定要搞得很花哨，注意字体大小和颜色，方便别人看就行。

（四）心理准备

由于说课要求教师在短时间内谈完一节课设计的整体思路。如果说课教师心理压力过大，很容易在说课时失去心理平衡，形成心理障碍，从而影响正常水平发挥，这就需要说课教师在活动之前，做好充分的心理准备。

1. 充分认识说课的重要性

说课活动是在短时间内较经济地大面积提高教师素质的最佳形式，也是大面积提高教学质量的有效途径。教师要充分认识到这一点，从而积极踊跃地参与这项活动，由压力变动力，积极主动地学习现代教育理论，认真钻研大纲、教材、教法。这样就能使教师的教学水平和业务能力在原有基础上再进一步。

2. 增强自信心

由于说课之前已大概圈定了范围，教师已对这些内容做了准备，所以要卸下思想包袱，消除紧张心理。说课时从容自如，同时要正确地估计自己的实力，使能力得到应有的发挥。

3. 注意自我的心理调节

说课是在没有学生配合的情况下，一切靠自己完成，有时可能出现漏洞，这时需要教师具有稳定力、应变力，消除紧张，稳定心理状态，恰当巧妙地弥补。这种自我控制心理能力不能一蹴而就，需要在平时就加以训练。

充分准备是说课成功的起点，也是自我提高的过程，只有说课准备充分，才能提高说课的质量，才能不断在说课的面试中或比赛中取得满意的成绩。成功从来不容易，容易从来不成功。在面试之前多学习别人的说课设计，多体会自己从教的经验，多反思自己的教学得失，博采众长，兼收并蓄，相信一定能有理想的回报。

五、说课比赛评分标准

（一）说课（80分）

1. 说教材（20分）

（1）说明教学大纲、教材对本节课教学内容的基本要求。

（2）说明本节课教学内容在教材体系中的地位和作用及各知识点之间的内在联系。

（3）说明本节课教学目标的确定及依据。

（4）说明本节课教学重点、难点的确定及依据。

2. 说教法（20分）

（1）说明本节课教材内容的处理及依据。

（2）说明本节课教法的选择及依据。

（3）说明教学手段、教具等的使用及依据。

3. 说学法（20分）

（1）说明本节课学法指导的目的意义。

（2）说明本节课学法指导的内容和方法。

（3）说明本节课教法与学法的相互联系。

4. 说程序（20分）

（1）说明教学程序的总体设计及依据。

（2）说明教学环节的具体安排及时间支配。

（3）说明板书设计及教学手段的具体运用。

（4）说明教学原则、方法的运用及教学上的创新。

（二）答辩（两题，每题10分）

第三节　说课案例

例1　　　　　　　　　第二节　孟德尔的豌豆杂交实验（二）片段

各位评委老师，大家好！我是××号选手，今天我说教学设计思路的题目是"两对相对性状的杂交实验"，下面我将从教材、教法学法、教学程序和板书设计这四个部分对本片段内容进行分析。首先我们来进行教材分析。

一、说教材

1. 教材分析

本片段是人教版高中生物必修2第一章第二节的内容，主要讲述了孟德尔两对相对性状的杂交实验过程以及结果。由于本片段是上节课知识的延伸，同时它与自由组合定律的发现有着密切的联系，因此在教材中起到承前启后的作用。

2. 教学目标

根据本教材的结构以及高一学生的认知特点，我制定了以下的三维教学目标：

知识目标：阐明孟德尔的两对相对性状的杂交实验。

能力目标：在对两对相对性状遗传结果进行分析时，通过演绎推理的方法，调动学生的想象力，培养学生的逻辑推理能力。

情感目标：认同严谨、求实的科学态度和科学精神。

3. 教学重点、难点

本片段的重点是对杂交实验结果的分析，基于学生已经学习了基因分离定律，并且对假说—演绎法也有一定的了解，因此学生在学习的过程中可以调动听、说、读、写等多方面的活动来提高自身的学习效率。

二、说教法学法

依据高中生物学课程标准理念，基于这节课的内容比较抽象，涉及的知识点也比较重要，因此本节课将以探究式教学方法为主线，通过提问、讨论等多种形式激发学生的兴趣，同时创新地利用自编自制的音乐视频进行多媒体教学，将抽象的内容具体化和形象化，从而突破教学难点。

三、说教学程序

接下来就来看看我究竟是怎样进行教学的。

在教学过程中，我大胆创新，利用自编自制的音乐视频对杂交实验的过程进行生动叙述。另外我注重设计问题启发学生思考，并且运用多种教学方法调动学生参与课堂的积极性、主动性。

好的开始等于成功了一半，导入新课这个环节非常重要，上节课的内容是本节新课的基础，所以这节课我采用"原有知识导入法"导入新课。

（一）导入新课（1分10秒）

首先引导学生回忆上节课的内容，由上节课的豌豆高茎与矮茎这一对相对性状引入到新课的两对相对性状，比如问："黄色豌豆一定是饱满的，绿色豌豆一定是皱缩的吗？"此时学生就会积极思考。

（二）讲授新课（7分40秒）

接下来我用7分40秒的时间讲授新课。

与传统教法不同的是，在这过程中，我利用音乐视频《隐性的豌豆现象篇》阐述杂交实验的过程，让学生在耳熟能详的《隐形的翅膀》曲调中学习两对相对性状杂交实验的过程，这样既符合学生的认知以及心理特点，又激发了学生的学习兴趣。此外，我注重突出教材的重点，对杂交实验的过程进行生动讲解，为后面的自由组合现象的解释打下坚实的基础。接着引导学生对实验结果进行数量分析，同时解决两个导入问题，让学生通过自己的分析统计后明白每对相对性状依然遵循基因分离定律。

（三）归纳总结（1分10秒）

最后，再次利用音乐视频《隐性的豌豆总结篇》组织学生用歌声来表现对杂交实验的总结与归纳。这样让学生边唱边学，可加深学生对该实验的理解。

四、说板书设计

我本节课的板书设计如下，重点突出两对相对性状杂交实验的过程以及结果，这样能够帮助学生理解并且记忆这些知识点。

第二节　孟德尔的豌豆杂交实验（二）
两对相对性状的杂交实验

一、实验现象：

1. 为什么 F_1 全是黄色圆粒？
2. 为什么会出现新的组合呢？

二、结果分析：

P	黄圆	×	绿皱
		↓	
F_1	黄圆		
		↓⊗	
F_2	黄圆　黄皱　绿圆　绿皱		
比例	9 ： 3 ： 3 ： 1		

五、说设计思路

根据高中生物学课程标准的理念，我在课堂中引导学生通过自主学习等方法获取知识，并将所学知识应用到实际中。比如说在对两对相对性状遗传结果进行分析时，鼓励学生对 F_2 中豌豆的粒形和粒色进行数量统计并比较，让学生明白每对相对性状依然遵循基因分离定律。

本课是在学生学习了基因分离定律，了解了假说演绎的科学方法的基础上展开学习的，因此学生在学习的过程中可以通过以问题为依托，以演绎推理为主线，在教师的引导下进行阅读、思考、观察、讨论，从而培养学生获取以及运用信息的能力。另外，教师通过充分调动学生听、说、读、写等多方面的活动来提高学生的学习效率。

在课堂中我大胆创新，利用自编自制《隐性的豌豆现象篇》的音乐视频对两对相对性状的杂交实验进行阐述，这样既达到了教学目标，又调动了学生参与课堂的积极主动性。

根据高一学生的认知结构以及心理特点，利用耳熟能详的曲子激发学生的学习兴趣，让学生在轻松愉快的氛围中学习两对相对性状的杂交实验，为"对自由组合现象的解释"的学习打下坚实的基础。

例 2   第二节   走近细胞——细胞的多样性和统一性

一、说教材

1. 教材分析

必修 1 教材是高中生物的第一个模块，第一章内容相当于本模块的绪论，它介绍必修 1 模块的知识体系，把初中生物与高中生物的知识较好地衔接起来。本节课是在学完第一节的内容，学生了解了有关细胞的几个知识点，即细胞是生命活动的最小结构单位，所有的生命活动都只能在细胞中进行，病毒只能依赖于活细胞才能生存，生命系统有不同的系统层次，从最小的细胞到最大的生物圈后，进一步让学生了解和认识细胞具有多样性和统一性的重要内容。通过对不同细胞种类的介绍，使学生对细胞的结构有一个初步的、比较全面的认识，让学生知道细胞分为原核细胞和真核细胞两大类，它们之间还具有相同点。这为下一章的细胞的物质组成和第三章的细胞的基本结构打下良好的知识基础，又对初中的相关知识进行简单的回顾与复习，在内容体系上体现了知识的系统性和逻辑性。通过教师在课堂上的演示操作，在初中已有的基础上，更进一步了解显微镜的结构和培养学生使用高倍显微镜的能力，认识细胞学说的建立和发展历程，领悟科学思想和方法，树立辩证唯物主义观点。

2. 教学目标

（1）知识目标：说出原核细胞和真核细胞的联系与区别。

（2）能力目标：分析细胞学说的建立过程。使用高倍显微镜观察几种细胞，比较不同细胞的异同点。

（3）情感态度与价值观目标：认同细胞学说的建立是一个开拓、继承、修正和发展的过程。

3. 教学重点、难点

（1）原核细胞和真核细胞的区别与联系。

（2）分析细胞学说的建立过程。

二、说教法

本节课我采用讲授法和演示法为主，辅以学生自学、讨论来组织教学，以小测验来复习巩固上节课知识，以问题情境来引导学生思考细胞种类具有多样性也有统一性。通过实验演示，让学生初步掌握高倍显微镜的操作过程和注意事项，以学生自学来了解常见的原核细胞和真核细胞的种类，引导学生归纳原核细胞和真核细胞的异同点；以阅读指导学生了解细胞学说的建立和发展历程，引导学生理解和领悟科学的思想和方法。在初中七年级的第一学期学生已经学过了细胞的简单知识，学会了光学显微镜的使用方法，所以我认为复习回顾很有必要，本节有实验内容，限于时间只能演示。对于比较简单的关于细胞学说的知识通过阅读可以完成，同时也可以提高学生的阅读和知识归纳能力。

三、说学法

高中学生具有一定的思考和自学能力，求知欲比较强，对知识的逻辑推理能力比初中学生要好一些。本节课将以问题引导学生读书，对学生把握不大的实验则以实验演示来展示实验的过程，讲解低倍镜和高倍镜的区别，以比较列表的形式引导学生归纳总结原核细胞与真核细胞的异同点，解决重点和难点知识。能阅读的内容，指导学生阅读课本来完成学习任务。在教学过程中注意引导学生思考问题，让学生带着问题去思考、积极学习，适当组织学生进行小组讨论，培养学生的问题意识和合作精神。体现新课程理念中提出的"自主、合作、探究"的学习理念，让学生投入到课堂教学中来，以科学的学习态度和良好的学习情感激发学生学习的自主性，提高生物科学素养和养成良好的学习习惯。

四、说教学过程

（1）引入新课。先以课堂小测验的形式，拿出几分钟来巩固上节课的内容。利用课本的问题情境以课件的形式展示初中学过的不同细胞的图像，让学生回顾初中阶段学过的知识，指导学生观察后提出问题引发学生思考细胞的种类或名称，待学生完成后引入本节新课。

（2）讲授新课。先从实验开始，指导学生阅读课本内容后，以课件的形式介绍显微镜的结构和操作过程，目的是给学生一个初步的印象。介绍完后，教师先示范一次，边示范边讲解，强调使用显微镜的注意事项和容易出问题的地方。示范完后，询问学生有哪些不明白的地方，如果有学生提出来，教师可以针对学生不懂的地方再示范和讲解一次，同时用鼓励的语气给学生打气，让学生去掉弄坏显微镜的担忧。先用永久切片，叫一两个学生代表来观察，教师在一旁指导或者适当给予提示，要求学生说出观察到的细胞的主要特征，再用藻类的临时装片来观察细胞的形态，通过课件出示多种细胞的图片引导学生观察、讨论，在阅读课本有关不同细胞种类介绍的基础上，归纳出细胞具有多样性，根据其结构特点可分为原核细胞和真核细胞，出示这两类细胞的模式图后，指导学生观察、讨论两类细胞的异同点，教师通过列表来比较加以总结。教师再归纳得出生物的种类分为两类：有细胞的生物（原核生物和真核生物）和非细胞的生物（病毒）。指导学生通过阅读课本对应部分的内容，明白细胞除了有多样性还有统一性。讲完这部分的内容后，以叙事的形式来回顾细胞研究的发展历史，讲述细胞学说的建立，让学生阅读了解细胞学说的建立者和主要内容，把重要的内容划起来，加深印象，利用课本的讨论题帮助学生理解科学的思想和方法，从中让学生认识科学研究的艰辛、曲折，感悟科学家对科学研究的执着与奉献精神，培养学生良好的科学态度与情感。

（3）练习安排。采用分散练习的方法来配合教学的实施。讲完实验后，以简单的练习巩固实验操作的过程，讲完原核细胞和真核细胞的比较后，出三道题左右让学生练习，加深对原核细胞和真核细胞的理解，在学完细胞学说后再出两道题让学生巩固理解。

（4）归纳总结。可由学生来回顾这节课学过的主要内容，教师提问重点知识让学生来回答。对学生容易出错的问题点明其正确的答案，给学生一点时间来巩固或提问，结束本课。

例3　　　　　　　　**第二节　细胞的分化**

一、说教材

1. 教材分析

"细胞的分化"选自人民教育出版社出版的《分子与生物》必修模块第六章第二节，

主要包括细胞分化的概念和意义，细胞全能性的概念及应用。课程标准中要求能说明细胞的分化，举例说明细胞的全能性。

第六章讲述的是细胞的生命历程，包括细胞的增殖、分化和衰老。其中细胞分化在生物体的发育中起着决定性作用。细胞的分化是学生在学习了细胞增殖的基础上，继续深入学习细胞的生命历程的自然过渡，为后续学习细胞的衰老和凋亡打下基础，主要体现了三个特点：一是概念抽象，如细胞分化的概念；二就是理论联系实际，如细胞全能性在农业和医学上的运用；三是体现新课程的特点，即主动探究得出结论的学习方式和图文并茂、灵活多样的教学方式。

2. 学情分析

（1）本节课的授课对象是高中一年级的学生。他们在初中学过"细胞通过分裂产生新细胞"，"受精卵通过细胞分裂和分化，形成组织、器官、系统，发育为多细胞的生物体"等内容，但是都了解得很浅显，没有深入到细胞水平和分子水平，只具备了一定的知识基础。

（2）在本节课前，学生在平时生活中已经接触过白血病、克隆动物、骨髓移植等和本节课相关的内容，但大部分学生只知其然而不知其所以然，因此，如何使学生从形象思维转变为抽象思维就成了教学的关键所在。

（3）在本单元中，学生们已经学习了细胞增殖，为本节课起到了铺垫作用，有利于学生区分有丝分裂和细胞分化的异同点。

（4）由于本节课涉及很多生物学热点问题，学生的学习兴趣容易被调动，学习动机易被激发。

3. 教学目标

根据教学大纲的要求和本节课教材内容的特点以及学生的实际情况，确立本节课的教学目标：

（1）知识目标：①说明细胞分化的概念和意义；②描述细胞分化的原因；③举例说明细胞的全能性；④解释细胞全能性的原因。

（2）能力目标：①通过细胞全能性在生产实践中的应用实例，尝试运用所学的生物知识解决实际问题，培养知识迁移应用能力；②搜集和分析有关干细胞研究进展与人类健康的资料，培养合作、推理、分析的能力。

（3）情感态度与价值观目标：①通过搜集和分析资料，探讨细胞全能性的前景；②关注与人类健康密切相关的生物学热点问题，增强社会责任感。

4. 教学的重点、难点

根据教学目标和教学内容的特点，以及学情分析，确定了教学的重难点：

（1）重点：细胞分化的概念和意义，细胞全能性的概念。

（2）难点：细胞分化的概念，细胞全能性的概念及实例。

二、说教法

教育家叶圣陶曾说过："师之为教，不在全盘授予，而在相机诱导。"因此，我结合本节课的内容特点和学生的实际情况，确定本节课教法的指导思想：采用探究性学习和合作学习相结合的教学策略。课前预先布置学生分组进行资料的搜集。在上课时采用视频、图

第七章 新课程生物学教学说课技能

片等资料动静相结合，提出问题，组织引导学生观察、讨论、分析、归纳和总结，最后达到对知识的迁移和运用。既调动学生的兴趣和主动性，也加深他们对知识的掌握。同时，为了讲清重点、难点，使学生能达到本节设定的教学目标，着重采用讲授法、演示法、讨论法、总结法等教学方法。

三、说学法

最有价值的知识是关于方法的知识。高一的学生是一群特殊的群体，整体体现了过渡性的特点。他们的思维和观念都在不断地转变以适应高中的学习生活。因此首先要激发他们的学习兴趣，接着在这种兴趣充分增长起来的时候，教以研究学问的方法，最后使他们消除对高中学习的恐惧，树立学习的信心和激情，学法具体如下：①合作学习法——取长补短，共同进步；②讨论学习法——激发思维，总结规律；③探究学习法——带着问题，巩固提高；④自主学习法——了解自我，提升自我。

四、说教学过程

1. 课前预习与准备

学生：分组，通过预习，以小组为单位搜集有关干细胞的研究进展、细胞全能性的应用的资料。

教师：收集资料、图片等，制作多媒体课件。

2. 导入新课（6分钟）

播放3D胚胎发育的过程，并提出问题："看了视频，你能说说细胞有丝分裂和细胞分化的区别吗？"从而引起学生学习的兴趣，并回忆已有的知识，可以显示学生对已有知识的掌握情况和对细胞分化的认识。接着让两位同学回答问题，进而自然地进入新课的学习。

3. 细胞分化的学习（13分钟）

（1）总结学生的回答，用PPT演示细胞有丝分裂和细胞分化的区别。通过对比，让学生更好地理解有丝分裂和细胞分化的异同点，为掌握细胞分化概念做铺垫。

（2）结合PPT中根尖分生区细胞形成根尖的过程，解说细胞分化的概念、特点和实质。结合实例阐明抽象概念有助于学生理解。

（3）请学生列举一些生活中细胞分化的例子，体会细胞分化的意义。联系实际，让学生能够举一反三，有利于知识的迁移。

4. 细胞全能性的学习（13分钟）

（1）请一组同学分享他们收集的有关全能性的资料。让学生进行成果展示可以引起兴趣，增强成就感，并共享成果，扩展视野和思维。

（2）总结学生展示和讨论的资料，展示其中有关细胞全能性应用的例子，让学生加深对细胞全能性的应用的体会。

（3）结合胡萝卜的组织培养过程和克隆羊多利的图片，引导学生总结细胞全能性的概念和原因：①什么是细胞的全能性？②细胞分化的结果是不可逆转的，为什么高度分化的细胞还具有全能性？

引导学生自己总结概念和原因，可以增强他们的推理和归纳能力，有利于知识的理解和运用。

5. 课堂练习（5分钟）

既是对所学知识的运用，也是考察学生的学习效果，以及他们对核心概念的理解。本节课选了两道典型习题，做到习题精而少，既给学生启发，又巩固知识，还避免题过多而导致学生学习兴趣降低。

6. 总结（3分钟）

（1）走到讲台下，边走边引导学生回答今天讲课的重点、难点内容，既调动学生的激情，拉近师生距离，也起到巩固加深知识的作用。

（2）布置作业"谈谈你对克隆人的看法"，这样既可融合社会热点问题，又能增强学生关注生命的意识和对社会的责任感。

五、说板书设计

通过板书，可以简洁地展示整个知识结构，使学生对本节课所教的内容一目了然。

第二节　细胞的分化

一、细胞的分化

1. 概念：细胞的形态、结构和生理功能发生稳定性差异的过程

2. 特点：普遍性、持久性、稳定性、不可逆性

3. 意义：专门化，提高效率

二、细胞的全能性

1. 概念：已分化的细胞仍然具有发育成完整个体的潜能

2. 应用：植物的组织培养、骨髓移植、克隆羊等

六、说教学效果分析

有反思和评价，才能不断改进和完善。所以采用形成性评价和总结性评价相结合的评价方法，对教学目标是否实现及教学效果做评估，为以后的教学积累经验教训。

1. 形成性评价

采用课堂观察的方法，在上课的过程中注意以下内容并简单记录，方便授课的调整及课后的改正：①学生学习兴趣是否浓厚；②学生学习情绪是否高昂；③学生对各活动参与及配合的情况；④学生对教师的态度。

2. 总结性评价

采用访问调差、测验的方法。

（1）访问内容：①你能说出细胞分化和细胞全能性的概念吗？②你能解释细胞分化和细胞全能性的原因吗？③你能说出细胞分化和细胞全能性的例子吗？④你喜欢与同组的同学一起搜集资料吗？

（2）测验：通过练习、测试、作业完成情况进行分析。

例4　　　　　**第三节　物质跨膜运输的方式**

一、说教材

"物质跨膜运输的方式"是人教版必修1第四章第三节的内容，主要介绍了细胞膜控制物质进出这一重要功能，包括小分子或离子进出细胞的方式和大分子物质进出细胞的方

式。本章的前两节已经介绍了物质跨膜运输的实例及生物膜的流动镶嵌模型，本节是在了解前两节知识的基础上，探究细胞膜控制物质进出功能的原理和方式。这部分内容是生物膜具有选择透过性和流动性的例证，又与前面所学的"分泌蛋白的合成和运输"及第五章第二节"细胞的能量'通货'——ATP"相关，对学生理解细胞是基本的生命系统有着重要的意义。

基于对教材的分析和理解，我从知识、能力和情感三个方面确立了教学目标：

1．知识目标

（1）举例说明物质跨膜运输的方式及特点。

（2）列出被动运输和主动运输的区别。

（3）阐述主动运输对细胞生活的意义。

2．能力目标

（1）尝试根据现象提出问题，分析问题，得出结论。

（2）提高对图表数据的解读能力，培养自主探究的能力。

（3）通过列表比较，学会用类比法和对比法进行学习。

3．情感态度与价值观目标

（1）养成自主学习和合作学习的意识，培养严谨的科学精神。

（2）通过对生命现象的阐释，了解生命的复杂性，形成科学的自然观。

综合考虑本节内容在整个知识体系中的作用及高一学生的认知水平，我确定"物质进出细胞的方式以及图表数据的解读"为教学重点，确定"主动运输以及图表数据的解读"为教学的难点。

二、说教法

高一的学生具有一定的观察、比较、分析的能力，对事物的探究有热情，但本节课的内容较为抽象，学生对于微观的结构和过程的学习存在较大的困难。

新课标提倡"提高生物科学素养"、"面向全体学生"、"倡导探究性学习"、"注重与现实生活的联系"的理念，结合本节课的特点和学生的认知特点，我将采用学生分组讨论与教师总结相结合的方式，引导学生主动参与课堂的教学，发挥学生的主体性。总体思路为：展示现象→提出问题→分析问题→得出结论→归纳总结。

教学中，我主要以启发式的教学方法，通过创设问题情境，以动画、图表等直观材料引导学生自主探究新知识，培养学生分析和解决问题的能力，提高学生的图表解读能力以及小组交流合作的能力；同时通过打比方来使抽象知识变得形象具体，使学生易于理解记忆知识。

三、说学法

高一学生的归纳总结能力比较薄弱，可以通过与小组内同学的相互讨论，使思考更全面，使归纳语言更简练。对于本节课的教学难点——主动运输，学生可以运用比较学习法来掌握。学生通过观察讨论，列出被动运输和主动运输的区别，对比被动运输，掌握主动运输的相关知识。同时用生活中的宏观现象来比喻细胞物质运输的微观现象，学生可以更好地理解、掌握相关知识。

四、说教学过程

本节课主要围绕物质跨膜运输的方式及其各自的特点来展开的，分四个环节来设计教学程序。

1. 导入新课（5分钟）

首先，我通过展示细胞膜的结构模式图，与学生一起复习细胞膜的结构成分及其结构功能特性，启发学生思考：细胞膜具有选择透过性，它控制着物质进出细胞，那么，不同性质的物质进出细胞的方式是不是就不一样了呢？从而引起学生继续探究的兴趣。

接着，我通过展示教材第70页"问题讨论"的图片，提出四个问题：①这个脂双层膜模拟的是什么？②什么样的分子能够通过？什么样的分子不能通过？③葡萄糖不能通过该膜，但是小肠上皮细胞能大量吸收葡萄糖，如何解释？④观察此图，联系已有知识，你还能提出其他问题吗？能不能对所提出的问题作出尝试性的回答？学生通过分组讨论，回答这四个问题。在此期间，我会注意引导，会特别强调题干中的脂双层是没有蛋白的，引导学生区分该结构与细胞膜，进而回答第2题。此外，关于第4题，在本章第一节已提到钙离子和镁离子能跨膜运输，本节"问题探讨"却表明这两种离子不能通过脂双层，引导学生就此提出问题，激发学生探究新知识的兴趣，并由此点出课题——物质跨膜运输的方式，进入新知识的学习。

2. 讲授新课（28分钟）

进入新课的学习，首先，我会以课堂小实验创设情景，即在盛有清水的小烧杯中滴加墨水，讲解扩散现象，并引导学生总结被动运输的概念。

接着，我们进入自由扩散和协助扩散的学习。通过多媒体动画先后展示自由扩散和协助扩散的过程后，组织学生讨论，引导学生总结自由扩散和协助扩散的特点、概念及限制因素。我再以"思考与讨论"中的三个问题：①自由扩散与协助扩散需要消耗能量吗？为什么？②自由扩散与协助扩散有什么相同点？有什么不同点？③自由扩散与协助扩散为什么被称为被动运输？让学生对比这两种运输方式，使学生学会运用比较法进行学习。最后，我以"人游泳时顺流而下"比喻自由扩散，以"人乘船顺流而下"比喻协助扩散，使微观抽象的知识变得形象，让学生易于理解记忆。

紧接着上面的比喻，我跟学生说明物质进行主动运输就好比是"逆水行舟"，并提问学生：不能接触水的物品要逆水行舟，必须要有什么工具？学生会自然想到：船。我再进一步引导学生：有了船，还要使劲划船来克服水的阻力，这个过程需要消耗什么？待学生答出"消耗大量体能"之类的答案后，我便总结：物品要逆水行舟，必须要有两个条件，一是船（即载体），二是体能（即能量）。然后提出问题：既然物质进行主动运输就好比是"逆水行舟"，那它又需要具备什么条件呢？具有什么样的特点呢？由此进入本节的难点内容的学习——主动运输。

对于"主动运输"的教学，我首先展示丽藻细胞液与池水的多种离子浓度比的资料，提问：上述资料说明什么？从而让学生认识到，物质是可以逆浓度运输的。接着，通过多媒体动画展示主动运输的过程，让学生讨论得出主动运输的特点（与"逆水行舟"联系），引导学生总结主动运输的概念、特点及限制因素。最后，提出问题让学生回答：主动运输对细胞的生命活动有什么意义？

学完这三种运输方式，我会让学生思考三种运输方式有哪些异同，并引导学生作图表示三种运输方式的运输速率与其限制因素之间的关系。

接着，我们进行胞吞和胞吐的学习。对于这部分的教学，我先展示有关图片，提出问题：什么类型的物质能进行胞吞和胞吐？胞吞和胞吐的过程是怎样的？有什么特点？让学生带着问题阅读教材。最后我再协助学生归纳总结胞吞和胞吐的过程和特点，并联系前面的学习，让学生讲解"分泌蛋白的合成和运输"的过程。

3. 课堂练习（5 分钟）

学习完新知识后，学生进行课堂练习，完成教材第 73 页练习基础题及技能训练，并让学生举手回答。一方面，使学生巩固所学知识；另一方面，学生的回答情况可以及时反馈出学生掌握知识的情况及教学设计是否得当，以便查漏补缺，及时改进。

4. 知识归纳总结（2 分钟）

完成课堂练习后，最后再针对本节课所学的知识进行小结，简单回顾本节课学习的主要内容：物质跨膜运输的各种方式，并指出重点掌握自由扩散、协助扩散、主动运输的过程及特点，帮助学生理清知识脉络。

五、说板书设计

我的板书设计将采用提纲式，具体情况如下：

第四章　细胞的物质输入和输出

第三节　物质跨膜运输的方式

一、被动运动：顺浓度梯度的扩散

1. 自由扩散
　　概念：简单的扩散
　　特点：高浓度→低浓度、不需能量、不需载体
　　举例：水、氧气、甘油等物质进出细胞

2. 协助扩散
　　概念：借助蛋白质的扩散
　　特点：高浓度→低浓度、不需能量、需要载体
　　举例：葡萄糖进入红细胞

二、主动运输：逆浓度梯度的运输
　　特点：低浓度→高浓度、需要能量、需要载体
　　举例：葡萄糖、氨基酸进入小肠绒毛上皮细胞

三、胞吞和胞吐

六、说教学效果

本节课我以"学生为主体，教师为主导"的教学理念，采用启发式和探究式相结合的教学模式，引导学生进行探究性学习，让学生进行分组讨论，使学生主动参与到课堂中来，养成自主学习和合作学习意识，培养学生分析问题和解决问题的能力，树立积极探究的科学精神，使学生有效掌握知识并能灵活运用它，能用课堂学到的知识认识生活中的生物现象，并解决一些实际的问题。

思考与练习

1. 概述说课的功能和类型。
2. 简述说课的基本要求。
3. 简述说课的准备。
4. 写出具体一节课的说课稿，并且进行生物学教学说课比赛训练。

参考文献

1. 洪柳．浅谈说课技巧．中国科教创新导刊，2012（12）．
2. 钱玉强．生物教学说课刍议．教育艺术，2009（10）．
3. 杨付花．说课的步骤与方法．新课程（教研）．2011（1）．
4. 张晓红，张伟蓉．谈谈说课艺术．物理教学探讨（中教版）．2002（10）．
5. 杨坤．高中生物说课研究．山东师范大学硕士学位论文，2011.
6. 陈国．新课程背景下生物说课内容的拓展．中学生物学，2007（5）．
7. 郑刚，陈婕．新课改背景下的说课技巧．重庆教育学院学报，2007（4）．
8. 朱洁．中学生物说课中应注意的几个问题．内江师范学院学报，2003（S1）．

第八章

新课程生物学实验教学技能

学习目标

1. 概述生物学实验教学的作用和类型。
2. 简述中学生物学实验教学的发展方向。
3. 举例说明演示实验的基本要求和原则。
4. 简述组织实验课教学的基本要求。
5. 简述生物学课外科技活动的方案设计。
6. 举例说明生物学实验教学的实施策略。
7. 能够在试教和教育教学实习中组织生物学实验教学。

教学重点

演示实验的基本要求和原则，组织实验课教学的基本要求，生物学实验教学的实施策略。

观察和实验是生物学研究的基本方法，现代生物学的发展，每一项重大的发现都是以实验为基础。生物学实验教学技能在生物学教学过程中占有重要地位。

第一节　生物学实验教学概述

一、生物学实验教学的概念

在生物学教学活动中，以实验作为重要教学内容的教学，称为生物学实验教学。具体说是指根据生物学的教学目的、学生的认识水平、教学条件，有目的地安排、设计一些类似科学实验的模式、程序，在规定的较短时间内进行的实验操作，以达到实验目的要求的教学实践活动。

二、生物学实验教学法

生物学实验教学法是教师指导学生运用一定的仪器、药品和生物材料进行独立操作，从观察生物现象或本质的变化过程中获得知识、训练技能、培养能力的教学方法。

三、生物学实验教学的作用及意义

1. 通过生物学实验获得丰富的感性认识

认识生物界是从现象（感知、观察等活动）开始，通过实验可以让学生获得丰富的感性认识，获得直接经验。在此基础上，对现象进行去粗存精、去伪存真、由此及彼、由表及里的加工过程，形成生物学概念，理解生物学原理和掌握生物学规律。

2. 帮助学生检验和巩固生物学知识

实验是获得生物学知识的重要手段之一。通过实验可以验证生物学的基本概念和基本原理，引导学生产生对生物学实验的兴趣，检查学生对知识的运用与理解情况，从而对知识起到加深理解、检验与巩固的作用。

3. 训练生物学基本技能的重要手段

技能是强调动手操作水平，离不开实践。生物学技能必须通过实验等操作才能进行训练。形成的技能可分为初级的生物学技能与生物学技巧（灵活、协调、准确、精细，使之成为一种自动化的过程）。动手的过程是动脑的过程，这个过程对学生来说是训练学生思维能力的过程，是一个脑、手、眼等器官共用的过程。课程标准的技能要求是：对实验材料收集、处理等的技能，对仪器、药品等的实用技能，对实验的设计、观察、记录等实验技能，对野外活动的观察、设计等技能。

4. 培养学生的生物学能力

能力是获得知识的手段与基础，是理解知识、掌握知识、运用知识等的思维活动，表现为知识积累的升华。能力越强，获得知识越容易，获得知识的数量越多。获得的知识又促进能力的形成，知识与能力是相互促进的，互为基础。通过实验教学主要培养学生的观察能力、思维能力、动手能力、分析问题与解决问题的能力等。

5. 有利于培养科学的工作作风、科学的研究方法

实验必须在严格的理论指导下进行，每一步都要非常严格，从而养成严谨的工作作风。一切从实际出发，反映客观真实的现实，从而培养实事求是的科学态度。通过严格的科学实验，养成良好的研究方法、研究意识和研究能力，为今后的工作与科研打下基础。同时，有利于学生形成辩证唯物主义世界观和生物学观念、意识等。

6. 激发学习兴趣，调动学生学习的积极性

通过实验，学生会对生物现象和生命活动规律产生深厚的兴趣，从而调动起学习的积极性和主动性。

四、生物学实验教学的类型及特点

实验教学分成不同类型：①按实验的性质，分为分类实验、生理实验、解剖实验、细

胞学实验等；②按实验手段与目的，分为定性实验、定量实验和模拟实验三类；③从学生认识角度，分为验证性实验与探究性实验；④从教学组织形式，分为演示实验、学生实验和课外实验等。

五、生物学实验教学研究的主要内容

生物学实验教学研究的主要内容有：①生物学实验教学目标的研究；②实验教学方法，教学手段的研究；③生物学实验教学过程的研究；④生物学实验教师教学能力的研究；⑤生物学实验教学效果评价的研究；⑥教学资源配置与管理的优化。

六、生物学实验与生物学教学实验

生物学实验是有一定的研究对象，并根据研究目的，运用一定的手段（仪器、设备等）主动控制、干预研究对象，或控制条件及创造一种典型环境或特殊条件等，并在其中进行的探索生命现象及运动规律的实践活动。

在生物学教学中做的生物学实验称为生物学教学实验。

生物学实验与生物学教学实验的比较如表 8 – 1。

表 8 – 1　生物学实验与生物学教学实验的比较

一致性	差异性
实验的性质	实验的目的
实验的构成	实验的内容
实验的功能	实验的过程
实验的理论指导	实验的手段

七、中学生物学实验教学经历的阶段

中学生物学实验教学经历的阶段：①萌芽阶段（1903—1950 年）；②起步阶段（1951—1965 年）；③停滞阶段（1966—1976 年）；④恢复阶段（1977—1987 年）；⑤发展阶段（1988—1995 年）；⑥逐步完善阶段（1996 年至今）。

八、中学生物学实验教学的现状及对策

（一）生物实验课教学现状分析

实验课教学是生物教学的重要组成部分，是培养学生动手能力、创新能力、创新意识的基本途径。通过调查，发现生物实验教学实际状况是：学生动手能力不强，创新意识缺乏，对实验设计、方法、步骤是知其然不知其所以然。一些学生对实验结果对答如流，实验操作却不尽如人意，而后者的培养正是实验课应完成的主要任务。造成以上状况的原因何在？

长期以来，中学生物学实验教学质量不高一直困扰着人们，应当说影响实验教学质量的因素很多，如实验室、实验仪器设备、实验材料等硬件设施，也有人说是受不考试的影响。但这都不是根本的原因。根本原因是主观因素，包括实验教学观念、教学方式、实验教学的安排和管理及实验教学评价。

（二）优化实验教学模式

以往单向传输的操作模仿式教学，是同片面强调巩固知识、获取技能的实验教学目标相适应的。这种教学方式不利于学生独立性、主体性、创造性的发挥是有目共睹的。因此，要使实验课实现多重教学目标，就必须改革、完善现有的实验教学模式，实现四个方面的转变。

（1）使学生积极参与到实验中来，变被动为主动。让学生参与实验的准备、实验课的管理、实验计划的制订，这样有利于加深学生对实验过程的了解、对实验作用的理解，使学生变"要我做实验"为"我要做实验"，同时，在一系列参与过程中，学生的能力也得到了发展。

（2）不应只重实验结果，更应看重实验过程。实验过程中，手、脑的结合可使学生在掌握知识、方法、技能的同时也得到态度、意识、能力的培养，即获得了综合性、协调性的发展，这是理论课替代不了的。也正因为如此，我们应加强学生的实验操作环节。首先，时间上应确保这一环节的完成；同时，应鼓励学生自己尝试不同的实验方法或实验材料，如"观察叶片的结构"实验，除了教材介绍的用菠菜做实验材料外，可让学生带其他叶片做实验。当然，学生自己的尝试可能得到不正确的结果，但自己获得"为什么"的道理要比接受现成的"是什么"更有意义。

（3）教师应从监管者变为引导者。教师是指导者，指导学生实验，解答学生在实验中遇到的困惑，而不是监督者，监督学生是否讲话，是否按规定的步骤操作，是否损坏了东西等。教师不要过多地干涉学生的实验操作，要放手，给学生自由，改变那种"一放就乱"的旧观念。学生在实验中可以互相帮助、讨论，甚至争论。

（4）采用各种激励措施，让每位学生都进行实验操作。改变做不做实验都一样，做不好还不如不做的怪现象。教师在实验中或实验后提出一些与实验过程有关的问题让学生思考，从而使每一位学生都能体验到动手做实验的快乐。同时，应奖"勤"罚"懒"，褒奖"做"的，批评"看"的，营造一种"做"比"看"好的实验氛围。

（三）加强和完善生物实验教学

实验教学既是一类探究活动，也是生物教学的基本形式之一。新课程标准的内容标准部分列举的一些活动建议中，相当一部分就是实验。建议如下：

（1）学校应逐步完善生物实验室的建设、仪器设备和用具的配置，保证实验教学经费的投入。生物学教师也应创造条件，就地取材、因陋就简地开设好生物实验。

（2）实验设计应该多样化。例如，可以采用比较规范的实验仪器设备设计实验，也可以设计低成本实验；可以采用生物材料设计实验，也可以设计模拟性实验；有条件的学校还可以适当引入多媒体技术进行虚拟实验。应鼓励学生参与设计实验。

（3）在重视定性实验的同时，也应重视定量实验，让学生在量的变化中了解事物的本质。教师应向学生提供机会学习量的测定，实事求是地记录、整理和分析实验数据，定量表述实验结果等。

（4）要注意实验安全教育。安全使用实验器具（如解剖器具、玻璃器皿、酒精灯等）和实验药品（酒精、酸、碱等）是生物学实验的基本技能，教师应强化安全教育，增强学生自我保护意识。

（5）增设学生自行设计实验，这也是实验内容优化的核心。为了发挥学生的主导作用，在实验课的后期，实验室在白天对学生实行全面开放。学生两两结合成一个小组，在给定的范围内，学生自行设定实验目标，自行设计实验方案，自己进行准备工作，自行完成实验并分析处理实验结果。由于学生思路受限制较少，在实验中会表现出更多创新性想法，这对指导教师本身也很有启示作用。

（四）改进实验评价方法，建立正确的实验教学导向

如何科学有效地评价学生生物实验是当前亟待解决的问题。对知识的评价基本上能够借助于笔试，但对其他方面的评价，仅靠笔试手段是相当局限和片面的。因此，要改革和完善实验课的评价方式。

教师应特别重视对学生探究能力和情感态度与价值观方面进行评价，系统地收集学生学习情况的信息，对教学过程中的学习活动以及成果给予评价。通过教学评价，教师可以获得有关学生学习生物课程情况的反馈，不断改进教学；学生也可以了解自己的学习情况，促进自己更好地发展。

（五）合理安排实验课，为提高实验教学质量创造条件

变实验大班上课为小班。实验课实行小班上课是优化教学模式、提高教学质量的基本保证。人数少可确保每个学生独立地参与实验，也使教师在有限的时间内能指导更多的学生。那么在现有条件下采用小班上课是否可行呢？只要安排合理，完全是可行的。生物实验室闲置相当普遍，增加几倍实验量是完全可以的，比较难处理的是时间的安排，可以与其他学科实验课穿插进行，如一个班的一个组上生物实验课，另一组上物理实验，或与自习课、练习课交替进行等。这样对每个学生来说，课时量并没有增加，只是增加了实验室的利用率和教师的工作量。

九、我国中学生物学实验教学的发展方向

（一）教学观念的改变

（1）教师对实验教学意义、目标的认识。

（2）教师对自己在实验教学中的角色的理解。

（二）教学方式的多样化

（1）教师演示实验与学生分组实验相结合。

（2）"讲—验"同步教学。

（3）"菜单式"实验教学。

（4）加强实验教学的横向和纵向结合。

（5）课堂实验教学与科学探究相结合。

（6）尝试进行虚拟实验。

（7）实验教学与信息技术的整合。

（三）实验内容的更新

增加和完善实验内容：

（1）增加探究性实验内容和设计性实验内容。

（2）完善现有的实验内容。

（四）教学评价体系的完善

评价方式向多元化发展。

十、高中生物学新课程中的实验教学要求

（一）要求发展科学探究能力

初步学会：①客观地观察和描述生物现象；②通过观察或从现实生活中提出与生物学相关的、可以探究的问题；③分析问题，阐明与研究该问题相关的知识；④确认变量；⑤作出假设和预期；⑥设计可行的实验方案；⑦实施实验方案，收集证据；⑧利用数学的方法处理、解释数据；⑨根据证据作出合理判断；⑩用准确的术语、图表介绍研究方法和结果，阐明观点；⑪听取他人的意见，利用证据和逻辑对自己的结论进行辩护以及作必要的反思和修改。

（二）确定实验教学目标，重视实验基本技能的训练

（1）初步学会观察动物、植物的生活习性、形态结构和生长发育等，并能用语言、文字、图表正确描述所观察到的生物体和生命现象。

（2）初步学会设计试验，分析和解释实验中产生的现象，得出正确的实验结论。

（3）比较熟练地掌握显微镜的使用、制作装片和徒手切片、做简单的生理实验等生物学基本方法和技能。

（4）逐步形成分析、综合、比较、判断和推理的能力，学会解决一些有关的实际问题。

（5）通过完成中学生物学课程标准所规定的生物学基础知识的学习和实验，初步掌握基本的生物科学研究方法。

（三）高中生物学新课程中的实验分级

级别	类别	实验目标	例证
Ⅰ	观察或鉴别	观察对象"是什么"，或鉴别实验材料中"有什么"	观察线粒体和叶绿体；检测组织中的糖类、脂肪
Ⅱ	验证	为阐明"为什么"或"怎么样"提供实验依据，或证实物质或结构的动态变化	观察细胞有丝分裂；观察质壁分离及复原
Ⅲ	引导式探究	教师提出实验结构或程序，学生参与"干什么"和"发现什么"的探究过程	探究生物膜的透性；提取和分离叶绿体色素
Ⅳ	自主式探究	学生自主探究，设计和执行实验方案来检验对"有什么"和"为什么"的解释	探究影响酶活性的因素；探究低温诱导染色体加倍
Ⅴ	模拟或制作	设计和制作实验研究的某种对象，或人为条件下模拟研究对象的动态变化	制作DNA双螺旋结构模型；模拟性状分离的杂交实验

模　块	序　号	实验课题	类　别	级　别
必修1	1—01	观察细胞中 DNA 和 RNA 的分布	技能	I
	1—02	检测组织中还原糖、脂肪和蛋白质	技能	I
	1—03	使用显微镜观察多种多样的细胞	技能	I
	1—04	观察线粒体和叶绿体	技能	I
	1—05	通过模拟实验研究生物膜的透性	探究	III
	1—06	观察植物细胞的质壁分离和复原	验证	II
	1—07	探究影响酶活性的因素	探究	IV
	1—08	叶绿体色素的提取和分离	探究	III
	1—09	探究酵母菌的呼吸方式	探究	III
	1—10	模拟研究细胞表面积与体积的关系	探究	III
	1—11	观察细胞有丝分裂	验证	II
必修2	2—01	观察细胞减数分裂	验证	II
	2—02	制作 DNA 分子双螺旋结构模型	技能	V
	2—03	模拟植物或动物性状分离的杂交实验	验证	II
	2—04	低温诱导植物细胞染色体加倍	探究	IV
必修3	3—01	探究植物生长调节剂对插条生根的作用	探究	IV
	3—02	利用计算机辅助模拟人体内稳态的维持	验证	II
	3—03	模拟尿糖的检测	验证	II
	3—04	探究培养液中酵母菌群的数量动态变化	探究	III
	3—05	土壤中动物类群丰富度的研究	探究	III
	3—06	探究水族箱（或鱼缸）中的群落演替	探究	IV
	3—07	设计并制作生态瓶	技能	V

（四）确定实验内容的依据

确定实验内容的依据是新课程的理念和目标。

新课程标准指出提高每个高中学生的生物科学素养是课程标准实施中的核心任务。

新课程标准倡导探究性学习，力图促进学生学习方式的变革，引导学生主动参与探究过程，勤于动手和动脑，培养和发展学生的科学探究能力。

第二节　生物学实验教学技能

一、教师的演示实验技能

演示实验是教师采用演示方法，结合课堂教学进行的实验。教师做，学生看。

1. 演示实验的类型

（1）传授新知识的演示。从目的看，不知到知；从教学形式看，边讲边演示；从逻辑上看，从特殊到一般。

（2）巩固已学知识的演示，从目的看，验证和巩固知识；从教学形式看，先讲后演示；从逻辑上看，从一般到特殊，一定要有一个推论。

（3）指导性的演示。对实验、观察等实践活动进行指导性的演示。

（4）多媒体演示。利用常用仪器、教具进行演示是一种最基本的手段，而利用多媒体教学，是教学现代化的重要标志，是教学改革的重要组成部分。多媒体教学是指在教学过程中运用系统科学的观察和方法，组织多媒体信息，形成合理的教学结构，以实现教学优化，使学生真正体会生物学科的学习方法，提高学生观察及分析问题的能力。多媒体能展示课堂实验无法演示的宏观的、微观的、极快的、极慢的生物过程，从而突破时间以及空间的束缚，进行逼真的模拟，灵活地放大或缩小生物场景，将生物过程生动形象地展现于学生眼前，使学生认识加强，理解透彻。

2. 演示实验的基本要求

（1）做好演示实验前的预实验，确保演示实验一次成功。教师在课前要反复操作，直到熟练为止，对于在实验中可能出现的故障做到心中有数并能及时排除，掌握演示时间，注意与教学进度紧密配合。

（2）演示实验前向学生说明材料是什么，做什么，目的是什么，实验的条件，关键要注意什么等。

（3）演示时，教师要有适当的语言配合，充分发挥直观教学的作用，让学生注意观察什么，启发引导学生进行观察。

（4）演示的过程要合理，方法要科学，结果要准确，步骤要严格，器材使用要正确等。

（5）学生参与演示过程：在传统的课堂教学，对于演示实验一般是由教师一边操作实验，一边讲解实验目的、实验原理、操作步骤，让学生观察实验现象。新课程的演示实验要求在教师指导下让学生参与，不仅有显示学生实验技能的机会，又能使学生得到科学方法的训练及能力的培养，更好地理解和掌握生物概念和规律，同时可领略生物学的思想，培养科学态度和科学方法。

3. 演示实验的原则

原则为：①目的性原则，要有明确的目的；②直观性原则，生动、直观、明了；③示范性原则，严格、示范、榜样；④启发性原则，语言的启发性；⑤安全性原则，严格实验过程和实验管理；⑥结论正确性原则，要有预实验作保证。

例 种子的成分演示实验中，教师应提醒学生注意以下几点：

鉴定种子中含有水分的实验中：①试管夹要夹在试管口近端，这样才不影响观察；②试管要干燥，这样才有说服力；③小麦在试管底部要散成一斜面，烘烤部位要局限在有小麦的区域内，可缓慢晃动，以让小麦受热均匀；④试管需保持水平或口稍向下倾斜，这样管壁上出现的水珠才不会流向管底，不会引起试管爆裂；⑤烘烤时间不宜过长，否则种子就会发生碳化，碳化的部分往往粘在试管壁上，不易洗掉。

鉴定种子中含有无机盐的实验中：①要将小麦事先泡软，便于铁丝穿扎。注意不要用力过猛，防止扎手。②燃烧后，铁丝很烫，要避免烫伤手和烫坏桌面，应及时放到解剖盘中或晾凉了再放到桌面。③小麦种子不易完全灰化，要使它完全灰化，需要较长的时间。

鉴定淀粉和蛋白质的实验中：①面团不要过大；②一直要到纱布中没有乳白色物质渗出，才可停止。

二、学生独立实验技能

1. 学生实验

学生实验是指学生在教师的指导下，独立操作而进行的实验。以实验为主要内容的课堂教学就是实验课。

2. 学生实验的组织形式

根据学生的知识水平与操作能力分为：①模仿性实验，有很少的知识基础；②阶段性实验，有一定的知识基础；③独立性实验，有足够的知识与技能。

3. 学生实验的组织准备

（1）编写实验课教案。实验课教案除了要备教学目的、教具准备、教学过程外，更重要的是设计好学生实验，指导学生如何进行实验。备课中还要考虑到学生整体水平和动手能力，实验难易程度，重点、难点、实验误差等以及实验注意事项。同时，每次分组实验前，要布置少量预习思考题，以便为学生抓住实验要点做准备。

（2）准备实验材料与仪器。教师首先自己要熟悉仪器的规格、性能、使用方法，并能调试和维护一般仪器；其次，实验管理员准备好器材后，教师要逐组检查，查验每组实验器材是否处于最佳状态；再次，有时实验材料需要自己准备或提前跟实验管理人员说明。

（3）做好预备实验。要想演示实验成功，教师要准备好与实验有关的全部仪器、材料，并且反复操作，直到熟练的地步，对于在实验中可能出现的故障做到心中有数并能及时排除，掌握演示时间，注意与教学进度紧密配合。

（4）布置预习。让学生预习，从思想上、知识上、动手上打下基础，以提高教师演示的教学效果。

（5）学生分组。学生分析问题的能力、解决问题的能力、动手能力存在着不小的差异，在分组的时候，就要注意将成绩好的和成绩差的、动手能力强的与动手能力弱的学生搭配在一起，以便互相帮助，相互取长补短。

4. 组织实验课教学的基本要求

实验课把操作、观察、记录、讨论等混合在一起，课堂秩序容易混乱，且学生的好奇心强，而动手能力差，不能很好地进行教学实验。因此，必须加强实验课教学的组织管理。

（1）严格实验课的纪律管理。学生由于好奇心的驱使，自控能力差，乱拿实验材料、乱搬显微镜、乱换镜头、乱加药品，应该做的却没有去做或做得不好，影响实验效果。

（2）严格实验操作步骤。有的学生做实验时，懒得动手，嫌麻烦，图省事，仪器脏了不洗刷；对内容较多、需要时间较长的实验，随意删减实验内容，更改实验步骤；为了应付教师的检查，乱凑实验结果，实验完毕对桌上的实验药品不认真清理。

（3）个别指导与集中指导相结合。对不做、不会做、不敢做的学生进行个别指导与集中指导，只有所有的学生都动手实验才能达到实验的目的。

（4）及时解决实验过程中出现的问题。学生动手实验后，教师要下组巡回指导，这是不可缺少的一个重要环节。通过巡视，教师能了解到学生实验的基本情况，发现学生实验中存在的问题。

（5）把握实验课的进度。有良好的知识基础、实验环境，明确的实验目的与过程，就能把握实验进度，以达到实验操作的同步性。

（6）让学生做好记录与写好实验报告等。学生实验结束后，教师要在课堂中对实验进行必要总结，总结中应包括对实验数据处理及产生误差的原因分析，要求学生按要求填好实验报告，布置适量思考讨论题供学生课后完成。对学生的实验报告，教师要认真进行批阅。通过信息反馈，调整实验教学。

（7）发挥教师的主导作用。教师主导作用与学生的主体作用充分发挥。实验课一开始，教师就有必要把一些仪器和设备的性能、功能、使用方法、注意事项介绍给学生，并辅以必要的示范操作。

总之，实验伊始，教师可巧设导言，营造良好的学习氛围吸引学生的注意力，激起其内心的求知欲与好奇心；过程中要不断地巡回指导；实验结束时要有总结。

三、生物学课外科技活动的组织技能

开展生物课外科技活动是素质教育的重要组成部分，它能很好地培养学生的动手能力、实验设计能力、独立工作能力，加强生物学科与社会、生活的联系，提高学生综合运用所学知识，分析和解决实际问题的能力，科学研究能力和敢于创新的能力。

（一）生物学课外科技活动的类型

中学生物学课外科技活动，按活动内容和活动场所的不同，可分为以下几种类型。

1. 观测考察型

这类活动是在室外进行的，主要是观测和调查环境、生态问题，考察动植物个体或群体的形态、分类和生活习性等以及调查资源等内容。

观测和调查环境、生态问题的活动，如进行"某河流或湖泊污染情况的调查"、"某公园各种绿化结构夏季降温效应的观测"等，一般能在较短的时间里完成，对学生掌握环境监测的有关方法和技术，培养观察能力、操作能力和思维能力有明显的作用。

考察动植物的形态、分类和生活习性的活动及资源调查活动，如"森林植物群落样地考察"、"昆虫的采集和标本制作"、"某地常用药用植物的调查"等，一般不需要过多的器材和药品，仅凭肉眼和少量简单用具即可完成，能使学生掌握动植物考察的基本方法，并有利于培养观察能力、动手能力等。

这些活动在初中、高中阶段均可开展，尤其适合农村中学的初中阶段。

2. 实验操作型

这类活动主要在室内进行，需准备有关的材料和药品及仪器设备如烘干箱、恒温箱、显微镜等。"某种子发芽的观察"活动、"蔬菜的无土栽培"活动、"pH 对酶促反应速度影响的测定"活动等都属于这一类型。通过这类活动能使学生掌握各类生物的培养技术，形成准确、熟练地操作有关仪器设备、使用和配制基本的化学试剂的能力。这类活动基本上不受季节的影响，只要具备一定的物质条件，城乡中学都能开展，特别适合高中阶段。

3. 栽培饲养型

在一定场所内开展有关栽培饲养研究的活动称为栽培饲养型活动。例如，"花卉的扦插繁殖"、"果树嫁接（芽接、枝接)"、"金鱼的饲养"、"家兔的饲养"等，均属于本类型。这类活动有明显的季节性，也需较长的周期，更需要一定场地和用具等。通过这类活动能使学生掌握动、植物的栽培饲养技术和进行栽培饲养研究的基本方法，农村中学和具有生物园的城市中学可以开展这类活动。

4. 参观访问型

在有条件的地区可以开展参观访问植物园、动物园、自然博物馆、动植物标本馆、大专院校生物系、生物科研单位的标本室和实验室、养殖场、生物制品厂等。这类活动不需仪器设备，但有交通安排和组织管理等问题。它有利于开阔学生的眼界和思路，使学生了解生物科学技术和社会的关系，主要适合城市中学开展。

5. 竞赛游艺型

这是一类将科学性、知识性和趣味性巧妙地结合起来的活动。竞赛可以分为生物学知识竞赛（如植物学竞赛、动物学知识竞赛等）、生物奥赛选拔赛和游艺竞赛等。游艺是把生物学知识编排成引人入胜的游艺项目，例如，生物学知识谜语竞赛、生物学实验操作接力赛、叶脉书签制作和贴画比赛、蝴蝶翅贴画作品展等。有些中学开展的生物周、爱鸟周活动常常就是通过游艺和竞赛活动使青少年在玩耍和欢乐中学习更多的生物学知识。

生物学课外科技活动的类型和内容很多，但大多具有源于教材又不受教材束缚的特点。在具体选择时应注意"三个结合"和"一个为主"。

课外科技活动应与课堂内容相结合，例如，结合动物行为学的教学开展"饲养豚鼠观察其繁殖行为"的活动；课外科技活动应与当地生产和科研实际相结合，例如，结合当地某水库养鱼生产和科研的需要开展"某水库生物综合调查"，以便在全面了解水域生物种类和数量及食物链关系的基础上提出提高鱼类产量的改进措施；课外科技活动应与学生的生活实际相结合，例如，"维生素和健康关系的研究"（利用小白鼠为实验动物）或"近亲婚配危害调查"等活动。

课外科技活动应以"实践活动为主"。要防止过分强调理论知识的重要性而忽略实践活动。

（二）生物学课外科技活动的方案设计

1. 设计要求

活动方案的设计应达到如下要求：

（1）精心设计活动课题。活动课题应反映活动的主题，课题设计得醒目、引人入胜，就能吸引学生积极主动地参加到活动中去。

（2）具有明确的活动目的。活动目的应实事求是和具体化，只有具有了明确的活动目的，才能科学地安排活动内容、活动过程，恰当地选择活动的方式和方法。活动目的通常包括知识、技能、能力和思想教育等方面。

（3）集思广益地安排活动程序。安排活动程序应集中众人的智慧，这里包括听取学生们的意见和参考其他教师的活动经验。只有这样，才能科学合理地安排好活动的计划、实施和总结评比等全过程，并使活动更具创新意义。

（4）尽量节省活动开支。开展生物学课外科技活动肯定要有一定的经费，但应尽量节省活动开支，力求因陋就简，自己动手采集活动用动植物材料。采用低成本器具进行活动，使学生认识到可以通过手边的材料进行科学探究，更加激发创造和探索的热情。

另外，应尽可能地选择创新的方式方法。

2. 方案的内容

一项生物学课外科技活动方案设计一般应含有如下内容：

（1）活动课题。例如"某县植物资源调查"等。

（2）活动目的。例如上述活动的目的是编一本地方植物志，配合当地农村植物资源的开发利用工作。同时，进一步地理解植物学知识，学会检索植物的方法和技能及进行热爱家乡的教育等也是活动的主要目的。

（3）活动对象。即适合参加该项活动的学生的年级和基本要求。例如参加上述活动的人员一般应是初中一年级的学生，因为他们正在学习植物学，而且由于要爬山越岭，应选择有一定身体条件的学生参加等。

（4）活动原理。活动原理包括活动的生物学依据和相关的基础知识，对活动起理论指导作用。

（5）活动器材和场地。活动中所需的仪器设备、材料和活动的地点等也需事先周密计划。

（6）活动方法和步骤。这是活动的主体部分，包括采用的方法、具体的调查、观察或操作步骤等，还应列出每一实施过程的注意事项。

（7）活动预期结果和总结。

总之，生物学课外科技活动方案的设计是一种创造性劳动，要设计好活动方案需付出相当的心血。实施方案还有许多组织工作要做。

（三）生物学课外科技活动的组织

生物教师组织课外科技活动应注意：

1. 学生自愿参加与教师批准相结合

课外活动和课堂教学不同。课堂教学是按统一的大纲和教学计划的要求来进行的，每个学生都必须完成统一的学习任务；课外活动则没有统一规定的内容和要求，是为满足学生的特殊兴趣爱好和要求或完成国家对生物学专业人才培养的需求而组织的。学生在明确了生物学课外科技活动的意义后，可以有选择地自愿参加他们感兴趣的活动。但课外科技活动小组不是自发的社团组织，教师有必要根据有关条件适当选择人员，例如，根据活动的场所、经费和器材等控制参加人数，根据学生的成绩、能力和身体素质等审批参加人员。只有当学生自愿参加与教师批准相结合，才有利于发挥学生的积极性和主动性，也才有利于有相同志趣的学生在一起相互切磋探讨，便于教师因材施教。

2. 学生独立活动与教师指导相结合

生物学课外科技活动从其性质上来说，一方面应重视发展学生的爱好和培养独立工作的能力，因此应以学生的独立活动为主；另一方面，它仍是一项学习活动，因此还需要教师的精心指导。教师要在保证学生独立活动的原则下加强指导。在学生制订活动计划时，教师应提出要求和指导性意见，提出可供学生选择的活动课题，帮助学生制订出比较完善的、切合学生水平的活动计划；在学生实施活动时，要关注活动全过程，随时帮助学生解决临时遇到的知识和技能上的困难，鼓舞和巩固学生的自信心，并适时适度地向学生进行安全、节约、纪律、科学态度和优良作风等的教育；在活动结束时，教师要检查活动结果，指导学生总结成果。

3．生物学课外科技活动与其他教育活动相结合

生物学课外科技活动是学校教育活动的组成部分，应在学校教育工作的统一规划下进行。无论是定期活动还是临时性突击活动，都不应与其他学科活动、教育活动互争课时，加重学生的负担。在组织活动时，应主动与班主任，团、队组织及学校行政部门领导等取得联系，妥善地安排，这样就能使活动的时间得到保证，又不致造成学生负担过重。

（四）生物学课外科技活动计划实例

例 某中学生物学课外科技活动计划

2011—2012 学年第二学期

一、指导思想

生物第二课堂活动是课堂教学的延伸，利用形式多样的小组活动来巩固、加深和扩大学生课内所学的生物学知识和技能，培养学生学习生物学的兴趣，提高学生的生物技能。以全面提高学生的生物科学素养为宗旨，以培养学生的创新精神和实践能力为重点，使各项活动符合学生的发展和社会的需求，让学生多了解生物科学的新进展及其在社会上的广泛应用。

二、活动目标

（1）通过调查活动让学生走出课堂，到大自然或社会中去，就某个与生物学有关的问题进行调查，培养实践能力。

（2）探究活动旨在让学生参与和体验探究科学的过程，培养学生的探究能力鼓励学生进行拓展性探究和实践。

（3）通过学生自己动手制作标本，让学生学会制作标本的基本方法，认识身边的常见植物，培养学生爱惜动植物、保护环境、珍爱生命的情感。

（4）利用网络让学生认识我国的珍稀动植物资源，培养学生爱护和保护动植物的情感。

（5）利用网络了解生物科学的前沿，培养学生学习生物学的兴趣。

（6）让学生学会撰写生物科技小论文。

三、组织方式

（1）在上学期兴趣活动小组人员的基础上加以调整，共42人。

（2）每6人一小组，组长担任教师助手，负责相关工作。

（3）辅导教师：丁元元、姜化兰

四、活动时间安排

七年级：每周三下午第三节课后。（特别活动时间待定）

五、具体活动内容

序 号	内 容	时 间
1	探究唾液对淀粉的消化作用	第2、3周
2	整理兴趣小组实验种植田	第4、5周
3	调查同学们的饮食结构是否健康	第6周
4	测量血压与脉搏	第7周
5	触觉敏感程度的测量实验	第8周
6	参观某师院生物标本室	第10周
7	了解激素水平差异导致的疾病	第11周
8	讨论中学生如何健康地生活	第12周
9	管理生物实验种植田	第13周
10	调查工厂区二氧化硫污染大气的情况	第14周
11	评选生物课外活动优秀成员	第15周

六、活动要求

（1）每次活动都要按时，不准无故缺席。

（2）要以科学认真的态度参加每次活动，活动中应仔细观察、思考，认真操作，并如实记录。

（3）大胆发挥自己的主观能动作用，要有创造性。

（4）每次活动要认真总结经验和失败的教训。

（5）每学期每人都应总结一篇科技小论文。

第三节 生物学实验教学案例

例1 用高倍显微镜观察叶绿体和线粒体

一、教学目标

根据新课改所倡导的"知识与技能、过程与方法、情感态度与价值观"的目标观，确定了如下的三维教学目标。

1. 知识目标

说出本实验的原理；概述线粒体和叶绿体的结构特点。

2. 过程与方法目标

能够正确地使用高倍显微镜；提高学生的动手操作能力。

3. 情感态度与价值观目标

通过学生之间的分工合作，提高学生的团队意识，并体会合作学习的快乐。

二、教学重点难点

重点：高倍显微镜的使用步骤，线粒体和叶绿体的形态与分布特点。

难点：临时装片的制作。

三、教法

首先采用讲授法，善于联系学生的生活经验和社会科技，帮助学生建立起新旧知识间的联系；其次是通过实验演示法帮助学生直观形象地学习知识，激发学生的学习兴趣；然后使用谈话法，通过提问的方式及时检查学生的学习状况；最后是讨论法，有利于学生相互取长补短，共同进步。

四、学法

在教学过程中特别重视学法的指导，充分发挥学生的主观能动性，使学生成为学习的主人。这节课指导学生的学习方法主要是实验法、观察法、讨论法和归纳比较的方法。

五、教学过程

（1）首先让学生预习本实验的内容，思考本实验的原理是什么，明确操作步骤。

（2）通过讲授与演示相结合的方法为学生呈现本实验的内容。

（3）学生动手操作，教师从旁指导。

（4）总结实验，让同学思考后完成讨论部分的作业。

六、实验步骤

取材→制片→观察（先低倍镜，后高倍镜）→体验（描述、评价）

七、实验解疑

（1）为什么用藓类的小叶或者菠菜叶的下表皮（稍带叶肉）作为观察叶绿体的实验材料？

藓类属阴生植物，菠菜叶的下表皮是菠菜叶的背阳面，这样的细胞中的叶绿体大且数目少，且藓类小叶是由一层细胞构成的，便于观察叶绿体的形态和分布。

（2）为什么观察叶绿体的临时装片，在实验过程中要始终保持有水状态？

防止细胞内的叶绿体失水，如果叶绿体失水，叶绿体就缩成一团，无法观察叶绿体的形态和分布。

（3）高倍镜使用中的注意事项。一般地讲，在低倍镜下调节清晰后，可直接转动转换器，使高倍镜对准通光孔。但若高倍镜不是原配的，则应先稍微转动粗准焦螺旋，使镜头上升后再换高倍镜，然后下降镜筒时必须从一侧注视物镜下降到一定距离。换高倍镜后因镜头与装片间的距离很小，切记不可再转动粗准焦螺旋，以防损坏镜头或装片。应该一面从目镜里观察，一面逆时针方向转动细准焦螺旋，直至清晰为止。在高倍镜下若要换装片，必须升高镜筒后才能进行。

（4）细胞质基质中的叶绿体是不是静止不动的？为什么？

不是静止不动的，叶绿体存在于细胞质中，它会随着细胞质的流动而运动。

例2　　　　　　　　**观察 DNA 和 RNA 在真核细胞中的分布**

一、教学目标

1. 知识与技能目标

（1）学生分析说明 DNA 和 RNA 在结构上的不同点。

（2）学生回顾显微镜的使用方法。

2. 过程与方法目标

（1）学生掌握制作装片的方法。

（2）使用试剂对材料进行染色。

3. 情感态度和价值观目标

培养学生的动手能力，提升学生积极、乐观的学习态度。

二、教学重点、难点

重点：实验原理、显微镜的使用。

难点：甲基绿使 DNA 呈绿色，吡罗红使 RNA 呈红色。

三、实验原理与解析

（1）真核细胞的 DNA 主要分布在细胞核内，RNA 主要分布在细胞质中。

（2）甲基绿和吡罗红两种染色剂对 DNA 和 RNA 的亲和力不同，甲基绿对 DNA 亲和力强，使 DNA 显现出绿色，而吡罗红对 RNA 的亲和力强，使 RNA 呈现出红色。用甲基绿、吡罗红的混合染色剂将细胞染色，可同时显示 DNA 和 RNA 在细胞中的分布。

（3）盐酸的作用。①盐酸能改变细胞膜的通透性，加速染色剂的跨膜运输；②盐酸使染色体中的 DNA 与蛋白质分离，便于 DNA 与染色剂的结合。

四、实验器材

1. 材料：人的口腔上皮细胞、洋葱表皮细胞、根尖细胞、蛙或蟾蜍的血细胞、果肉细胞。

2. 用具：400mL 烧杯、250mL 烧杯、温度计、滴管、消毒牙签、载玻片、盖玻片、铁架台、石棉网、火柴、酒精灯、吸水纸、显微镜。

3. 试剂及配制方法

（1）试剂。质量分数为 0.9% 的 NaCl 溶液，质量分数为 8% 的盐酸，乙酸钠，乙酸，蒸馏水，吡罗红甲基绿混装粉。如果化学试剂商店没有吡罗红甲基绿混装粉，可以分别购买甲基绿和吡罗红 G，然后按 A 液的第二种方法配制（见下文）。

（2）染色剂的配制。

①染色剂 A 液的两种配制方法。

第一种方法：取吡罗红甲基绿粉 1g，加入到 100mL 蒸馏水中溶解，然后用滤纸过滤，将滤液放入棕色瓶中备用。

第二种方法：取甲基绿 2g 溶于 98mL 蒸馏水中，取吡罗红 G5g 溶于 95mL 蒸馏水中。取 6mL 甲基绿溶液和 2mL 吡罗红溶液加入到 16mL 蒸馏水中，即为 A 液，放入棕色瓶中备用。

②染色剂 B 液的配制方法。B 液是一种缓冲液，由乙酸钠和乙酸混合而成。先取乙酸钠 16.4g，用蒸馏水溶解至 1 000mL 备用；再取乙酸 12mL，用蒸馏水稀释至 1 000mL 备用。取配好的乙酸钠溶液 30mL 和稀释的乙酸 20mL，加蒸馏水 50mL，配成 pH 为 4.8 的 B 液（缓冲液）。

③染色剂的配制染色剂是由 A 液、B 液混合配制而成的。取 A 液 20mL 和 B 液 80mL 混合，就是实验中所用的吡罗红甲基绿染色剂。应该注意的是该试剂应现用现配。

五、主要步骤（以观察口腔上皮细胞为例）

1. 取材

（1）滴：在洁净的载玻片上滴一滴质量分数为 0.9% 的 NaCl 溶液。

（2）刮：用消毒牙签在口腔内侧壁上轻轻地刮几下。

（3）涂：将牙签上的碎屑涂抹在载玻片的生理盐水中。

（4）烘：将涂有口腔上皮细胞的载玻片在酒精灯的火焰上烘干。

2. 水解

（1）解：将烘干的载玻片放入装有 30mL 质量分数为 8% 的盐酸的小烧杯中，进行材料的水解。

（2）保：将小烧杯放入装有 30℃ 温水的大烧杯中保温 5 分钟。

3. 冲洗涂片

（1）冲：用蒸馏水缓缓地冲洗载玻片 10 秒钟。

（2）吸：用吸水纸吸去载玻片上的水分。

4. 染色

（1）染：用 2 滴吡罗红甲基绿混合染色剂滴在载玻片上，染色 5 分钟。

（2）吸：吸去多余染色剂。

（3）盖：盖上盖玻片。

5. 观察

（1）低：在低倍物镜下，寻找染色均匀、色泽浅的区域，移至视野中央，将物像调节清晰。

（2）高：转到高倍物镜，调节细准焦螺旋，观察细胞核和细胞质的染色情况。

六、注意事项

1. 材料的选择

（1）选用的实验材料既要容易获得，又要便于观察。

（2）常用的观察材料有人的口腔上皮细胞、洋葱鳞片叶表皮细胞（为避免原有颜色的干扰，不可使用紫色表皮细胞）。

2. 取材要点

（1）取口腔上皮细胞之前，应先漱口，以避免装片中出现太多的杂质。

（2）取洋葱表皮细胞时，尽量避免材料上带有叶肉组织细胞。

3. 冲洗载玻片时水的流速要尽量慢，切忌直接用水龙头冲洗

4. 安全要点

（1）用酒精灯烘烤载玻片时，不要只集中于材料处，而应将载玻片在火焰上来回移动，使载玻片均匀受热，以免破裂。

（2）烘烤后的载玻片不要马上放入盛有稀盐酸的烧杯中，最好先自然冷却 1 分钟。

5. 换用高倍镜观察材料时，只能用细准焦螺旋进行调焦，切不可动粗准焦螺旋

七、实验相关知识

（1）加入 8% 盐酸的目的是：改变细胞膜通透性，加速染色剂进入细胞；使染色剂中的 DNA 与蛋白质分离；杀死细胞，有利于 DNA 与染色剂结合。

（2）为什么要进行水解：甲基绿和吡罗红不是活细胞所需要的物质，正常情况下，无法穿过细胞膜进入细胞内，因此实验中使用盐酸破坏细胞膜，增加细胞膜的通透性，以方便染色剂进入细胞，同时，盐酸还能使细胞中染色体中的 DNA 和蛋白质分离，有利于

DNA 与甲基绿染色剂结合。

（3）将盛有盐酸和载玻片的小烧杯放在盛有30℃温水的大烧杯中保温五分钟。水浴加热的目的是使小烧杯受热均匀。解离的目的是改变膜的通透性，便于染色剂进入，且使染色体中的蛋白质和DNA分开，便于染色。

例3 比较过氧化氢在不同条件下的分解

一、学习目标

学习探索酶的催化效率的方法；探索过氧化氢酶和 Fe^{3+} 催化效率的高低；知道酶在什么部位获得；能用科学术语表达生物现象，养成实事求是的科学态度。这个实验需要学生尝试着收集证据，并根据证据作出合理判断；同时试着用数学的方法处理和解释数据。

二、观察与思考

生活中因外伤造成伤口时，可以用双氧水进行消毒，你知道什么是双氧水吗？它就是过氧化氢的水溶液，看起来像水一样无色透明，当你把它涂在伤口上时会出现白色的泡沫，这些白色的泡沫就是过氧化氢分解产生的氧气。Fe^{3+} 是催化过氧化氢分解的无机催化剂，动物肝脏中的过氧化氢酶也能催化过氧化氢分解，谁的催化效率更高呢？

1. 提出问题

2. 猜想与假设

3. 交流、讨论（对猜想与假设进行交流讨论）

三、设计与交流

（根据实验原理，选择实验器材，如仪器和药品，列出具体实验步骤，设计自己或小组的实验方案。）

我的设计（1）实验方案

（2）实验器材（仪器与药品）

（3）实验步骤

或

小组设计（1）实验方案

（2）实验器材（仪器与药品）

（3）实验步骤

四、实验解析

1. 实验原理

新鲜的肝脏中有较多的过氧化氢酶，过氧化氢酶是一种生物催化剂，Fe^{3+} 是一种无机催化剂，它们都可以将 $H_2O_2 \xrightarrow[\text{过氧化氢酶}]{Fe^{3+}} H_2O_2 + O_2$。

温馨提示：每滴质量分数为 3.5% 的 $FeCl_3$ 溶液中的 Fe^{3+} 数，大约是每滴质量分数为 20% 的肝脏研磨液中过氧化氢酶分子数的 25 万倍。

2. 主要实验材料

①新鲜的质量分数为 20% 的肝脏（如猪肝、鸡肝）研磨液；②质量分数为 3.5% 的 $FeCl_3$ 溶液；③新配制的体积分数为 3% 的过氧化氢溶液；④量筒、试管、滴管、试管架、

卫生香、火柴、酒精灯、试管夹、大烧杯、三脚架、石棉网、温度计。

3. 方法与步骤（按下表添加试剂）

步 骤	试管编号			
	1	2	3	4
H_2O_2 溶液	2mL	2mL	2mL	2mL
温度	常温	90℃	常温	常温
$FeCl_3$ 溶液	—	—	2 滴	—
肝脏研磨液	—	—	—	2 滴
气泡释放量				
卫生香燃烧				

4. 注意事项

（1）H_2O_2 溶液有一定的腐蚀作用。用量筒量取 H_2O_2 溶液时请小心，切勿将 H_2O_2 溅在皮肤上或者衣服上，一旦发生要马上用大量清水冲洗。

（2）实验过程中，试管口不要对着自己或者同学，以免反应太剧烈，气泡冲出试管冒到脸上产生危险。

（3）由于过氧化氢酶是蛋白质，所以使用的动物肝脏必须新鲜，此为实验成功之关键。

（4）不要滴加 $FeCl_3$ 溶液和肝脏研磨液，以免互相干扰。

（5）向试管中插入带火星的卫生香时动作要快，尽量往下，直到接近液面，但不要插到气泡中，以免使卫生香因潮湿而熄灭。

5. 实验变量分析

在本实验中，H_2O_2 溶液的浓度、使用剂量、肝脏研磨液的新鲜程度等为无关变量。

五、实验结论及分析

1. 实验结果与预测结果的比较

试管编号	反应条件	预期实验现象	实际观察到的现象	误差分析
1				
2				
3				
4				

2. 实验中遇到的问题

（1）为什么要选用新鲜的肝脏？马铃薯或胡萝卜的块茎可以吗？

（2）3 号和 4 号试管未经加热，也有大量气泡产生，这说明什么？

（3）在细胞内，可以通过加热来提高反应速率吗？

第四节　生物学实验教学的实施

一、初中生物学实验教学方法与技巧

生物学实验教学无论是在激发学生的求知欲望、训练实验技能，还是在培养学生的能力、科学态度、科学方法、创新意识方面，都有着不容忽视的作用。那么，教师应如何开展实验教学呢？可以从以下几点着手：

（一）做好充分的准备

准备工作包括知识的准备、技能的准备、仪器和药品的准备等方面。教师应对每个实验的目的、原理、所需仪器、药品、实验过程、所需达到的实验效果、注意事项等做到心中有数。上课前应先把实验亲手操作一遍，需临时准备的生物材料，必须临时制备，并准备充分。

（二）认真研究要做的实验

1. 研究难做的实验

有些实验操作难度大，不易成功，教师应不断摸索，积累经验，力争实验成功。

2. 研究检测时易被检测的实验

（1）探究实验。如：①光对鼠妇的影响；②种子萌发的环境条件；③馒头在口腔中的变化；④探究鱼鳍在游泳中的作用；⑤探究鸟适于飞行的特点。

（2）学生实验。如：①练习使用显微镜；②观察植物细胞；③绿叶在光下制造有机物；④养和观察蚯蚓。

（3）演示实验。如：①模拟膈肌的作用；②观察鱼的呼吸；③观察家兔；④观察运动系统的组成。

（三）重视演示实验

演示实验形象、直观，能激发学生的学习兴趣，同时注意演示实验的示范性、可见性、安全性。实验中应做到操作规范，速度适中，便于观察。对于一些可见性较差的实验，应作一定改进，或进行巡回演示，对有危险性实验，要特别注意安全。

（四）强化分组实验

分组实验更富有趣味性，能让更多学生参与到实验操作中。要上好实验课，教师首先要明确可行的教学目标，师生围绕目标来完成教与学的任务。其次要做好课前准备工作，同时根据学生的实际情况拟出上课时需要向学生交代的注意事项，如果有危险操作，教师要特别强调。

（五）探索实验创新

（1）增设实验，促进学生对知识的理解。如果能在某些教学中增设一些趣味实验，既能激发学生学习兴趣，活跃课堂，又能帮助学生理解和掌握知识。

（2）改进实验形式，促进学生能力提高。教材中大量实验为教师演示实验，学生动手机会少，不利于技能的提高和对实验的理解，因此可以把某些实验让学生演示。学生演示时教师要诱导，实验结束后，教师要即时点评。也可以把某些实验改为随堂分组实验，教

第八章　新课程生物学实验教学技能

师可以边讲解理论，边让学生进行分组实验，这既可以增加学生训练技能的机会，又能增加学生对知识的理解。

（3）注重探究实验，促进创新意识提高。教材中的实验多为呈现性实验或验证性实验，如果处理不好，学生最多学会"是什么"，而根本不懂"为什么"，更谈不上"创什么"，所以教师应放手让学生自己完成一些探究实验，不管结论是对与错，只要学生去做，教师就应当予以鼓励。

（六）做好探究过程的调控和管理

（1）把握好探究的广度和深度，做好教学目标的控制。一节课的时间是很短暂的，课堂教学的终极目标是要完成教学目标，所以探究活动的教学过程要始终围绕着探究活动的目标来进行，要注意把握好探究的广度和深度。

例 "观察植物细胞"一课中，在学生做好了洋葱表皮临时装片并在显微镜下观察到洋葱表皮时，容易出现两种情况：一是很多学生只停留在"我看到细胞了"的兴奋状态下，不作深入的观察；二是学生在刚观察到细胞后，又匆忙换了另一种观察材料如黄瓜、西红柿等。在这些情况下，教师就要让学生冷静下来，引导学生带着问题深入观察——"观察到的细胞是什么形状的？细胞有什么结构？细胞各结构的颜色深浅相同吗"？以达成"认识植物细胞的基本结构"的教学目标。

（2）灵活合理地组建合作小组，促进有效合作。合作小组的组建是合作探究活动顺利开展的前提。组建合作小组之前，教师要对探究活动的内容进行认真研究分析，保证组内各成员之间的差异性和互补性，小组之间合理竞争的公平性，但是教师还应根据不同的探究内容采取灵活的小组组建方式。

例1 "探究种子萌发的环境条件"、"探究酒精对水蚤心率的影响"等探究活动注重学生思维的冲突和融合、个人观点的表达和小组意见的整合，可以选择组内异质，组间同质的方式组建小组，小组成员的搭配应依据学生知识结构基础、表达交流能力等因素将不同层次、不同特质的学生编成合作小组，实现"组内合作、组外竞争、促进发展"的理念，达到合作学习的预期目标。

例2 "练习使用显微镜"、"绿叶在光下制造淀粉"、"观察动植物细胞"等动手操作要求较高的探究活动，因为要考虑到小组成员在有限的学习时间内，完成相关知识的学习和动手操作的训练等方面的需要，所以合作小组的规模不宜过大，可以采取就近组合的方式组建小组，小组成员可以是同桌组合或按教室座位编排前后左右的就近组合。

例3 "探究植物对空气湿度的影响"、"测定种子的发芽率"等探究实验中有部分活动过程需要在课外完成，可以选择自由组合的方式组建小组，既可以满足学习内容的需要，还可以尽量满足学生的个性需要，又由于是学生按自己的意愿自由组合，各组学生相互之间存在信赖感，有利于形成和谐的合作氛围。

（3）培养学生"四会"的合作技能，提高合作探究的能力和水平。"四会"是指培养学生会倾听、会质疑、会表达、会总结的合作技能。会倾听，包括在认真倾听他人意见的过程中学会尊重他人，同时认真做好记录，提炼别人的观点；会质疑，在听的过程中，能对别人的观点及时进行分析，并根据自己的理解判断这些观点的正确与否，有必要时提出相应的质疑；会表达，是指表达自己的想法和思维的时候，能做到条理清晰，语言简练，重点突出；会总结，指的是能归纳总结小组合作探究的总体情况，能反思合作过程的不足之处，以强化合作的成果及正视与他组、他人之间的差距。

（4）充分发挥学生骨干的作用，协助教师控制好探究活动的课堂纪律。教师可以运用学生骨干，发挥学生管理学生的作用，引导学生用纪律来约束自己的行为。在保护好学生探究热情的基础上，对某些学生可能干扰到探究活动正常进行的不良行为要给予及时的纠正，使探究活动教学的每一个环节都在教师的掌控之中。

例 "绿叶在光下制造有机物"的探究实验中，酒精灯、石棉网、酒精、碘液等都是学生觉得新奇而又喜欢玩弄的物品，既容易对学生造成伤害，又会影响探究实验的顺利进行。在班额较大的情况下，教师很难关注到每个小组的情况，这时候，各小组的学生骨干如能及时控制，对探究实验顺利进行会起到积极的促进作用。

（5）采取灵活的组织形式，促使学生进行探究成果的展示交流活动。学生进行探究成果的展示交流，既是对探究成果的分享，也是对探究情况的总结与反思，使学生对一般事物从感性认识上升为理性认识。教师根据具体的探究内容，组织多途径、多层次、多样化的交流形式，创造机会让学生充分地进行交流、讨论、争辩，让学生有所收获，取得共同进步。

例 关于"探究种子萌发的环境条件"的活动成果交流，可以组织学生在课堂内采用表格、报告等形式表达探究的成果，还可以在课外利用墙报宣传的形式来展示各小组的探究活动报告。

（七）做好实验探究的课外拓展工作

（1）积极创设情境，为延续学生拓展探究做好铺垫。首先，教师可以在课堂教学中有意识地设置一些"悬而不决"的，又能引起学生兴趣的课外探究问题，促进课堂探究活动的延伸；其次，还可以利用生物课程与生活密切联系的特点，从实际问题来制造探究氛围，诱发学生的探究动机和热情，从而产生拓展探究的课题。

例 "先天性行为和学习行为"一课，学生在做完相关的探究实验之后，教师设置一些学生感兴趣的问题，如："给你一只小白鼠，你会训练它走迷宫吗？"结果此问题极大地激发了学生的探究兴趣，由学生自发地引出一系列与小白鼠有关的探究问题，如"小白鼠走迷宫条件反射的训练"、"小白鼠的食性研究"、"手机辐射对小白鼠的影响"、"演示笔激光对小白鼠视觉的影响"等。

（2）积极开发和利用校内资源，促进探究活动的课外延伸和拓展。教师应该充分利用实验室、生物园等现有的校内硬件资源，让学生能够有机会自主而有序地进行各项实验活动；另外，还可以通过举办各种类型的活动，开发探究活动的校内软件资源，如生物科技小论文评选与展览、生物科技制作比赛评选与展览、生物摄影比赛、生物科学幻想征文比赛、生物小报设计、科普剧表演、广播站开设科技频道、开展与生物有关的主题活动等，让学生在这些平台上充分展示课内外探究的成果，增强学生探究的自信心和成就感，使学生的个性得到充分的发挥、才华得到施展。

（3）通过"走出去，请进来"的方式，利用社会资源提高学生的实践能力。教师可以组织学生到学校所在地区的森林、养殖场、花圃、农田、河流、工厂、菜市场等，让学生对当地的生物类群分布、城乡绿化、环境对生物的影响、食品安全等方面进行调查和研究；可以通过学校协助，邀请卫生、环保、园艺、医院等单位或部门的有关技术人员到学

第八章　新课程生物学实验教学技能

213

校开设有关生物科学方面的讲座，对学生进行一些技能培训；还可以引导学生充分利用互联网丰富的资源，拓宽获取生物学知识的途径，培养学生自主探究、自主学习的能力。

（八）加强指导学生

为了避免学生只看热闹而丢了门道，教师要指导学生。实验中教师要做好巡回指导，及时发现和纠正学生的错误，做到重点深入、个别指导与普遍照顾相结合；要指出问题所在，表扬与鼓励表现突出的学生，让他们在每次实验中体会到成功和自豪；同时教师还应及时启发讲解，诱导学生思考，从而真正理解实验内容和掌握所学知识。

二、高中生物学实验教学应加强能力培养

高中生物学实验教学应加强学生的能力培养，具体可从如下几方面进行：

（一）培养学生的观察能力

高中学生对生物学实验比较喜欢，主要是觉得生物学实验的现象具有新奇性和复杂性，但是喜欢并不等于会观察。只有当他们真正掌握了正确的观察方法，具备了良好的观察能力，学生的观察兴趣才能培养起来，学习上才有主动性。

高中生物学实验现象对学生来说相当有趣，如有机物的鉴定、植物的向性、动物的趋性、细胞质的流动性、还原性糖的鉴定、酶的特性、质壁分离与复原等。兴趣是学习的动力，但有的学生只是满足于感知这些生物现象，而未产生探究这种生命现象原因的愿望，这种兴趣不会持久。此时应该适时地引导学生去揭示本质和规律，甚至让学生自己动手做一些创造性的实验，把观察兴趣引导到更高层次，这样的兴趣才是稳定的。能力的培养除了加强课内学生实验外，在高中生物学教学中还可很好地借助于课外小实验。如讲"有机物的鉴定"，观察它们的颜色变化做好记录。再如学习细胞质流动的实验，引导学生观察细胞质流动的方向和流动的速度。在做向光性实验时，由学生自己设计实验，证明"光线能够使生长素在背光一侧比向光一侧分布多"。为什么生长素在背光一侧比向光一侧分布多？是因为向光侧的生长素在光的影响下被分解了，还是向光侧的生长素向背光侧转移了？为此，由学生自己设计实验加以验证。质壁分离实验中，注意观察细胞各部分的变化，如细胞壁、细胞膜的变化，观察细胞液颜色的变化，液泡大小变化，细胞液浓度的变化。色素的提取和分离实验中，着重观察各色素带的种类、颜色、粗细、扩散的速度及各色素带间的距离等。在这些和生活密切相关的小实验中，学生知道了知识来源于生活，并可被用来解决生活和工作中的问题，明白了一些现象的化学本质，同时提高了学生的观察能力。

（二）培养学生掌握观察方法

生物实验中需要学生观察的内容很多，如色素的颜色、物象的位置、溶解性的大小、挥发性、物象的变化、生物实验中发生的颜色变化、沉淀、气体的生成等现象都是需要观察的对象。只有掌握正确的观察方法才会获得正确的观察结果，才能了解事物变化的规律及其本质。好的方法应是：①明确观察目的；②确定观察对象；③设计观察程序和手段；④记录观察现象；⑤分析观察结果。在实验结束后，请学生回答观察到的现象时同学们往往是争先恐后，但由于观察不仔细或语言表达能力的限制，回答中有不少错误，此时，应通过学生的互相补充纠正，再结合教材上对实验现象的描述，得出正确的结果。只有通过

科学观察的体验，才能逐渐掌握用科学的方法观察实验现象，才能培养学生掌握科学的观察方法。

（三）培养学生的思维能力

实验现象观察能力的培养可以开发学生的思维能力，如边讲边实验，开发模仿性思维；先讲设计方案，再依方案实验，开发程序性思维；结合实验问题或实习题，提出解决方法，再验证之，培养创造性思维。

例 将高二生物教材中"质壁分离和复原"一节中学生实验改为边讲边实验。①由学生自己挑选好实验材料，启示学生思考为什么选用这种材料，选这种材料有什么样的好处？质壁分离与复原实验的条件是什么？②在载玻片上滴水，制作临时性装片，由学生思考临时装片的制作方法，应该注意些什么样的问题？如何科学地加盖玻片？如何正确使用显微镜？怎样调节光源？③如何用30%的蔗糖替换装片中的水及怎样替代？会观察到什么样的实验现象？引起质壁分离的内因与外因是什么？质壁分离先发生在什么地方？此时，液泡大小、液泡的颜色、细胞液的浓度会发生什么变化？为何要用30%的蔗糖溶液，能否用50%的蔗糖溶液或用一定浓度尿素溶液代替，结果会如何？④如何用水替代临时装片中的蔗糖溶液，操作的方法是怎样的？加水后为何会发生复原？此时液泡大小、液泡的颜色、细胞液的浓度又会发生什么样的变化？用50%的蔗糖溶液为何不能复原？用一定浓度尿素溶液为什么会自动复原？在三次观察之间，能否将装片从载物台上取下来操作？这对实验的严密性有无影响？用动物细胞代替会不会发生质壁分离？通过边讲边实验，学生思维活跃，对于问题敢于研究、推理、联想和讨论，使学生养成动手实验、善于动脑、勤于思考的好习惯。

（四）培养学生科学严谨的学习态度

培养学生的实验观察能力，要与培养学生实事求是、尊重实验事实的科学态度，以及训练学生严格操作、细心观察的科学方法紧密结合起来。学生只有严肃认真、一丝不苟地对待每一个生物实验，才能养成良好的实验习惯，形成生物学实验能力。

生命运动是最复杂的运动，生物实验千变万化、现象各异、操作要求高。有些实验现象相近或仅是一个瞬间过程而难以观察；有些实验因浓度、温度、光照强度、pH 值、实验步骤的先后顺序改变等外界条件的变化而带来现象、结论的改变；有些实验因为操作程序不同而有不同现象。许多学生做实验时，没有严格、科学地按书上的实验步骤去做，实验难做成功，与书上的实验结果相比较有一定的差异，还有些实验需反复操作才能成功等，这一切都要求学生必须有一个科学、严谨的学习态度。实验中要严格操作，仔细观察、记录，认真分析、归纳才能得出结论。如色素的提取与分离的实验，操作过程中因加丙酮过多而造成色素带不明显的现象。因此，当学生发现实验与书本上描述的现象有不同的情况时，要及时记录、认真分析原因。如果对出现的现象不能实事求是地对待，而自作聪明、弄虚作假，由此造成的恶性后果是无法估量的，更不可能培养学生严谨的科学态度。

（五）培养学生的创新能力

1. 注重实验过程，培养学生的创新能力

生物教材上的实验无论从实验材料的选择，实验器材的使用，实验药品的配置使用，实验的方法和步骤等都是较为合理的。但教师要告诉学生，这不是唯一的，也不一定是最好的，从而为实验的创新提供条件。因此，教师要鼓励学生不断创新，不要把生物实验课上成实验验证课，只注重结果不注重过程。

（1）实验材料多样化，力求创新。同一个实验，各实验小组可以准备不同的实验材料。比如叶绿素的提取和分离实验中，教材上所选的实验材料是菠菜，我们可以准备菠菜、甜菜叶、萝卜叶等，甚至鼓励学生自己准备一些实验材料选用。再如，在做"植物细胞质壁分离和复原"的实验时，除了教材上提供的用紫色洋葱的鳞片叶外，可以尝试用花瓣、白菜叶等。可见，在选取不同实验材料的过程中，学生通过寻找多种实验材料，得出多种实验结果和结论。在启发动员学生选取多种实验材料的过程中，培养了学生的发散性思维；学生在用多种材料反复的实验中，熟练了实验操作的基本技能；在面对不同实验材料出现的实验结果时，学生学会了从不同的角度去分析与归纳；更重要的是让学生体验到了科学离他们并不遥远，自己也会做科学研究；对课本实验材料的再次探索，可激活学生的求异思维观，培养创新精神。

（2）实验方法及实验步骤的创新。传统的做法是学生依照教材上的实验方法和步骤，一步步地操作，最终得出结论，缺乏创造性。如果对实验方法和步骤的讲解改为让学生们自主设计实验方法和操作步骤，效果会有很大的差别。通过学生拓展实验设计是培养学生创新能力的较高层次。例如，植物向性运动的实验设计，要求学生们不要局限于课本上的实验材料和用品，自己选择合适的实验材料和用品。学生们会按教师提出的要求利用课余时间，大量查阅资料，利用身边一切可利用的材料设计出多种多样的实验方法。

2. 通过实验过程和结果的分析培养学生的创新能力

在实验中经常出现只注重实验结果的记录，而忽视了实验过程中间某些现象的记录，重视结果而不重视分析结果，重视对成功实验的肯定而不重视查找实验失败的原因等现象。这不利于学生实验能力和创新能力的培养与提高。

（1）通过分析实验程序和现象培养学生的创新能力。一个较为复杂的实验过程是设计人员长期辛勤劳动的结晶，它往往是经过几十次甚至上百次的反复摸索。要指导学生去分析实验过程中每一步骤的作用，出现的每个现象，每一个处理的意义、处理的效果以及各步骤之间的联系，从中学习解决问题、研究事物的方法，创造性地提出改进方案。

（2）通过实验结果的分析培养学生的创新能力。在实验中，因各种各样的原因，学生的实验结果有明显的、不明显的或失败的，教师应指导学生分析结果出现的原因。例如，在叶绿素的提取和分离实验中，有的色素颜色过浅，有的色素带分离不明显，有的色素带弯曲等，教师通过指导学生查找原因，提出改进的措施。

3. 通过生物课外实验活动培养学生的创新能力

开展生物课外实验活动是素质教育的重要组成部分，它可以开阔学生的视野，增加学生的知识，加强生物学科与社会、生活的联系，提高学生综合运用所学知识，分析和解决实际问题的能力，科学研究能力和敢于创新的能力。教师要挖掘课程的实践资源，寻找素养形成与实际可行性的结合点；建立生物课外兴趣小组，并有计划、有组织地开展活动，从而激发学生学习生物学知识的兴趣，促进学生积极、主动地去学习科学知识，培养学生观察能力、分析解决问题的能力、科学研究能力和敢于创新的能力。

总之，随着教学改革的不断深入，改变生物学实验教学的观念，改变过去以验证为主的实验教学方法，倡导学生注重过程并积极地参与，倡导学生创新，倡导学生质疑，是培养学生创新能力的尝试和实践。这让学生既学到了生物科学知识、学会了基本技能，又培养了探究新知识的科学求索精神。

（六）培养学生的质疑能力

敢于提问质疑是创新意识的标志、创新意识的起点，是创新意识的萌芽。创新意识是人类的最形态，是人类智能的最集中表现，而培养学生的创新意识首先在于培养学生的质疑精神。质疑，就是学习者在强烈的好奇心驱使下，敢于独立思考，设疑问题，敢于大胆发言，热烈讨论，敢于追根问底，探索求知。生物科技的每一次进展和重大突破都是大胆质疑的结果，如我国在世界首次人工合成牛胰岛素获得成功、针刺麻醉的采用、优质高产"杂交水稻"培养的成功、克隆技术的应用等，充分说明了创新意识的重大价值。因此，教师既要积极引导学生学习科学家的伟大创新精神，又要努力引导学生养成多思善问、质疑问题的良好习惯，充分发展学生的思维想象能力，培养学生的创新意识能力，如讲到植物的光合作用能合成有机物，它是目前人类一切食物的来源时，请学生设想一下，能不能创办一个模拟光合作用制造粮食和其他有机物的"化工厂"？学生的想象阀门被打开后，就会产生或提出尽可能多、尽可能新、尽可能独创的想法、解法、见解或可能性。要引导学生大胆质疑，敢于质疑，善于质疑，鼓励和引导学生质疑，对于敢于提问的学生，不管问题大小，价值如何，都要给予鼓励。

思考与练习

1. 开展中学生物学实验教学现状的调查活动，提出提高生物学实验教学质量的对策，写出一份调研报告。
2. 举例说明演示实验的基本要求和原则。
3. 你认为教师应怎样组织实验课教学？
4. 简述生物学课外科技活动的方案设计。
5. 举例说明生物学实验教学的实施策略。
6. 能够在试教和教育教学实习中组织生物学实验教学。

参考文献

1. 丁娟. 中学生物学实验教学的关键细节初探. 生物学教学，2010（1）.
2. 甄宗秋. 浅谈中学生物学实验教学的改革与创新. 生物学教学，2006（9）.
3. 莫剑云. 中学生物实验教学的有效策略. 实验教学与仪器，2010（2）.
4. 陈皓兮. 中学生物学教学法. 北京：北京师范大学出版社，1987.

第九章

新课程生物学教学评价

学习目标

1. 举例说明教学评价的作用和种类。

2. 阐明教学评价应遵循的基本原则。

3. 能以课标中三维教学目标的要求为指导，按不同测验试题的命题原则，进行命题实践。

4. 能说出运用相应的统计软件或手工的方法进行试题分析和测验分析的一般方法。

5. 通过实践操作，了解实作评价的类型、步骤和方法。

教学重点

1. 教学评价应遵循的基本原则。

2. 常见的主观型试题和客观型试题的命题原则与方法，体现新课标评价理论的试题编制。

3. 实作评价的意义和具体操作，特别是检核表的制作。

教育评价是指一系列的、科学的和专业的过程，在这个过程中，包括鉴别、获取和提供可供教育或教学决策之用的资料、意见和价值判断。教师掌握和能结合实际应用生物学教学评价技能是合格生物学教师的基本技能之一。

第一节　生物学教学评价概述

一、教学评价的作用

（一）诊断功能

评价是对教学结果及其成因的分析过程，借此可以了解教学各方面的情况，从而判断它的成效和缺陷、矛盾和问题。全面的评价工作不仅能估计学生的成绩在多大程度上实现了教学目标，而且能解释成绩不良的原因，如学校、家庭、社会和个人中哪方面的因素是主要的。就学生个人来说，主要是由于智力因素，还是学习动机等非智力因素的影响，抑或是两者兼而有之。教学评价如同体格检查，是对教学现状进行一次严谨的科学诊断，以便为教学的决策或改进指明方向。

（二）激励功能

评价对教学过程有监督和控制的作用，对教师和学生则是一种促进和强化。通过评价，反映出教师的教学效果和学生的学习成绩。经验和研究都表明，在一定限度内，经常进行记录成绩的测验对学生的学习动机具有很大的激发作用。这是因为，较高的评价能给教师、学生以心理上的满足和精神上的鼓舞，可激发他们向更高目标努力的积极性；即使评价较低，也能催人深思，激起师生奋进的情绪，起到推动和督促作用。

（三）调控功能

评价的结果必然是一种反馈信息，这种信息可以使教师及时知道自己的教学情况，也可以使学生得到学习成功和失败的体验，从而为师生调整教与学的行为提供客观依据。教师据此修订教学计划、改进教学方法、完善教学指导；学生据此变更学习策略、改进学习方法、增强学习的自觉性。教学评价有利于使教学过程成为一个随时得到反馈调节的可控系统，使教学效果越来越接近预期的目标。

（四）教学功能

评价本身也是一种教学活动。在这种活动中，学生的知识、技能将获得长进，甚至产生飞跃。如测验就是一种重要的学习经验，它要求学生事先对教材进行复习，巩固和整合已学到的知识技能，事后对试题进行分析，又可以确认、澄清和纠正观念。另外，教师可以在估计学生水平的前提下，将有关学习内容用测试题形式呈现，使题目包含某些有意义的启示，让学生自己探索、领悟，获得学习经验或达到更高的教学目标。

（五）评价学业成就，报告学业成绩

教学评定的结果可以作为学生学业成就的代表，给予评定等级，向家长和学生提供学业成绩报告单。学生学业成就包括认知、技能、思想感情等多方面的内容。

二、教学评价的种类

（一）从使用的工具和形式来分

1. 纸笔测验

纸笔测验是指书面形式的测验工具，主要侧重于评定学生在科学知识方面学习成就高低或在认知能力方面发展强弱的一种评价方式。这类评价方式包括传统的考试、教师自编成就测验、标准化成就测验或其他作为教学评价辅助工具用的各种心理测验等。目前，这种评价方式在教学评价中占主流地位。

2. 实作评价

实作评价是指使用多种工具或形式，评定学生在实际情景下应用知识的能力，以及在情感态度和动作技能领域学习成就的一种评价方式。这类评价工具或形式包括观察或轶事记录、表演、作品、评定量表、检核表、档案袋、社交测量或投射测量等。由于这类评价方式需要实际观察和记录学生在真实或仿真的实测情境中的实际表现，或根据学生实际表现行为的过程或最后的成果作品来进行测定，因此被称作实作评价。学生的学习成就是多领域多方面的，有许多学习成就是无法用传统的纸笔测验来正确评价的。实作评价可弥补传统纸笔测验的不足，其重要性日益受到重视。

（二）从教学评价的直接目的来分

1. 诊断性评价

又称前置评价，是为了确定学习者已有的学习准备程度或者教学设计基础而进行的评价活动。一般在教学或设计活动开始之前进行，如课堂提问、平时测验和入学时的摸底测验、分班测验就属于诊断性评价，它实质上是一种查明存在的问题进而分析问题的活动。

2. 形成性评价

这种评价是在某项教学活动的过程中，为使活动效果更好而不断进行的评价，它能及时了解阶段教学的结果和学生学习的进展情况、存在的问题等，以便及时反馈、调整和改进教学工作。形成性评价进行得比较频繁，如章节或单元后的小测验、年段考试和期中考试等。形成性评价又是绝对评价，即着重于判断前期工作的达标情况。教学设计活动中进行的评价主要是形成性评价，如对新的教学方案进行评价通常是在该方案的试行过程中进行的，目的是为修改该方案收集有力的数据和资料。对于提高教学质量来说，重视形成性评价比重视终结性评价更有实际意义。

3. 终结性评价

终结性评价的首要目标是给学生评定成绩，或为学生作证明，或者是评定教学方法的有效性。要避免一张卷子定成绩的片面评价出现，如期末考试等。

（三）从教学评价的标准来分

1. 校标参照评价

校标参照评价又称绝对评价，是基于某种特定的标准，来评价学生对与教学等密切关联的具体知识和技能的掌握程度。学校内的教学多属于校标参照评价。

2. 常模参照评价

常模参照评价又称相对评价，是指以学生团体（班级、学校、地区）测验的平均成绩作为参照标准，说明某一学生在团体中的相对位置，将学生分类排队。重在个人与个人之间的比较，主要用于选拔或编组、编班。常模实际上即是该团体在测验中的平均成绩，学生成绩便是以常模为参照标准来确定的。这一测验衡量的是学生的相对水平，故其评分属相对评价范畴。

三、教学评价的基本原则

（一）依据教学目标

教学评价的实施，可以针对不同的学科特性和评价目的，采用不同的技术和方法，但无论是使用什么技术和方法，都必须根据教学目标来进行。

（二）兼顾多重目标

教学目标分为认知、情感态度和技能三个领域。因此，教学评价应当兼顾这三个领域的目标，不能只看重认知目标而忽略情感态度和技能目标的评价。

（三）采用多元方法

在教学前、中、后的不同过程中，使用不同的评价方法，才能达到不同的评价目的。

（四）进行多次评价

教学评价的目的是确保教学目标的达成，以及改善教学和学习效果。因此，获得一个正确的评价结果或提供正确的评价反馈信息，对达到最终目的而言具有决定性的影响。

（五）重视反应过程

如果评价时重视学生获得答案的反应过程，不但可以了解学生的思维品质，也可以诊断其学习困难所在，并有利于针对被诊断出的困难和错误之处采取措施。

（六）善用评价结果

教学评价的最终目的应该是促进达到教学目标，改善教学和学习效果。

四、新课程教学评价的理念

（1）重视发展，淡化甄别与选拔，实现评价功能的转化。
（2）重综合评价，关注个体差异，实现评价指标的多元化。
（3）强调质性评价，定性与定量相结合，实现评价方法的多样化。
（4）强调参与和互动、自评与他评相结合，实现评价主体的多元化。

第二节 命 题

在新课程纸笔测试改革中，命题是其中一个至关重要的环节。如何使试题有所突破，使其能充分体现新课标的精神；通过试题既能促进学生对知识的掌握，又能有助于学生思维能力和创新精神的养成与提高，是生物学教师必须积极探索的课题。

一、测验编制计划的制订

（一）明确测验目的和目标

明确具体的教学目标对于教师编制测验题具有目标导向的作用。一般而言，教学目标可以分成三大领域：认知领域、情感态度领域和动作技能领域。但是，纸笔测验仅适用于认知目标的评价，对于情感态度领域和动作技能的评价，则多采用实作评价。认知目标的评价可以分成六个阶层（见表9-1）。

表9-1　认知领域目标分类表

	识 记	理 解	应 用	分 析	综 合	评 价
类 别 及 层 次						评 价
					综 合	综 合
				分 析	分 析	分 析
			应 用	应 用	应 用	应 用
		理 解	理 解	理 解	理 解	理 解
	识 记	识 记	识 记	识 记	识 记	识 记

（二）设计双向细目表

考试命题双向细目表是一种考查目标（能力）和考查内容之间的关联表。设计考试命题双向细目表，是命题工作的一个重要环节。双向细目表可以使命题工作避免盲目性而具有计划性，使命题者明确测验的目标，把握试题的比例与分量，提高命题的效率和质量。同时，它对于审查试题的效度也有重要的指导意义。细目表是包括两个维度（双向）的表格，也可以是多维的。典型的双向细目表，如表9-2所示。

表9-2　高中生物上学期成就测试的双向细目表

教学内容		教学目标							
		识记	理解	应用	分析	综合	评价	总计	百分比
细胞	选择	8	4					26	26%
	简答		4	2	4	2	2		
新陈代谢	选择	4	8					24	24%
	简答			4	2	3	3		
生殖发育	选择	2	4	3	3			28	28%
	简答		4	4		5	3		
生命活动调节	选择	2	4	6	4			22	22%
	简答		3		3				
总计		16	31	19	16	10	8	100%	100%
百分比		16%	31%	19%	16%	10%	8%		

双向细目表是命题工作的依据，建立了考核的标准，体现了考试的目的。它的突出特点在于：保证了考题对要考查的内容有较宽的覆盖面；使考试有较好的内容效度。命题双向细目表不宜随意更改，只能随考试大纲的修订而修改。

制作双向细目表的程序如下：

（1）列出大纲的细目表。教学中要求学生掌握哪些知识内容，不同知识内容在教学中的相对重要性有多大，不同知识内容所应实现的智能目标是什么，这些都是测验设计中必须解决的问题。所以在编制细目表时，应先列出课标的细目表。

（2）列出各部分内容的权重。应根据教学内容在整体学科中的相对重要性，分配相应的比重，比重多以百分比表示。这个分配的百分比，既是教学时间、精力分配的比例，也是测验试题数量、考试时间、分数分配的依据。这个比例，就是教学中说的"权重"。

（3）列出各种认知能力（学习水平）目标的权重。测验题不仅要对学科内容具有足够的覆盖率，也要涵盖所确定的学习水平目标，即识记、理解、应用、分析、综合、评价六级目标，应根据教学内容特点，对六级不同目标合理分配权重。

（4）确定各考查点的"三个参数"。在欲测的内容和其应达到的学习水平所对应的格子内，分配各考查点的知识内容和题型，再根据相应权重算出各得分点的实际分数值。

如，第一大题第4题2分，用"一、4（2分）"表示。

（5）审查各考查点的分配是否合理。审查包括两个方面：审查各级学习水平所占百分比的分配是否合理；审查各知识内容及各单元内容所占百分比是否合理。

通过以上的工作，使试卷的内容效度有了可靠的保证，从表中可以看出内容分布和学习水平分布的情况（易、中、难分数分布情况）。这样，就可以避免出现由于主观随意性产生的覆盖面过狭、过偏，试题过难、过易的状况。

（三）选定测验的题型

试题的类型有很多种，一般来说可以分成两大类：客观性试题和主观性试题。其中客观性试题可分为选择题、是非题、配合题、填空题、解释性习题等；主观性试题可分为简答题和论述题等。由于这两类试题的测量功能各有不同，教师在考虑不同类型试题的测量功能后，选定试题题型，根据双向细目表，逐一设计、撰写和编辑所需要的试题。

二、编制测验试题

（一）编制试题的一般原则

生物学科命题应依据生物课程标准，注重基础，提倡运用，全面评价，合理配置题型，以科学严谨的原则进行命题，努力实现知识、能力、素养的统一，准确检测学生的生物科学综合实力，促进学生全面发展。具体的命题原则如下：

（1）严格依据生物课程标准。试题不仅要重视考查生物学基础知识、实验技能、探究能力情况，而且要重视考查学生对科学、技术与社会的相互关系的理解，对科学本质的理解，以及运用所学知识分析和解决问题的能力，关注学生的创新精神、环保意识、科学态度和良好习惯。

（2）试题的叙述要简明扼要，题意明确。

（3）合理配置题型。充分发挥各种题型的功能，起到优势互补的作用，全面、真实、准确地反映学生的学业水平。

（4）新颖题型的设计、运用要适当。

（5）试题要杜绝出现科学性错误，避免繁、偏、旧的试题。

（6）避免出现过难的题目以及低于两纲要求的试题。

（7）要有适当的区分度和难度。

（8）提早命题，以预留时间进行试题审查或修正。

（二）主观型试题的命题原则

例1 试述由太阳能转变为可被人体生命活动直接利用的能量的全过程。

评价及修改建议：本题综合了初、高中知识，是出得比较好的试题，若本大题下设以下三小题，会让答题者更清楚答题要求，评卷者更容易评分：①太阳能转变为化学能的过程；②人体获得能量的过程；③人体利用能量的过程。

例2 沙尘暴是一种危害极大的气象灾害，近年来，我国的沙尘暴天气特别多，华北、西北的人民深受其害。资料显示，频繁袭击北京、天津等地区的沙尘暴均来自内蒙古的阿拉善地区。历史上阿拉善地区分布着大面积的红柳等植物，目前阿拉善地区的生态环境极其恶化，大面积草原退化成沙漠。

（1）草原生态系统中起决定性作用的成分是_____，它们在维持草原生态平衡中的作用是_____，_____。

（2）有人认为草原退化是老鼠惹的祸，你认为呢？谈谈你的看法。

（3）治理沙尘暴在源头地区应采取哪些措施和方法？

案例评价：本题以沙尘暴作为话题，创设一个生活实际情境，目的是引导大学生关注自然，关注生态环境，形成可持续发展的观念。问题（2）和（3）的答案均具有很大的开放性，给学生留有自由发挥的空间，体现出情感态度与价值观的正确取向。

综上所述，主观型试题命题原则为：①所提问题要有明确的界定；②尽量使问题的预期答案在内容和形式上都能明确界定；③预期答案不要太长；④要注意考核较高学习水平上的问题；⑤命题完毕后，教师先试做一遍，以确定不会有题意不清或答案太繁的情况。

（三）选择题的命题原则

例1 1989年，我国科学家成功地将人的生长激素基因导入鲤鱼的卵细胞中，由这样的鱼卵发育成的鲤鱼，生长速度明显地加快了。以上事实说明（　　）。

A. 细胞中的基因具有显、隐性之分　　　B. 细胞中的基因是成对存在的

C. 基因存在于染色体上　　　D. 生物的性状由基因控制

案例评价：考查"生物的性状与基因的关系"，题干给出事实情境简约、精练，而且在隐含给出遗传原理的同时，宣扬了我国转基因高科技成果，激发了学生的情感。四个选项的区分度较高，学生必须鉴别事实，运用遗传原理才能准确选D。

例2 实验人员想了解新孵化的鸟类是怎样获得对母亲情感的，他们选择了六只刚孵化的小鸭，平均分成甲、乙两组。甲组小鸭刚孵化出来就被移走，使它们不能见到自己的母亲；乙组小鸭还和它们的母亲在一起。

实验人员给甲组小鸭展示了一个气球，同时放母鸭叫的录音，经过若干天后，实验人员发现甲组的小鸭看到气球能够跟随在气球的左右。请选择：

（1）甲组小鸭跟随气球走的行为属于（　　）。

A. 先天行为　　　B. 偶然行为　　　C. 本能　　　D. 学习行为

（2）乙组小鸭在实验中的作用是（　　）。

A. 实验模型　　　B. 对照组　　　C. 实验组　　　D. 一个变量

（3）如果不是把甲组小鸭放在气球周围并放母鸭叫的录音，而将它们放在一只猫的周围并放母鸭叫的录音，则甲组小鸭可能会（　　）。

A. 它们可能吓唬其他鸭子　　　B. 它们将失去繁殖能力

C. 它们将会发出类似猫的声音　　　D. 它们将会认为猫是它们的母亲

案例评价：本试题的设计增加新的情景利于引导学生对科学本质、知识灵活运用能力的关注和探究能力的培养。

选择题的命题原则为：①选项以4～5个为宜，都应符合逻辑。在语法、语气和长度等方面，尽可能保持一致。其中应有而且最好只有一个正确的或最佳的答案。②题干要简练，试题要尽量避免偏倚和失误。③题干和选项之间要通顺，不要有语法错误。④正确答案的出现次序应是随意的。⑤测量理解能力的题目要结合实际问题情景。⑥适当增加高认知层次试题的比例，以便于考查学生高水平的学习成果。

（四）填空题的命题原则

不佳试题分析：

例1 进化论者认为，地球上现存的各种生物均由_____演变而来，因此它们之间有着_____的亲缘关系。（1987年高考题）

（答案设计为：共同祖先，或远或近）

例2 绦虫的身体可分为_____、_____、_____三部分，按生殖器官成熟情况可把节片分为_____、_____、_____三种。

（答案设计为：头节、颈节、节片，未成熟节片、成熟节片、妊娠节片）

例3 新陈代谢是生命最基本的特征，具有多种类型：按_____作用方式的不同，可以分为_____型和_____型两种；按_____作用方式的不同，可以分为_____型和_____型两种。

以上三例为不佳试题，由此可看出填空题的命题原则为：①要求填写的应是专业术语、重要的概念等；②尽量不要照搬书上原文，应该重新组织内容；③避免前后有暗示；④避免答案不确定或有两个以上的答案。

（五）是非题的命题原则

例1 （　　）种内斗争可以使失败的个体死亡，因此种内斗争对种的生存是有害的。

例2 （　　）人类面临的人口、粮食、环境等问题的解决在很大程度上依赖于生物学的发展和生物技术的进步。

例3 （　　）蘑菇属于生产者，细菌属于分解者。

例4 （　　）只要给鱼充足的阳光和空气，鱼就能生存下去。

例5 （　　）血液属于细胞内液。

例6 （　　）赤潮的出现是水体富营养化的结果。

例7 （　　）无花果没有花也没有果。

例8 （　　）在正常的精子发生中，25个初级精母细胞产生100个精子。

是非题的命题原则为：①所测内容应当是重要的、有价值的；②避免使用否定，尤其是双重否定的命题；③避免以冗长且复杂的叙述来命题；④避免使用暗示性的特殊限定词；⑤答案为是与非的命题应各占一半，并且答案为是与非的顺序不应有规律。

（六）简答题的命题原则

（1）不要直接引用教科书的陈述作为简答题的基础，要尽量减少考查纯记忆内容的试题。

（2）简答题的题干题意要明确，不能支离破碎，所填写的内容应该是专业术语。

（3）考查理解和应用能力的简答题，要有开放性，但问题应明确具体，答题范围不宜太大且要有所说明。

（4）有关实验内容可基于两个大纲，也可自行设计实验试题，情景应来源于现实生活，并注意充分利用实验题的特点，考查学生的科学探究能力。

（七）解释题或实验题的命题原则

例 某生物兴趣小组的同学发现夏季多雨天气时落叶很容易腐烂，而冬季干燥季节则不易腐烂。他们为证明细菌对植物树叶的分解作用，分别提出三种实验方案。其共同之处是：将同一种树的落叶分成甲乙两份。实验过程中滴加蒸馏水，使树叶保持湿润。其他实验条件和步骤如表9-3所示：

表9-3　三种实验方案

序　号	实验处理	
	甲	乙
方案一	无菌条件	自然条件
方案二	先灭菌，再放于无菌条件下	自然条件
方案三	先灭菌，再放于无菌条件下	先灭菌，然后接种细菌，最后置于无菌条件下

请分析：

（1）甲乙两组为什么用相同的树叶？＿＿＿＿＿＿＿＿＿＿＿＿＿＿＿＿＿＿＿＿。

（2）你认为哪个实验方案能够达到目的？请说明原因。＿＿＿＿＿＿＿＿＿＿＿。

（3）如果你认为以上三个方案都不能达到目的，请补充设计一个可行的实验方案。

＿＿＿＿＿＿＿＿＿＿＿＿＿＿＿＿＿＿＿＿＿＿＿＿＿＿＿＿＿＿＿＿＿＿＿＿。

案例评价：本题以实现生活中的一种自然现象入手，以教材中细菌在自然界的作用的相关知识作为载体，对学生的综合能力进行考查。首先要求学生理解题目中的表格所表达的信息，然后对三种实验方案进行比较，结合有关细菌生活条件的知识和实验方案设计的原则进行作答。主要考查基本知识、图文转换能力及对实验方案进行评价的能力，属于较高层次的要求。

实验题的命题原则：①实验题的题干、题意要明确。②实验内容可来源于教材实验，也可自行设计实验试题。③注重教材实验的细化、整合和创新及拓展。④自行设计的实验试题应来源于现实生活，考查学生运用知识和科学探究的能力。

三、试题与测验的审查

试题与测验的审查工作包括两个方面：一是逻辑的审查，旨在审查试题与教学目标间的关联性，又称形式审查。另一是实证的审查，旨在审查学生的反应组型是否是所期望的，又称客观审查。实证的审查包括试题的难度和区分度的分析。

（一）难度计算

1. 难度（P值）

指题目的难易程度，或说测验的难易程度，常以试题的通过率作为难度的指标。

难度值在$0 \sim 1$之间。$P > 0.8$试题太易；$P < 0.2$时，试题太难。一份试卷应该由不同难度按一定比例组成。一般地说，$P > 0.8$、$P < 0.2$的试题各占10%；$P = 0.2 \sim 0.4$和$P = 0.6 \sim 0.8$的试题各占20%；$0.4 < P < 0.6$的中等难度试题应占40%。整套试卷平均难度在$0.4 \sim 0.6$之间。

2. 计算方法

（1）客观性试题难度P（这时也称通过率）计算公式：$P = K/N$。

（K为答对该题的人数，N为参加测验的总人数。）

（2）主观性试题难度 P 计算公式：$P = X/M$。

（X 为试题平均得分，M 为试题满分）

（3）适用于主、客观试题的计算公式：$P = (PH + PL)/2$。

（PH、PL 分别为试题针对高分组和低分组考生的难度值）

在大群体标准化中，此法较为方便。具体步骤为：①将考生的总分由高至低排列；②从最高分开始向下取全部试卷的 27% 作为高分组；③从最低分开始向上取全部试卷的 27% 作为低分组；④按上面的公式计算。

例 一次生物测试中，在 100 名学生中，高、低分组各有 27 人，其中高分组答对第一题有 20 人，低分组答对第一题的有 5 人，这道题的难度为：

$PH = 20/27 = 0.74$ $PL = 5/27 = 0.19$ $P = (0.74 + 0.19)/2 = 0.47$

整个试卷的难度等于所有试题难度之平均值（包括主、客观试题）。

（二）区分度的计算

1. 区分度（D 值）

指测验对考生实际水平的区分程度或鉴赏能力。它是题目质量和测验质量的一个重要指标。一般要求试题的区分度在 0.3 以上，区分度 D 在 -1 至 $+1$ 之间。$D \geqslant 0.4$ 时，说明该题目能起到很好的区分作用；$D \leqslant 0.2$ 时，说明该题目的区分性很差；D 值为负数时，说明试题或答案有问题。

2. 计算方法

（1）客观性试题区分度 D 的计算公式：$D = PH - PL$。

（PH、PL 分别为试题高分组和低分组考生的难度值）

PH、PL 的计算方法同上。

例 一次生物测试中，在 100 名学生中，高、低分组各有 27 人，其中高分组答对第一题有 20 人，低分组答对第一题的有 5 人，这道题的区分度为：

$D = PH - PL = 0.74 - 0.19 = 0.55$

（2）主观试题（非选择题）区分度 D 的计算公式：$D = (XH - XL)/N(H - L)$。

（XH 表示接受测验的高分段学生的总得分数，XL 表示接受测验的低分段学生的总得分数，N 表示接受测验的学生总数，H 表示该题的最高得分，L 表示该题的最低得分。）

整个试卷的区分度，是所有试题区分度的平均值。

四、试卷的编制

对于年轻教师而言，试卷编制技能尤显重要。编制一份优质的测试卷，可以较好地实现测试目标，发现教学中的不足，及时补差补缺；可以提升教师自身对知识点的重新认识，进行重新整合；可以提高学生对新知识的再发现等等。

（一）收集资料，建立试题库

收集试题要在平时积累，包括每一次练习、测试和与生活联系紧密的话题等，都是收集的对象。在没有电脑处理时，就保存纸质资料，相对而言，纸质资料还较为安全。如果有电脑处理，保存试题时一定要备份，处理起来很方便。同时要建立试题库。

（二）确定目标，找准关键词

编制试卷时，首先确定要检测的知识点，并按知识点呈现形式确定题型以及题型量。确定测试分值和测试时间，规定相关测试要求。为准确达成测试目标，要找准考查知识点的关键词。例如测试目标为考查实验设计能力，从实践应用、概念综合、材料分析、实验探究等关键词寻找相应的知识点，有激素调节、单克隆抗体、细胞周期与细胞代谢、实验变量。编制涵盖相应知识点的试题或试卷，一般都能达到测试效果。

（三）研究学生，建立信效度

要充分考虑学生接受、理解知识的差异性，保证试卷的信度和效度。对不同学生测试的结果应具有一致性和可靠性，测试目标和测试内容之间也应该是适合的和相符合的。

（四）编制试题，符合双向细目表

试卷考查的知识点要基本覆盖生物学科课程标准规定的生物学科知识要点，成为评价学生生物学科综合素质的工具，达到既能考查知识，又能考查能力、科学与人文素养，达到双向细目表预设的目标。

（五）审查试题，试做复核

审查试题包括对试卷中的数字、文字、图形、标点、字母的检查；题干的文字表达、赋分的合理性检查；开放性试题参考答案的多样性，题目严谨性的检查；题目材料的科学性检查；考生作答的空格和位置是否合适等等。

最后还要试做一遍，进行复核、调整以及参考答案和评分标准的编写。一份优质的生物学试卷的出炉是要花费相当精力的，当积累到一定程度的时候，教师应该能随时准备一份优质试卷，用于测试。

第三节　阅卷和评价结果的统计分析

一、试卷的评阅

命题与阅卷是学习评价的两项主要工作。客观型试题的评阅较为简单；主观型试题的评阅，则必须遵循一定的原则，以使人为误差减至最低。评阅主观型试题应注意的原则如下：①明确该题期望答案的项目以及答对每一项目的给分，然后逐项给分。②应用适当的给分系统。常用的给分系统有计点法和分级法两种。③事先决定如何处理与期望答案无关的答案，给多少分、不给分或者扣分。④一次评阅一题，等所有试卷的该题都阅毕后，再评阅下一题。⑤阅卷时，不要看学生姓名，以免给分受印象影响。⑥若有两位以上的评阅者，应分题评阅，不可分卷评阅，所有试卷的某一题，以由同一人评阅为原则。⑦可能的话，每一份试卷均能由两个人重复评阅，并计算两人所给分数之间的相关，以求得给分的信度。⑧大规模的正式考试，要随机抽样适当的答卷进行预评，考察可能出现的各种答案，并制定相应的给分办法。

二、试题分析

试题分析是对试卷中单个试题的测试结果进行分析，从而确定试题的品质。试题分析的主要内容包括：①难度分析；②区分度分析；③针对选择题的诱答力分析等。

（一）试题分析的步骤

试题分析可以通过相应的教育统计软件来完成。在没有统计软件帮助的情况下，通常实施试题分析的步骤如下：

（1）将试卷按得分的高低排列；

（2）由最高分向下取全部试卷数的27%或1/3，称为高分组；

（3）再由最低分向上取与高分组相同份数的试卷，作为低分组；

（4）分别计算高、低分组，选答各试题每一选项的人数，记录在试题卡上，见表9-3；

（5）计算各试题的难度（P），以百分比表示，其计算方法如下：难度（P）=（RU + RL）/2N。（RU 为高分组答对该题人数；RL 为低分组答对该题人数；N 为高分组或低分组人数。）

（6）计算各试题的区分度（D），其计算方式如下：区分度（D）=（$RU - RL$）/N。

（7）评价每一道试题的选项的有效性或诱答力。有效性或诱答力没有具体的计算公式，但作为选择题中一个有效的选项，应该做到：①至少有一位低分组学生选择该不正确选项；②选择该不正确选项的低分组学生人数应该比高分组学生人数要多。否则，该选项的存在是没有价值的。另外，我们通过分析高分组学生的答题情况，可以了解题目或者教学是否存在问题，比如：在高分组中，某一错误选项的选择人数多于正确答案的人数，说明教学中可能有错误，或题目本身有错；如果各选项的选择人数差不多，说明答题时猜测成分较大；如果某个错误选项和正确选项的人数相当，说明教学中可能存在概念不清，或题目叙述不清的问题。

（8）将所有试题依其难度与区分度制作综合分析表。综合分析表请参考表9-5。

（二）如何评价和改进试题

阅卷之后，最好能够将试题分析结果与试题一起记录下来，逐题加以评价。其中 P、D 值都适合者，搜集起来，供自己将来命题参考；而 P、D 值不太适合的试题，则必须加以修改，以改进其 P、D 值，无法改进或修订者，则予以废除。为了使试题的评价不消耗太多时间，又能明确评价并掌握每一试题的优缺点，下面介绍两种方法。

1. 制作试题卡

将试题连同试题分析结果抄录成卡称为试题卡。试题卡可以因个人的喜好与使用的方便，改变其格式，下面的格式只是其中的一种，使用者可以变通。试题卡至少应包含三个部分（见表9-4）：①内容、目标水平和编号；②题目（试题和选项）；③试题分析结果。

第一部分，内容指学科知识内容，而目标水平则指回答该试题所需的思维过程，是属于教学目标的认知、情感态度和技能之中的哪一领域和认知水平；第二部分则包括试题与参考答案，参考答案通常在选项前以 ＊ 号表示；第三部分是试题分析的资料和结果，这个部分以另行印制为宜，因为试题每使用一次，便有一次分析，同一试题的试题分析结果可以贴在一起，供评价试题时参考。

类似这种试题卡，可以依编号、科别或内容来分类处理，以建立自己的小型题库，供将来命题之用。假如能更进一步以图书编目的方式来处理，或将这些资料存储在计算机的某一资源管理平台上，在参考和应用时将更为便捷。不过在使用时，必须特别注意的是，在每次测验后，均应将试题全部收回，否则学生反复演练，再好的试题也会失去其难度和区分度，而使评价的信度降低。

表 9 - 4　试题卡的格式之一

编号：B - G3006

科别：高中生物学

内容：第三章　水分代谢

目标水平：认知（综合）

题目：深秋，落叶树的叶片大部分落下后，土壤中的水和矿物质向树干上部运输逐渐减少，其主要原因是：

A. 根的呼吸作用减弱　　　　　　　　　* B. 蒸腾作用减弱

C. 植物细胞渗透压降低　　　　　　　　D. 大部分导管阻塞

试题分析记录					
可能答案	A	B	C	D	空白
高分组（16 人）	0	16	0	0	0
低分组（16 人）	3	6	2	4	1
难度（P）	69%				
区分度（D）	0.63				
备注					

2. 评价试题的简单方式

　　如果觉得制作试题卡耗时太多或者试题还在修饰阶段，在试题卡上修改不太方便时，可以先以一种简单方式评价试题（表 9 - 5）。方法如下：

表 9 - 5　评价试题的简单方式

下列人体细胞中，含染色体数目最少的是（　　）。		
$P=43\%$ $D=0.2$	（A）白细胞	（6—7）
	（B）神经细胞	（4—9）
	* （C）精子细胞	（16—10）
	（D）上皮细胞	（3—2）
	（空白）	（1—2）

　　（1）将空白试题剪下贴于硬纸卡片上，或者直接拿一份空白试卷来处理。

　　（2）分别将高、低分组选答每一选项的人数填在每一选项之前或之后，如表 9 - 5 所示。第一个和第二个数字分别代表高、低分组的人数。

　　（3）再分别计算该试题之 P、D 值，将结果记录在试题编号前面。除难度和区分度之外，选择题中选项的诱答力也是教师评价和改进试题的指标之一。假如选择某一选项的人为零，则表示所有学生，不论是否具备该试题拟评测的知识或技能，都能看出该选项是不合理或荒谬的。对于这种情况，必须另行设计一个选项来取代这个不合理选项，否则原设计为四选一的选择题，由于有一选项没有人选，实际上对学生来说，就成为三选一的选择题。许多难度与区分度均不太理想的试题，都是由于某一两个选项不十分有效所致。如果能够将无效的选项另行设计取代，该试题的品质便可大幅度改进。

三、试卷分析

试卷分析是对整个测验品质作出的分析。通过试卷分析确定本测验是否达到测验目的，是否真实、有效和可信。试卷品质的分析包括试卷的综合分析、基本的描述性统计分析以及信度和效度分析。

（一）试卷的综合分析

计算出测验试卷每道试题的难度（P 值）和区分度（D 值），然后分别以试题的 P 值和 D 值两个维度作坐标，根据各试题的 P、D 值，将题号填入坐标内的空格，形成一个综合分析表（如表 9-6），通过这种综合分析表可以简单明了地了解在某一次测验评价中，有多少试题和哪些试题的 P、D 值达到理想，哪些试题的 P 值或 D 值或两者都没有达到理想状态而需要改进。

表 9-6　试题的难度和区分度综合分析表

D 值	P 值					
	0 以下	0~0.19	0.2~0.29	0.3~0.39	0.4~0.59	0.6 以上
80~100				31	12，21	
60~79	50	18	37，39	1，14，25，29	27，35，44	3，7，16
40~59		8，40	22，43，47，48	6，9，20，24，46	13，15，19，28，36，45	10，23
20~39	32	2，26	11，33，42	4，5，38	17，30	34
0~19		49	41			

* P 值平均 =52%；D 值平均 =0.37。

1. 难度分析

一般而言，常模参照评价中，希望将受试者的得分尽量分散开来，以便比较学习成绩的优劣。据研究，试题的难度 P 值愈集中于中等部分，则受试得分愈分散。因此，难度以在 50% 左右为最好，也就是教师希望高分组的同学都答对，而低分组的学生都答错，只有在这种情形下，试题的区分度 D 值才能趋于完美（即 $D=1$）。但实际上，任何一道试题均有被学生盲目猜对的机会，其猜对的概率为 $1/n$（n 为选项数）。例如：四选一的选择题，猜对的机会约为 1/4，因此，理想 P 值便会低些。在实施学习成就评价时，教师通常都希望学生的平均得分落在满分（国内常为 100 分为满分）与机遇得分（就四选一的选择题来说即为 100/4 =25 分）的中间，若试卷的试题全部为四选一的选择题，则理想的平均分即为 25 +（100 - 75）×1/2 =62.5 分。因此，有人认为，理想的 P 值，就以"期望平均得分"为准，就上例来说，就是 62.5% 。

2. 区分度分析

理想的试题应该是所有高分组的学生都答对，而低分组的学生都答错，此时，D 值为

1；假如相反，高分组的学生都答错，而低分组的学生都答对，则 D 值为 -1，因此，D 值是介于 -1 与 $+1$ 之间。就常模参照评价而言，D 值愈大，学生得分便愈分散，相应地，试卷标准差（SD）也比较大，试题品质较高，信度也较大。那么到底 D 值要多大才算好呢？完美的 D 值（$D=1$）通常不容易得到，因此，在学习成就评价上，我们通常以表 9-7 的标准来评价。

表 9-7 试题区分度（D）的评价标准

D 值	评　价
0.4 以上	极佳的试题
0.30～0.39	尚可的试题，可能需要稍加改进
0.20～0.29	不佳的试题，必须加以改进或废弃
0.19 以下	极差的试题，应废弃

（二）试卷的基本描述统计分析

基本描述统计资料是分析和描述测验结果的重要指标，掌握这些统计指标的含义可以帮助教师解释和理解评价结果。现将一些基本的统计指标分述如下：

1. 平均数

平均数或平均分的大小可以代表试题的难易程度，理想的平均数约在满分与机遇得分之间。平均分（M）的计算公式为：$M = \sum X / N$。（$\sum X$ 为每一试卷分数的总和，即参试且交卷的学生得分总和；N 为试卷数，即参试且交卷的学生人数。）

假如实际值比理想值低，表示试题太难，反之亦然。

2. 标准差

标准差代表评价结果的分散度和变异度，通常以 SD 或 σ 表示，实际上，它是方差的平方根。标准差愈大表示分数的变异度愈大，当其他条件相同时，标准差愈大，试卷的信度也愈大。理想的标准差大约为满分与机遇得分之差的 $1/6$，评价结果的标准差，以约与理想值相似为宜。标准差的求法为：$SD = \sqrt{\sum d^2 / N}$。

（d 为各分数与平均数之差，N 为试卷总数。）

3. 相关性分析

阅卷后，将得分登记在成绩记录表上，然后计算与类似性质的评价结果的相关性，这也是分析评价结果的方式之一。相关的大小通常以相关系数即 r 表示，r 值介于 -1 和 $+1$ 之间。当 r 值为正数且达到显著水准时，称为正相关；为负数时，则称为负相关；r 值未达显著水准时，则表示零相关，即没有任何相关存在；r 值愈大，表示两组相关愈密切。例如：同一组被试者先后接受了两次测验，若两次测验的分数的 r 值达 0.8，表示两者的每一分数间均有密切关系存在，即第一次测验得分高者，第二次测验得分也高，第一次得分低者，第二次得分也低，说明这两次测验具有同质性。因此，相关系数 r 的大小，也可以用来代表测验试卷的信度。

（三）试卷的信度分析

1. 影响信度的因素

所谓信度是指评价的结果（分数）与其拟评测的学习成就的一致性。下列因素均会影响评价结果的信度：

（1）试题的数量。通常题数愈多，信度也愈高。因为，题数增加时，可以将学生以机遇方式猜题而侥幸答对的影响降低。

（2）分数的分散度。分数愈分散，信度愈高。因为，分数分散时，表示每一得分的差异较大，于是，测验误差对学生名次（或得分）的影响便较小。

（3）试题的难度。就常模参照评价来说，试题太难或太容易均将导致信度降低。

（4）试题的区分度。试题区分度愈理想，信度愈大。

（5）评价工具的客观性。当其他条件都相同时，通常客观性评价工具所测得的结果，要比主观性评价工具所测得的结果信度高。但是要注意的是，这个说法并不意味着主观性评价工具不好，应尽量少用。因为主观型试题和客观型试题各有长处和短处，假如为了明确达到评价目标，有时牺牲一点信度是值得的。

2. 信度系数的估算方法

估算信度系数的方法很多，下列为几种常用的方法。

（1）重测法。以同一份试卷测一群（班）学生两次，两次评测相隔一段时间，于是每位学生各有两个分数，然后求出两组分数之间的相关系数，即为信度。因为这种方法所求出的信度实际上是在测定分数的稳定性，因此，又称为稳定信度，也叫重测信度。

（2）对等法。又称平行法，即根据相同的命题双向细目表，制作两份在内容、难度和题型上尽可能类似的试卷，然后分别用这两份试卷来测验同一群学生（可连续或相隔一段时间实施），每位学生各得两个分数，再求出两组分数之间的相关系数，即为信度系数。这种信度旨在测定分数的对等性，这两份试卷互称为复本，得出的信度也叫复本信度。

（3）分半法。在实施测验之后，将每一份试卷的奇数和偶数题分别计分，于是每一份试卷便可得到两个分数。然后求出所有学生的奇数题分与偶数题分两者之间的相关系数，以 R_{hh} 表示，再依照斯皮尔曼—布朗校对公式（Spearman-Brown Formula）计算分半信度系数 R_{xx}。其计算公式为：$R_{xx} = 2R_{hh} / (l + R_{hh})$。

（4）库李法（Kuder – Richardson Method）。库李二氏于 1937 年提出一些评估信度的公式，其中比较常用的有两个公式，称为 KR_{20} 和 KR_{21}。其计算公式如下：

$$KR_{20} = K / \{ K - 1 [1 - \sum pq/\sigma^2] \}$$

$$KR_{21} = K / \{ K - 1 [1 - M (K - M) /K\sigma^2] \}$$

K 为试题数，P 为答对某一试题的学生所占的比例，q 为答错某一试题的学生所占的比例（$q = 1 - p$），σ 为分数之标准差，M 为分数之平均数。

当评价工具的难度大体上均在 50% 时，用 KR_{21} 来计算信度比较简便，不过当试题难度不一，且变化很大时，使用 KR_{21} 往往会低估信度。库李法与分半法就内容上来说，都有估算评价工具的内部一致性。由于库李法基本上假设所有试题都是均质的，因此，不适合用来求取快速测验的信度，因为在快速测验中，有些学生无法做完所有题目，将导致 KR_{20} 或 KR_{21} 信度系数的混乱。

以上所述四种计算信度的方法之中，由于分半法与库李法均只需进行一次测验，实施起来比较容易，因此，一般教师在进行学习成就评价时，常用这两种方法评估信度。

（四）试卷的效度分析

效度是指测验分数的正确性。换言之，就是指一个测验能够测量到它所想要测量的特质的程度。就学习成就评价的范围来说，所谓效度是指评价工具是否精确地测出了该工具期望评测的成就，如果同一测验使用的目的不同，则关注的效度类型也不相同，效度估计的方法也就不同。所以，通常效度是很难以具体的数值来定量的，也没有一套计算效度的公式可直接运用。但就评价和改进一个测验的直接效度而言，教师在实际工作中需要注意下列事项：

（1）答题说明应明确详尽，使学生不至于有任何混淆或误会。

（2）编题所用的词汇和句子不可艰涩深奥，以致学生因无法看懂而无从下笔答题。

（3）语意要清楚明确，不可稍有模糊。

（4）试题数量不可太少。

（5）编题时不可有意无意地在题目中提供任何与答题有关的线索，导致学生猜题。

（6）试题难度应适当。

（7）试题应尽可能评测重要的概念、思考过程，以及知识的理解、分析和综合，而不宜故意设置陷阱，评测一些琐碎、零星的记忆性知识。

（8）试题的排列次序应先易后难，以免学生花太多时间在较难的题目上，以致时间不够而放弃一些容易的试题。

（9）信度是效度的必需条件，因此，效度高的评价，首先信度要够。

（10）同一试卷重复使用多次，效度会逐渐降低。

第四节　实作评价

实作评价是介于评价认识能力所用的纸笔测验和将学习成果应用于真实情况中的表现二者之间，在仿真各种真实程度的评价情景之下，提供给教师一种有系统地评价学生实作表现的方法。因此，实作评价可定义为：具有相当评价专业素养的教师，编拟与学习成果应用情境相类似的仿真测验情境，或真实的测验情景，让学生表现所知、所能的学习成果的评价过程；也可理解为实作评价就是在模拟情境或真实情境下对学生动手操作能力的评价。它是一种完全不同于期中考试、期末考试等对学生学习行为和结果评价的各种传统评价方法。

一、实作评价的特点

1. 评价的作业能与真实生活产生关联

主要表现为实作评价常在真实的问题情景中进行，这种真实情景包括对日常生活情景的模拟，或者对真实情景中物体的实际操作。

2. 要求学生完成一些需要高层次思考或问题解决技能的任务

学生可依据问题情景，以科学的论证和推理方式建构合乎自身认识的、具有创造性的解决问题的方案，产生具有创造性的作品。

3. 过程和作品是评价的重点

重过程是实作评价与传统评价的主要区别。过程的重要性在于学生解决问题的综合能力，如高层次思考能力、反思能力、合作能力、信息搜集能力和创造力等，都必须在评价过程中展现出来，作品是各种能力综合作用的结果。

4. 评价的作业具有挑战性

语文、数学及自然、社会科学课均可采用实作评价方式，教师选择用于实作评价的作业应该能实现学生能力的多重聚焦，并且具有类推性。实作评价过程往往贯穿于教学过程中，例如，采用教室观察的评价方法，其评价过程就与教学过程具有统一性。

5. 事先确定评价学生作业表现的规则和标准

与传统测验主要集中于事实和零散的技能不同，实作评价主要测验学生在各种各样的现实环境中运用知识、技能的能力。它主要考查学生的操作任务能力，操作任务可以用来评价范围较广的学习结果。它可以是类似测验的短任务，用来评价相对具体的知识和技能，也可以是长而复杂的任务，用来评价范围较广的知识。这些任务按它反映真实生活的情景和问题的程度来说，或多或少是真实的。就操作任务的形式和使用来说，大部分操作任务分为三大类：短评价任务、事件任务、延伸任务。

短评价任务：常常用来测定学生在某个方面的基本概念、程序、关系及思维技能的掌握情况。完成这些任务仅需几分钟，故将几个任务联合在一个评价中。主要有开放式任务、各种选择问题及概念图式。许多短评价任务的开头设计了一些刺激，以引起学生的兴趣，这些刺激可以是问题、卡通片、地图、照片等，然后便是对任务的解释。另外，许多短评价包括了一定数量的"脚手架"，可以是一些完成操作所必需的关键点或一些容易忽视的细节等，也可以包含一套操作标准。

事件任务：用来评价诸如写字流畅性、问题解决技能等范围较广的能力。事件任务常来源于具体的学科领域，它不仅可以揭示学生知道什么，而且可以揭示学生运用知识的情况。完成这些任务往往要花较长的时间。短评价任务通常由个人完成，而事件任务往往由小队或小组进行，它依赖于教师的观察、对学生操作样例的评分、自我评价、同伴评价或以上方法的综合运用。

延伸任务：延伸任务是长期的、多目标的，可以安排在一个学期或一个单元研究之前。教师常常在课程中设计一些活动及标准以帮助学生完成那些任务。此任务的完成情况作为一项反映该门课程掌握程度的指标。

实作评价特别强调在学生完成真实或模拟事件中，对其过程表现和成果的评价。通常，在教学之初，教师会比较重视正确的表现过程，而当学生逐渐熟悉正确的表现过程后，则会将注意力逐渐转移到强调完成成果（作品）的品质上。实作评价的含义与其他一些名词的含义相近似。这些名词有另类评价、真实评价、直接评价等。除此之外，档案夹评价、动态评价的方法和技术也和实作评价相同。实作评价在国际科学教育中日益受到重视，多元化评价已成为科学教育评价的发展趋势。而我国在这方面的研究相对比较薄弱，可借鉴参考的资料较少。为了有利于我国生物教育多元化评价的发展，以下就实作评价的类型、实施步骤与方法等方面作一个简要介绍，更多的、具体的实作评价成功案例还有待我们在实践中探索总结。

二、实作评价的类型

实施实作评价的情境愈接近真实情境，愈能显现出学生真正学会的技能是什么。但是，有时碍于真实情境无法复制，只好使用仿真的情境。仿真的情境愈接近真实情境，则实作评价的结果将愈具有教学中期望结果的代表性，愈能符合教师期望学生真实学会的重要教学目标和内容。因此，根据施测情境的真实性程度来分，实作评价可以分成下列五种类型。这五种评价方法之间有局部程度是重叠的，教师在使用时，应视所要评价的技能特质而决定采用其中的一种或多种。现分别介绍如下：

（一）纸笔表现

纸笔表现有别于传统所使用的纸笔测验，它是一种比较强调在仿真情境中应用知识和技能的评价方式。应用这种纸笔表现评价，可以获得教学所期望达到的学习成果，或作为在更真实情境中表现（如实际操作某种仪器设备）的初步评价。

纸笔表现可以促进有意义的教学成果。例如，教学中，教师通常都会要求学生交学期报告或各种不同类型的作业（如实验设计、野外考察报告、实验报告等），以作为其学期成绩的评价依据之一。这些作业的要求，都是通过纸笔表现的评价，来确认学生在此课程上的学习成就，以及获知是否达到本课程的相应的教学目标。因此，纸笔表现本身即是一种有价值的评价活动。

（二）辨认测验

辨认测验是指由各种不同真实程度的测验情境所组合的一种评价方式。例如，在某些情境下，要求学生辨认一套工具或一组器具，并且指明它们的功能。给学生一些植物叶片标本，让其辨认正常叶、虫叶和病叶；如果学习更深入，可让其辨认生什么虫、得什么病、如何防治等。还有，要求学生辨认执行某种特殊实验所需的仪器设备和程序等等。

（三）结构化表现测验

结构化表现测验是指在标准且有控制的情境下进行的实作评价。测量表现的情境是非常有结构性的，它要求每位学生都能表现出相同的反应动作。例如：要求学生按照规范调整一部显微镜，找到所要观察的物象。

编制一份结构化表现测验，需要遵守的编制原则和编制其他类型试题的成就测验一样。编制的过程比一般成就测验要复杂些。因为，测验情境很难被完全控制和被标准化，需要教师花较多的时间去准备和进行施测。测验结果的评分也相对难一些。

（四）仿真表现

仿真表现即为配合或替代真实情境中的表现，局部或全部仿照真实情境而设立的一种评价方式。例如，生物学教学中要求学生掌握杂交实验的人工去雄和授粉技能，提供塑料花和其他工具及试剂进行操作或评价就是一种仿真表现。在社会科学课程中、学生角色扮演法庭审判、市政会议的进行或应聘工作的面谈活动等，也是仿真表现。

（五）样品模板

在实作评价的各种类型中，样品模板是真实性程度最高的一种评价方式，它需要学生在实际作业上，表现出所要测量的全部真实技能。样品模板包括全部表现中最重要的元素，并且是在控制良好的情境下进行表现的。如，要求学生制作一个 DNA 结构模型，则这个模型的质量反映了学生对 DNA 结构的理解情况，模型的质量应该体现在碱基配对、双螺旋结构等的表现上，而不是体现在模型所用的材料上。

三、实作评价的实施步骤

实作评价比较关心的是学生如何应用知识和技能于实际的表现活动上，以及在接近真实的施测情景中产生出作品成果来。虽然，进行实作评价的情景很难完全控制，而且也难以标准化，其施测情景的准备工作比较费时，评分也很难客观、公正。但是，实作评价所使用的工具或评价过程一旦被开发出来，即可跨人、跨班、跨校及跨年度连续使用。因此明了实作评价是如何进行的，是决定实作评价实施成败的关键因素。下列四大程序步骤即是实施实作评价时所要考虑的主要方面。

（一）确立实作评价的目标

实作评价也像其他教学评价一样，需要教师在教学之前就明确陈述教学中期望学生达到的实际表现成果是什么。清楚、明确地陈述期望达到的表现成果，将有助于教师挑选适当的评价方法，进行客观公正的评价。如果预期的表现成果尚无法详细陈述，则教师需要先辨认和定义一下所要评价的表现成果到底是什么。

确立实作评价的目标，典型的方法是使用工作或作业分析来确认影响表现的最重要的特殊因素是什么，或明确地列出更细节的表现行为是什么。这些细节行为目标罗列出来，有助于教师进行更精确的观察和判断。教师可以根据这些目标重点进行教学指导；可以根据学生在这些项目中的表现行为进行更精确的观察、记录，并作出判断；可以根据观察结果给予学生即时性的指导与矫正，达到随时教学、随时校正、随时反馈及随时补救的目的。教师也可以直接给予学生一个公正、客观且合理的评分，并以此分数作为学生表现成就的代表。教师甚至可以将学生多次实作评价的结果制作成统计图表，以观察学生学习的进步情况，作为成绩报告的凭据。

（二）确认实作评价的标准

在确立好实作评价的目标后，要详细说明细节行为的项目，以及教师所期望学生达到的表现标准是什么。换句话说，教师必须先决定好实作评价的重点是放在过程上，还是放在作品上，或者两者都有。

（1）一般而言，在下列情况下，实作评价应该将其重点放在过程评价上。

①没有作品成果可以产生，或作品成果评价不可行。例如，无法获得这类资料或评价的成本太高。

②过程能够排序，并且可以直接进行观察。

③正确的过程对最后的成功有重大作用。

④过程步骤的分析有助于提高成果品质。

（2）实作评价将重点放在作品或成果的评价上适合下列情况。

①不同的过程可以导致相同的作品或成果。

②无法提供过程的观察资料，如家庭作业。

③学生对表现过程和步骤已经驾轻就熟。

④作品或成果具有可被辨认及判断的品质。

（3）在某些情况下，过程及作品成果两者都是构成表现的两个重要层面，缺一不可，并且两者都可以被观察到。此时，实作评价应该强调何者，应视被评定的技能及技能发展阶段而定。过程及作品的评价成效，决定于表现标准是否能够被清楚地界定、观察和测量，一个明确界定和说明清楚的表现标准，是成功教学和评价的关键因素。

为了达到明确界定表现标准，教师可参考下列建议：

①确认即将被评价的整体表现或作业之前，教师自己先实际表现看看，然后记录及研究自己的表现或任何可能的表现成果。即教师先做预试，并将可能的情况记录下来。

②列出构成这些表现或成果的重要方面和因素，它们是指导进行观察和评价的表现标准。

③将这些表现标准的数量限制在 10～15 个，以方便进行观察和判断。

④如果可能的话，集合一组教师共同决定一项作业应该包含哪些重要的表现标准。

⑤以可观察到的、测量到的及进行数字量化的学生行为或成果特质等术语来界定表现标准。

⑥不要使用含糊不清的字眼（如"正确的"、"适当的"和"良好的"）来混淆表现标准的意义。

⑦依序排列表现标准，以便进行观察和判断。

⑧检查是否已有现成的实作评价工具，若没有的话，再自行编制。

（三）提供适当的表现情境

表现标准界定后，教师便需要准备可供观察表现成果的施测情境，这些情境可以是教室内自然发生的情境，也可以是教师特别设计的仿真情境。至于要挑选何种施测情境，则依所要进行评价的表现或成果特质而定。一般而言，要决定使用何种施测情境，可以参考下列两个判断原则：①教室中自然发生的表现频率；②依据评价所作的决定的重要性。

如果在正常的班级活动中，某项表现发生的次数不是很频繁的话，则教师便需要特别设计某种情境，好让学生都能在该情境里表现出所期望的行为。此外，某项表现若是班级比较常见的活动之一，则教师只要把它视为是班级教学的一部分，在自然的情境中观察学生的表现行为即可，不需要另外设计特别的情境。例如，评价学生的学习态度，将课堂主动发言次数作为评价指标之一，则无须特别设计评价情境，只依据学生在课堂上的日常表现即可。

另外，要根据实作评价结果所作决定的重要程度，决定观察情境的取舍。一般而言，所作的决定的重要性愈大，则所需要的评价情境愈要结构化。而当决定的重要性不是那么大时，施测情境的条件要求也就不必那么严格，只要每位学生都有机会表现即行。例如，同一个评价作业——操作显微镜，如果是用于检验学生是否达到教学目标——正确使用显微镜，则施测情境不必那么严格；如果是用于选拔学生，则施测情境就要注意结构化，即施测时间、学生要表现的行为、结果和评定等级等，要较详细地陈述列举出来。

安排实作评价施测情境的另一个考虑重点，即到底需要多少信息才能作出决定。比如：针对学生的表现成果，单独进行观察一次能作出决定吗？是否需要教师多次观察学生的表现，才能作出可靠的决定呢？不管评价的本质如何，单独一次的观察结果仅能代表学生表现的样本行为之一，若从测量的观点来看，学生单独一次的表现行为，通常都不具有真正成就的代表性。因此，为了证明某位学生是否已学会做某件事，收集多次的表现资料是必需的。至于用来作成决定所需的观察次数，则可以依据作成决定的重要性、完成单独一次观察所需的时间量，以及教师是否已收集足够学生表现行为的样本而定。

（四）选择计分和评定方法

实作评价的评分方法包括整体评分法和分析评分法两种，采用何种方法视作出的决定本身的重要性而定。如果教师所作的评价决定只是一般性质，如分组或评定成绩等，则使用整体评分法最为适当，因为这类决定只需要教师提供单一的整体分数即可。如果教师所作的评价决定是诊断学习困难及了解学生熟练表现水准，则以使用分析评分法最为恰当，因为这类决定通常需要教师针对各种表现标准提供多种评分结果。

四、实作评价的方法

所谓实作评价的方法就是可以用来作为收集和记录学生表现行为的工具。较常用的实作评价方法主要有以下几种。

（一）系统的观察和轶事记录

在自然情境下观察学生的表现，是一种最常用的实作评价方法。但是，一般的教师很少对学生的日常表现行为进行系统的观察，更没有留下任何观察记录，这实在是非常可惜。这项缺憾，对于轻微的表现作业，也许很容易就被补救过来。例如，正确的观察显微镜的姿势或正确的图名标示法等，只要使用非正式的观察，即可针对学生的缺失进行矫正，甚至完全补救过来。然而，对于较复杂的表现行为和情境，则必须进行系统的观察，并且有观察记录才能提高未来评价的客观性、意义性和有效性。

轶事记录即为一种针对有意义的偶发重要事件，作扼要的事实说明和描述的记录。它的内容包括被观察到的行为、发生的情境以及针对此事件的个别诠释。虽然保留完整的轶事记录是相当费时的，但是可以将内容局限在某种方便掌握的范畴内，例如，只针对某种行为形态（如安全）或针对最需要帮助的个人（如缓慢、粗心的人）作记录即可。

另一种与轶事记录相同的工具，称作个人记录卡。个人记录卡纯粹是供教师记录学生个人资料信息而使用的，不是给学校、家长或其他教师看的，只是用来作为教师了解学生个别行为及辅导学生改进学习和偏差行为的辅助工具，通常在学期结束时即予以销毁，以防资料外流，造成不良影响。

我们所需要的记录，是一种针对重要事件所做的简短、客观且自足的描述，以及对事件所隐含意义的个别诠释。当我们针对某个特定对象去积累有关他的观察记录资料，不久便可以了解有关他的典型行为。

（二）检核表

检核表是一组列出表现或成果的测量维度，并且提供简单记录是或否判断的资料表。例如：如果要使用检核表来评价一组过程时，只要依序列出这些评核维度，然后，观察者逐一核对每个被观察者的表现是否发生或出现即可。若该表现行为已出现或发生时，观察者只要在表前的适当空格中打个"√"，做个评核记录即可；若该表现行为未曾出现或发生时，则观察者不需要留下任何记号，直接跳至下一个观察项目，继续评核即可。

一份用来评价行为表现或作品成果的检核表，一般都包括两个部分：①列出描述该行为表现的状态或作品成果的重要维度（如大小、颜色和形状等）；②根据评价特质的结果，提供打"√"或做任何记号的空白处。因此，检核表能引导评价的注意力集中到所要观察的维度上，并且提供一种方便作出判断的记录工具。例如：表9-8是份比较完整的"生物组织中还原糖的鉴定"的实验评价检核表。

表9-8 实验检核表（以生物组织中还原糖的鉴定实验为例）

检核项目	检核要点及分值	得 分			
		A	B	C	D
1. 确定本实验的材料、仪器、用具	取用实验仪器和材料应井井有条、正确无误（10分）				
2. 制备组织样液	将苹果洗净、去皮、切块（10分）				
	使用天平取5g苹果加少许石英砂研磨，加5mL水再研磨（10分）				
	将研磨液倒入小玻璃漏斗（漏斗上垫一层纱布），将滤液收集到一个小试管中（10分）				
3. 鉴定样液	配制斐林试剂（10分）				
	加2mL样液于试管中，注入2mL刚配制的斐林试剂，振荡混合（10分）				
	将试管放入盛有开水的大烧杯中，用酒精灯加热煮沸2分钟左右，溶液颜色变化显著，能观察到明显的砖红色（10分）				
4. 实验卫生	实验结束后，洗刷试管、研钵等，整理显微镜、实验台（10分）				
5. 态度方面	态度严谨、认真，不随意走动，小组成员分工合作（10分）				
6. 实验报告	填写实验报告册（10分）				
组员姓名		加分：		总得分：	
教师建议					

说明：（1）由小组成员共同填写；（2）得分一栏中A为实验操作完全正确，实验效果明显，得10分；B为实验操作基本正确，实验效果明显，得8分；C为实验操作不正确，但能及时纠正，仍能得到实验效果，得6分；D为实验操作不正确，要教师纠正才能得到实验效果，得5分。（3）加分栏：能改进实验，或使实验材料更易得，或实验步骤更简便，或实验效果更明显，可酌情加分。

又如：表9-9是一份初中升学生物实验操作考试检核评分表，表9-10是一种生物模型制作检核评分表。

表9－9 观察人的口腔上皮细胞实验

考核点		满分值	考生姓名与成绩记录			
1. 准备	用纱布擦拭载玻片和盖玻片。在载玻片中央滴一滴生理盐水	1分				
2. 制作临时装片	（1）用牙签在漱净的口腔内侧轻刮，并将附有上皮细胞的一端在生理盐水滴中涂抹	1分				
	（2）用镊子夹住盖玻片一端，使另一端先接触生理盐水，并缓缓盖上	1分				
3. 染色	（1）用滴管滴一滴碘液在盖玻片一侧	1分				
	（2）用吸水纸从盖玻片的另一侧吸引，使染色液浸润全部标本	1分				
4. 用低倍镜观察细胞	（1）正确拿取、安放好显微镜，对光方法正确，效果好	1分				
	（2）使物镜下降方法正确	1分				
	（3）使物镜上升方法正确，并找到细胞	1分				
5. 绘图	根据所观察的物像，画出一个细胞的各个部分	1分				
6. 结束实验	清理、擦洗实验仪器和实验台	1分				
合计总分						
评定等级						

监考教师（签名）_____   主考人（签名）_____

表9－10 中学生物模型制作评价表

作品名称			制作时间		
作者姓名					
制作简介（300字内）					
作品优点					
评价项目	评价标准	评价等级			得分
		完全同意	基本同意	不同意	
合作能力	分工明确，合作协调	25	18	10	
作品科学性	作品符合客观事实，标注清晰合理	20	12	5	
制作能力	作品的制作巧妙，有创意和个性	20	15	5	
	作品设计直观易懂，材料运用得当	10	10	5	
	动作灵巧、迅速	10	7	5	

（续上表）

评价项目	评价标准	评价等级			得分
		完全同意	基本同意	不同意	
表达能力	作品介绍全面，语言流畅，有特色	15	10	5	
评价者		总分：		等级：	
建议					

说明：表中作品名称、制作时间、作者姓名、制作简介、作品优点等由制作成员填写，其他由评价者填写。总分在 80 分以上获 A 等，总分在 60～80 分获 B 等，总分在 60 分以下获 C 等。

五、实作评价实例

例　　　　　　　　　　　**初中生物探究实验的实作评价**

生物探究实验是一种研究性的学习，注重的是实验的表现过程以及学生实验能力的培养。因而，对学生的评价应以过程性评价为主，结果性评价为辅，也就是我们所说的实作评价。那么，在探究实验中如何进行实作评价呢？

一、确立探究实验实作评价的目标

实作评价首先需要教师确定期望学生达到什么样的实际表现成果，明确地列出细节的表现行为。教师挑选适当的评价方法，进行客观、公正的评价。

例如，七年级上册"光对鼠妇生活的影响"的实验是学生第一次进行生物探究实验，目的是让学生学会探究实验的方法，而不是要得到准确的实验结果。因此教师在实验操作之前就可以把探究实验的步骤列出来让学生亲自去感受。如：①提出问题；②作出假设；③制订计划（教师可列几套计划，让学生小组讨论选择最合适的计划进行实验）；④实施计划；⑤得出结论；⑥讨论结果的合理性。

教师明确自己所期望学生达到的表现成果后，可以根据这个实验目的制定合理的评价目标，并根据这些目标重点进行教学指导，实验中根据这些目标观察学生的实验过程给予即时性的指导与矫正，给予公正、客观且合理的评分。

二、确认探究实验实作评价的标准

在确立好探究实验实作评价的目标后，要详细说明细节行为的项目，教师所期望学生达到的表现标准，以及评价的重点是要放在过程上还是放在结果上，或两者都有。

一般而言，在下列情形下，探究实验实作评价应放在过程评价上：①实验过程能排序，且可以直接进行观察，如"光对鼠妇生活的影响"的探究实验；②实验过程步骤的分析有助于提高实验效果；③正确的过程对最后实验有重大作用，如"种子萌发的环境条件"的探究实验；④没有实验结果可以产生，或实验结果评价不可行。

而下列情形，探究实验实作评价重点应放在成果的评价上：①无法提供谈及实验过程的观察资料，如布置学生课外进行的探究实验；②学生对实验过程和步骤已经很清楚；③不同的探究实验过程可以导致相同的实验结果；④探究实验结果具有可被判断的品质。

三、讨论探究实验实作评价的方法

探究实验注重实验过程，因而实作评价应贯穿于整个实验的过程中。当然在不同的阶段可采取不同的方法。

（一）探究实验准备阶段的评价

怎样促进学生提出探究实验的问题，以及如何作出假设。例如"光对鼠妇生活的影响"的探究实验，在实验前要求学生准备实验的材料用具，学生的准备工作也是很重要的，尤其是学生寻找鼠妇的过程是非常关键的。通过学生寻找鼠妇的过程可以引导学生提出问题、作出假设。但是，教师无法观察到每一个学生的寻找过程，因此可运用提问的形式对学生进行引导评价。比如：①你是在什么地方找到鼠妇的？答：我是在花盆下（石头下、拖把下、下水道处等）找到鼠妇的。②（发现问题）当你拿起花盆或搬开石头时，你发现什么现象呢？答：当我拿起花盆，鼠妇四处乱窜，马上跑掉了。③（提出问题）鼠妇为什么会这样呢？答：它可能是受了惊吓（怕光等）（作出假设）。④那我们如何来证明哪种假设是正确的？答：通过实验来证明。⑤你打算如何实施这个实验呢？答：制订计划，以小组为单位，小组成员间讨论得出实验方案。

通过提问可以知道学生实验前的准备情况，教师对学生的表现进行系统的观察并记录学生的准备工作，包括在准备过程的专注情况和细心情况，然后适当地给予加分奖励，从而激发学生的兴趣。

（二）探究实验过程的评价

这一阶段的评价可采用检核表来评价，只要依次列出实验过程表现的测量维度，然后小组长可逐一观察核对小组成员的表现是否发生或出现即可。若该表现行为已出现或发生时，则小组长只要在表前的适当空格中打个"√"，作个评核记录即可；若该表现行为未曾发生或出现，则小组长不需要留下任何记号，直接跳至下一个观察项目，继续评核即可。如表9-8。

（三）探究实验结果的评价

实验结束后，根据记录资料完成测评表，得出每个学生或学习小组的分数，并及时向他们反馈。这一阶段的评价可采取作品量表，其内容包括一系列足以反映出各种不同品质程度的实验结果。例如：在学生制作的种子萌发的环境条件的实验中，教师可以挑选五份品质在优秀至低劣的连续量尺上大约等距的作品标本，然后依次给每份作品样本标上数值（如：5、4、3、2、1），数字愈大代表作品的品质愈高，数字愈小代表作品品质愈差，这种量尺表示法即为作品量表。接着，将每位学生的作品依次与这5种样本作对照，看看每位学生的作品符合哪一样本，即得该样本代号所应得的分数，该分数即用来表示作品的品质值。例如：某生的作品接近5号样本，他的得分即为结果作品的最高25分；若该生的作品接近3号样本，他的得分即为15分。这样评价是对实验结果作品的评价，探究实验注重的是学生能力的培养，因而它占整体分值的比例应较小。

探究实验注重的是学生能力的培养，而学生的个体能力是有差别的。实作评价过程中对不同的学生还要适当地给予鼓励分。

第五节　教师课堂教学水平的评价

一、课堂教学评价量表

良好的课堂教学评价体系有利于促进教师课堂教学水平的提高，有利于推进新课程的实施。如何对教师的课堂教学进行合理评价是新课程实施的重点和难点之一。借助课堂教学评价量表对教师的教学活动进行评价是最常用的评价方法，该方法的核心则是研制科学合理的评价量表。表9－11是一种课堂教学评价量表。

表9－11　课堂教学评价量表

一级指标	二级指标	评价权重	得　分
学生	学习生命科学的气氛	5	
	提出生命科学问题的数量和质量	5	
	讨论生命科学问题的深度和广度	5	
	讨论生命科学问题过程中的分工与合作	5	
	学习生命科学过程中"四动"（脑、眼、手、耳）的结合的程度	5	
	自主探究生命科学的时间和空间	5	
	对生命科学内容的掌握程度	10	
教师	教育教学基本功	5	
	创设探究生命科学的问题情境	10	
	引导探究生命科学难点、热点的能力	5	
	对学生学习生命科学进行评价的能力	5	
教学内容	预设性生命科学三维教学目标完整、准确、具体，符合生物课程标准和学生实际，生成性目标可操作、能达成	5	
	生命科学内容容量恰当、坡度合理、精心组织	10	
	生命科学内容重点突出，联系实际，把握内在联系，抓准关键和难点	10	
教学方法和手段	启发、探究等方法的有效选择与结合	5	
	网络、实物、实验等媒体的有效运用	5	
特色加分（10分内）		少于10分	
总评	定量评分：		
	定性评语：		
	评价等级：□优秀（90～100分）；□良好（80～89分）；□合格（60～79分）；□不合格（0～59分）		

二、生物实验课评价量表

生物实验课评价项目是依据目前的认识水平和教学实践而提供的一种评价思路，在实际操作中可根据不同需要和目的建立一个完整的、可操作的实验评价方案。表9－12是一种生物实验课评价量表。本评价量表的评价项目（一级指标）主要有实验目标、实验内容、教学过程及方法、学生活动、教师的基本素质、实验效果这六个项目。各个项目共同组成一个评价整体，作为评价实验课堂教学质量的尺度和细则。

表 9 - 12　生物实验课评价量表

教师姓名：　　　　学科：　　　　评价人：　　　　授课日期：　　年　月　日

项　目	评价标准细则	评价等级、分值				得　分
实验 目标 (12 分)	1. 目标明确（适时展示目标，让学生了解目标）	4	3	2	1	
	2. 符合课程标准及教材要求，全面落实三维目标	4	3	2	1	
	3. 符合学生学习的实际水平（结合所教内容、学生的知识背景制定基本能达到预期的实验目标）	4	3	2	1	
实验 内容 (16 分)	1. 实验内容准确，容量适度	4	3	2	1	
	2. 内容组织有序，层次分明，安排合理，实验用具准备齐全	4	3	2	1	
	3. 善于挖掘教材，充分开发、利用新课程资源	4	3	2	1	
	4. 师生活动分工明确、真实	4	3	2	1	
教学 过程及 方法 (24 分)	1. 创设生动的问题情境，激发学生实验与探究愿望	4	3	2	1	
	2. 正确讲解实验原理，规范演示实验过程	4	3	2	1	
	3. 创造性地选用简便易行的实验材料与装置，教法得当、灵活	4	3	2	1	
	4. 重视实验思维引导（学生有时间深入思考，能暴露学生的思维，凸显学生的认知难点，激发认知矛盾，并通过探究解决认知矛盾）	4	3	2	1	
	5. 面向多数学生，充分体现合作探究（有小组讨论，有代表发言，有相互质疑，语言表白规范正确）	4	3	2	1	
	6. 教师有创见，对实验进行调整与改进	4	3	2	1	
学生 活动 (16 分)	1. 学习兴趣盎然，思维活跃，勇于探索，主动参与交流讨论，讨论热烈	4	3	2	1	
	2. 参与面广，人人动脑动手，合作探究，课堂秩序良好，学生分工合作	4	3	2	1	
	3. 知识与实验技能得到落实，设计实验能力得到提高	4	3	2	1	
	4. 实验操作规范（含药品、仪器的使用及清洁、整理工作等）	4	3	2	1	
教师的 基本 素质 (16 分)	1. 知识面宽，教态亲切，有驾驭课堂的应变调控能力	4	3	2	1	
	2. 语言准确，简练，生动，逻辑严密且通俗易懂，体现学科特色	4	3	2	1	
	3. 板书设计合理，工整美观，操作规范、熟练，有效到位	4	3	2	1	
	4. 教育理论扎实，注重开发、吸收、利用新课程资源	4	3	2	1	
实验 效果 (16 分)	1. 教学具有吸引力，能激发学生对本学科知识的兴趣，体现独特的教学风格	4	3	2	1	
	2. 实验设计科学、精巧，有启发性，达到预期实验结果	4	3	2	1	
	3. 学生能规范地采集和处理实验材料，进行生物学实验的操作、生物绘图	4	3	2	1	
	4. 恰当地、创造性地运用图、表等形式直观呈现实验数据或结果	4	3	2	1	

教学反思是教师课堂教学自评的方法之一，是提高教师专业化水平的有效途径，每位教师都应养成对每节课进行教学反思、不断调整自己教学行为的良好习惯。

思考与练习

1. 举例说明教学评价的作用和种类。

2. 阐明教学评价应遵循的基本原则。

3. 能以课标中三维教学目标的要求为指导，按不同测验试题的命题原则，进行命题实践。

4. 能说出运用相应的统计软件或手工的方法进行试题分析和测验分析的一般方法。

5. 选取初中或高中教材的一个实验，制作一份实作评价检核表。

参考文献

1. 王云峰，莫显彬. 教育评价的新形式——实作评价. 广西教育，2006（5B）.

2. 尤秀珍. 生物教学中实施实作评价的探讨. 学校管理，2011（3）.

3. 刘恩山. 中学生物学教学论. 北京：高等教育出版社，2009.

第十章

生物学教学的误区及对策

学习目标

1. 认清生物学课堂教学的各种误区。
2. 阐述针对探究性学习误区的对策。
3. 阐述针对多媒体课件辅助教学误区的对策。
4. 阐明针对生物学课堂提问误区的策略。
5. 在教育教学实践中提高认识，避免产生生物学课堂教学的误区。

教学重点

生物学课堂教学的各种误区及对策。

在新一轮生物课程改革教育理念的影响和课程标准的指导下，生物学课堂教学发生了巨大的变化，学生学习的方式、方法、态度、情感与兴趣等方面都有了较大的起色。生物学教学改革取得了可喜的成绩。但是，有些生物学教师对课改的基本理念的理解有失偏颇，过分追求形式或定位模糊不清等，只为标新立异，不顾生物学科自身的特点，致使生物学课堂教学出现了许多新的误区。以下就目前生物学课堂教学中出现的几种误区作一深刻分析，并提出相应的对策。

第一节　生物学教学中探究性学习的误区与建议

探究性学习是新课程的基本理念之一。虽然生物学课程改革已经进行了多年，一线教师对探究性学习也有相当程度的认识，但在实践过程中仍然存在着滥用"探究"、缺乏研究、表面热闹等误区，现归纳如下。

一、探究性学习的误区

（一）误区一：探究性学习就是进行探究性实验

由于新教材把旧教材中的实验操作改为探究性活动，所以一些教师想当然地认为探究性学习就是进行探究性实验。如人教版高中生物必修1中的一个探究活动"植物细胞的吸

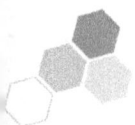

水和失水"要求教师引导学生掌握探究性活动的一般步骤，即先提出问题"植物细胞在什么情况下会失水"，再作出假设"原生质层相当于一层半透膜"，然后设计实验，进行实验，分析结果得出结论，表达和交流，最后进一步探究。如果教师将本活动当成是"植物细胞的质壁分离和复原"的实验来做，只注重实验操作的原理、步骤和结果，那就完全没有体现新课标的理念，无法培养学生分析、解决问题和交流合作的能力。

其实教材中并非只有标有"探究"的实验属于探究性活动，科学探究活动是系列化、多样化的活动，还包括资料搜集和分析、思考与讨论、模型构建、技能训练、课外制作、课外实践等。以人教版高中生物必修 1 为例，本模块的科学探究活动共有 45 个，其中属于"探究"的只有 4 个。

（二）误区二：滥用"探究"，缺乏研究

有些教师为了追求"探究"，在课前没有认真准备，对探究教学内容和学生个体学习能力缺乏深入研究。所以，不管时机是否成熟，不管问题是否值得探讨，教师都将问题抛给学生探究，仿佛在课堂教学中不讨论、不探究就不够"时尚"。例如，有一位老师在讲基因突变时，首先从镰刀型细胞贫血症引入，接着就提出问题，让学生们探究此病发生的原因。问题提出后，课堂鸦雀无声，学生不知从何探究起。又例如，在"遗传与进化"这一节中，需要学生对不同时期的医学家对遗传进化的研究有一定的了解，包括哪些人作出了什么样的贡献，哪些人研究成果是遗传进化领域的转折之类的生物史知识。如果这类章节教师也组织学生在课堂上进行自主探讨，那得到的教学效果将是事倍功半。

（三）误区三：热闹的课堂气氛表明探究性学习是有效的

相当一部分教师认为，热闹的课堂气氛表明探究性学习是有效的，但表面热闹的探究性学习只是流于形式而缺乏思维深度。如某教师在进行"细胞器——系统内的分工合作"一节的教学时设计了角色扮演的探究性活动，教师事先安排五六位同学扮演线粒体、叶绿体、内质网、高尔基体、液泡等细胞器，表演时各个"细胞器"轮流上台自述名称、结构和功能等知识点，夸张的化妆和怪异的语言让同学们哄堂大笑，热闹非凡。但仔细分析却发现学生只关注于表演者的形象和表情，并没有有效理解和记忆知识点，这属于典型无效的探究活动。为活动而活动，为探究而探究，追求表面的热闹对于教师和学生百害而无一利。因此探究性学习不能片面追求热闹场面，教师应该围绕生物科学知识和学生能力的培养精心设计探究内容，进行"有效探究"活动。

（四）误区四：与落后的接受性学习相比，探究性学习是先进的

有人认为探究性学习就是先进的、科学的，接受性学习就是落后的、传统的。其实探究性学习和接受性学习是两种不同的学习方式，并无先进落后之分，两者应该彼此取长补短，互相促进，不可偏废。学生在学习过程中应综合运用多种学习方式，那些处于核心和基础地位的概念、原理和规律可以采用探究性学习，而非核心内容可以采取接受性学习。如对于必修 1 中"细胞中的元素和化合物"、"细胞中的无机物"等知识点，这些简单的概念和原理利用接受性学习反而能更有效地提高学习效率，节省教学时间。

（五）误区五：节节生物课可以探究，个个知识点可以探究

持这种观点的教师又走向了另一个极端，课程改革倡导探究性学习方式并不意味着过于泛滥地使用它，因为并不是每个知识点都适于使用探究性学习。例如，对于高中生物必

修 1 中的"主动运输"、"光合作用的过程"、"细胞有氧呼吸的过程"和高中生物必修 2 中的"减数分裂"、"DNA 的分子结构"、"基因工程"等遗传学知识使用接受式学习应该是最有效的方法，因为让学生通过自主探究发现光合作用的过程显然是非常困难的。

（六）误区六：教师不必干涉和调控学生的自主探究

课程改革实施后有教师忌讳多讲，认为少讲甚至不讲就是贯彻新课标的理念，于是在学生自主探究时成了旁观者，对学生不加任何干涉和调控，自主探究成了放任自流，其结果是可想而知的。正确的做法应该是教师在提出探究问题后向学生介绍可能用到的资料，创设丰富的信息资源，随时准备为学生提供服务和建议。如人教版高中生物必修 2 "DNA 双螺旋结构模型的构建"的内容可以采用让学生自主探究学习的方法，在学生开始自主学习之前教师应提醒学生注意思考以下问题：沃森和克里克两位科学家运用了哪些研究方法？模型构建过程用到了哪些学科的知识？两位科学家作为合作研究的典范给你哪些启示？这些问题都有助于引导学生完成学习目标。

（七）误区七：探究性学习有固定的模式和程序

目前生物教材中给出了探究活动的一般步骤，即提出问题，作出假设，设计实验，进行实验，分析结果得出结论，表达和交流。但在教学实践中一些教师太过于追求探究步骤的完整性，每个探究活动都要按部就班地进行这些步骤，这就使得探究性学习走向了模式化和程式化，使探究过程在课堂中显得匆忙，学生走马观花，未能收到应有的探究教学效果。根据探究内容的不同，探究性活动可以完整地进行每一个步骤，也可以着重于进行某一个侧面。如"植物细胞的吸水和失水"是学生在高中生物学习中遇到的第一个探究活动，教师可以引导学生分析每一个探究的步骤以使学生对探究性学习有一个整体上的理解和掌握。像必修 3 中"探索生长素类似物促进插条生根的最适浓度"这一探究活动则应引导学生着重分析"设计实验"这一步骤，使学生理解为什么要设计预实验，不要因追求探究步骤的完整性而忽略了重点、难点。我们应该认识到探究性学习是一种教学理念，任何教条主义的理解反而会弄巧成拙。

二、有效开展探究性学习的建议

基于以上分析，我们认为在中学生物学教学中开展探究性学习应该做好以下几点：

（1）理解探究性学习的实质和内涵；探究前精心设计，充分准备；处理好探究性学习与接受性学习的关系；灵活调控课堂探究气氛；避免探究性学习的模式化和程式化；探究活动以学生自主探究为主，教师点拨为辅；探究后及时总结，恰当评价。

（2）因地制宜，围绕教学重难点问题，尽量设计一些利于学生实施的生物实验、调查、考察等探究活动。通过这些活动，一方面，可有效防止探究活动设计的泛化和探究点的偏离；另一方面，有利于培养学生对生物科学现象和问题的探究兴趣，增强学生对实际生活中的生物科学实践问题的关注和分析，还学生学习的主动权，提高他们的探究能力和意识。

（3）在课堂教学中，要掌握促进学生"自主探究"的具体教学策略。例如：备课时我们必须关注整个教学过程的设计，将教师组织活动和学生自主活动进行对照、比较，看看教学活动的安排是否体现学生的自主性，情景、问题、探究点的设置是否在学生的最近发展区，教法是否建立在学法基础上，以确保学生的主体地位；导课时应注意必须引起学生对学习内容的探究兴趣，同时符合学科的特点及教材自身的性质；设问时应注意激活学生的思维，教师要根据不同的教学内容，创设恰当的情境，精心设计问题，激发学生的问题意识。

（4）在实验中落实探究性学习生物学是一门以实验为基础的自然科学，让学生参与到实验中，不仅能培养学生的观察能力、思维能力、分析问题和解决问题的能力，更能使学生树立实事求是、认真严肃的科学态度。例如，七年级新课程的实验内容较多，为教师在实验中落实探究性学习提供了良好的条件。实验可以让学生学会选择和处理实验材料，还可以从学会分析实验结果、学会撰写实验报告、研究改进实验的方法、改进实验的器具等方面来实现探究性学习。如"在玉米的剖面滴一滴碘液，再用放大镜观察被碘染成蓝色的胚乳以及未被染成蓝色的果皮和种皮、胚"的实验中，许多同学观察到被碘染过的胚乳变了黑色。胚乳（含有大量淀粉）滴入碘液变黑色还是变蓝色？这些同学作了进一步的探究：捣碎玉米的胚乳取汁，放在烧杯中，加少许清水稀释，再滴入一滴碘液，此时，大家都清楚地看到是变蓝色而非变黑色。这样，学生通过改进实验，更好地理解了知识，获得了学问，并认识到学习科学要有严肃的科学态度，而且学生通过实验探索，提高了利用科学的探究方法来解决问题的能力。

在实践探究性学习的过程中还有许多问题需要解决，例如如何构建科学评价体系来反馈师生的教学过程，如何通过评价手段来激励全体学生的个性发展和全面提高等。这就对教师提出了更高的要求。切实贯彻课程标准的基本理念，创造性地开展探究性学习教学活动，这都需要教师付出更大的努力。

第二节　多媒体教学的误区与对策

一、多媒体教学的误区

生物教学中多媒体的使用主要存在两个方面的误区。

（一）误区一：多媒体成为教师灌输的工具，忽视教师和学生作用的发挥

新课程改革要求教师摒弃"一言堂，满堂灌"的教学，但利用多媒体手段后，有些教师却错误地认为多媒体可以代替教师做一切，在一节课中让计算机从头到尾地忙碌，原本应该师生互动的课堂变成了计算机的展示，教师成为鼠标的奴隶，学生成为多媒体灌输的容器。有些生物教师演变为"人灌" + "机灌"，主要表现为：在多媒体课件中录入大量文字，堆砌大量图片，上课时教师眼睛只顾盯着操作台和点击鼠标，一个个页面一晃而过，不看学生的反应，更谈不上启发学生与教师进行积极互动。这种教学表面看起来热闹，但是一堂课下来，学生却往往觉得没有掌握什么知识点。现实中不少教师利用多媒体教学时已经脱离了粉笔和黑板，有些教师甚至干脆用多媒体替代黑板与挂图。如果所谓的多媒体课件只是简单的文字加图片，这是用投影片完全能够实现的，如此大材小用，会造成大量资源浪费。多媒体成了名副其实的花架子。

新课程明确要求在教学中教师居于主导地位，学生处于主体地位。也就是说，教师不仅是知识的传播者，更是教学过程的组织者、引导者。在这一过程中，教师要能引导学生独立思考、合作探究，要能激发学生兴趣，让学生自己去发现、去探究，把课堂真正地交给学生，充分发挥学生的主体作用。因此，利用多媒体手段进行教学不能让计算机牵着学生走，教师要时刻对课堂进行宏观调控。实践证明，教学中任何先进的教学媒体只能起辅助作用。只有将先进的教学手段与教师科学的教学方法协调起来，实现二者的有机结合，教学才能取得最好的效果。多媒体教学为教师节省了大量的板书时间，这个时间给教师和学生的交流提供了很好的机会。教师在课堂上要通过娴熟的教学语言＋手势＋表情，适时地利用多媒体创设教学情景，引导学生思考、分析和探究，调动全体学生参与，充分体现信息化教学的互动性，让学生在参与互动中对问题进行思考，形成对问题的正确认识。教师要按教学的需要组织教学，展示自己的教学风格，既要发挥教师的组织引导作用，又要发挥学生的主体作用。

（二）误区二：过分依赖多媒体教学，忽视其他的教学手段

现在有一种错误的认识导向，有些学校在评价教师的教育能力和水平的时候，把教师在公开课、汇报课、示范课、评优课中是否使用了多媒体课件作为最重要的衡量标准，过分地强调了多媒体课件的优越性，导致有些教师在教学过程中放弃了传统媒体和其他电教媒体的使用，而把多媒体的辅助教学功能变成了主体教学功能，导致了多媒体课件的滥用。有的教师不从教学实际出发，不注重教学的实际效果，过分依赖多媒体教学，认为运用多媒体手段就是运用了最先进的教学手段，就越能显示教学水平，一味盲目使用，从而忽视了传统教学手段。对于那些传统教学手段就可以解决的问题，也牵强地使用多媒体，结果反而会破坏课堂教学结构，教学效果无明显增强。具体表现在：

（1）滥用多媒体。例如，有的教师喜欢将大量的板书、文字资料甚至是逻辑推导都写入课件，在课堂上展示。这样做，学生对其印象反而不深，不易掌握吸收，有的学生甚至连笔记都来不及记。倒不如教师在黑板上边讲解分析边板书，学生也能边听边想边记。再如，有的教师喜欢把图片、影视资料或课本内容简单地转换为计算机演示，并辅以一些动画效果，表面上看课堂很热闹，实际上意义不大。与其花那么大的精力去把它们制作成计算机课件，还不如直接使用小黑板、投影仪、挂图等传统的教学手段来得方便，效果也可能更好。又如，不考虑内容难易，滥用多媒体。高中生物学有很多内容学生在其社会实践和生活经验中都已经接触过，也能够理解，或通过自学能够掌握。对这些内容，只需要教师简单讲授学生就能明白，没有必要使用多媒体。多媒体课件的制作需要耗费大量时间和精力，因此，简单内容的教学也使用多媒体是一种设备资源和教师资源的浪费。

（2）多媒体包打天下，排斥传统媒体的使用。其实，多媒体教学手段存在着种种局限。比如：多媒体使用时间过长，容易造成学生大脑的疲劳；多媒体演示的节奏难以掌握，学生难以把握住教学的重点；多媒体教学设计灵活性不够，程序性太强，在课堂上很难进行即时修改。在必要时候，还是要借助粉笔＋黑板＋挂图等传统教学手段调节学生大脑兴奋度的平衡，协调教学节奏，或对一些临时发现的问题进行灵活的变通。

（3）用多媒体代替实验操作。高中生物学的一项重要技能训练项目就是实验能力，通过实验可以培养学生的动手能力、观察能力和创新能力。有相当多的实验和现象，通过多媒体模拟学生才能进行观察。如细胞的有丝分裂、减数分裂、无丝分裂，细菌、病毒的生

长等动态微观过程，光合作用、呼吸作用等难以感知的过程，以及一些宏观的或周期较长的过程等。但是，只要是可以操作的实验就不必用多媒体展示。有些稍微复杂的实验，如DNA和RNA在细胞中的分布实验，细胞膜的制备实验，过氧化氢在不同条件下的分解实验等，也尽量不要用多媒体演示，而是创造条件让学生亲手做实验。因为，只有亲自动手操作，才能掌握正确的操作要领。

多媒体手段有着自身突出的优点，但它并不排斥传统教学媒体和手段。而传统教学媒体和手段也有自身的长处，而且至今仍是确有实效且普遍使用的教学手段。其实，一些传统的教学方法我们是不能摒弃的。课堂教学仍要讲授、练习、板书结合，其精髓功能是其他教学手段所不能替代的。如学习"细胞的结构"，教师可边讲授其结构，边在黑板上板书、板图，再标出其结构名称，然后要求学生动手绘细胞结构图。这样，学生的眼、耳、手等感官都动起来了，这比只在课件动画上看到细胞的结构，效果更好。因此，必须要改变盲目使用多媒体的现象，把多媒体跟其他传统教学手段有机结合起来。这就要求广大教师必须继承和发扬传统教学手段中一切合理的、行之有效的东西，使它们继续为现代课堂提供帮助，发挥应有的作用。

二、针对多媒体课件辅助教学误区的对策

如何走出多媒体辅助教学的误区，真正发挥多媒体的作用，从而取得最优的教学效果呢？

对策之一：学习教育教学理论，课件制作应是理论指导下的实践。课件制作体现出制作者对教育、教学、教材改革方向的把握，对课堂教学的理解，对现代教学技术的领悟。没有先进理论的指导，是不可能制作出真正成功的课件的。这就要求课件制作者树立现代化的教育思想，不断更新教育观念。从实践出发，有几种理论是课件制作者（设计者）所必须掌握的，如"信息传播论"、"系统论"、"最优化理论"和强调以学生为中心，在一定"情境"中，通过"协作"与"会话"实现"意义建构"的"建构主义理论"等。

对策之二：确定教育教学根本原则，课件制作最终是为课堂教学服务的。计算机作为一种功能强大的媒体在教学中应发挥什么作用呢？按照建构主义理论，学习是学生主动的、积极的认知思维过程，学习过程是通过学习者与外部环境之间的交互活动而展开的。因此，将计算机作为教学过程中帮助学生积极学习、主动建构知识的认知工具才是正确的定位。基于此，课件设计者不应将精力放在流光溢彩的图片、活泼生动的动画上，而应着眼于激发学生的学习兴趣，超越传统媒体的局限，变抽象为形象，化繁为简，更好地帮助学生突破重点难点，从而提高课堂效率，实现教学的最优化。

对策之三：掌握教育教学最终趋向，课件制作应该向积极方向发展。"教无定法"，固定化的多媒体课件不能鼓励学生思维多元化，也难以发挥教师的教学特色和教学个性。像搭积木一样，如果有现成的"积木"可以加以利用的话，多媒体课件才能更方便、更广泛地应用于教育教学实际当中。

对策之四：运用多媒体教学时，要注意充分发挥教师的主导作用。多媒体是实施教学的一种手段，但不是唯一的。作为教师，首先应发挥自己在教学中的主导地位和作用，应

通过对教学过程的设计和灵活多变的操作，从学生与多媒体、教学内容与多媒体的关系入手，探讨多媒体在教学运作中的基本教学规律和要求，使多媒体在教师的驾驭下有的放矢地发挥作用。

对策之五：加强教师计算机培训，提高教师信息技术素养。许多学校虽然针对教师进行了计算机培训，但都是以普及为目的，部分教师甚至连最基本的电脑操作还没有真正掌握，更谈不上开发、制作课件。所以，有条件的学校不妨多开展一些多媒体课件的培训、制作、评比等活动，以促进教师信息技术水平的提高。综上所述，对于多媒体辅助教学这一现代教学手段，我们应该正确、辩证地对待，用其所长，避其所短，使其更好地为提高教学质量服务；应该努力寻求它和传统教学手段的结合点，真正发挥其现代性特点，这样才能起到事半功倍的效果。

第三节　生物学教学中课堂提问的误区及对策

在生物学课堂教学中，部分教师由于没有认真研究和把握提问策略，出现了不少误区，造成课堂教学中的师生互动走向形式化、表面化。下面列举课堂提问中存在的一些误区及有关应对策略。

一、误区之一：满堂提问，没有针对性

在生物学课堂提问中出现的误区有：

（1）提问过频。有些教师在教学上由原来的"满堂灌"变为"满堂问"，以为这样才是新课改的课堂。但这样做，学生对教师提出的问题，没有思考的余地，结果不假思索、胡乱作答。

（2）问题含糊。有的教师提出的问题不够明确，学生对教师的提问感到茫然，搞不清题意。如问：草履虫是什么生物？教师目的是要求学生答出：草履虫是原生动物。但由于提出的问题不够明确，结果，学生的回答是动物或是异养生物或是单细胞动物。一个简单的问题，答案却五花八门。

（3）提问"无味"。提问"无味"指教师在提问时平铺直叙，流连于概念的简单复述，或提问不能引起学生足够的重视。如有些教师在上课中没有针对教学内容和特点，喜欢问些"对不对啊"、"是不是啊"等千篇一律的问题。这样的提问只是流于形式，开启不了学生的思维通道，撞击不出思维的火花。

对策：问题的提出要根据教学内容的特点、进程选择最佳时机。如学习动物信息时，若把"什么是生态系统的信息"改为问："变色龙爬上树后，体色由黄色变为绿色；春天，青蛙在鸣叫；小狗将尿撒到路边的小树上；蜜蜂在跳'8'字摆尾舞等等是生态系统的信息吗？"又如学习"兴奋在神经元之间的传导"时，把"什么是神经递质"变为问："多巴胺、乙酰胆碱、一氧化氮、血清素等这些化学物质是神经递质吗？为什么病人在进行外科手术前要麻醉?"这样，原来平淡无味的提问变得生动有趣，从而激发学生的学习热情。

在上课开始时，学生的思维由平静趋向活跃的状态，应多提一些承前启后的回忆性问题。为新知识作一些铺垫，有利于过渡到新课堂；也可以结合生活实际，设置悬念，激发学生的学习兴趣、欲望，集中学生的听课注意力。

二、误区之二：知识性问题多，认识性问题少

有些教师提出的问题，往往以知识性问题为主，有现成的、固定的答案，也称为封闭性问题。要求学生通过回忆，陈述已学过的知识、概念、方法等，强化学生对已学知识的记忆。但是如果课堂中都是这类问题，就没有思考价值，甚至会禁锢学生的思维。久而久之，学生也会产生厌学情绪。

对策：在掌握知识的基础之上可以适当地多提问一些认识性问题。认识性问题的答案可以是多样的、发散的，也称之为开放性问题。

三、误区之三：提问难度大，跨度大，梯度缺乏

有些教师提出的问题空泛、跨度大，让学生摸不着头脑，启而不发。如一位教师在上课开始时提问："上节课，我们学了物质代谢，有谁能告诉我，三大类有机物的代谢是怎样进行的？"可能前两个学生说"不会"，第三个学生站起来翻开书本把有关内容念了一遍。效果不理想的原因在哪里呢？就在于提出的这一问题跨度有点大了，又比较空洞、笼统，让学生很难迅速回忆知识点并组织答案。

对策：学生的学习过程是一个相对独立的过程，必须经过学生自身的积极思维活动去建构知识、掌握知识。因此教师的提问要具有启发性，要分层设计，化难为易，要具有梯度，由浅入深，并尽可能有趣味性。

例 关于植物自交后植株上所结果实的果皮（种皮）、子叶的基因型和表现型历来是学生难以掌握的重点、难点知识。可以设计以下三个层次的问题试着来解决。

第一层次：番茄红果皮对黄果皮显性，番茄甲自交全部结红果，番茄乙自交全部结黄果。现将甲的花粉授到乙的柱头上，乙结什么样的果皮？F_1 代一定结红果吗？

第二层次：豌豆的硬荚、圆滑种皮和黄色子叶分别对软荚、皱缩种皮和绿色子叶是显性。现用纯种硬荚、圆滑种皮、黄色子叶豌豆的花粉授给纯种软荚、皱缩种皮和绿色子叶豌豆的雌蕊柱头，所得种子再播种，要求填表写出各代的性状及其比例。

第三层次：大豆灰种皮对白种皮显性，黄子叶对绿子叶显性。每对性状的杂合体（F_1）自交后代（F_2）均表现出 3:1 的性状分离比。以上种皮颜色的分离比和子叶颜色的分离比分别来自以下哪代植株群体？（　　）

A. F_1 植株和 F_1 植株　　　　B. F_2 植株和 F_2 植株

C. F_1 植株和 F_2 植株　　　　D. F_2 植株和 F_1 植株

这样一组从易到难、环环相扣的设问，在教师的引导下，加深了学生对重点、难点知识的理解和掌握。

四、误区之四：提问对象过于集中，只顾优秀生，忽略学困生

有些教师在提问时，经常叫优秀的学生来回答问题，甚至不叫姓名，直呼："班长

（或学习委员、课代表）你来回答一下。"他们即使粗略回答，教师也会毫不吝惜地给予引导、表扬。而学困生由于多种原因回答得不完善，便得不到教师的笑脸和启发，只有冷冰冰的"请坐下"。

对策：在课堂提问中，要面向全体学生，使全班学生都能积极主动思考问题，尤其要让学困生有机会公平、平等地享受提问这种资源，同时，还要积极呵护他们回答问题的信心。

从认知方式看，对于内向型的学生，由于他们的主动性差，并且受批评时，积极性可能会挫伤，因此应多提一些方向明确、结构严密的知识性问题，并多加以鼓励；对于外向型的学生，由于他们知觉较稳定，不易受外界的影响，应多提开放性、认识性的问题。

从知识水平和能力基础来看，对于优秀生，应多提一些有一定难度和需快速作出反应的问题；对于中游学生，应多提一些相对适中的，有利于自觉参与意识的问题；对于学困生，应多提一些基础性、激励性的问题。

我们要认识到，只有在课堂上适时、适度而且富于艺术地提问，才能充分体现以知识为载体、能力为立意的新课程教育改革的要旨；才能发展学生思维，保证和提高教学质量。教师应充分理解课堂提问的重要性，精心策划各种类型的提问，形成有自己个性的、适合学生实际情况的提问艺术风格，以达到理想的教学效果。

第四节　课堂"活跃"气氛的误区及对策

一、误区

课改把"在活动、实践基础上通过交往促进学生发展"作为课堂实施的基本路线，从而使课程实施体现以"参与、合作、体验、探究"为特征的发展特点。有些教师可能认为一堂课，如果没有"合作、探究"的教学设计思路，就不是一堂实施课改的课。因此，在教学过程中，在不需要合作的时候来个同学间的合作，不需要自主探究的时候来个探究。在听课者看来，课堂上学生的主体学习活动也许得到很好的体现，学生的学习气氛也比较活跃，但实际上完全不考虑学生已有的生活经验、知识和认知规律，只是盲目地迎合一种新理论，而忽略了学生的实际情况和教学内容的性质。显然，学生的学习效果是不理想的。

为了体现"合作、探究"的精神，不少教师把小组合作学习用于课堂教学。但是，在相当多的课堂上，小组合作学习只是徒有其形，而无其实。如：小组合作学习变成了个别学生的专场，学习好的或性格外向的学生频频发言，其他人则成了多余的人，坐在那里听；小组总结汇报时，真正发言的仍是那几个学生，人为地制造学生的参与度不均衡问题。这样的课堂教学，参与合作学习的只是少数的几个学生，大多数则游离于学习过程之外，达不到共同发展的要求，故这样的小组合作学习是失败的。有些教师为了体现小组合作的教学理念，特别是公开教学时，不顾问题是否具有探究性，把所有的问题都拿来小组合作，导致问题过于简单，没有思维深度（在教材中可直接找到答案），小组合作只流于形式、走过场。经常存在这样的现象：教师一声令下，学生三五成堆围成一团，叽叽喳喳讨论不停……几分钟后学生分组选代表发言，最后教师总结，其实就是公布"标准答案"。这种追求表面形式的探究完全掩盖了学生的个性学习差异，剥夺了许多学生自主学习、创新学习、探究学习的权利。

二、对策

要强调对合作学习组织的训练，重视提高学生进行合作学习的意识和技能。

（1）要加强学生对合作学习重要性的认识，同时加强学生对合作学习技能的训练和合作交流习惯的养成，教师有计划、有步骤地进行训练，使学生在小组内和小组间的合作形成一种默契。训练时应坚持"由易而难，由意识到行为，循序渐进"的原则。

（2）课堂教学中，教师应有意识地围绕教学的重点和难点，创设便于小组交流的情境，引导学生主动地、创造性地开展言语交际活动。

（3）多样交流。组内交流方式要多样化，主要方式可以是中心发言式、指定发言式、组内议论式或两两配合式等。总之，要让每位学生都能充分发表自己的见解。

（4）教师调控。在合作与探究学习中，学生学习方式的转变是通过教师的调控来进行的。在小组讨论阶段，教师参与小组学习，并对小组学习的过程作必要的指导、调控。教师在小组合作与探究学习中起着引导、协调、监控和随时处理应急事件的作用。

新课程标准下的生物学教学有成果也有问题，但成就终究大于存在的问题，相信随着新课改的不断深入和完善会给生物教育带来巨大的惊喜。我们要按照新课标的要求，提高认识，认清课堂教学的误区，积极探索，不断前进。

思考与练习

1. 谈谈如何有效开展探究性学习。
2. 阐述针对多媒体课件辅助教学误区的对策。
3. 阐明针对生物学课堂提问误区的策略。
4. 在生物学教学实践中提高认识，避免产生生物学课堂教学的误区。

参考文献

1. 张艳，王红宇. 高中生物探究性学习中常见问题与解决途径. 长春教育学院学报，2009（4）.
2. 张贵红. 关注生物探究式教学的有效度. 中学生物学，2008（1）.
3. 袁雪梅. 有效开展生物探究式教学. 广东教育（教研版），2008（4）.
4. 徐进利. 生物教学中提问的误区与对策. 教学与管理，2003（10）.
5. 高国新. 多媒体在生物教学中的误区及对策. 中国科教创新导刊，2012（21）.
6. 薛顺玲. 新课改高中生物教学出现的问题及对策. 科教新时代，2013（8）.

第十一章

优秀中学生物课例评析

第一节　高中生物课例评析

例1　　　必修1 第四章第二节　细胞的能量"通货"——ATP

一、教材分析

本节是人教版必修1第四章第二节内容。本节内容具有承上启下的作用，是在学生学完了细胞的代谢需要酶的内容后，引出细胞代谢还需要能量的知识介绍，是作为细胞代谢的有机组成部分的必要补充，对于后面的细胞呼吸和光合作用的学习有很大的帮助。有助于帮助学生全面理解细胞代谢的过程和特点。

二、学情分析

学生在此前已经学习了细胞的结构和功能知识，对细胞有了一个清晰的印象，对于细胞代谢也有了一个初步的了解，知道了细胞代谢是快速的、复杂的、有序的生物化学变化过程。学生对化学知识也有了较多的了解，但对于有机化学的知识还学得很少，所以凡涉及有机化学的知识要注意解释清楚，讲得明白些，尽量简单些，等学生有了有机化学的知识后再作深入的分析和研究。高一的学生学习自觉性和主动性会比较强，教学组织工作容易开展，可以充分发挥学生的主观能动性，让学生带着问题去思考、讨论，得出自己的结论。

三、教学目标及分析

1. 知识目标

（1）简述 ATP 的化学组成和特点。

（2）写出 ATP 的分子简式。

（3）解释 ATP 在能量代谢中的作用。

2. 能力目标

（1）通过 ATP 与 ADP 相互转化关系的学习，认识 ATP 在细胞代谢中作为能量"通货"的原因。

（2）通过分析、比较在生物体生命活动中，ATP 如何生成又如何消耗，找出能量代谢的规律。

3. 情感态度与价值观目标

(1) 激发学生的学习兴趣并渗透热爱自然和生命的情感教育。

(2) 通过对课本第90页的图5-7进行补充和完善，调动学生学习的积极性，培养主动参与学习的态度，以及用准确的科学术语阐述观点的能力。

4. 教学重点、难点

ATP化学组成的特点及其在能量代谢中的作用；ATP和ADP细胞内的相互转化。

四、教学策略

(1) 重视教学情境的导入，把平时生活中经常碰到的例子引入课堂教学中，让学生有一个比较熟悉的问题切入点，有一个感兴趣的话题，从而激发学生的学习兴趣和学习热情，营造积极的课堂教学氛围。

(2) 注意问题的剖析、知识的应用，把学到的知识及时运用于生活情景中，达到理论联系实际的目的。让学生带着问题自主学习，不断地挑战自我，向着更高的认知水平奋进。让学生亲身感受到知识的应用价值，在师生的问与答中实现良好的师生互动、生生互动，形成生动活泼的课堂效果。调动学生主动地探究，让学生有一个动脑、动手的机会，充实自己的知识，增长自己的见识，提高自己的学习能力。

五、教学资源

投影仪、课件、活萤火虫、解剖刀、试管等工具。

六、教学过程

1. 情境导入

教师：(展示学生在体育节系列活动之一——篮球赛的照片，学生看到自己或本班同学的熟悉面孔，情绪高涨) 提问：生物体每天的生命活动都在消耗能量，刚刚结束的篮球赛，消耗的能量更大，那么生命活动所需的能量从哪里来？

学生：有机物的氧化分解。

教师：对，也就是通过细胞呼吸来释放能量。那么氧化分解过程中最常利用的有机物是什么？

学生：糖类，因为它是主要的能源物质。

教师：(肯定答案) 那么糖类是否能直接给我们提供能量呢？

学生：(多数认为不能。)

教师：为什么？下周我们要举行学校运动会了，如果现有3名水平相近的同学要进行百米短跑比赛，赛前分别服用等量的巧克力、葡萄糖和ATP口服液 (提示：一种能源物质)，哪名运动员更容易跑赢呢？

学生：(猜测老师的答案，议论纷纷。)

教师：(利用PPT课件的自定义动画功能，展示3名运动员同时起跑，但服用了ATP口服液的同学遥遥领先的情景，让学生心里充满好奇和期待，引发学生思考。)

2. 新课教学

学生考虑如何证明ATP比葡萄糖供能更迅速。

教师出示实验材料活萤火虫、解剖刀、试管、滴管、培养皿、ATP制剂、葡萄糖液、蒸馏水等，并提供以下资料：萤火虫的尾部发光细胞中有荧光素和荧光素酶。发光的化学反应式为：荧光素 + ATP + O_2 $\xrightarrow{\text{荧光素酶}}$ 荧光 + H_2O

    学生在老师指导下进行实验设计，师生共同评价：在加有 ATP 制剂的荧光素组有荧光的产生，在加有葡萄糖溶液的荧光素组没有产生荧光。得出结论：ATP 是细胞生命活动直接的能量物质。

    教师出示从医务室拿来的 ATP 片剂和注射液，让学生传看，并让学生读 ATP 功效说明书，使学生了解 ATP 在临床上的广泛应用，然后出示 ATP 的结构式，如下：

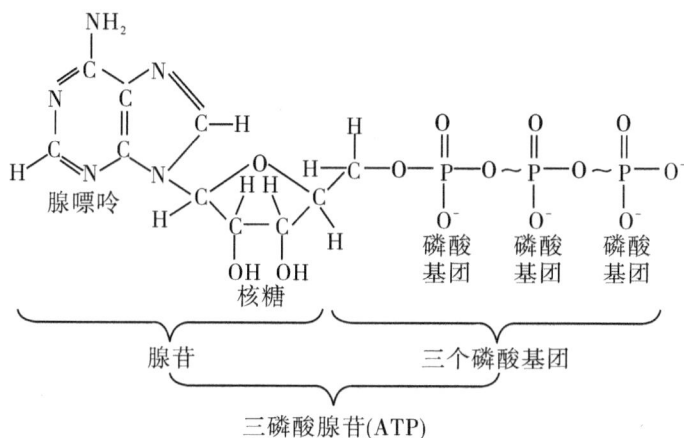

三磷酸腺苷(ATP)

    看完结构式后让学生思考，如果用 A 表示腺苷，用 P 表示磷酰基团，那么 ATP 结构式可简化为什么？1 分子的 ATP，含几分子腺苷，含几分子磷酰基团？

    学生带着问题看投影，讨论，得出答案。

    教师强调磷酰基团与以前学的磷酸基团的差别，指出高能磷酸键不是 P—O 键，而是指 ~P，即能够转移的磷酰基团。引发学生思考：ATP 怎样把能量释放出来？

    教师边写边画，用分子式表示：

A—P~P~P $\xrightarrow{\text{酶}}$ A—P~P + Pi + 能量   简写成   ATP $\xrightarrow{\text{酶}}$ ADP + Pi + 能量

    明确释放的能量来源和去向，即 ATP 水解时释放出来的能量来源于转移的磷酰基团的势能，主要用于各项生命活动，如肌肉收缩、腺体分泌……看到学生讲话，提问：讲话要消耗能量吗？能量又会从哪里来？让学生感到有意思。

    学生：（学生带着问题看书）一个成人一天在静止状态下所消耗的 ATP 为 48kg，在紧张活动的情况下，ATP 的消耗可达 0.5kg/min。而人体中 ATP 的总量只有大约 2mg，剧烈运动时只能维持 3 秒钟。生物体如何解决这一矛盾的呢？从课本知道了 ADP + Pi + 能量 $\xrightarrow{\text{酶}}$ ATP。

    教师（板书出来，要求学生记住）提问，再生的 ATP 的能量又从哪里来？让学生感到奇怪，引发内心的矛盾。讨论后，教师演示 Flash：一个卡通小人，拿着一个标有 ADP 的杯子，加入葡萄糖、酶和 O_2，结果杯子上的 ADP 变成了 ATP，小人用吸管将 ATP 吸了进去，形象地展示出 ATP 是直接的能源物质，并且可以通过细胞呼吸再生。引导学生得出结论：ATP 和 ADP 之间是可以相互转化的，出示其化学反应式。

多数学生认为此反应为可逆反应。与化学上讲的一样。

教师提示学生这不是可逆反应，因为两者的酶不同、反应的场所不同，能量也不尽相同，让学生理解生物与化学要求上的差异。总结：能量一去不复返，物质却可再循环。

3. 课堂小结

教师小结 ATP 与光合作用、细胞呼吸和体内物质转化的关系，加深对 ATP 在生命活动中的作用的印象。

4. 作业布置

由学生完成比较简单的课堂练习和课本的练习题。

七、教学反思

本节课渗透并贯穿着"情感·问题·互动·生成"的教学思想来实施教学，达到了预想不到的效果。学生始终处于积极、主动的学习状态中，跟着教师的问题来学习、思考、讨论，不仅获得了知识，还提高了学习能力。有几个值得一提的地方供大家参考：

（1）以情境催生情感——唤起学生学习欲望。本节通过上课之初的篮球视频、下周即将到来的运动会短跑情景模拟及 ATP 实物展示等手段，让学生知道生物学就在身边，与自己息息相关，能用于解决现实生活中的问题，具有极大的价值，从而表现出旺盛的求知欲和高昂的学习热情，也为后续的问题的提出铺平了道路。

（2）以情境生成问题——促成学生自主学习。本节教师所创设的各种真实或虚拟的问题情境，不仅限于情境本身，更是后续问题的基石，具有极大的"挑战性"和思考价值，它们诱导学生自觉主动地学习，实现各方面素质的综合发展。

（3）以问题促成互动——促成学生合作探究。本节课教师敢于放手，当一系列的问题呈现在学生面前，学生的好奇和期待被激发起来的时候，教师仍是不直接提供答案，而是给学生适当铺垫，让他们自己去探究，得出结论。比如：提供萤火虫和实验用具，让他们自己设计实验去证明 ATP 是直接能源物质；提供给学生 ATP 的结构式，让他们自己去推导结构简式；还有 ATP 在细胞内含量小，但消耗量大的矛盾怎样解决等都由学生来完成。在这里，师生是一种平等、理解、双向的关系，两者形成了一个真正的"学习共同体"。

（4）以互动营造生成——推进教学拓展延伸。本节教学，充分关注人的情感、态度、价值观等"生成性"因素，在预设的教学基础上积极营造动态生成，使课堂活力四射。比如，验证 ATP 比葡萄糖供能更迅速的实验设计，学生的答案五花八门，最大的分歧在实验对象的选择上，这时教师并没有打断他们，而是让他们畅所欲言，再一一纠正他们设计中的不足，令学生心悦诚服。这是课堂就地取材、动态生成的体现，课堂也因此焕发出勃勃生机。

八、课例评析

本节课并没有采取传统的讲授法教学，而是利用学生生活中熟悉的情境来引入课堂教学，把与学生生活紧密相关的实例带到课堂中，让学生激发浓厚的兴趣和极大的探究热情。通过教师设置的一系列问题，让学生动脑、动手，在小组的讨论学习和实验探究中获得知识和经验，体验到成功的乐趣，在问题的解决过程中学会了思考和合作。在课堂教学中学生是主动的、平等的、积极思考的，这正是新课程所提倡的教学理念。教师没有舍近求远，取身边的材料来教学；没有刻意追求高难的教学技巧，采取有利于学生学习和参与的形式来展开思考、讨论和实验，让知识在实践中生成，在讨论中提高，在充满乐趣中发展，朴实而有效，实在而不花哨。在教学中教师还善于捕捉学生的细节，比如学生课堂上讲话，教师及时提问讲话的能量来自哪里，让学生及时进入思考的轨道，很好地体现了教师课堂智慧的生成。此例对年轻教师是一个很好的学习蓝本。

例2   **生命活动的主要承担者——蛋白质**

一、教学内容分析

本节知识是人教版必修1第二章第二节关于细胞的组成成分中最重要的内容，对于细胞的组成和细胞结构具有承上启下的作用，了解了蛋白质的知识可以为了解核酸的知识打好基础，也为以后学习细胞的结构做好铺垫。安排本节作为组成细胞化学组成的第一节应该有这方面的考量。有些学校为了降低难度，也有对教材顺序作一个调动，把第五节无机物的知识放在第二节来讲，各有好处。本节课的内容涉及较多有机化学的知识，学生在这时还没有学到有机化学理论，理解会有些许困难，需要教师作适当的处理，以期让学生比较容易理解和接受。

二、学情分析

学生已经在前面一节学习了组成细胞的分子，知道了细胞内元素和化合物的种类和含量，了解了蛋白质在细胞中是除水之外的含量最大的有机化合物。学生在日常生活中也会经常接触到有关蛋白质的问题，如食用高蛋白食物后的过敏反应、奶类含蛋白质的量较高等。学生对蛋白质有一定的初步了解，但蛋白质为什么对细胞那么重要，倒是学生想知道而弄不明白的事。他们对于其结构带着许多疑问，对于其结构如何与功能相联系，也有许多问题想从教师处得知的。

三、教学目标及分析

1. 知识与技能

（1）氨基酸的结构特点，以及氨基酸形成蛋白质的过程。

（2）蛋白质的结构和功能。

2. 过程与方法

（1）培养学生跨学科的分析和综合能力。

（2）收集资料、分析资料的能力。

3. 情感态度与价值观

（1）认同蛋白质是生命活动的主要承担者。

（2）关注蛋白质研究的新进展。

4. 教学重点

（1）氨基酸的结构特点，以及氨基酸形成蛋白质的过程。

（2）蛋白质结构和功能。

5. 教学难点

（1）氨基酸形成蛋白质的过程。

（2）蛋白质结构具有多样性的原因。

四、教学策略

（1）联系前一节学过的细胞的化学组成，通过列举日常生活中我们每天必须摄取的营养物质入手，使学生认识到蛋白质的重要性。

（2）采取分层认识的方法，从元素、基本单位——氨基酸、肽、肽链间的结合和卷曲折叠而成的空间结构等几个层次逐步认识蛋白质分子结构的研究。

（3）在讲述肽时，引用学生学过的化学键的知识帮助学生更好地认识肽和肽键的结构，讲清缩合、肽键、二肽和多肽的概念。强调每种多肽具有特定的氨基酸种类、数目和排列顺序，这种特点决定着肽的空间结构，为学生理解多肽间的区别和蛋白质的多样性打下基础。讲清氨基酸的结构通式是理解此节课的关键节点，教师要花点时间来讲解其结构基团，通过举几个例子让学生辨认是否属于氨基酸来帮助学生熟悉其结构通式及其结构变化的关键在于 R 基的差异。氨基酸的脱水缩合过程可以突出氨基与羧基之间键的形成和水的产生，其他简化的办法来处理，尽量降低难度，因为学生还没有学有机化学知识。

（4）用好多媒体课件，把复杂、抽象的化学空间结构以彩色、立体的图像呈现给学生，让学生更清晰地了解蛋白质的结构知识。对于蛋白质的空间结构，不必详细讲述，可以让学生通过对教材中某种胰岛素空间结构示意图的观察，了解蛋白质具有一定的空间结构就可以了。但是应该对学生指出，蛋白质的生理作用依赖于其自身特定的空间结构。

（5）在讲述蛋白质的功能时，应该注意从列举典型的、易于理解的例子中，概括出蛋白质是构成细胞和生物体的重要结构成分和在生命活动中发挥的重要作用。

五、教学资源

投影仪，多媒体课件，蛋白质空间结构模型。

六、教学过程

本节分 2 课时来完成。

1. 课前准备

教师准备几种氨基酸的结构图；要求学生准备一些食品的成分说明书。

2. 情境创设

教师：蛋白质是构成原生质的最重要的物质之一，它在细胞中的含量只比水少，占细胞干重的 50% 以上。它的基本组成是什么呢？蛋白质含量这么大，在生命活动中承担什么作用呢？展示说明书，让大家分析、讨论：蛋白质由哪些化学元素组成？

学生：（阅读说明书和课本后作出回答）从蛋白质的化学元素组成上看，它主要是由 C、H、O、N 四种元素组成的。此外，有些蛋白质还含有 Fe、Cu、Mn、I、Zn 等元素。

教师：蛋白质的相对分子质量很大，下面可以通过比较得到证明。

（投影）：计算下面几种物质的相对分子质量：$C_{30}H_{4816}O_{872}N_{280}S_8Fe_4$（血红蛋白）、$H_2SO_4$（硫酸）、$H_2O$（水）。

（提问）：蛋白质的相对分子质量比起其他化合物有何特点？

学生：它的相对分子质量较大，是高分子化合物。

教师要求学生阅读课本图示：显示胰岛素结构模型图，帮助学生理解什么是高分子化合物。

学生：（小组讨论）通过胰岛素这种蛋白质分子的结构，可以看出，蛋白质分子这种高分子化合物的结构确实是相当复杂，它是由很多氨基酸组成的，所以氨基酸就是组成蛋白质的基本单位。那么氨基酸的结构又是怎样的呢？下面请同学们写出一个甲烷的结构式。

（一位学生在黑板上写出甲烷结构简式：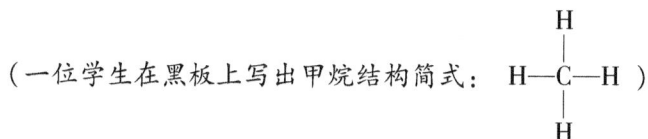）

教师讲述：用一个氨基、一个羧基、一个R基分别取代甲烷中的三个H，就组成蛋白质分子的基本单位氨基酸的结构通式：

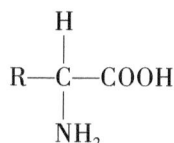

（投影：几种氨基酸的结构式）

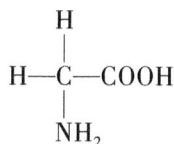   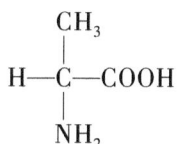   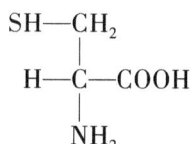

甘氨酸   丙氨酸   半胱氨酸

提问：请同学们观察这几种氨基酸的结构式，它们在结构上有什么相同点和不同点？

学生：共同点是每种氨基酸分子至少都含有一个氨基和一个羧基，并且都有一个氨基和一个羧基连在同一个C上；不同点是R基不同。

学生通过小组讨论总结得出：由于R基的不同，构成了氨基酸的种类不同，在生物体中组成蛋白质的氨基酸约有20种。R基上可以有氨基，也可以有羧基，所以造成了氨基酸在溶液中呈现不同的pH。在人体内有的氨基酸是没有办法在人体细胞内合成的，如赖氨酸、色氨酸等，但是它又是构成蛋白质必不可少的，所以对这类没法合成的氨基酸（必需氨基酸）要有一定量的补充，这样才能满足生长发育的需要。

教师出示几道题，请学生判断哪个是氨基酸，哪个不是氨基酸。

学生通过思考、讨论得出答案，进一步巩固氨基酸的结构特征。

教师请学生讨论：蛋白质分子作为一种高分子化合物，往往是由很多个氨基酸构成的，那些氨基酸之间是如何连接在一起构成蛋白质分子的呢？

学生讨论后回答：是通过一种叫做脱水缩合的化学反应来完成连接的。（展示动画课件。）

教师再以板图形式讲解两个氨基酸之间的脱水缩合反应，并请同学注意肽键是如何形成的，以及把形成的产物叫做二肽的原因。

（教师再以同样的方法，演示三肽化合物的形成。）

该过程由学生写出由四个氨基酸通过脱水缩合形成的四肽化合物结构式，并注明生成的水分子数和形成肽键的数目。学生到黑板上演示，如有错误予以纠正。

许多的氨基酸通过肽键相互连接成多肽链，多肽链盘曲折叠构成了蛋白质分子的结构。

师生共同归纳出：

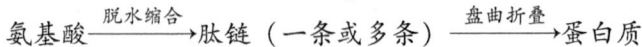

$$氨基酸 \xrightarrow{脱水缩合} 肽链（一条或多条）\xrightarrow{盘曲折叠} 蛋白质$$

教师：既然蛋白质都是由氨基酸通过脱水缩合的形式形成的，那么氨基酸在脱水缩合时，氨基酸的数目与脱水数及与肽键数有何关系呢？出示习题由学生思考、练习，完成课本的边栏思考题，得出三者的关系式：脱水数＝氨基酸数－肽链数。

（举例巩固，给时间由学生提问，教师解决疑问。）

教师：既然蛋白质都是按照上述方式构成的，那么，为什么会有那么多种类的蛋白质呢？（投影：血红蛋白的空间结构图）

（提问）请大家对血红蛋白和胰岛素的空间结构进行对比，分析组成这两种蛋白质的氨基酸的种类、数目、排列次序是否相同？

学生：组成蛋白质的氨基酸数目很多，由于数目、种类、排列顺序不同，会形成不同种类的蛋白质。再加上构成蛋白质的肽链的空间结构千差万别，这些都是细胞中的蛋白质种类繁多的原因。

小结：蛋白质结构多样性的原因：

（1）组成每种蛋白质的氨基酸种类、数目不相同；

（2）组成每种蛋白质的氨基酸排列顺序不同；

（3）每种蛋白质分子的空间结构均不相同。

教师：根据生物学中结构和功能相适应的原理，蛋白质有多种结构，必然会有多种功能，请大家回忆初中生物学中涉及了蛋白质分子的哪些功能？

学生经过看书、小组讨论，举出如抗体、酶、激素（胰岛素）作用的例子，教师加以归纳，总结出蛋白质的多种功能，即功能的多样性。

教师引导学生去看课后的科学史话，使学生了解我国在人工合成蛋白质上取得的成就，增强民族自豪感。

教师：蛋白质作为生命活动的主要体现者，它在生命活动中担当无可替代的作用，它的作用主要表现在以下几个方面：①有些蛋白质是构成细胞和生物体的重要物质（结构蛋白）；②有些蛋白质有催化作用（酶）；③有些蛋白质有运输作用（载体蛋白）；④有些蛋白质有调节作用（激素蛋白）；⑤有些蛋白质有免疫作用（抗体）。

对于生物体来说，蛋白质是必不可少的，它在生物体的各项生命活动中都担当重要的作用，所以可以说一切生命活动都离不开蛋白质，它是生命活动的主要承担者。

（出示课堂练习）

1. 根据下列化学简式回答：

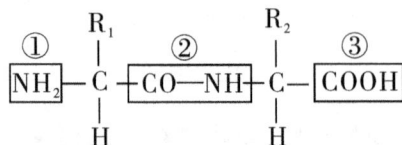

$$\boxed{①} \quad R_1 \quad \boxed{②} \quad R_2 \quad \boxed{③}$$
$$\boxed{NH_2}-C-\boxed{CO-NH}-C-\boxed{COOH}$$
$$\quad\quad | \quad\quad\quad\quad\quad | $$
$$\quad\quad H \quad\quad\quad\quad\quad H$$

（1）此化合物名称叫_____，生成此化合物的反应叫_____，反应所产生的化学键叫_____。

（2）填写方框内的名称：①_____；②_____；③_____。

（3）每个氨基酸的平均相对分子质量为 180，该物质的相对分子质量约为_____。

2.2003 年春季发生了非典疫情，讲卫生受到了前所未有的重视。当时灭毒消毒产品供不应求，为了达到灭毒消毒的效果，家中每天把吃过的碗筷等拿去蒸煮，你认为这样做的理由是什么？

（课堂小结）

元素（C、H、O、N 等）$\xrightarrow{\text{组成}}$ 氨基酸（约 20 种）$\xrightarrow{\text{缩合}}$ 多肽 $\xrightarrow{\text{一条或几条盘曲折叠}}$ 蛋白质（承担各种功能）

（布置作业）

第 24 页"一、基础题"1、2、3。

（课后拓展）

查资料：当前蛋白质研究的现状，以及研究它的现实意义在哪？

蛋白质的结构

已有证据证明，蛋白质是由 α-氨基酸结合而成，水解后产生 α-氨基酸。这种结合是 1 个氨基酸的氨基与另 1 个氨基酸的羧基以肽键（即酰胺键）结合成肽链，再由 1 个或 1 个以上的肽链按各自特殊的方式组合成为蛋白质分子。随着氨基酸的分子数目、排列次序，以及肽链数目和空间结构的不同，遂形成了不同的蛋白质。

根据长期研究蛋白质结构的结果，已确认蛋白质的结构可分为一级结构、二级结构、三级结构和四级结构。

一级结构：又称初级结构，是指氨基酸如何连接成肽链以及氨基酸在肽链中的排列顺序。在一级结构中，一致公认肽键（—CO—NH—）是主要连接键，而多肽链（由多个氨基酸以肽结合形成的长链）无疑是一级结构的主体。

二级结构：蛋白质的二级结构是指蛋白质分子中多肽链本身的折叠方式。根据已有的实验证明，多肽链的二级结构主要是 α-螺旋结构，其次是 β-折叠结构，还有 β-转角，Ω 环和无规则卷曲。在二级结构中有氢键参加以维持其稳定性。

三级结构：蛋白质的三级结构是指螺旋肽链结构盘绕、折叠成复杂的空间结构，包括肽链中一切原子的空间排列方式，即原子在分子中的空间排列和组合的方式。

四级结构：是指蛋白质的亚基（subunit，亦称亚单位）聚合成大分子蛋白质的方式。

（板书设计）　　**第二节　生命活动的主要承担者——蛋白质**

（1）含量 50% 以上（干重）。

（2）元素组成：主要有元素 C、H、O、N 等。

（3）基本组成单位氨基酸，大约 20 种。

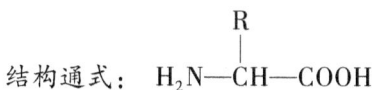

结构通式：$H_2N—\underset{|}{\overset{\overset{\displaystyle R}{|}}{CH}}—COOH$

（4）蛋白质的结构：氨基酸连接方式。

缩合反应：

$$H_2N-\underset{\underset{R_1}{|}}{CH}-CO\boxed{OH + H}N-\underset{\underset{R_2}{|}}{CH}-COOH$$

$$\downarrow$$

$$H_2N-\underset{\underset{R_1}{|}}{CH}-\boxed{CO-NH}-\underset{\underset{R_2}{|}}{CH}-COOH$$

$$+$$

$$H_2O$$

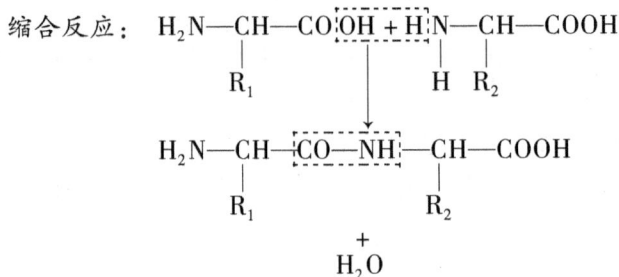

（5）蛋白质的主要功能（具有多样性）。

七、教学反思

本节通过让学生收集身边食品的说明书来引起学生关注有关蛋白质的知识，利用生活中的事实与课本知识的结合让学生明白生活中包含有生物知识，从而激发学生的学习兴趣。本课的情境创设还是达到了预期效果，学生在课堂教学过程中能积极配合，踊跃发言与思考，课堂气氛活跃，秩序井然，师生互动畅通。

教师是通过分层分析来介绍蛋白质的分子结构的，从学生熟悉的基本元素 C、H、O、N 四种元素组成的氨基酸入手，剖析氨基酸的结构通式，把学生可以理解的氨基、羧基呈示出来，告诉学生 R 基是一个基团，它决定了氨基酸的种类。学生通过书写和例题的判断来认识氨基酸的结构通式，成功率较高，顺利地解决了第一个难点。对于氨基酸缩合成多肽的过程，教师采用多媒体演示的办法，化静为动，比较直观地展现脱水缩合过程中水的形成和肽键的产生，最后把氨基酸数目与脱水数和肽链数的关系告诉学生，对于蛋白质结构和功能多样性的知识由学生通过阅读课本和进行小组讨论来学习，教师以提问和思路引导为辅，帮助学生得出蛋白质结构多样性和功能多样性的结论。

由于学生没有接触有机化学知识，教师讲授时对比较复杂的有机化学知识采取简化和忽略的形式来处理，但在教学中可以发现，有部分学生还是不容易理解，总是被化学的问题所困住。也许用更形象的化学结构模型来帮助讲述会让这些学生更好地理解，留待以后尝试。

八、课例评析

新课程倡导教学要以学生为本，着眼于学生的发展，本节课从学生日常生活中熟悉的食品说明入手，让生活与课堂结合起来，这是很好地贯彻了新课程理念的一个体现，坚持学以致用的原则来实施教学是本节课的一个亮点。

教师用分层分析的科学方法来帮助学生认识蛋白质分子结构的结成和特点也是本节课成功的一个要素。从教师严谨的逻辑推理中，学生会学到良好的科学推理方法和思路，有助于以后的发展。教师应用多媒体的课件展示蛋白质分子形成过程的动态变化，能有效解决复杂的化学分子的变化过程，降低学生理解的难度，而让学生当场书写可以巩固学生的记忆。学生在课堂上思维活跃，讨论热烈，可以看出这节课是成功的。

在教学过程中，如果对氨基酸形成蛋白质的过程采用角色扮演的形式来开展，相信会更能帮助学生理解肽键的形成和水的产生，对氨基酸与肽键的关系也会更理解，印象会更牢固。只是当前课堂采用角色扮演的机会用得太少了。

例3   **第一节　DNA 是主要的遗传物质**

一、教材分析

本节课是人教版必修 2 第三章第一节的教学内容。本节内容比较难懂，由于不太了解实验的方案和实验细节，实验现象也不可能直观呈现出来，所以学生对好多结论往往感到不可思议，不易理解。但这节课对于理解为什么说 DNA 是遗传物质，蛋白质不是遗传物质十分重要，教师要站在提示与证明谁是遗传物质的角度来教授这节内容，帮助学生认识和理解遗传物质的本质，这样有助于学生理解 DNA 是遗传物质的原因。

二、学情分析

学生前面已经知道了基因决定着生物的性状，基因位于染色体上，但染色体上的基因在哪里呢？学生是无法回答的，也是学生想了解的。由于接触实验不多，学生学起来会比较难，往往不太理解为什么要做这个实验，这个实验想证明什么，为什么就能证明。所以教师要借助于多媒体课件来帮助学生比较直观地认识实验的目的和过程、结果与结论，给学生时间进行思考和小组讨论，让学生领会教材的内容。

三、教学策略

（1）对于实验，教师要通过课件的播放来演示实验的大体过程、实验现象和结论，给学生一个比较直观的印象。

（2）本节课学生的疑问点会比较多，对学生不理解的地方教师要多一些点拨与启发，可以把实验过程转化为一个个问题引导学生去思考和讨论，帮助其理解，认清实验的目的、要求、现象和结论，注意逻辑分析，让学生领悟科学研究的过程和方法。

（3）及时总结各个实验的思路与方法，让学生理解各个实验之间的联系和差异，对于较深奥的知识点采用简化处理的方法来进行，等到复习单元知识的时候再作深入的学习，不必一开始就把所有的知识都讲透彻。

四、教学目标及分析

1. 知识

（1）总结人类对遗传物质的探索过程。

（2）分析证明 DNA 是主要的遗传物质的实验设计思路。

2. 情感态度与价值观

（1）认同与人合作在科研中的重要性，讨论技术进步在探索遗传物质奥秘中的重要作用。

（2）认同人类对遗传物质的认识是不断深化不断完善的过程。

3. 能力

探讨实验技术在证明 DNA 是主要遗传物质中的作用。

4. 教学重点

（1）肺炎双球菌转化实验的原理和过程。

（2）噬菌体侵染细菌实验的原理和过程。

5. 教学难点

肺炎双球菌转化实验的原理和过程。

五、教学资源

投影仪、多媒体课件。

六、教学过程

教学内容	教师组织和引导	学生活动	教学意图
章引言	引导学生阅读并思考第41页章引言	阅读、思考	引入新课
问题探讨	引导学生完成"问题探讨"并提示。 [提示] 1.（1）具有贮存大量遗传信息的潜在能力。 （2）能够指导蛋白质合成，从而控制生物的性状和新陈代谢的过程。 （3）在细胞生长和繁殖的过程中能够精确地复制自己，使得前后代具有一定的连续性。 （4）结构比较稳定，但在特殊情况下又能发生突变，而且突变以后还能继续复制，并能遗传给后代。遗传物质必须稳定，要能贮存大量的遗传信息，可以准确地复制出拷贝，传递给下一代等。 2. 这是一道开放性的题，答案并非唯一，只要提出正确的思路即可。	阅读、思考、回答	以已知推出遗传物质的特点，自然引入新课。
一、对遗传物质的早期推断	[问] 20世纪20年代，人们为什么会认为蛋白质是遗传物质？到20世纪30年代呢？ 引导学生带着这些问题阅读课本第42～43页。	阅读、思考	从历史背景了解人们的推测。
二、肺炎双球菌的转化实验	通过确凿的实验证据首先向遗传物质是蛋白质的观点提出挑战的是美国科学家艾弗里，而艾弗里的实验又是在英国科学家格里菲思的肺炎双球菌转化实验的基础上进行的。 请看这个著名的经典实验：出示R型细菌和S型细菌的菌体和菌落图，让学生对图指出何者是R型菌体，何者是S型菌体，菌落各是怎样，毒性呢，以加深学生对两种细菌的了解。 [问] ①肺炎双球菌的转化实验分哪几个步骤？各看到哪些现象？ ②第四组的实验结果说明了什么？ ③艾弗里及其同事的设计思路是什么？他们的研究结果说明了什么？ 学生阅读教材第43～44页，边看书边图解，回答上述问题。 （1）体内转化　1928年　英国　格里菲思 ①活R，无毒 ②活S，有毒 ③Δ杀死的S，无毒 ④活R＋Δ杀死的S，无毒 →小鼠→活小鼠/死小鼠/活小鼠/死小鼠 →转化因子是什么？　（②④分离出活S） 在肺炎双球菌的转化实验中，为什么加热杀死的S型细菌还能使R型活细菌转化为S型活细菌？ [讲述] 蛋白质和核酸对于高温的耐受力是不同的。在80～100℃的温度范围内，蛋白质将会失活，DNA双链将解开；当温度降至55℃左右时，DNA双链能够重新恢复，但蛋白质的活性却不能恢复。 （2）体外转化　1944年　美国　艾弗里 活S{多糖或蛋白质／DNA＋R型培养基→／DNA＋DNA酶} →{R型／R型＋S型／R型} →转化因子是DNA。	阅读、思考、回答	弄懂肺炎双球菌转化实验的原理和过程。

（续上表）

教学内容	教师组织和引导	学生活动	教学意图
第 2 课时 三、噬菌体侵染细菌的实验	［介绍］噬菌体侵染细菌的过程： ①吸附→②注入（DNA）→③复制子代噬菌体的 DNA 和合成子代噬菌体的蛋白质→④组装子代噬菌体→⑤释放。 噬菌体侵染细菌的实验 表格见下 	阅读、思考、回答	列表比较一目了然
边栏思考题	［提示］因为硫仅存在于 T_2 噬菌体的蛋白质组分中，而磷则主要存在于 DNA 的组分中，用 ^{14}C 和 ^{18}O 等元素是不可行的，因为 T_2 噬菌体的蛋白质和 DNA 分子的组分中都含有这两种元素。	思考、回答	
思考与讨论	［提示］（1）细菌和病毒作为实验材料，具有的优点是：①个体很小，结构简单，容易看出因遗传物质改变而导致的结构和功能的变化。细菌是单细胞生物，病毒无细胞结构，只有核酸和蛋白质外壳。②繁殖快。细菌 20～30 分钟就可繁殖一代，病毒短时间内可大量繁殖。 （2）最关键的实验设计思路是设法把 DNA 与蛋白质分开，单独地、直接地去观察 DNA 或蛋白质的作用。 （3）艾弗里采用的主要技术手段有细菌的培养技术、物质的提纯和鉴定技术等。赫尔希采用的主要技术手段有噬菌体的培养技术、同位素标记技术，以及物质的提取和分离技术等（学生可能回答出其他的技术，但只要回答出上述主要技术就可以）。科学成果的取得必须有技术手段作保证，技术的发展需要以科学原理为基础，因此，科学与技术是相互支持、相互促进的。	思考、讨论、回答	
总结	从实验过程得出以下结论： （1）DNA 是转化因子，是遗传物质，而蛋白质不是。（因为艾弗里及其同事对 S 型细菌中的物质进行了提纯和鉴定，他们将提纯的 DNA、蛋白质和多糖等物质分别加入到培养了 R 型细菌的培养基中，结果发现：只有加入 DNA，R 型细胞才能够转化为 S 型细菌。） （2）遗传物质是 DNA。（因为 DNA 进入了细菌体内复制，并复制合成自身的蛋白质。所以在子代噬菌体内，亲代噬菌体内蛋白质没有被标记的元素。） （3）RNA 也可以是遗传物质。 从三个实验的结论中，拓展出下列规律： ①非细胞结构的生物体内，只有一种核酸，只有一种遗传物质，即 DNA 或 RNA；②在具有细胞结构的生物体内，有 DNA 和 RNA 两种核酸，但 DNA 是主要的遗传物质。③染色体是 DNA 的主要载体；④遗传物质控制蛋白质的合成，并由蛋白质表达遗传信息。	总结、归纳	培养学生归纳总结的能力
作业	练习：第一、二题		

噬菌体侵染细菌的实验表格：

亲代噬菌体	原宿主细菌内	子代噬菌体	实验结论
^{32}P 标记 DNA	无 ^{32}P 标记 DNA	DNA 有 ^{32}P 标记	DNA 是遗传物质
^{35}S 标记蛋白质	无 ^{35}S 标记蛋白质	外壳蛋白无 ^{35}S 标记	

第十一章 优秀中学生物课例评析

七、教学反思

本节课内容是本章书中比较晦涩难懂的，实验无法演示给学生，实验材料也是学生不常看到的，因此学生普遍是比较怕本节课的。教师采用了一些有利于帮助学生理解的教学策略，如利用多媒体课件来演示实验的大体过程和结果，以问题引导的办法来帮助学生思考实验的思路和方法，所用技术的目的与意义，让学生对实验的意义有了比较明确的了解。

本课重视实验思路和实验材料的比较，让学生领悟科学家做实验的目的和手段，从侧面帮助学生认识这样做实验的意义，化解学生心中的疑惑。通过把重要的思路和实验过程板书，让学生比较清晰地看到实验的演变过程和结论，看出不同实验的逻辑关系和高明之处。对于噬菌体侵染细菌的实验从分子中元素组成差异的角度入手，结合必修1学过的知识来分析放射性同位素标记的方法，点明结果差异的原因，让学生在老师的启发下层层剖析，一步步得出科学的结论，使结论变得可信、可靠。

教师比较多地应用了问题的引领和学生小组讨论的办法来实施教学，使学生从抽象的实验中逐步理解了实验的方法、思路和结果，并领会了科学研究的态度和精神。

八、课例评析

要把一节难上的课上好是不容易的，本节课教师采用了讨论、演示、资料分析的手段来实施教学，没有像传统的教学依靠教师的讲解来进行。通过这些手段，学生从复杂的实验中理解了实验的目的、方法、思路和结果，让课上得比较轻松、印象深刻。假如没有课件的演示，学生无法体会实验的思路和现象，效果会大打折扣。有些课依靠讲是讲不清楚的，要让学生多想，开动脑筋，利用已知的知识和经验，站在科学家的角度去分析问题和解决问题，这样才容易理解。这节课的成功之处在于问题设置得好，既用好了课本，又使教材内容变成一系列的问题引导学生去思考、去解决。

对于比较难的内容不采取全部都讲的办法来处理不失为一个好办法，通过简化实验的细节，跳过不必要的内容，突出对结果有用的部分，让学生紧扣实验目的来思考如何证明实验结论，分析实验的手段，可以减轻理解的难度，减少时间。抽象的知识往往需要一个逐渐认知的过程，需要时间去消化。难点也许不是一下子就能解决的，可以通过知识的积累来分步解决。

重视问题的引导对本课的顺利进行起了不少作用。做实验不是没有目的的，实验的方法、技术的采用都是围绕主题来展开的，让学生带着这个思路去分析资料、分析实验过程会容易些，减少了迷茫。教师的比较分析和重要知识点的板书帮助了学生把握重要知识点的理解，使这节课比较成功地解决了难点。这体现了教师的课堂教学智慧和高超的教学艺术。

例4　　　　　　　**第四节　　"生态系统的信息传递"**

一、教学内容分析

"生态系统的信息传递"一节是人教版必修3"稳态与环境"第五章"生态系统及其稳定性"第四节的内容。这一课不仅与第四章种群和群落的知识有密切联系，也是对生态系统功能知识的完善。信息传递是生态系统基本功能之一，可以与能量流动、物质循环一起将生态系统各组分联系为一个整体，共同维系着生态系统的稳定。因此它也是下一节

"生态系统的稳定性"的基础。当然这一节也联系到整个生命系统的结构层次，有助于学生对生命系统结构和功能的整体性的把握。

本节内容在以往的教材中从未涉及，可能是生态系统的信息传递是生态学新的研究领域，目前研究的还是很少。在新教材中作为新增内容，其设计意图在于进一步完善生态系统的生态功能，同时也有助于学生形成完整的知识结构。

二、学情分析

（1）高二理科学生，从能力方面分析，有一定的观察推理能力，能够掌握基本的思维方法，逻辑思维、创造思维有了较大的发展，认知能力也在不断完善，且在研究性学习过程中也积累了一定的探究经验。从知识的准备情况看，学生已经具有了生命系统的结构层次、细胞内的信息传递、细胞间的信息传递、生物个体的信息传递，种群、群落以及生态系统的结构、功能的基本知识。此外，课本中对图片和曲线图的分析，以及建构生态系统功能的模型，都能激发理科学生较大的探究兴趣。

（2）学生新知识的"生长点"：从形形色色的生物学现象过渡延伸到信息种类知识的学习，通过教师引导学习生态系统信息传递的特点以及相关的资料分析信息传递在生态系统中的应用。

（3）学生学习障碍的分析：某一生物现象信息种类的辨析，生态系统信息传递作用的理解，这些障碍可以通过教师引导、分析资料、合作讨论等方式得到排除。

三、教学目标及分析

1. 知识目标

（1）举例说出生态系统中的信息传递。

（2）说出信息传递在生态系统中的作用。

（3）描述信息传递在农业生产中的应用。

2. 能力目标

（1）引导学生收集资料（生活中观察到的实例），使学生学会鉴别、选择、运用和分享信息。

（2）组织学生对资料进行分析、讨论，进一步提高学生的识图能力以及分析问题、阐明问题的能力。

（3）学会运用生物学术语准确描述生物现象，科学严谨地进行表达。

（4）通过联系日常生活和生产中的具体例子培养学生对知识的迁移应用能力。

3. 情感态度与价值观目标

（1）通过对自然现象本质的揭示，激发学生热爱自然，珍爱生命。

（2）确立辩证唯物主义自然观和科学的世界观。

（3）培养从系统角度认识生物学初步形成生态学的观点。

（4）认识到信息传递在生态系统及人类生活中的应用，关注现代科技的信息进步。

4. 教学重点和难点

基于教材分析将本节的重点确定为：信息传递在生态系统中的种类和作用。教学难点是信息传递在生态系统中的作用。

四、教学策略

（1）利用课本的问题情境，引导学生思考和讨论，认识信息传递在生态系统中的种类和作用。通过阅读和分析资料分析栏目，归纳总结出信息的作用和特点，联系以前的物质循环和能量流动知识的学习，进行必要的比较，认清三者之间的关系和区别。

（2）发挥学生的主体作用，以例为媒，让学生通过分析事例、列举事例来认识信息传递有哪些形式，在生态系统起了什么作用，在生产实际中有何应用价值，让学生对生态系统的功能有一个整体的了解和认识。

五、教学过程设计

第一环节：以例激趣，引出课题。

教师运用多媒体展示生活中的图片并提出问题：夏天来了，很多家庭都买了驱蚊灯，你能从生物学的角度谈一谈驱蚊灯设计的原理吗？由此引入课题，是光把信息传给了生物，信息像能量和物质一样，普遍存在于生态系统中。这样从生活中熟悉的事例出发，在给学生带来极大兴趣的同时，可以激发学生强烈的探索欲望，让学生以渴求的心情进入学习状态，并引起他们的思考。

第二环节：以例导行，自主学习，合作探究。

教师接着设置疑问：能量是单向流动的，物质是循环往复的，信息是如何在生态系统中传递的呢？然后让学生带着问题（你知道在生态系统中信息的种类有哪些吗？你怎样去辨别这些信息属于哪种信息类型？你能举出这些信息类型在生活中的其他实例吗？）自主学习生态系统信息种类的知识，先阅读教材，分类举例，然后小组合作，将每个人想到的例子归类并写出来，比一比看哪一组写得多。当然对某些事例涉及的信息有时也会引起其他学生的质疑，在这个过程中教师对学生的表现要给予及时的评价，对存在的问题给予及时的纠正。

之后教师再引导学生回到开始的设问中来，信息是如何在生态系统中传递的呢？引导学生回顾生态系统的组成。教师此时出示大量的图片（3组：同种生物之间、不同种生物之间、生物和环境之间的关系图），引导学生快速找到每幅图片信息的来源，同时分析每一组中信息是如何传递的。这样除了检测学生对刚刚获得知识的掌握情况外，还可通过回顾旧知识，帮助学生建立新知识的结构体系，即在同种生物之间、不同种生物之间、生物与其生存环境之间，都在不停地进行着形形色色的信息交流；也让学生体验到自主学习的成就感以及激发他们进一步探究的积极性。

教师对第1部分内容小结，生态系统中存在的各种信息传递的方式是在生物长期进化的过程中实现的。让学生充分地体会生物采取不同的方式适应生态系统，信息交流是其中的一种适应形式，作用地位非常重要，从而导入下一环节。

第三环节：以例说理，分析讨论。

通过引导学生分析生命系统的各个层次，逐层引入下一个问题：小至细胞，大至整个生态系统，都在进行信息的交流，例如，在细胞内，生物体通过转录、翻译的过程，合成蛋白质；神经元之间通过神经递质传递兴奋的信号。生物体内通过神经—体液—免疫系统互通信息，保持机体内环境的稳定等过程。前面又分析了在生态系统内，同种生物、不同种生物、生物和环境都存在信息传递，那么对于生态系统，信息的传递又有哪些重要意义呢？引入生态系统信息传递的作用的教学。这样从一个个具体的信息传递的实例出发，帮助学生从信息传递的角度构建知识体系，了解生命系统的信息传递。

教师指导学生结合前面提到的各种信息传递的实例，阅读教材资料分析，同时结合教师给出的补充资料（分析兔子和猞猁在食物链中二者的数量变化关系），让学生基于课本资料和所提出的问题进行小组合作学习并给学生交流的时间和空间，然后推选出小组的代表进行回答。由于前面已经引导学生分析了生态系统信息传递的特点，在此基础上学生很容易通过分析讨论、合作交流认同信息传递对于生物个体的生存、种群的繁衍是必不可少的；对于群落和生态系统来说，还具有调节生物的种间关系，维持生态系统稳定性的重要作用。由此得出信息传递与物质循环、能量流动一样，也是生态系统的一个基本功能。

为了帮助学生更好地理解信息传递的功能，教师把能量流动和物质循环放在一起，让学生合作通过比较信息传递与能量流动、物质循环的特点，建立生态系统信息传递的模型。教师出示没有箭头标示的模型图（见图11-1），学生在认识物质循环、能量流动和信息传递特点的基础上，尝试用不同颜色或粗细的箭头在图上标出生态系统各组成成分之间的物质循环、能量流动及信息传递。

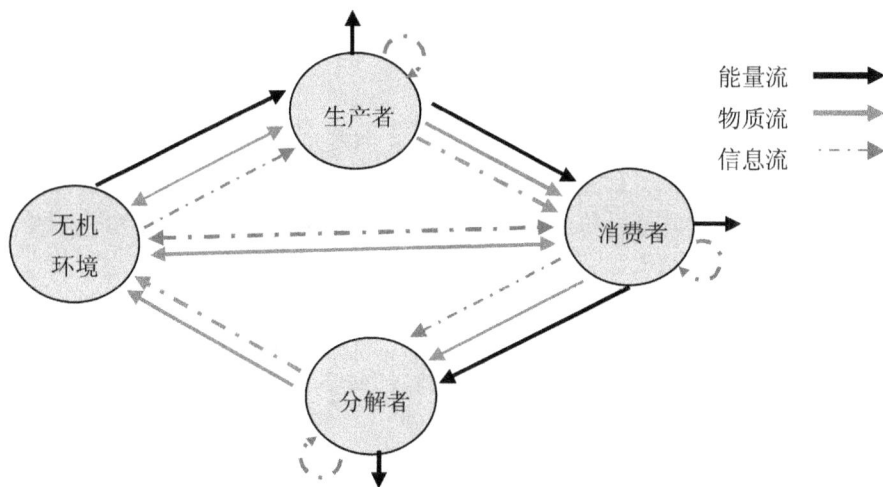

图11-1　生态系统信息传递模型图

教师小结：信息传递、能量流动和物质循环都是生态系统各组分必不可少的一部分，使生态系统形成一个有机的整体，同时信息传递是长期的生物进化的结果，具有调节系统稳定性的作用。

第四环节：以例创新，开拓发展。

教师过渡："我们学习信息传递，是为了更好地利用它，谁能说出信息传递在农业生产或生活中应用方面的例子？"同时完成教材拓展题。要求学生先阅读教材并归纳出信息传递在农业生产中的应用，让学生利用学过的信息传递的知识讨论，尽可能地提出更多的应用措施或方案。教师引导学生修正结论。

为了给学生创造更多探究性学习的机会，在课的最后，教师设置了这样一套作业题：实验设计，证明雌蛾能分泌性外激素吸引雄蛾前来交尾。目的是训练学生的科学思维能力，把所学的知识应用到实际，并形成严谨的学习态度。

六、教学反思

本节课的成功之处体现在以下几个方面：

（1）采用自主学习和合作探究学习的教学方法让学生充分感知知识的形成过程来内化

知识，取得了很显著的学习效果，落实了新课程理念。学生的学习热情非常高，课堂讨论气氛热烈，各小组积极发言，学习过程轻松愉快，教学中每个学生都能参与到学习中去，满足了不同学生的需要，也有不少学生提出了有探究价值的问题。很好地体现了学生的主体作用，课堂上学生拥有积极思考和参与教学活动的时间和空间，学生可以在相互讨论和启发中学习，在活动中思维和发展，而教师是活动的组织者。

（2）面向学生的生活世界和社会实践。利用学生的生活经验和生活阅历，架设生活与教材联系的桥梁，激发学生的学习兴趣和创造性思维。课堂设置的问题也富有启发性。

（3）重视新课程对学生的评价，对学生的学习及时地肯定表扬以及同学们的掌声都使学生体验到了学习的成功，从而保证了整节课的学习热情和探究兴趣。教师是学习的促进者。这节课教师把对学生的评价着重放在学生回答问题中，语言表述科学严谨的，及时给予肯定和表扬，不规范的及时纠正，帮助学生养成用科学术语表述和思维的习惯。

（4）运用模型图教学。通过建立模型图，把学生对信息传递的特点和作用的感性认识上升到理性认识的高度，符合认知构建理论，提高学生的分析归纳能力，并建立起对生态系统功能的全面认识。

七、课例评析

本节内容感觉比较散，不容易把它串起来，教师在教学中以生活中常见的例子为切入点，以所学知识为基础，分析信息传递在生态系统中的作用。学生可以从具体的实际中领会到：信息传递虽然不常接触，但作用很大，值得学习和研究。这把学生的激情调动起来了，把学生的思维也调动起来了，枯燥的内容也就变得有意思了。

本节资料分析的事例较多，教师没有采用纯粹的资料分析，而是边分析，边把生活中常见到的例子结合起来，让学生觉得这些例子与生物知识联系紧密，学起来劲头足，回答问题踊跃，举例也积极，较好地把知识与生活有机结合起来，有效地增长了学生的见识，丰富了学生的学习视野，提高了生物素养。

教师注意模型图的教学，把前面的知识与本节的知识串起来，让学生构建比较清晰的知识网络，从整体上理解和把握生态系统各功能的关系。这提高了学生的归纳总结能力。

第二节　初中生物课例评析

例1　　　　　　　　探究植物细胞的吸水和失水改进实验

一、教材分析

"水分的吸收"是北师大版七年级《生物学》（上册）第五章第三节"吸收作用"中的教学重点、难点。为了突破这个重点、难点，教材中安排有"探究植物细胞的吸水和失水"实验。教材中安排的实验涉及的器材较多（天平、砝码、四个烧杯、两个量筒、盐水、清水、小刀、垫板、萝卜），步骤较烦琐。教学中，教师结合实际，对实验器具、方法作了适当的改进，使用的实验材料少，取材容易，步骤更简单，结果更方便对照，从而使实验更具广泛性和普遍性。通过实验，使学生牢固掌握植物细胞吸水和失水的条件及原理。

二、学情分析

初一的学生年龄小，对新鲜事物还保留有强烈的好奇心，所以教学中应该力求引起学生的学习兴趣，积极性一旦被调动起来，教学就会变得很轻松。但是初一学生的抽象思维能力和理解分析能力都还比较弱，所以在教学中还要力求使教学表达更加直观，才能收到良好的教学效果。

三、教学目标

1. 知识目标

（1）观察植物细胞吸水和失水现象。

（2）探究植物细胞吸水和失水的条件。

2. 能力目标

（1）通过实验，培养学生的观察能力。

（2）通过引导学生进行实验现象的分析，培养学生处理信息的能力。

（3）通过改进实验，培养学生动手实验的能力。

3. 情感态度与价值观目标

提升学生崇尚探究科学的情感。

四、教学重点

（1）植物细胞吸水和失水的条件。

（2）通过实验，培养学生的观察能力，培养学生处理信息的能力，培养学生的科学探究能力。

五、教学难点

探究植物细胞吸水和失水的条件。

六、教学方法

实验法、讲解法。

七、教学设计

学习内容	教师活动	学生活动
材料器具准备	介绍实验器材，并提出相关注意事项。	熟悉所使用的材料器具：小刀、垫板、250毫升医用注射液空瓶两个、两根玻璃管、清水、浓度为10%的食盐水、萝卜等。
实验过程	向学生说明相关注意事项，指导学生完成实验，加强实验课堂教学巡视并及时纠错。	（1）给空瓶编号。将医用注射液空瓶瓶塞外的金属去除，检查并确保瓶塞的气密性，分别贴上1号和2号标签。 （2）制作萝卜块。选取新鲜的萝卜，用小刀把萝卜切成大小约0.5厘米的萝卜块，操作时应注意安全。 （3）放入萝卜块。将切好的萝卜块分别放进1号和2号玻璃瓶，约占瓶子容积的1/5。 （4）灌注溶液。分别给1号瓶、2号瓶灌注清水、10%浓度的食盐水，要注满，直至完全排出液面上的气泡。 （5）盖上瓶塞并插入玻璃管。液体会随玻璃管插入而上升，然后用红线标注出玻璃管中的液面，玻璃管可用适当硬度的塑料管代替。为提高观察效果，可在管子上端投进一个深色泡沫小颗粒，显示液面位置。 （6）观察液面变化。静置3~5分钟后，观察玻璃管中液面的变化。

（续上表）

学习内容	教师活动	学生活动
展示实验结果	结合实验现象，引导学生填写黑板上表格的前三项内容。	完成黑板上表格的前三项内容。
引导、讨论	引导学生通过观察清水、盐水液面变化，思考、讨论：1号瓶水分为什么会减少？2号瓶水分为什么会增加？指导学生完成上表中的最后一项内容。	通过实验，我们可以观察到1号瓶液面下降了，2号瓶液面上升了。通过引导学生思考、讨论液面变化的原因，得出答案：瓶中水分的变化，是由于萝卜块里面的水分流动引起的。从细胞角度来说，1号瓶因为萝卜细胞吸水而导致水分的减少，2号瓶因为萝卜细胞失水而导致水分的增加。
点拨	用拔河比赛活动来比拟植物细胞在盐水中失水的道理，学生的人数多少代表溶液浓度的高低，启发学生：人越多力量就越大，绳子就会向人多的方向移动。	探究出瓶中的水分是从浓度低的地方流向浓度高的地方。 吸水 水溶液的浓度 < 细胞液的浓度 > 失水
得出实验结论	引导学生填写植物细胞吸水和失水的结论。	当外界溶液浓度大于植物细胞细胞液浓度时，植物细胞就__失__水；当外界溶液浓度__小于__植物细胞细胞液浓度时，植物细胞就__吸__水。
思考与练习	布置学生完成作业。	(1) 根毛细胞为什么能吸水？ (2) 肥施多了为什么会烧苗？

八、板书设计

探究植物细胞的吸水和失水。

对象	溶液	液面变化	瓶中水分变化	水分变化原因
1号瓶	清水	下降	减少	细胞吸水
2号瓶	食盐水	上升	增加	细胞失水

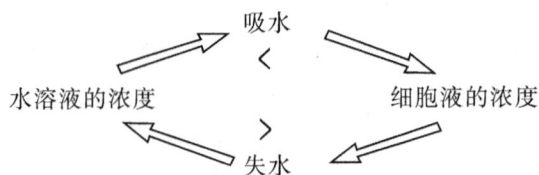

吸水

水溶液的浓度 < 细胞液的浓度

>

失水

当外界溶液浓度___大于___植物细胞细胞液浓度时，植物细胞就___失___水；

当外界溶液浓度___小于___植物细胞细胞液浓度时，植物细胞就___吸___水。

九、教学评价与反思

本实验对实验器具、方法作了适当改进，使实验取材容易，操作简便，形象直观，结论明显。教学方法主要采用实验教学法，使学生从上课开始就兴趣盎然，激发学生强烈的求知欲。在教学中体现了以"学生为主体，教师为主导"的新教学理念，从而较好地实现了教学目标。

通过探究性实验，激发学生学习生物学的兴趣，引导学生积极主动地获取科学知识，领悟科学研究方法；注重理论联系实际，用学生熟悉的生活现象来验证原理，从而提高学生动手实验的能力，拓宽了学生的知识面，提升了学生崇尚探究科学的情感。

例2　　　　　　**第三节　关注合理营养与食品安全教学**

一、教学目标

（1）举例说出什么是合理营养。

（2）关注食品安全。

（3）尝试运用有关合理营养的知识，设计一份营养合理的食谱，关心长辈的饮食。

（4）认同环境保护与食品安全之间的统一性。

二、教学重点

关注合理营养和食品安全在健康生活中的意义；学生通过分析，认同环境保护与食品安全之间的统一性。

三、教学难点

设计一份营养合理的食谱，将所学知识上升为意识，再由意识转化为行为。

四、课前准备

学生：四人小组合作，课前明确课题的目的后，经商讨制订调查或收集资料方案，展开调查或收集有关合理营养、食品安全方面的信息；课前尝试为家长或自己设计一份午餐食谱；自带各种类型的食品包装袋；课前询问家长购买肉类、鱼类及其他食品时是怎样挑选的。

教师：课前收集若干食品的包装袋和包装盒，以备学生需要；搜集电视报刊中关于食品安全的信息；课前培训学生。指导小组组长展开调查和收集整理资料；指导学生写出调查报告或将收集的资料制成多媒体课件或录像带，便于课堂上交流；设计评比栏和课前课后学生设计午餐食谱营养合理差异性的对比图（让学生明确科学知识在指导健康生活中的价值）。

五、课时分配

参考课时：1课时。

六、教学流程

1. 导入

学生课前为家长设计一份午餐食谱；自主讨论不良饮食习惯、不合理营养的危害，怎样做才是合理营养，从而进入探究主题。

2. 新课教学

（1）合理营养：出示三个讨论题：①不注意合理营养的危害有哪些？②什么是合理营

养？③"我"该怎么做？学生讨论归纳出如何合理营养。师生、生生合作为该班制定一个合理营养的文明公约。为表孝心，再次为家长设计一份午餐食谱，并对比哪一份更合理。

（2）食品安全：学生讨论三个问题：①怎样购买安全食品？②怎么预防食物中毒？③怎么防止食品污染？对于包装食品，学生阅读食品包装盒上的内容，分组讨论，并推举小组代表进行发言，使学生会识别包装内容。对于非包装食品的安全，学生听取小专家现场小讲座，了解相关知识。对于预防食物中毒和防止食品污染，学生通过两个讨论题"能用发霉、变质的残羹剩饭或饲料喂养家禽家畜吗，为什么？有人说有'虫眼'的蔬菜水果，农药含量少，可放心购买，对吗"进行讨论，得出结论。学生在教师启发下思考：现实生活中哪些行为最终会导致食品的污染？引导学生深层次地从防治环境污染的角度认识食品安全问题，强调保护环境的重要性。最后，学生通过看书了解绿色食品。

3. 小结

俗话说"民以食为天"，"病从口入"，食品安全关系着每一个人，我们应当了解相关的常识，用科学知识指导我们健康地生活。如果你想了解得更多，就到图书馆或网上去浏览吧。

七、教学过程

学习内容	学生活动	教师活动
1. 合理营养 （1）不注意合理营养的危害。 （2）什么是合理营养？ （3）"我"该怎么做？ （4）运用知识指导生活，设计午餐食谱。 合理营养关注健康生活，进行情感教育。 2. 食品安全 （1）整体感知食品安全的重要性。 （2）怎样购买安全食品。①包装食品的安全。（会读包装内容）②非包装食品的安全。（有一双火眼金睛） 3. 预防食物中毒 4. 防止食品污染 通过讨论，认同环境保护与食品安全的统一性。 5. 了解绿色食品。 结束语	（1）学生课前为家长设计一份午餐食谱；自主讨论不良饮食习惯、不合理营养的危害。 （2）观察、讨论、归纳：怎样做才是合理营养。 （3）师生、生生合作为该班制定一个合理营养文明公约。 （4）为家长重新设计一份午餐食谱，并对比哪一份更合理。先在全班评一评，比一比，然后参加全年级的设计赛，并把好的作品办成生物专刊。 学生阅读食品包装盒上的内容，分组讨论，并推举小组代表进行发言。 学生就课前了解的常识进行组间交流。 小专家进行现场小讲座，学生听取有关知识，并可提问和补充。学生思考问题，展开讨论，解决问题。 学生讨论： （1）能用发霉、变质的残羹剩饭或饲料喂养家禽家畜吗，为什么？ （2）有人说有"虫眼"的蔬菜水果，农药含量少，可放心购买，对吗？ 学生在教师启发下思考：实际生活中哪些行为最终会导致食品的污染？学生通过讨论，认同环境保护与食品安全的统一性。 学生阅读有关资料，思考并了解绿色食品的积极意义和重要作用。	创设问题情境，引入课题；引导学生讨论，组织并参与全班交流、点评，保证交流的正确性、有效性。归纳并用投影片展示该如何合理营养。 课前提出课题（调查当地青少年营养不良状况；调查因不注意饮食安全带来的危害）指导学生开展调查（访问、查阅资料），组织交流，作出评价。 和学生一起听取小讲座，对进行表演的同学予以充分肯定。 组织学生分组讨论交流。对学生发言予以肯定并纠正补充某些内容。 听取学生发言，鼓励学生多观察、多比较，建议学生课后到菜市场进行"实战演习"。 引导学生深层次地从防治环境污染的角度认识食品安全问题，强调保护环境的重要性。 指导学生阅读第39页绿色食品的资料，鼓励学生上网查询，进一步了解该方面的信息。 俗话说"民以食为天"，"病从口入"，用科学知识指导我们健康地生活。如果想了解得更多，就到图书馆或网上去浏览吧！

八、教学评价与反思

本课教学最鲜明的特色是让生活走进课堂，尽可能贴近学生的生活实际，解决生活中的科学问题，实践"科学为大众"的教育目标。教学在一种轻松、愉快的环境中完成，而且取得了很好的教学效果。

首先从为家长设计一份午餐食谱，自主讨论不良饮食习惯、不合理营养的危害引入新课，让学生在自主合作的学习氛围中掌握了知识，也受到了思想教育，使学生自觉形成良好的饮食习惯，增强健康意识。教学中，通过食谱设计调动了全体学生的积极性，在此活动中，学生的创造性得到发挥，同时也使理论应用于实践，学以致用。

生物学课堂教学若能多联系学生感兴趣的事，多让学生主动参与，就会取得很好的教学效果。同时，作为教师，也要不断学习，更新知识，更新理念，引领学生创造与发展，真正实现新课程的三维目标。

第十二章
生物学教师的教育教学研究及专业素养的发展

学习目标

1. 能用教育教学研究中常见的方法设计研究方案。
2. 练习撰写学术论文，尝试投稿。
3. 树立生物学教师专业素养发展的理念。

教学重点

生物学教育研究的方法和步骤。

21 世纪，我国全面进入生物学课程改革。在新时期教育的背景下，中学生物学教师的形象正在发生悄然的转变。教师在课程改革中将要面对许多新提问和新挑战，而课程改革又给中学生物学教师进行教育科研提供了广阔的平台，其要求教师积极开展生物学教育教学研究，不断解决生物教学中存在的问题，推动新课程改革不断深入。随着新课程改革的不断推进，教师的专业素养发展要求教师不仅会学习、会教学、会反思，而且会开展生物学教育教学研究，不断取得研究成果，做到教学促科研，科研促教学。我们要认识到开展生物学教育教学研究不仅是提高教学质量的有效方法之一，而且是生物学教师成长至关重要的途径之一。

第一节　生物学教育教学研究概述

一、生物学教育教学研究的基本概念

（一）科学与教育科学

科学是指特定范围内反映客观事物关系和规律的知识体系，包括自然科学和社会科学两个方面。

教育科学是一门探索教育发展客观规律的综合性科学，是一个门类齐全、分支众多的科学知识体系，是人类教育经验的总结和概括，并将随着教育实践的发展而不断发展。教育研究方法属于这个学科体系中的一门应用性学科。

（二）科学研究与生物教育科学研究

科学研究是要探讨前人所未知的知识，解决前人没有解决或尚未完全解决的问题，它是一种创造性的脑力劳动的过程。

生物教育科学研究属于科学研究的范围，它是运用科学的方法，探索生物学教育规律，创造和生产生物学教育科学理论知识体系的认识劳动，它是教育科学研究的一个分支。

（三）科学研究与生物教育科学研究的联系与区别

1. 联系

教育科学研究与所有科学研究一样，都由客观事实、科学理论和方法技术三个基本要素组成，同样执行着解释、预测和控制的功能。

2. 区别

研究对象的特点不同。生物教育科学的研究对象是生物学教育问题，包括理论问题与实践问题。生物教育科学的研究对象还外延到与生物教育相关的其他学科，如数学、物理、化学、教育学、心理学、语言学、方法论等。

作为新时代的大学生应该掌握生物教育科学研究的基础理论和方法，为今后的工作和从事生物教育科学研究奠定基础。

二、生物学教育教学研究的原则

生物学教育教学研究应遵循如下几项原则：

1. 科学性原则

（1）理论联系实际。生物学教育教学研究要从生物教育实践中发现问题，经过研究解决问题，并上升到理论来认识问题，找出有关规律，形成理性认识。坚持理论联系实际，可以使生物学教育教学研究建立在有效的教育实践基础之上。

（2）全面真实地占有材料。生物学教育教学研究中有收集研究资料的工作，特别要注意占有材料是否全面、真实，而且要有足够的量，材料越广泛，所得的结论就越可靠，越能反映事物的本质。

（3）运用科学的研究方法。生物学教育教学研究的方法有很多，如观察法、调查法、实验法、行动研究法、经验总结法、文献法等，结合研究的选题采用恰当的研究方法是非常重要的。

2. 创新性原则

教育教学研究的创新性体现在：①具有创新的思维，勇于探索的精神；②具有基础研究能力、敏锐的发现问题的能力、较高的分析及评价事物的能力；③具有不怕失败和挫折的勇气。

3. 发展性原则

在实施生物学教育教学研究中要注意以下几点：

（1）教育教学研究中任何一项活动，都应以有利于教育教学的发展为目的。

（2）教育教学研究要有利于教育改革的发展，有利于教育观念的更新，有利于新课程改革中创新教学模式和方法。

（3）教育教学研究对人才的培养、学校教育的发展以及社会的全面进步都起到积极的促进作用。

4. 可行性原则

教育教学研究是一项由多种因素组成的系统工程。可行性原则指在人力、物力、资料、资金、设备、场地、时间等允许的条件下，还要注意以下几个原则：

（1）选择合适的层面上的课题。教育教学研究可以在三个层面上开展：一级是国家和社会层面；二级是社区和学校层面；三级是教与学的层面。初涉教育教学研究者，可选择自己较为熟悉的层面，在这个层面上选择可胜任的课题。

（2）选择自己能胜任的课题。生物学教育教学研究涉及课程研究、教材研究、教学过程研究、教学改革研究、教学方法研究、生物学实验研究、创新教育研究、生物学教育评价研究、生物学教学为当地经济建设服务研究、生物学教育学科与其他学科的交叉课堂研究、东西方生物学教育的比较研究等方面，在这些研究方向上选择有价值的、自己能胜任的课题。

（3）选择适宜的研究方法。研究者要按照研究对象和研究课题的特点去选择适宜的研究方法。适宜的研究方法可以节时省力，事半功倍。

（4）组建有效的研究团队。小的课题，可以自己独立完成。较大的课题，则需要较多的人员进行分工合作来完成，这就需要组建一个有效的研究团队来开展研究课题。

第二节　生物学教育教学研究的方法

生物学教育教学研究中常用的方法有如下几种：

一、教育观察法

在学校教育研究中，观察法是一种较为基本和常用的研究方法，尤其是课堂教学活动观察。教育观察法是指研究者（观察者）带着明确的目的，凭借自身感官（如眼、耳等）及有关辅助工具（观察表、录音录像设备等），在教育活动的自然状态中收集资料的一种教育研究方法。

观察记录是观察活动中的一项重要内容，对观察研究具有重要的意义。一般的记录分为如下三种：

1. 等级记录

观察者根据观察对象的行为表现，按照事先确定的等级划分，记录观察对象的行为等级。

2. 频率记录

即记录在特定时间内特定行为出现的频率。观察者事先将要观察的对象和观察的项目印成表格，一旦出现某一现象，就在相应的表格内打上记号。

3. 行为核查记录

它是研究者对观察对象的某些行为是否出现、出现的时间、频率等进行核查后的记录。一般事先编制行为核查记录表，按照一定的类别列出要核查的行为，然后进行核查记录。

运用观察法应注意：①选择最佳观察位置；②善于抓住观察对象偶然的或特殊的反应；③注意观察与分析相结合；④坚持观察的客观性；⑤做好观察前的准备工作。

二、教育实验法

教育实验法是研究者为了解决某一问题，根据一定的教育理论，在严格控制或特别创设的条件下，有目的、有计划地观察、记录、测定教育现象的变化，研究教育条件与教育现象之间的因果关系，从而得出科学结论的研究方法。

1. 教育实验研究中的三种变量

所谓变量就是可变的量，它是随着条件、情境的变化而在数量或类型上起变化的人或事物的特征或方面，又称因子或因素。变量有自变量、因变量和无关变量之分。自变量就是假定的原因变量。因变量就是假定的结果变量，也主要是由于自变量的变化而引起某一事件结果的变化。无关变量就是我们不进行研究的，但是在实施研究过程中对我们的研究又有一定影响的变量。

2. 教育实验设计的三种类型

（1）单组实验法。单组实验法指同一组被试分期接受施加不同实验因子的影响，然后测量不同因子所产生的效果并加以比较（被实验者仅有一组，只能前后比较）。

（2）等组实验法。等组实验法是常用的一种教育实验形式，其形式是把被实验者分为几个基础相同的小组，再施以不同实验因子的影响，经过一段时间，再测量实验因素所产生的结果，以求得结论。

（3）轮组实验法。轮组实验法是指两个组同时接受不同实验因子的影响，第二轮时把实验因子对调，然后对实验因子施加后产生的效果进行比较。

3. 运用教育实验法应注意的问题

（1）实验设计要符合基本的道德准则。

（2）必须提出实验的假设。

（3）确定实验的自变量，并使其具有可操作性。同时，明确评价因变量的指标，严格控制无关变量。

（4）教育实验须反复进行。

三、个案研究法

"个案"通常又被称为"案例"，是指具有某种代表意义及特定范围的具体对象。具体到教育研究领域来说，这个对象既可以是一个人、一种课程、一个机构，也可以是一个事件或一个过程等。个案研究法就是广泛搜集个例的资料，彻底了解个例现状及发展历程，对单一研究对象的典型特征进行深入而缜密的全面研究分析的一种研究方法。通常也被称为个案法、案例研究法。

1. 个案研究对一线教师的意义

（1）个案研究在教师的日常工作中具有较高的可操作性。

（2）个案研究对教师的教学活动具有极强的实践意义。

（3）个案研究对教师的专业成长具有积极的促进作用。

2．个案研究的步骤

（1）形成研究问题，选择研究个案。

（2）搜集个案资料和数据。第一阶段，可以通过文献检索的方法，搜集与研究问题和个案相关的各种资料。第二阶段是进入现场对个案进行全面深入的考察。一般用得比较多的是观察、访谈和实物分析。

（3）个案资料的整理和分析。在整个研究的过程中，个案资料的整理和分析事实上和资料的收集工作是同步进行的。对资料的分析是个案研究的一个难点。在集中分析时，第一，给每一份资料编号，建立一个编号系统；第二，认真阅读原始资料，熟悉资料的内容，仔细琢磨其中的意义和相互关系；第三，在资料中寻找被研究者经常使用的概念以及在使用时带有强烈感情色彩的概念，将其作为重要的码号进行登录；第四，按照编码系统将相同或相近的资料混合在一起，将相异的资料区别开来，找到资料之间的关系；第五，将资料进一步浓缩，找到资料中的主题或故事线索，在它们之间建立起必要的关系，为研究结果作出初步的结论。

此外，在研究过程中经常要写一些感受、启发、反思之类的小文章，这些内容最后都是写报告的素材。

四、调查法

调查的具体方法有开调查会、访谈（访问）、发问卷、填调查表等。

五、行动研究法

行动研究法也称现场研究，就是在自然、真实的教育环境中，课题出自自己教学工作的需要，研究在教学工作中进行，研究队伍有实际工作者参加，研究成果为实际工作者理解、掌握和应用，研究以解决教育实际问题的一种研究模式。

行动研究的精髓在于其过程呈螺旋式上升，即计划、行动、考察、反思（反馈）与调整，含有反思（反馈）的环节，才称得上行动研究。

1．行动研究法的类型

（1）合作模式。专家与教师一同提出问题，一同制订研究计划，共同进行研究。

（2）支持模式。研究动力来自教师自己，专家作为咨询者。

（3）独立模式。教师自己进行研究，无须专家的指导。

2．行动研究法的基本环节

行动研究法最重要的是一个由计划、行动、观察和反思构成的，自我反思的螺旋式循环。

（1）计划环节。计划，即形成旨在改进现状的行动蓝图。计划的内容与要求：始于解决问题的需要和设想；计划包括"总体计划"和每一个具体行动步骤的计划；计划具有灵活性和开放性，以适应没有预料到的情况和没有认识到的制约因素，该环节中将遇到的问题以及解决问题的办法，解决问题的需要和设想。

思考：教育实际的现状如何？有哪些需解决的问题？我们能做些什么？初步写出几个可以施以行动的想法。

根据以下原则，选择一个想法：该问题对老师、学生都重要，该问题存在进一步研究的机会，该问题的研究可得到他人的帮助，研究该问题的条件是允许的，该问题的研究具有可行性。

对即将采取行动的大致范围开展准备性调查。调查的内容包括现状、现状的原因、实施的机会、制约因素等。运用多种方式开展调查；进行专题研讨，广泛听取意见；制订总的行动计划，划分行动步骤：正在做什么？试图改变什么？理论基础是什么？可能采取的策略行动如何？

制订第一行动步骤计划，内容包括：行动的具体目标、理论基础、预期结果、人员安排、资料设备要求、可能的制约因素；对行动步骤监察方法的设计；实施策略行动的过程、结果和环境条件的变化情况；信息的来源；手段：日记、工作记录、事例记录、现状记录、文件分析、问卷、录音录像、照片、幻灯片、摄像；安排进度表（见表 12－1）。

表 12－1　进度表

阶　　段	起止日期	任　　务	观察内容	反思评论
完成总计划				
第一行动步骤计划				
评价				
修改总计划				
第二行动步骤				

（2）行动环节。即实施计划或按照目的和计划行动。前期要求：熟悉计划，做好准备工作；行动实施过程的内容和要求：获得背景知识，按计划实施且重视实际情况的变化。

（3）观察环节。指对行动过程、结果、背景以及行动者特点的考察。内容与要求：观察需要在行动的同时进行；观察的内容为行动过程、行动效果、行动条件和制约因素、行动者情况、出现的问题，要求做好全面详尽的记录；观察应该是有计划的，计划应全面、灵活；运用各种有效技术。

（4）反思环节。对观察记录的现象、事实加以思考，判断评价，并且修正计划和行动方案。内容与要求：整理和描述；评价和解释；对观察结果提出报告；形成修正性的总体计划，设计下一步的行动步骤和监察技巧。

六、经验总结法

1. 经验的概念与特点

经验：实践活动中取得的知识或技能，通常指感觉经验，即感性认识。

特点：实践获得，对事物表面的感性的初步认识，内容和本质是客观的，有待进一步上升为理性认识。

2. 经验总结法的概念

在教育实践过程中（不受控制的自然形态下），依据教育实践所提供的事实进行分析、归纳和总结使之理论化、系统化，上升到教育理论高度。

3. 经验总结法的步骤

（1）确定研究课题与对象。

（2）掌握有关参考资料。

（3）制订总结计划。

（4）搜集具体事实。

（5）进行分析与综合。

（6）组织论证。

（7）总结研究成果。

4. 经验总结的层次

（1）具体实践经验总结——教师常用收集资料的重要方式。以具体实践事实为基础，描述、记录一次教育或教学活动的经验。主要内容为活动目的、内容、准备、经过、师生参与情况等。活动的效果要论述活动后师生的反映、收获等，介绍活动后的感受，以及对此项活动优越性的认识，亦即具体经验所在。

（2）一般经验总结。以具体经验总结为基础，对教育教学实践活动进行归类、分析和抽象，从中概括出一般的规律。主要内容：教育活动的基本程序和举例；教育活动的指导思想和优越性；教育活动的使用范围和实施的具体建议。

（3）科学经验总结。在一般经验总结的基础之上，进行逻辑的、理性的分析，揭示经验的实质，是由感性认识形成理性认识的阶段。特点：从经验层次跃升到科学理论层次的关键。要求：经验的先进性；需综合运用多种具体研究方法（观察法、调查法、个案分析法、实验法、逻辑分析法、数理统计法等）；研究者（即经验创造者）要具有良好的理论修养和分析能力。

第三节　生物学教育教学研究的一般步骤

生物学教育教学研究有七个步骤：选题、查阅相关文献、制订研究工作计划、收集和整理资料、开展研究、撰写研究报告、提交结题申请。

一、选题

选题是对科研工作规定一定的方向和规范。要选好课题，必须在选题以前，先考虑清楚以下一些问题：

第一，这个课题有没有意义。问题的解决能不能对生物教育教学工作的实际有所改变？

第二，这个课题通过研究能够有效解决问题吗？能够回答我们正在思考的问题吗？

第三，这个课题是个新课题吗？它是不是已经有人研究过或者自己已经研究过，并且已经有了答案，值不值得重新研究或在哪些方面需要重新研究？

第四，课题的研究可行吗？有条件保证吗？有没有相应的研究力量、研究资料、研究时间和精力甚至研究的勇气？

选题要符合准确性、可行性和创新性原则。

教育研究课题的来源：①从社会发展需要出发提出课题；②学科建设中需要解决的问题；③教育实践中提出的实际问题，尤其是在教育改革中反映出来的种种矛盾；④从日常观察中发现问题；⑤从不同学科之间的交接点找问题；⑥从当前国内外教育信息的分析总结中提出课题；⑦从国家领导机关制定的课题指南或规划中选题。

二、查阅相关文献

查阅文献可按如下步骤，见图 12 - 1：

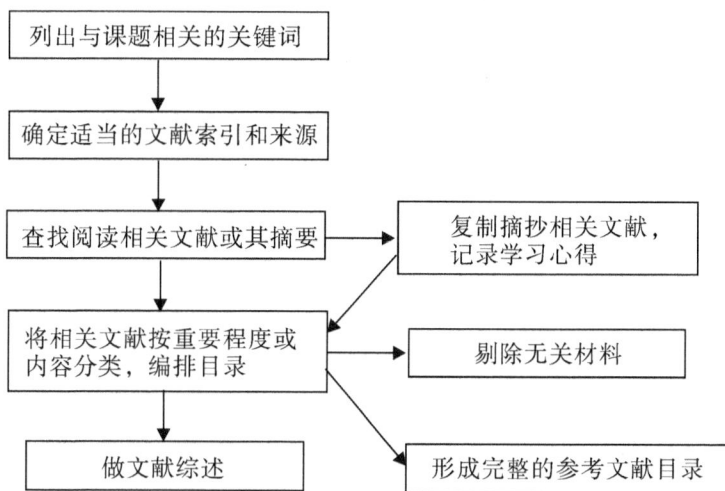

图 12 - 1　查阅文献的步骤

三、制订研究工作计划

研究工作计划主要内容包括对课题确定研究目标、研究对象、研究内容、研究方法和研究的时间进度（实施步骤）等。

四、收集和整理资料

教育科研资料在教育科学研究中起着非常重要的作用。从教育科学研究的起始一直到终结都离不开教育科研资料。在某种意义上说，科学研究过程就是对科研资料的搜集、使用和再创造的过程，要做到真实、可靠、准确、充足。

1. 教育研究数据资料的整理

数据资料是在教育科学研究过程中，通过观察、调查、测验、实验等方法所收集到的用数量形式来表现的有关资料。

2. 教育研究资料的定性和定量分析

当前教育科研的一个重要特点，就是强调定性研究和定量研究的结合，数量资料和非数量资料的结合。为此，在研究资料的分析中，注重采用统计分析与逻辑分析两种方法。

五、开展研究

按照制订的研究方案进行。

六、撰写研究报告

1. 撰写教育科学论文的作用

（1）交流、推广教育科研成果。

（2）使工作经验和成果上升到理论高度。

（3）提高业务水平、科研能力、文字表达能力。

2. 主题的确定

主题（文章的统帅）是一篇文章所要体现的总的意图或基本观点。主题的特点是：深刻、创新、集中、鲜明。提炼主题的方法：①闪现于触发灵感之时；②凝聚于调查研究之中；③升华于改造制作之后。

3. 选择材料的原则

（1）选择必要而充分的材料。

（2）选择典型的材料。

（3）选择真实、准确的材料。

（4）选择新颖、生动的材料。

4. 结构的设计

结构指文章各组成部分的总体布局和全部材料的具体安排，包括层次、段落、过渡、照应、开头和结尾等内容。结构以提纲为其外在体现。提纲的作用有：防止相互脱节和前后矛盾，防止内容分散和跑题，防止杂乱无章，有利于材料的选择与安排，协调各部分的比重。

5. 提纲的拟定

见图 12 - 2：

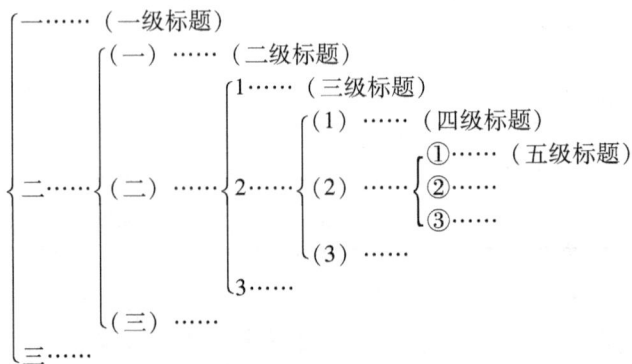

图 12 - 2　提纲的拟定

6. 论文的基本格式与要求

（1）标题。字数一般不超过 20 字。注意事项：宜小不宜大——小题大做，题目的大小不是衡量论文优劣的指标；立意宜新，或都在做但未有突破，正在热烈讨论却无定论，有定论但有纰漏的课题；需要时，可加限定或解释的副标题。

（2）作者署名。这是一种标志，表明文责自负，拥有著作权。作者信息包括姓名（多人按贡献大小排序）、通讯地址、邮政编码（以便联系）。

（3）内容摘要。摘要是对文章内容准确概括而不加诠释或评论的简短陈述，用简明扼要的文字对论文的主要内容加以介绍，说明研究的问题、方法、结果。注意事项为：简短精练，以 200~300 字为宜；主要内容的呈现，如研究目的、主要观点、研究方法及角度、研究的意义等；重点突出新发现、新成果，最有特点、最吸引人的内容用凝练的语言介绍；用第三人称表达（本文、笔者）；忌罗列文章提纲。

（4）关键词。关键词是反映论文主要内容的名词性术语。其作用是方便检索、方便查询。关键词提取自论文主要观点，或从论文标题中选取。注意事项为：每篇论文一般标写 3~5 个关键词，不可用不规范的简化词或术语（如教改，应为教学改革）。

（5）绪论（引言、序言、导言、前言）。包括研究的背景，写作的缘起，研究课题的价值和意义，简介本论部分的中心内容。忌篇幅过长，避免头重脚轻。

（6）本论（正文）。本论是论文的主要部分、基本内容。写作方法为：按照研究工作的进程，按照事物或问题的内在联系，将中心论点分解为若干个分论点。

（7）结论。结论是论文的结尾部分。写作方法为总结式、评论式、问题式、建议式等等。

（8）附注（参考文献及其他说明）。附注要说明文中的引文出处，标出参考文献，对论文中需要解释的地方予以解释。附注方式包括：①尾注：在论文最后列出参引文献；②脚注：在当前页面的下方说明参引文献；③夹注：在行文当中说明参引文献。

7. 修改定稿

从格式、内容和行文等方面进行全面修改，达到撰写要求。

第四节　生物学教师专业素养的发展

随着基础教育课程改革不断深入，为了适应当今社会对生物人才的需求，生物学教师扮演着非常重要的角色。作为生物学教师必须跟上改革的步伐，用新的课程理念指导我们的教学行为，使生物学课堂教学生动活泼，富有启发性和创造性从而实现教师专业素养的发展。

目前，教师专业素养的发展已经成为国际教师职业发展的重要趋势。结合新课程改革的要求，生物学教师专业素养的发展可从如下几方面努力。

（1）牢固树立新的课程理念，并以此作为自己专业行为的支点，保持专业发展的自觉状态，及时自觉调整专业行为方向。

（2）要求学会学习。作为生物学教师，面对生物科学技术日新月异的发展以及社会对教育的需求，必须学会学习。要把继续学习作为一种开发、一种投入和一种积累。

（3）要求学会创造。教师可持续发展的核心是其创造素质的长久发展。创造能力不仅表现为对新理论、新技术的发明，而且是一种发现问题、积极探索的心理表现，更是人的综合素质的具体体现。生物学教师的创造力还应体现在有意识、有针对性地去培养有创造性的学生。

（4）养成反思习惯。对日常的教学行为以及对自己专业成长过程进行经常化的反思。

（5）培养科研意识和能力。要积极参加生物学教育教学课题研究，不断充实自己的专业知识，提高自身素质。

（6）加强合作与交流。充分利用有利于自己专业发展的各种资源，与不同地区和学校的教师进行研究合作与交流学习，不断提高专业素养。

（7）制订适合自己的专业发展规划。根据自身实际，对专业发展的各个方面和各个阶段进行科学的规划。

思考与练习

1. 生物学教育教学研究应遵循哪些研究原则？
2. 尝试提出一两个关于中学生物学教育教学的研究课题。
3. 设计一份中学生物学教育教学研究方案。
4. 论文写作时应注意哪些问题？结合教育教学实践试写一篇生物学教育教学研究论文。

参考文献

1. 裴娣娜．教育研究方法导论．合肥：安徽教育出版社，2000.
2. 李秉德．教育科学研究方法．北京：人民教育出版社，1998.
3. 叶澜．教育研究及其方法．北京：中国科学技术出版社，1990.
4. ［美］维尔斯曼．教育研究方法导论．袁振国主译．北京：教育科学出版社，1997.
5. 郑金洲．教师如何做研究．上海：华东师范大学出版社，2008.